T0366487

DUMBARTON OAKS
MEDIEVAL LIBRARY

Jan M. Ziolkowski, General Editor

MIRACLE TALES FROM

BYZANTIUM

DOML 12

Miracle Tales from Byzantium

Translated by

ALICE-MARY TALBOT
and
SCOTT FITZGERALD JOHNSON

DUMBARTON OAKS
MEDIEVAL LIBRARY

HARVARD UNIVERSITY PRESS
CAMBRIDGE, MASSACHUSETTS
LONDON, ENGLAND
2012

Library of Congress Cataloging-in-Publication Data
Miracle tales from Byzantium / translated by Alice-Mary Talbot and Scott
Fitzgerald Johnson.
    p. cm. — (Dumbarton Oaks medieval library ; DOML 12)
    Includes bibliographical references (p.) and index.
    ISBN 978-0-674-05903-0 (alk. paper)
    1. Byzantine Empire—Church history. 2. Byzantine Empire—Religious
life and customs. 3. Miracles—Byzantine Empire. 4. Thecla, Saint—
Legends. 5. Mary, Blessed Virgin, Saint—Apparitions and miracles—
Byzantine Empire. 6. Gregory Palamas, Saint, 1296–1359. I. Talbot, Alice-
Mary Maffry. II. Johnson, Scott Fitzgerald, 1976–
    BX300.M57 2012
    274.95—dc23   2011036262

Contents

Introduction

This volume presents three collections of miracle tales from three very different eras of the Byzantine Empire: the late antique, the middle Byzantine, and the late Byzantine. We have deliberately selected these texts to offer as wide a variety as possible of assemblages of *miracula (thaúmata)*. The stories about Saint Thekla concern a saint of the apostolic era who worked posthumous miracles during late antiquity at her provincial shrine in a small town of southern Anatolia. The cult of the Virgin of the Source (Pege) was based at a holy spring just outside the walls of Constantinople, one of the most famous Marian shrines of Byzantium. This shrine has also been extraordinarily long-lived, functioning from the fifth century until the present. Saint Gregory Palamas was especially venerated in his archbishopric, the city of Thessalonike, where his relics are preserved to this day, no longer in the cathedral of Hagia Sophia, but in an early twentieth-century church dedicated to the saintly archbishop.

The texts are couched in different levels of style, and come from contrasting cultural contexts. The *Miracles of Thekla* are written in a classicizing register and reflect overarching concerns about the transition from a pagan to Christian culture. References to Greco-Roman gods appear

frequently, as do quotations and allusions to classical Greek authors such as Homer, Plato, and Euripides. The anonymous author inhabits a world of local grammarians and sophists and pitches the language of his *Miracles* to their ears, while attempting to counter their inherited paganism and secularism with the demonstrable miracle-working of his more powerful patron, Saint Thekla.

The *Anonymous Miracles of the Pege* are written expressly in a language accessible to the working classes and contain less detail than the other two texts. They have fewer literary pretensions and are no doubt closer to the original records of miraculous healings kept at the shrine. At the same time, the shrine enjoyed the patronage of the elite, since many of the recipients of cures were emperors or members of the imperial family who in gratitude embellished the church of Pege with offerings of works of art, commissioned the construction of chapels, or restored a fallen dome. The *Miracles of Gregory Palamas* by Philotheos Kokkinos are the work of a gifted writer, who was highly educated and wrote vividly about the suffering of ordinary individuals afflicted with disease, with empathy for the distress and despondency of victims of chronic illnesses.

Miracles of Saint Thekla

This collection represents the second half of an audacious text from ca. 470, the *Life and Miracles of Thekla (LM)*, which was written in Seleukeia-on-the-Kalykadnos, the provincial capital of Roman Isauria, in southern Asia Minor. This was the site of a flourishing pilgrimage and healing shrine de-

voted to Saint Thekla in late antiquity. Figures as diverse (and significant) as the pilgrim Egeria and Gregory of Nazianzus visited the site during this period. This fifth-century collection marks the apex of literary interest in Thekla, a legendary companion of Saint Paul, and describes the cult— via forty-six miracles plus preface and epilogue—in fascinating detail. The *Miracles* are highly important for religious, literary, and cultural historians alike and have often been mined by scholars of late antique Christianity. However, due to the lack of an English translation, the text has not reached its widest possible audience, despite the prominence of Thekla's cult in the period. It is no exaggeration to claim that Thekla was the most famous female saint in early Mediterranean Christianity, only to be eclipsed by the Virgin Mary as late as the end of the fifth century or so.[1]

While still not fully excavated, the modern archaeological site of Thekla's shrine outside Seleukeia at Meriamlık suggests a substantial investment of building construction around the very time that the *Miracles* were published. The imperial monumentalization of the site by the emperor Zeno (474–491), himself a native of Isauria, provides a *terminus ante quem* for the *LM* (ca. 476), since this activity is not mentioned in the text.[2] Archaeologists have suggested that Zeno's patronage could have included as many as three separate churches, although regardless of the number Seleukeia and Meriamlık were obviously locales of significant activity in the late fifth century.[3] The sixth-century historian Evagrios Scholastikos, after noting that Zeno had provided "a huge sanctuary" *(mégiston témenos)*, claims that the shrine was still thriving in his time.[4] Evagrios offers the latest

surviving testimony to an active shrine at Seleukeia, but
Thekla's cult thrived elsewhere in the Mediterranean
throughout the medieval period: in Egypt, Syria, and Rome,
to name only a few places of concentrated devotion.[5]

The *Miracles of Thekla* are written in a "high" literary style
of Greek, which is significant given the common assump-
tion that a "low" Greek style was typical of hagiographical
texts in this period. The miracles concern the healing of pil-
grims, the defense of the city of Seleukeia from local Isau-
rian brigands, and the conversion of local pagans and un-
believers. The author himself is the subject of a handful of
miracles—including interventions on his behalf in ecclesias-
tical disputes—a fact which adds to the narrative complex-
ity of the text. Long attributed to a fifth-century bishop,
Basil of Seleukeia (fl. ca. 448–468), the *Miracles* were proved
not to be by Basil only in 1974, a surprisingly late discovery
given that the bishop is himself the object of a pointed in-
vective in *Mir.* 12.[6] The miracles are all posthumous and date
to the time of authorship ("or a short time before," as the
author says), and so do not reach back to Thekla's lifetime in
the first century CE. Nevertheless, Thekla is said still to
"haunt" the region *(epiphoitáō),* and her physical presence
clearly has an emotional and personal impact on the visitors
to her shrine.

Thekla's involvement with the region is dependent on
the late second-century *Acts of Paul and Thekla (ATh),* a work
which was widely known in late antiquity, having been trans-
lated into every early Christian language.[7] In the first half
of the *LM,* the author rewrites the entire *ATh* into Attic
Greek, applying the schoolroom exercise of paraphrase *(me-
táphrasis)* to this Christian apocryphon and offering in the

process a fascinating view into late antiquity's conscious recasting of early Christian history.[8] The fifth-century *Life of Thekla* retells this original story with numerous minor changes to the dialogue and argument. However, at the end of the *Life* comes a major change: instead of dying in her ninetieth year, she descends into the ground miraculously still alive and works miracles in and around the city of Seleukeia in this (literally) posthumous, and newly spiritual, state. From the second-century *ATh*:

And having made witness [of her new faith to her mother in Ikonion], she went to Seleukeia, and there, enlightening many in the word of God, she died a beautiful death [lit. slept with beautiful sleep].[9]

And from the fifth-century *Life*:

After having preached the good news of the saving word, having catechized, baptized, and enrolled many people in Christ's army, she worked even more miracles—just like Peter in Antioch and the greatest Rome, Paul in Athens and among all the nations [i.e., the Gentiles], and John the greatest theologian at Ephesus. After having led everyone to faith, especially through her miracles, did she die? Absolutely not! Just as the widespread and more trustworthy tradition attests, she sank down while alive and went under the earth—God having decided that this earth would separate for her and be cleft from below. This happened on the very spot where is fixed the divine and holy liturgical table, established in a circular peristyle resplendent in silver.

From here she dispenses fountains of cures for every
malady and illness, as if from some overflowing stream
of virginal grace pouring forth cures upon those who
ask and pray for them. The result is that the place is
[now] a healing shrine for all people, and has become a
common place of propitiation for the entire land.[10]

Of course, the necessity of this major alteration is clear once
one reads the *Miracles* half of the work. Thekla *is* very much
active in Seleukeia and its environs. It would not suit the
cult site of Seleukeia in the fifth century—where festivals,
pilgrimages, and incubation healing take place—to have a
distant and deceased saint.[11] The retelling of the life of The-
kla thus suits the needs of the present-day cult and provides
a groundwork for the new composition of her miracles,
which grows out of the cult while also monumentalizing it
in a grand fashion.[12]

The Greek text presented in this volume is based on Gil-
bert Dagron's edition for the Bollandists' *Subsidia Hagio-
graphica* series in 1978 (Dagron, *Vie et Miracles,* 284–412). Da-
gron's text also includes an extensive introduction, notes,
and a French translation, which is the only complete transla-
tion into a Western language prior to this one. Any reader
who wishes a fuller understanding of the text should consult
his work, whose introduction and footnotes are invaluable.
Previously, André-Jean Festugière had made a French trans-
lation of the incomplete *Miracles* text which appears in P.
Pantin's *editio princeps* (Antwerp, 1608).[13] Dagron's edition
represents a fresh collation of the Byzantine manuscripts
and, significantly, adds sixteen miracles to the collection (cf.
the thirty of Pantin).

In addition, we here present, for the first time in a modern language, a translation of two further texts, independent of both the *ATh* and the *LM*. Dagron printed these short texts as an appendix to his edition (pp. 416–21) but did not translate them. These two texts demonstrate that there were already competing views of Thekla's death and her miracle working activity prior to and concurrent with the *LM;* and they further confirm the conviction that the *LM* was a grand attempt to combine conflicting versions of her legacy into a single, localized mythology.[14] Ultimately, this goal was unsuccessful in the Byzantine world: only a handful of manuscripts of the *Miracles* survives, whereas the earlier version of the *ATh* (with various competing short endings) is dominant in the textual tradition and is the only narrative known to Byzantine commentators on Thekla's life and legacy.

I would like to thank my co-translator in this volume, Alice-Mary Talbot, for asking me to join her in this venture when the DOML was still in its nascent stage. I am grateful for the benefit of her prodigious skills as an editor and translator as well as the encouragement of her friendship for the entire duration of this project. Claudia Rapp was a very conscientious reviewer and saved me from a number of errors and infelicities. Any remaining errors in either the text or the translation are, of course, my own responsibility. I would also like to thank Jan Ziolkowski, the series editor of the DOML, and his editorial assistants, Swift Edgar and Angela Kinney, for their gracious responses to numerous questions arising from this volume. The Byzantine Greek reading group at Dumbarton Oaks helped with two thorny passages during my year as a Fellow in Byzantine Studies (2009–10): I

am grateful to my co-fellows for many valuable observations on the text and translation. Further, I would like to express my gratitude to academic audiences at Dumbarton Oaks, Georgetown University, and The Catholic University of America for their comments on lectures about Thekla presented at those institutions during the 2010–11 academic year. Finally, my wife, Carol, has been sharing me with Saint Thekla, in one project or another, ever since we got married in 2000. In celebration of the first decade of our marriage, and out of my deepest gratitude for her patience, devotion, and faithfulness, I dedicate this translation of the *Miracles of Thekla* to her: θαῦμα τῇ πάσῃ γῇ τὸ γύναιον ἐκεῖνο (*Mir.* 46.2).

Anonymous Miracles of the Pege

The shrine of the Virgin of the Spring, later called the Zoodochos Pege (Life-Receiving Spring), was founded on the outskirts of Constantinople in the fifth century, during the reign of Leo I (457–474). According to a legend recounted in the anonymous tenth-century collection of miracles, before ascending the throne Leo discovered the spring just outside the land walls when he was searching for water for a thirsty blind man. An apparition of the Virgin directed him to the spring, blocked up with mud, which miraculously restored the blind man's sight. As a thank offering for the miracle, Leo built on the site of the spring a small shrine, called the Kataphyge or Refuge; its waters have been viewed as the source of healing miracles up to the present day. In the sixth century the emperor Justinian, cured of a urinary ailment by water from the Pege, commissioned the construction

of a domed church. This church, although damaged by earthquakes on several occasions and restored, seems to have survived until at least the fifteenth or sixteenth century. By 536 a male monastery was attached to the church. Pege was the focus of an imperial procession on Ascension Day, when the emperor visited the church for the celebration of the liturgy and a ceremonial meal with the patriarch. Pilgrims were normally healed by drinking water from the holy spring, although sometimes they were cured by bathing in the spring water, or by applying mud from the shrine to their bodies, or by drinking oil from a lamp hanging before an icon of the Virgin.

The collection of forty-seven miracles translated here is preserved in a twelfth-century manuscript in the Vatican (Vat. gr. 822, fols. 180v–207v) and was first edited by the Bollandists in the *Acta Sanctorum Novembris* III (Brussels, 1910). It is a compilation of healings and other miraculous interventions effected by the holy spring (and the Virgin of the Spring) over a period of five centuries, from approximately 450–950. As the author indicates in his preface, he intentionally wrote the account in simple language so that it would be accessible to artisans and farmers. The anonymous compiler includes a small group of miracles from the sixth century and one from the eighth but focuses his attention on events of the ninth and tenth centuries. Many of the beneficiaries of the miraculous cures were members of the imperial family or court officials, and the compiler stresses the imperial associations of the shrine. He also describes numerous imperial acts of patronage, especially the construction of churches and chapels, and the restoration of the main church after the collapse of the dome in the

earthquake of 869. The author states that the last eleven miracles in his collection, which probably took place during the sole reign of Constantine VII Porphyrogenitus (945–959) or that of his son Romanos II (959–963), occurred in his own time. Internal evidence provides a *terminus post quem* of ca. 946 or 959 for the date of composition. An association with Constantine VII or his son seems plausible, since Constantine's birth was facilitated by the intervention of an icon of the Virgin at the Pege church. When Constantine's mother, Zoe, was in despair over her inability to bear a child, she went to the shrine and measured out a skein of silk equal in length to the icon. Then she wrapped this length of silk around her loins, and miraculously conceived Constantine, born in 905.[15]

This independent compilation of *miracula* is fairly unusual in the middle Byzantine period, in contrast to late antiquity when the genre is more common (e.g., miracles of Saint Thekla, Cyrus and John, Kosmas and Damian, Artemios). The only other such separate collection from the middle Byzantine period is the late ninth-century miracles of Saint Theodora of Thessalonike; normally posthumous healing miracles are incorporated into the text of the saint's Life.

The shrine of the Pege is rarely mentioned in sources of the eleventh to thirteenth centuries. In 1204, at the time of the Fourth Crusade and the conquest of Constantinople, the monastery was entrusted to Latin clergy and the church sanctuary rearranged for the Latin rite. The spring water reportedly lost its healing power during this period of Latin occupation. Sometime after the recovery of Constantinople by Michael VIII Palaiologos (1261–1282) Greek monks were

restored to the monastery; miraculous healings did not resume, however, until the accession of Andronikos II (1282–1328) who renounced his father's Uniate policies. In the early fourteenth century an ecclesiastical historian named Nikephoros Kallistos Xanthopoulos took a special interest in the shrine and rewrote the tenth-century anonymous miracle collection (as a *metáphrasis*) in an elevated style. He also greatly expanded the text, making up new details out of whole cloth and expressing his theories about the etiology of the various diseases that afflicted pilgrims to the Pege. Xanthopoulos's *Logos* added fifteen new miracles that occurred in his time and provides important information about the history of the shrine in the early Palaiologan period and the renewal of its cult. At this time the epithet Zoodochos Pege was first applied to the Virgin of the Spring, and a new iconography developed in which the Virgin, holding the Christ Child, is depicted sitting in a basin from which water flows. A new feast day was instituted on the Friday after Easter, and Xanthopoulos himself wrote an *akolouthia* or service for the celebration.[16]

The Pege shrine continued to function into the fifteenth century and was described in the accounts of several Russian pilgrims to Constantinople. The Russian Anonymous, who visited Pege between 1389 and 1391, is the first to mention the fish that swam in the spring. A legend developed that at the time of the fall of the city to the Turks in 1453 a monk was frying fish at the monastery. At the news of the Turkish assault the fish jumped half-fried into the fountain, where their descendants continued to be attested for centuries. The shrine thus took the Turkish name Balıklı (Turkish balık = fish).[17] Although the church at Pege was destroyed,

certainly by the mid-sixteenth century, the holy spring continued to flow and to attract pilgrims. In 1833 a new church was built over the spring and survives to this day in a bucolic setting a few hundred meters west of the Pege Gate in the Theodosian Walls. Virtually nothing remains of the earlier structure of the church and monastic complex.

This translation has greatly profited from the contributions of members of a seminar held at Dumbarton Oaks in 1993, to whom I am grateful for producing draft translations of selected chapters and for helpful discussion of the contents of the text. They included Alexander Alexakis, Elizabeth Fisher, Michael Jeffreys, Dirk Krausmüller, Henry Maguire, and Denis Sullivan. I am particularly indebted to Alexander Alexakis and Richard Greenfield, members of the DOML editorial board, who carefully reviewed the penultimate version of the translation and made many helpful suggestions for improvement.

Miracles of Gregory Palamas

Unlike the *Miracles of Saint Thekla* or the *Anonymous Miracles of the Pege,* the collection of miracles performed by Gregory Palamas, archbishop of Thessalonike in the mid-fourteenth century, has not been preserved as a separate entity in the manuscript tradition, but rather is incorporated into the final section of his lengthy biography by the patriarch Philotheos Kokkinos. I would argue, however, that these miracle accounts were originally compiled by Philotheos in the 1360s as a separate dossier to support the canonization procedure for Palamas, who was officially declared a saint of the Orthodox Church in 1368.[18] Evidence for the

existence of the *miracula* as a separate text is found in the late fourteenth-century vita of Saint Maximos Kausokalybites by Niphon, where allusion is made to "a volume on the miracles of the <archbishop> of Thessalonike."[19] The collection would thus be comparable to the corpus of posthumous miracles of the patriarch Athanasios I of Constantinople (1289–1293, 1303–1309), who was canonized a few years before Palamas.[20] As reported in the synodal decision on the canonization of Palamas in 1368, Philotheos wrote to the great steward of the church of Thessalonike, asking him to assemble eyewitness testimonies of healing miracles performed by Palamas.[21] Philotheos remarks that, upon receiving these miracle accounts, "I wove them into a narrative to the best of my ability."[22] I have attempted to reconstitute the original dossier by excerpting from the vita of Palamas all the miracles he performed during his lifetime and after his death.

Gregory Palamas, one of the leading theologians of the late Byzantine period, is especially renowned for his elaboration of the doctrines of hesychasm, a mystical movement endorsed by the Orthodox Church at three church councils held in Constantinople between 1341 and 1351. Late Byzantine hesychasm, which developed in the monastic communities of Mount Athos, stressed contemplation and intense prayer that would enable monks to attain a mystical vision of the uncreated light of God, such as shone upon Christ on Mount Tabor at the Transfiguration. According to Palamite doctrine, the essence of God was unknowable, but his spiritual energy and grace could be perceived through practices such as the "Jesus prayer," multiple repetitions of the words "Lord Jesus Christ, Son of God, have mercy upon me." Pala-

mas, who was born in Constantinople ca. 1296, began his monastic career on Mount Athos. His doctrinal writings in defense of hesychasm, especially the *Triads,* plunged him into theological controversy and persecution, from which he eventually emerged triumphant. A supporter of John VI Kantakouzenos (1347–1354), who for a time usurped the throne from John V Palaiologos after the protracted civil war of 1341–1347, Palamas was appointed archbishop of Thessalonike in 1347. For three years, however, he was unable to enter the city because of the opposition of the anti-Kantakouzenist party of Zealots. He finally ascended the archiepiscopal throne in 1350 and served his flock faithfully until his death, usually placed in 1359, but more recently dated to 1357.[23] His archiepiscopate in Thessalonike was interrupted by a period of captivity among the Turks (1354–1355), following his capture in Gallipoli.[24]

Palamas was buried in Thessalonike in the cathedral church of Hagia Sophia, where his tomb attracted numerous pilgrims in search of miraculous healing. A local cult rapidly developed, with the creation of an icon and celebration of the anniversary of his death. His veneration soon spread to neighboring cities such as Kastoria, where a church was erected in his honor. Two patriarchs of Constantinople, Kallistos I (1350–1353, 1355–1363) and Philotheos Kokkinos, were ardent promoters of his cult, and collected evidence of his miracles, resulting in his canonization by the synod of Constantinople.[25]

Palamas's biographer, Philotheos Kokkinos, twice graced the patriarchal throne (1353–1354/55, 1364–1376) after serving as metropolitan of Herakleia in Thrace (1347–1353). He was one of the greatest hagiographers of the Palaiologan period,

focusing his attention especially on saints connected with his native city of Thessalonike, where he was born ca. 1300. Among the holy men he celebrated were the patriarch Isidore I Boucheiras, Sabas the Younger, Germanos Maroules, and Nikodemos. His vitae, written in a relatively elevated style, tend to be quite long and provide unusual detail on the childhood of his heroes and aspects of everyday life, as well as acute psychological portraits.[26]

Philotheos's account of the miracles of Palamas takes up almost one-quarter of the vita of the archbishop. Unlike the rest of the vita, it is composed for the most part in a middle level of style, enlivened by frequent use of dialogue, first-person narration, and vivid detail. It begins with the healings performed by Palamas during the period of his archbishopric in Thessalonike, followed by a description of his final illness, due to some sort of abdominal complaint, and death. Philotheos then recounts the posthumous cures which took place mostly in Thessalonike but in Kastoria, Berrhoia, and Constantinople as well. Each miracle tale presents an insightful and empathetic portrait of individuals suffering from a protracted affliction or illness and the despair which overwhelmed them and their loved ones. The beneficiaries of Palamas's miraculous powers come from various classes of society and different professions; we are introduced to a physician, a choirmaster, an imperial weaver, a gold embroiderer, several nuns and monks, and a foundling girl raised at a convent. In several instances Philotheos masterfully depicts the emotional distress of these afflicted people: the poor widow unable to earn her living through spinning as a result of acute pain in her shoulder, the choirmaster who can no longer write or conduct because of a paralyzed

hand, the nun whose love for the foundling girl is sorely
tested by difficulties with the child's toilet training.

Philotheos presents a sympathetic portrait of the physi-
cian who cannot heal himself from a chronic illness that left
him bedridden with maggot-infested bed sores. His wife
and children were also ill, and "the house of the physician
was not a medical office, as it should have been, but rather a
hospice for the sick." Thanks to the intervention of Pala-
mas, however, the physician was cured and was able to re-
turn to his usual routine of making house calls throughout
the city on horseback. In general, however, physicians are
presented as incompetent, or worse, whose treatments and
medicines are ineffective or cause unexpected and serious
complications. For example, the cold diet prescribed for the
choirmaster led to the paralysis of his extremities, while a
purgative administered to the imperial weaver caused a vio-
lent and life-threatening diarrhea. This contrast between
the failure of physicians and the successful healing of the
saint is typical of hagiography; at the same time, Philotheos
demonstrates his interest in the causation of various dis-
eases and his familiarity with some medical terminology, a
phenomenon paralleled in other miracle collections of the
Palaiologan period.

The Greek text reproduced here is based on excerpts
from the critical edition of the vita of Palamas by Demetrios
Tsames, with minor modifications.[27] The miracles have been
previously translated into only one Western European lan-
guage, Italian.[28]

I am most grateful to Alexander Alexakis and Richard
Greenfield, members of the DOML editorial board, who
carefully reviewed my draft translation, helped to solve a

number of problems, and suggested numerous improvements. I also thank members of the Byzantine Greek reading groups at Dumbarton Oaks who worked on this text in 2007–8 and 2008–9, Marina Bazzani, Alessandra Bucossi, Elizabeth Fisher, Myriam Hecquet-Devienne, Fotini Kondyli, Vasileios Marinis, Stratis Papaioannou, Manolis Patedakis, Vitalijs Permjakovs, Diether Roderich Reinsch, Jeanne-Nicole Saint Laurent, and Denis Sullivan. I am responsible for any remaining errors.

NOTES

1 Johnson, *Life and Miracles of Thekla*, 221–26.

2 The *terminus post quem* (at least for the final version of the text) is provided by the bishopric of Porphyrios (from 468), who is attacked in the Epilogue to the *Miracles*. See Dagron, *Vie et Miracles*, 16–19.

3 Hill, *Early Byzantine Churches*, 209–34; Varinlioğlu, "Living in a Marginal Environment."

4 Evagrios Scholastikos 3.8; Whitby, *Ecclesiastical History*, 142.

5 Davis, *Cult of Saint Thecla*.

6 Dagron, "L'Auteur."

7 Hennecke and Schneemelcher, *New Testament Apocrypha*, 2.239–46; Johnson, *Life and Miracles of Thekla*, 1–14.

8 Johnson, *Life and Miracles of Thekla*, chaps. 1 and 2.

9 Lipsius and Bonnet, *Acta Apostolorum Apocrypha*, 43.5–7.

10 Dagron, *Vie et Miracles*, 28.1–15.

11 There is also a distinct absence, in this period and later, of relics associated with Thekla, which other texts attempt to redress: see Appendix, 12 below.

12 For a fuller investigation into the relationship between the *Miracles* and the cult of Thekla, see Johnson, *Life and Miracles of Thekla*, chaps. 3 and 4.

13 Festugière, *Collections*.

14 See also Johnson, *Life and Miracles of Thekla*, Appendix 1.

15 Talbot, "Anonymous Miracula."

16 Talbot, "Two Accounts of Miracles."

17 See Majeska, *Russian Travelers,* 325–26.

18 For fuller argumentation, see Talbot, "Miracles of Palamas," esp. 237–39.

19 Halkin, "Deux vies," 60.

20 On the miracles of Athanasios, see Talbot, *Faith Healing,* esp. 21–30 on the canonizations of Athanasios and Palamas.

21 PG 151.711B.

22 *Miracles of Palamas,* 28.1.

23 Rigo, "Canonizzazione," 159 and n. 9; *PLP* no. 21546.

24 For the biography of Palamas, see Meyendorff, *Study of Palamas.*

25 For further details, see Talbot, "Miracles of Palamas," and Rigo, "Canonizzazione."

26 Further on this, see Talbot, "Children, Healing Miracles, Holy Fools."

27 Tsames, Φιλοθέου Κωνσταντινουπόλεως τοῦ Κοκκίνου, 518–19, 525, 533–35, 553–56, 562–88.

28 Perrella et al., *Palamas,* 1440–41, 1448, 1457–58, 1474–77, 1483–1511.

MIRACLES OF
SAINT THEKLA

Θαύματα τῆς ἁγίας καὶ [πρωτο] μάρτυρος Θέκλας

Προθεωρία

Εἰ τὰς εὐφημίας τὰς ἐφ᾽ ὁτῳοῦν γινομένας ἀλήθεια μάλιστα κοσμεῖν πέφυκε, δύο δὲ μάλιστα εὐφημίας ὑποθέσεις αὗται, βίος καὶ πράξεις, εἴρηται δὲ ἡμῖν ἤδη περὶ τῆς μάρτυρος πολλά τε καὶ κάλλιστα κατὰ τὸ προλαβὸν περὶ αὐτῆς σύνταγμα, χρὴ δὲ τοῖς ῥηθεῖσι λοιπὸν ἕπεσθαί τε καὶ ἐπιλάμπειν τὴν ἀλήθειαν, τούτου χάριν μικρὰ φροντίσαντες καὶ πονήσαντες τὰ σποράδην αὐτῆς τυγχάνοντα θαύματα συνελεξάμεθά τε καὶ διὰ μικροῦ συγγράμματος ἐξεθέμεθα· οὐ πάντα μέν, ἀλλ᾽ οὐδὲ τὸ πολλοστὸν τῶν πάντων μέρος, ὀλίγιστα δὲ παντελῶς, καὶ τὰ καθ᾽ ἡμᾶς καὶ τοῖς ὀλίγῳ πρὸ ἡμῶν συμβεβηκότα μόνον· καὶ τούτων δὲ ὀλίγιστα πάλιν καὶ ὅσα παρ᾽ ἀληθευόντων ἀνδρῶν ἢ γυναικῶν ἀναλέξασθαι ἰσχύσαμεν, ὅπως ἐξῇ τοῖς ἐντυγχάνουσι μηδὲ περὶ ὧν προειρήκαμεν ἀπιστεῖν, ἀλλ᾽ ἐκ τῶν νῦν ἐπιτελουμένων τε καὶ ἐπιτελεσθέντων ἤδη θαυμάτων καὶ τὰς περὶ τῶν προλαβόντων αὐτῆς ἀγώνων καὶ ἀθλήσεων πίστεις καρποῦσθαι. Διὰ τοῦτο δὲ προσώπων καὶ τόπων καὶ ὀνομάτων ἐμνημονεύσαμεν, ὥστε μηδὲ περὶ αὐτῶν τοὺς ἐντυγχάνοντας ἀμφιβάλλειν, ἀλλ᾽ ἐγγύθεν ἔχειν καὶ ποιεῖσθαι τὴν περὶ ὧν εἰρήκαμεν ἐξέτασιν τῆς ἀληθείας.

Miracles of the Holy (Proto)martyr Thekla

Preface

If it is truth above all that adorns the praise of an individual, two topics will mark such a eulogy in particular: his life and deeds. I already reported many magnificent events concerning the martyr in my previous treatise about her [i.e., her *Life*].[1] Now it is necessary to add to this and to make the truth shine. For this reason, with a little thought and effort, I have assembled her miracles scattered here and there and published them in this small collection. This is not all of them, and not even the greater part of the whole, but a very small portion, and only those that happened in my time or among those who lived a short time before us. And of these, again only a small portion of the whole, and only as many as I have been able to collect from reputable men and women, in order that the audience should not distrust the events we have previously described but, from the miracles she is performing even now and from those already performed, may reap the fruits of belief in her former struggles and contests.[2] For this reason, I have made mention of people, places, and names, so that the audience has no doubts about these events, but rather can consider them from close up and examine the truth of what I have said.[3]

[Θαύματα]

2 Ὑποφῆται μὲν καὶ ὑπηρέται δαιμόνων χρησμολόγων καὶ
πυθικῶν τερατευμάτων ἐξηγηταί, τοῦ ἐν Δωδώνῃ θρυλου-
μένου λέγω Διός, τοῦ πυθικοῦ καὶ ἐν Δελφοῖς Ἀπόλλω-
νος, ἢ καὶ τοῦ παρὰ τὰ Κασταλίας νάματα ποιουμένου τὰς
μαντείας, τοῦ ἐν Περγάμῳ καὶ ἐν Ἐπιδαύρῳ ἢ καὶ ἐν
Αἰγαῖς ταύταις Ἀσκληπιοῦ, πολλὰ περὶ πολλῶν ἀναγεγρά-
φασι χρηστήριά τε καὶ παθῶν λυτήρια. Ὦν τὰ μέν εἰσι
μῦθοι καὶ πλάσματα καὶ αὐτῶν τῶν συγγεγραφότων κομ-
ψεύματα, ἐνέργειαν καὶ ἰσχύν τινα καὶ πρόγνωσιν βουλο-
μένων περιθεῖναι τοῖς δαίμοσι, τὰ δὲ πιθανὰ μὲν καί που
καὶ χρησθέντα πολλάκις, πολλῆς δὲ γέμοντα τῆς διπλόης
καὶ ἀμφιβολίας, ὡς καὶ τοὺς χρησαμένους αὐτοῖς πολλῆς
ἀεὶ πληροῦσθαι τῆς ἀπορίας, μὴ ἔχοντας ὅπως χρήσαιντο
τοῖς χρησθεῖσιν αὐτοῖς, ἢ καὶ χρησαμένους μέν, συναπο-
λομένους δὲ ἄρδην αὐτοῖς θεσπίσμασι καὶ μαντεύμασιν· ἐν
αἰνίγμασι γὰρ καὶ γρίφοις ἡ σύμπασα τῶν χρησμῶν ἐστι
φιλοτιμία. Διὰ γὰρ τὸ μὴ ἔχειν εὐθυβόλως πρὸς τὴν ἀλή-
θειαν ἢ ὅπως ἂν τὸ μέλλον προείποιεν σαφῶς, τυφλὰ καὶ
ἀγκύλα λοιπὸν καὶ πεπλανημένα καὶ πρὸς μυρίας ὁδοὺς
ἔχοντα τὰς ἀποκλίσεις ἐφοίβαζον ἅπερ ἐφοίβαζον, ὥστε
μὴ τῶν χρησμῳδούντων μᾶλλον δαιμόνων ἢ τῶν μὴ νο-
ούντων δῆθεν τοὺς χρησμοὺς εἶναι τὰ ἀποτεύγματα.

3 Αὐτίκα τοῦ Κροίσου χρωμένου τε καὶ ἐρομένου τὸν
Ἀπόλλω εἰ περιέσται τοῦ Κύρου—Περσῶν τε καὶ Μήδων,
ἤδη δὲ καὶ Ἀσίας τῆς πλείστης ἣν οὗτος ὁ Κῦρος βασι-
λεύς—καὶ πολλὰ μέν, ὡς εἰκός, ἱκετεύσαντος τοῦ Κροίσου,

[MIRACLES][4]

The priests and attendants of the soothsaying demons[5] and   2
the interpreters of the Pythian portents—I mean the cele-
brated Zeus in Dodona, of the Pythian Apollo in Delphi, es-
pecially his prophet by the waters of the Kastalian spring
[i.e., Delphi], of Asclepius in Pergamum, Epidaurus, and
our neighbor Aigai[6]—have recorded many oracles about
many subjects and cures of diseases. Among these, some are
myths, some fictions, and some inventions of their authors,
aiming to attribute potency, strength, and foreknowledge to
the demons. Others, however, have validity and are often, in
some manner, truly prophetic, but are full of deceit and am-
biguity, to the degree that those receiving the oracles are al-
ways filled with great confusion and are unable to make use
of the prophecies given to them. Or, in the case that they do
make use of them, they are completely undone by these div-
inations and soothsayings. For the entire value of oracles lies
in their puzzles and riddles. Because they do not have direct
access to the truth or know how to foretell the future clearly,
the prophecies which they prophesy are blind, crooked, and
misleading, offering thousands of <forking> paths. The re-
sult is that the failure of these oracles is attributed not to
the demons who uttered them, but rather to those who did
not understand them.

The moment that Kroisos consulted the oracle and asked   3
Apollo whether he would surpass Cyrus—this Cyrus
was king of the Persians and Medes, who already ruled over
most of Asia—he also, as was proper, made numerous

πολλὰ δὲ καὶ καταθύσαντος καὶ ἀφιερωσαμένου χρήματα, ὡς ἂν καὶ λαμπρᾶς οὕτω καὶ μεγίστης ἐφιεμένου νίκης, τὸ τὸν Κῦρον καθελεῖν, τί φησι μετὰ ταῦτα πάντα ὁ θαυμάσιος χρησμῳδός;

Κροῖσος Ἅλυν ποταμὸν διαβὰς μεγάλην ἀρχὴν καταλύσει.

4 Τοῦτο τὸ μάντευμα, ὃ εἴτε ὡς Λοξίας ἔδωκεν ἐπ᾽ αὐτῷ καταλείψας τῷ καὶ λαβόντι τὴν κρίσιν, εἴτε ὡς πονηρὸς καὶ τοῦ ἱκέτου προδότης, εἴτε ὡς καὶ αὐτὸς ἀγνοῶν ὅπως τε καὶ ὅπῃ πεσεῖται τὸ μέλλον, καθάπαξ τὸν Κροῖσον ἀπώλεσε. Καὶ γὰρ καὶ αὐτὸς ὁ Κροῖσος οὗτος ἐπαρθεὶς τούτῳ τῷ καλῷ χρησμῷ διέβη τε θαρρῶν τὸν Ἅλυν ποταμόν, ὡς ἐπὶ λαμπρᾷ καὶ ἀριδήλῳ νίκῃ, συνέμιξέ τε τῷ Κύρῳ καί, ἡττηθεὶς κατὰ κράτος, αὐτὸς τὴν αὑτοῦ μεγάλην καταλύσας ἔλαθεν ἀρχήν, καταλείψας τῷ βελτίστῳ χρησμῷ καὶ ἀπολογίαν, τὸ μὴ αὐτὸς νενοηκέναι τὸ λόγιον, τἀναντία χρήσαντος τοῦ θεοῦ μὴ διαβῆναι τὸν Ἅλυν ποταμὸν μηδὲ συμμῖξαι τῷ Κύρῳ, ὡς ἐπὶ καταλύσει τῆς αὑτοῦ μεγάλης ἀρχῆς τοῦτο ποιήσοντα. Καὶ εἴ τις ἀπιστοίη μοι ὡς ταῦτα εἴρηταί τε παρὰ τῆς βελτίστης Πυθίας καὶ γεγένηται παρὰ τοῦ Κροίσου, λαβὼν τὸν ἥδιστον Ἡρόδοτον ἐκεῖθεν τὰς περὶ τούτων ἐκλεγέσθω πίστεις.

5 Καὶ παραλιμπάνω τὸν ἕτερον ἐπ᾽ αὐτῷ τῷ Κροίσῳ γεγονότα χρησμόν, καὶ τὴν ἡμίονον ἣν ἔφη βασιλεύσειν, καὶ τὴν ἀπάτην ἣν ὁ Κροῖσος ἀπατηθεὶς εἶδε μετ᾽ οὐ πολλὰς τὰς ἡμέρας τὴν ἡμίονον βασιλεύουσαν. Κῦρος δὲ οὗτος ἦν

supplications and offered many sacrifices and consecrated great wealth, so eager was he in his desire for a great and splendid victory—that is, the destruction of Cyrus. What then did the marvelous oracular god reply after all these efforts?

> *Kroisos, by crossing the Halys river, will destroy a great kingdom.*[7]

This prophecy, which Apollo delivered to him either as a 4 Loxias,[8] leaving the interpretation to the recipient, or as an evil deceiver of his suppliant, or even as ignorant himself of how and in what way the future would turn out, destroyed Kroisos completely. For Kroisos himself swelled up at this favorable prophecy and crossed the Halys River with boldness, as if headed for a splendid and magnificent victory. He engaged in battle with Cyrus and, being overcome by force, utterly destroyed his own great kingdom himself. He even left an apology to the excellent oracle, that he had not understood the riddle, for the god had prophesied the exact opposite, that he should not cross the Halys river nor fight with Cyrus, as this would lead to the destruction of *his own* great kingdom. If anyone distrusts me that these words were uttered by the excellent Pythia and happened to Kroisos, let him take up the sweetest Herodotus on this point and read his testimony about these events.

I am passing over the other oracle <in Herodotus> per- 5 taining to Kroisos, the one about the mule which it said would be king, and the deception which the deceived Kroisos recognized a few days later when a mule came to

ὁ ἐκ Καμβύσου μὲν τοῦ Πέρσου, ἐκ Μανδάνης δὲ τῆς
Ἀστυάγους τοῦ Μήδου θυγατρός· τὸ γὰρ ἀνόμοιον τοῖν
γενοῖν τοῦτ᾽ ἦν ὅπερ ἠνίττετο μὲν τὸ θαυμαστὸν λόγιον,
ἡ δὲ ἀσάφεια καὶ διπλόη τὸν δόλον εἰργάσατο.

6   Ἀλλὰ τὰ μὲν τῶν δαιμόνων, ὡς ἐκ πάνυ πολλῶν ὀλίγα
εἰπεῖν, τοιαῦτα· ἀπατηλά, πονηρά, κίβδηλα, ὕπουλα, δο-
λερά, πολὺ τὸ ἀχλυῶδες καὶ διεψευσμένον ἔχοντα. Τὰ δὲ
τῶν ἁγίων ἄρα λοιπὸν ἰάματα καὶ θεσπίσματα ποῖα; Σαφῆ,
ἀληθῆ, ἁπλᾶ, ἅγια, ὁλόκληρα καὶ τοῦ δεδωκότος Θεοῦ
ἀληθῶς ἐπάξια. Καὶ γὰρ οὐδ᾽ ἄλλως οἷόν τε χρηματίζειν
ἡμῖν τοὺς ἁγίους ἢ διὰ μόνης γε τῆς τοῦ Χριστοῦ χάριτος.
Καὶ γὰρ αὐτοὶ ταύτης τυγχάνοντες πρότερον, οὕτω καὶ
αὐτοὶ τοῖς αἰτοῦσιν ἀντιδιδόασιν, ὥσπερ ὑδορρόαι τινὲς
ἔκ τινος ὑπερτάτης καὶ θειοτάτης πηγῆς ἕλκουσαί τε καὶ
ἐπαντλοῦσαι πάλιν τοῖς διψῶσι τὰ ἱερὰ νάματα.

7   Τούτων τῶν ἁγίων καὶ ἡ μεγίστη μάρτυς ἐστὶ Θέκλα,
ἀεὶ παροῦσα, ἀεὶ φοιτῶσα, τῶν δεομένων ἐπαΐουσα πάν-
τοτε, καὶ πάντας ἀφθόνως ἐφορῶσα, ὑγιαίνοντας, ἀρρω-
στοῦντας, εὐθυμοῦντας, ἀθυμοῦντας, πλέοντας, ὁδοιπο-
ροῦντας, κινδυνεύοντας, μὴ κινδυνεύοντας, κατὰ ἕνα,
κατὰ πολλούς, κατὰ οἴκους, κατὰ γένη, κατὰ πόλεις, κατὰ
δήμους, ξένους ὁμοίως καὶ πολίτας, ἐγχωρίους καὶ ὑπερ-
ορίους, ἄνδρας καὶ γυναῖκας, δεσπότας καὶ οἰκέτας, ἀφη-
λικεστέρους καὶ νέους, πλουσίους καὶ πένητας, τοὺς ἐν
ἀρχαῖς, τοὺς ἐν στρατείαις, τοὺς ἐν δίκαις, τοὺς ἐν πολέ-
μοις, τοὺς ἐν εἰρήνῃ. Ἤδη δὲ καὶ Ἰουδαίοις καὶ Ἕλλησιν
ὤφθη τε πολλάκις καὶ τὴν αὐτὴν ἐπεδείξατο δύναμιν, ἀντὶ
συμβουλῆς, ἀντὶ νουθεσίας προσάγουσα τὴν θεραπείαν.

power.[9] This mule was Cyrus, born of Kambyses the Persian and Mandane, the daughter of Astyages the Mede. For the marvelous riddle was hinting at the dissimilarity of the two nations, but its lack of clarity and its duplicity resulted in this trickery.

But <the predictions> of demons, to list only a few out of 6 very many, are such as the following: deceitful, evil, dishonest, hollow, treacherous, possessing much that is obscure and fraudulent. But of what nature, then, are the healings and oracular sayings of the saints? Clear, true, simple, holy, complete, and truly worthy of the God who has granted them. For the saints cannot prophesy to us except through the grace of Christ alone. And because they have attained this grace beforehand, they give it in their turn to those who ask, just as flowing waters springing from a very high and most divine source pour out holy streams for the thirsty.

Of these saints the greatest witness is Thekla, always 7 present, always making visitation, continually hearkening to those who make entreaty, watching over all people bountifully—those who are physically sound, those who are unwell, those who are of good cheer, those who are despondent, sailors, wayfarers, those in danger, those safe from danger, individually or in groups, house by house, people by people, city by city, district by district, foreigners and citizens alike, locals and aliens, men and women, masters and servants, the elderly and the young, the wealthy and the poor, those in power, those in the military, those in the courts, those at war, and those at peace. In our time [lit. now] she often appeared to both Jewish and Greek <doctors> and demonstrated this same power <to them>, applying her remedy in place of their counsel and admonition.[10]

8   Καὶ ἵνα συνελὼν εἴπω, εἰς πάντας ἀνθρώπους φοιτῶσα,
διὰ πάντων χαρισμάτων ἐνεργεῖ τὰ θαύματα, καὶ τοὐναν-
τίον κατὰ πάντων αὖ πάλιν τῶν ἁμαρτανόντων καὶ παρ-
οξυνόντων αὐτὴν κινεῖ τὴν ἰσχὺν αὐτῆς ἀεὶ καὶ ὀργήν,
οὔτε τῶν ὅσια βιούντων ἀμελοῦσά ποτε, οὔτε τῶν ἀνόσια
πραττόντων ἀφειδοῦσα, ἐναργέστερον δὲ ποτὲ μὲν ταῦτα,
ποτὲ δὲ ἐκεῖνα πράττουσα, καὶ δι᾽ ἑκατέρων τό τε ἐμβρι-
θές, τό τε φιλάνθρωπον ἀεὶ τοῖς ἔργοις ἐπισημαίνουσα.
Καὶ γὰρ οὐχ ἡνίκα ἤν τε ἐν σώματι καὶ συνῆν ἀνθρώποις
ὡρίσατο τὰς θεραπείας, μεταστᾶσα δὲ ἡσύχασεν· ἀλλὰ γὰρ
ἀνεμίχθη μὲν ἀγγέλοις, οὐκ ἀπέστη δὲ οὔτε νῦν ἡμῶν,
ἀλλ᾽ ἐν ἀμείνονι μὲν λήξει, μετὰ μείζονος δὲ τῆς βοηθείας
κήδεταί τε καὶ ἐπιμελεῖται ἡμῶν.

9   Καὶ ἵνα ἐκ πάνυ πολλῶν ἄγαν ὀλίγα εἴπωμεν, φέρε εἴ-
πωμεν ἅ τε ἡμεῖς ἴσμεν τέως, ἅ τε συνομολογεῖται τοῖς
πολλοῖς, καὶ ὧν πάντες ἴστορές τε καὶ ἐν πείρᾳ καθεστή-
καμεν, οἱ μὲν καὶ αὐτῷ τῷ εὖ παθεῖν, οἱ δὲ καὶ παρ᾽ αὐτῶν
τῶν εὖ πεπονθότων ἀκηκοότες. Ἄρξομαι δὲ ἀφ᾽ ὧν ὑπὲρ
αὐτῆς τε μάλιστα καὶ κατὰ δαιμόνων διεπράξατο.

I

1   Τὸν Σαρπηδόνιον τοῦτον ἀγνοεῖ μὲν οὐδείς, καὶ γὰρ πα-
λαιότατον τὸ κατ᾽ αὐτὸν μυθολόγημα ἔγνωμεν ἀπὸ ἱστο-
ριῶν καὶ βιβλίων. Ἴσασι δέ τινες, τῷ δυσσεβεῖν ἔτι κακῶς,

Briefly put, by her visitation to all people, she works her 8
miracles through all kinds of gracious gifts. On the other
hand, she always unleashes her might and her anger against
everyone in turn who commits sin and provokes her. Never
neglectful of those who live piously, nor sparing those com-
mitting impious acts, she acts transparently in both ways,
and in both cases all the time demonstrating in her deeds
her seriousness and her love of humanity. She did not limit
her cures to the time she was in the body and living among
men and then, after her death, fall silent. But, although she
joined the company of angels, she does not even today stand
aloof from us; but, rather, in a better lot and with greater as-
sistance she cares for us and watches over us.

In order that we may relate a very few of all these many 9
miracles, let me recount those which we have known hith-
erto, which are commonly acknowledged by many, and
which we all know and have experienced, some of us to our
own personal benefit, while others have heard tell from
those who themselves benefited. I shall begin from the mir-
acles Thekla accomplished particularly for herself and
against the demons.

Chapter 1

No one is ignorant of the famous "Sarpedonian" 1
<Apollo>, for we learned his most ancient mythical story
from histories and books.[11] Some <claim to> know—because

ὅμως δὲ ὡς ἔκπαλαι, τὸν ἄνδρα ποτὲ τοῦτον γεγονότα καὶ ξένον καὶ ἔπηλυν, κατὰ ζήτησιν οἰκείας ἀδελφῆς ἀλώμενόν τε καὶ διὰ θαλάττης τοῖς τῇδε προσορμισθέντα χωρίοις, καὶ ἀγνοίᾳ μὲν τῶν τόπων, ἀγνοίᾳ δὲ τοῦ τότε βασιλεύοντος—θεῖος δὲ ἦν οὗτος αὐτῷ καὶ πατράδελφος ὁ Κίλιξ— ἀναιρεθέντα μέν, ὥς τι λυπήσαντα καὶ διαθέντα τοὺς ἐπιχωρίους κακῶς, ταφέντα δὲ παρὰ τὴν χηλὴν καὶ τὴν ἠϊόνα ταύτην. Τοῦτον τοίνυν λαβόντα καὶ δαίμονος ὄνομα, καὶ χρησμῳδοῦ καὶ μάντεως φήμην, καὶ διὰ τοῦτο δόξαντα παρὰ τοῖς ἀνοήτοις εἶναι θεόν—πολλὰ γὰρ τοιαῦτα τίκτει μὲν ὁ πολὺς χρόνος, δέχονται δὲ ἀβασανίστως ἄνθρωποι καὶ θεοποιοῦσι μύθοις.

2   Ἅμα τε προσήλασεν ἡ παρθένος τῇ χώρᾳ ταύτῃ καὶ ἥψατο τῶν ὁρίων αὐτῆς καὶ τὴν κορυφὴν ταύτην κατέλαβε, συνέστειλέ τε αὖθις καὶ κατεσίγασε. Καὶ μέχρι τοῦ νῦν ἀφωνότατον ἐκάθισε τὸν πολυφωνότατον χρησμολόγον, τὴν δεσποτικὴν ἐκείνην καὶ βασιλικὴν ἐπιτειχίσασα αὐτῷ φωνήν, τὸ "Σιώπα, πεφίμωσο" [Mark 4:39]. Τοιγαροῦν σιωπᾷ καὶ ἠρεμεῖ καὶ κατέπτηκεν. Ἐξέστη δέ, οἶμαι, καὶ τοῦ οἰκείου τάφου καὶ χώρου, ἀνδράσι πτωχοῖς μὲν καὶ ἰδιώταις, εὐχαῖς δὲ καὶ λιταῖς προσανέχουσι, τοῦτον παραχωρήσας τὸν εἴτε τάφον εἴτε τέμενος βούλεταί τις καλεῖν, ὡς Θεοῦ λοιπὸν καταγώγιον. Τοῦτο τῶν τῆς μάρτυρος θαυμάτων τὸ προοίμιον, ὃ ἀπιστεῖ μὲν οὐδεὶς ἔτι, ὁρῶσι δὲ οἱ τῇδε, θαυμάζουσι δὲ ἅπαντες ἄνθρωποι.

they are still impious, though admittedly so from of old—
that this man appeared sometime in the past as both a for-
eigner and a vagabond, wandering over the sea in search of
his sister and dropping anchor off our shores. In his igno-
rance of these parts, and in ignorance of who was the ruler
at that time—his uncle Kilix, his father's brother—he was
killed for having aggrieved and affronted the local inhabi-
tants, and he was buried by the breakwater at our shore.
Thereafter, this man received the title of demon and the
fame of an oracle and prophet, and for this reason he was
reckoned by the ignorant to be a god. (For the passage of
time produces many such tales, which people receive uncrit-
ically and then create gods through myths.)

When the virgin <Thekla> came to this country, passed 2
its borders, and arrived at the mountain peak, she in turn
brought him low and silenced him. And even up to our time
she has made that most vocal of oracles to sit in utter silence,
opposing it with the voice of the Lord and King, saying,
"*Silence! Be quiet!*" Accordingly, the oracle is silent and still
and cowers in fear. Sarpedon departed, so I believe, from his
own tomb and his locale, abandoning this site—whether one
wishes to call it a tomb or a sanctuary—to poor and simple
men, who devote themselves to prayers and supplications,
to be hereafter a dwelling place for God. This is the pream-
ble of the miracles of the martyr, a preamble which no one
would venture to dispute anymore; rather, those here see it
in person, and all people marvel.

2

1 Ἐπιστρατεύει δὲ μετὰ τοῦτο τῇ πλησίον κορυφῇ, ἣ πρότερον μὲν Κωκύσιον ὄρος ἦν ὄνομα, ὁ δὲ χρόνος μετὰ τοῦ παλαιοῦ μύθου καὶ τοῦτο μεταπλάσας Ἀθηνᾶς κανίτιδος ἱερὸν προσεῖπεν, ὡς ἂν καὶ Ἀθηνᾶς ἱερὸν τὸ ὄρος. Καὶ ἀφαιρεῖται μὲν τοῦτο τῆς δαίμονος, ποιεῖται δὲ τῆς τοῦ Χριστοῦ δεσποτείας, ἧσπερ καὶ ἄνωθεν ἦν. Καὶ νῦν κατείληπται μὲν ὑπὸ μαρτύρων ὁ τόπος, καθάπερ τι φρούριον ὑψηλότατον ὑπ᾽ ἀνδρῶν στρατηγῶν καὶ πολεμάρχων, οἰκεῖται δὲ ὑπὸ ἀνδρῶν ἁγίων, τῆς ἀσπιδοφόρου καὶ πολιούχου καὶ Παλλάδος οὐδ᾽ ὅσον ἀνασχομένης τὴν τῆς ἀόπλου καὶ ξένης καὶ γυμνῆς κόρης προσβολήν.

3

1 Ἀφροδίτην δὲ τὴν βελτίστην, οὐδὲ ποιησαμένη τινὰ λόγον αὐτῆς, ἐξ ἐμβριμήσεως μόνης ὡς ἂν παιδίσκην τινὰ ἀσελγαίνουσαν ἀπεσείσατο καὶ τῆς πόλεως ἐξήλασε, τὸν αὐτῆς Διομήδη, τὸν Δεξιανόν, ἐφοπλίσασα αὐτῇ.

Chapter 2

After this, Thekla made war against the nearby peak, which was formerly called Mount Kokysion, but to which the passage of time, remolding it in accordance with an old myth, has given the appellation as a holy place of Athena *kanétis*—as if the mountain were Athena's temple![12] This mountain was taken away from the demon and was placed under the rulership of Christ, exactly as it was from the beginning. And now the place is occupied by martyrs, just as a most lofty citadel is occupied by generals and military commanders, and it is inhabited by holy men, since the shield-bearing and city-defending Pallas Athena was unable to fend off the assault of an unarmed, foreign, and naked girl.

Chapter 3

As for the excellent Aphrodite, without saying any word against her, with her indignation alone Thekla shook off and expelled her from the city, as if Aphrodite were some wanton maidservant, and she armed <the bishop> Dexianos— her Diomedes—against her.[13]

4

1 Κατεργασαμένη δὲ καὶ ταῦτα, μετατάττει τὸν πόλεμον ἐπ᾽ αὐτὴν τὴν τῶν δαιμόνων κορυφήν, τὸν Δία. Καταγωνισαμένη δὲ καὶ τοῦτον εὖ μάλα ἀνδρικῶς, αὐτὸν μὲν ἐξοικίζει τῆς πόλεως ὡς τύραννον, ὡς ἀλιτήριον, τὸν αὐτοῦ δὲ νεὼν ποιεῖται τοῦ αὐτῆς διδασκάλου τοῦ Παύλου καταγώγιον, ὥσπερ οὖν καὶ ὁ Παῦλος ἐποιήσατο κατὰ τὴν αὐτοῦ πόλιν Ταρσούς, ὥστε ξενίζειν τε καὶ ξενίζεσθαι παρ᾽ ἀλλήλοις καὶ τοὺς ἀλλήλων πολίτας ἀνθυποδέχεσθαι. Πρόξενος γοῦν Σελευκέων μὲν ὁ Παῦλος, Ταρσέων δὲ ἡ παρθένος, καὶ πολλή τις ἡ ἐν τοῖς πολίταις τούτοις ἅμιλλα, ἢ ἐπὶ τὸν ἀπόστολον ἀναδράμοιεν κατὰ τὴν ἐκείνου πανήγυριν, ἢ ἐκεῖθεν ἐπὶ τὴν ἀπόστολον ὁμοίως ἔλθοιεν κατὰ τὴν αὐτῆς ἑορτήν, καὶ πολλὴ πᾶσιν ἡμῖν ἡ περὶ τούτου ἔρις ἐμπέφυκε καὶ λίαν ἀγαθὴ καὶ πρέπουσα Χριστιανῶν παισί τε καὶ δήμοις.

2 Καὶ τὰ μὲν κατὰ τῶν δαιμόνων θαύματα τοιαῦτα τῆς μάρτυρος, ἃ καὶ τοῖς ἄγαν βουλομένοις ἀπιστεῖν οὐκ ἔστι μὴ πάντως ὁμολογεῖν μήτε λέγειν καὶ διηγεῖσθαι ἄλλοις. Τίς γὰρ ἂν τὰ ὑπὸ τοῖς πάντων ὀφθαλμοῖς ἀρνήσαιτο μὴ οὕτως ἔχειν ἢ μὴ οὕτω γεγενῆσθαι; Ἐπεὶ καὶ τὸ κρατῆσαι πολυχρονίων οὕτω δαιμόνων καὶ πολλὴν τὴν ἀπὸ τῶν αὐτοῖς λατρευόντων προβεβλημένων ἰσχύν (οὗτοι δὲ ἦσαν ὅλαι πόλεις καὶ ὅλα ἔθνη), μόνου τε Θεοῦ καὶ μόνων τῶν ὑπὸ Θεοῦ τεταγμένων εἰς τοῦτο μαρτύρων. Ὥσπερ δὲ ἄλλοις ἄλλα τῶν ἁγίων πόλεις καὶ χώρας ὁ Χριστὸς διένειμεν ὥστε ἀνακαθᾶραι σὺν ἀκριβείᾳ τὴν

Chapter 4

After these deeds, she turned her attack upon the very 1
chief of the demons himself, Zeus. And once she had pre-
vailed against him, too—in a very manly fashion—she drove
him out of the city like a tyrant, like a criminal, and she made
his temple into a dwelling place for her teacher Paul, just as
Paul had done in his city of Tarsus. So they gave and received
hospitality from one another and welcomed the citizens of
each other's city into their respective hometowns. Paul was
a guest of the Seleukeians, and the virgin of the Tarsians, and
great was the competition between the citizens: whether
<our citizens> should flock to the apostle Paul on his feast
day, or <the Tarsians> should likewise come from there to
our apostle Thekla on the day of her festival. The rivalry
over this issue has become great among all of us and is very
beneficial and appropriate for Christian children and com-
munities.

Such were the miracles performed by the martyr with re- 2
gard to the demons, miracles which even those who very
much want to disbelieve find it impossible to deny entirely
or tell and relate to others. For who could contradict events
which have taken place in plain sight of everyone, claiming
that they do not occur or that they did not happen in this
way? For the overpowering of demons of such a great age,
who could defend themselves with the great strength of
their worshippers (these were whole cities and nations), be-
longs to God alone and to the martyrs appointed by God
for this purpose. Just as Christ apportioned some cities and
lands to certain saints and others to others—so that he
cleansed the land thoroughly—he thus assigned our land to

γῆν, οὕτω καὶ αὐτῇ ταύτην ἀπένειμεν, ὡς Πέτρῳ τὴν Ἰου-
δαίαν, ὡς Παύλῳ τὰ ἔθνη.

3   Ἀλλὰ γὰρ ἰτέον ἤδη καὶ ἐπὶ τὰ λοιπὰ θαύματα τῆς μάρ-
τυρος. Τοσοῦτον δὲ προρρητέον μόνον· ἐπειδὴ γὰρ Θεοῦ
μὲν ἐπιτυχεῖν οὐ πᾶσιν ἀνθρώποις ἦν εὐπετὲς οὐδὲ ῥᾷστον,
δυνάμεως οὕτως ὑπερτάτης καὶ ὑψηλοτάτης καὶ οὐδὲ
ἀγγέλοις οὐδὲ ἀρχαγγέλοις ἐφικτῆς, ἢ πού γε ἀνθρώποις,
ἢ διὰ βίον ἢ διὰ τρόπον ἢ δι' ἀμφότερα κωλυομένοις τῆς
θείας ἐκείνης ἀκοῆς ἐξικνεῖσθαι, πολὺ δὲ ὅσον καὶ φιλοκίν-
δυνον ἀεὶ τὸ γένος τῶν ἀνθρώπων, πολλαῖς ἀεὶ καὶ ποικί-
λαις περιπειρόμενον ὀδύναις καὶ ἀνίαις, φιλάνθρωπος ὢν
ὁ Θεὸς καὶ περὶ τὸ ἐλεεῖν ἑτοιμότατος καὶ φιλοτιμότατος
ἐγκατασπείρει τῇ γῇ τοὺς ἁγίους, ὥσπερ τισὶν ἰατροῖς ἀρί-
στοις κατανείμας τὴν οἰκουμένην, ὥστε τὰ μὲν αὐτοὺς
ἀπραγματεύτως θαυματουργεῖν ὥς που καὶ πλησιαίτερον
τῶν δεομένων ὄντας κἀκ τοῦ παραχρῆμα ἐπαΐοντάς τε καὶ
τὴν θεραπείαν ἐπάγοντας, τὰ δὲ καὶ διὰ τῆς αὐτοῦ χάριτος
καὶ δυνάμεως μεγαλουργεῖν ὅσα καὶ τῆς αὐτοῦ μάλιστα
δεῖται βοηθείας, πρεσβεύοντας, παρακαλοῦντας, δυσω-
ποῦντας ὑπὲρ ἐθνῶν, ὑπὲρ πόλεων, ὑπὲρ γενῶν καὶ δήμων,
κατὰ λοιμῶν καὶ λιμῶν καὶ πολέμων καὶ αὐχμῶν καὶ
σεισμῶν καὶ ὅσων οἷόν τε μάλιστα τὴν τοῦ Θεοῦ χεῖρα
μόνην ὑπερέχειν τε καὶ ἀντιλαβέσθαι κραταιῶς.

4   Εἰκότως οὖν καὶ ἡ μεγάλη μάρτυς, ὡς μεγάλα τε δυνα-
μένη καὶ ἐπὶ τοῦτο ταχθεῖσα παρὰ τοῦ κοινοῦ βασιλέως
Χριστοῦ, πολλάκις καὶ λιμὸν ἔπαυσε, καὶ λοιμὸν ἔλυσε, καὶ
αὐχμὸν ἔσβεσε, καὶ πόλεμον ἔθραυσε, καὶ πολεμίους παρ-
έδωκε, καὶ πόλεις ἔσωσε, καὶ οἴκους ἐφύλαξε, καὶ κοινῇ τε

Thekla, as he did Judea to Peter, and to Paul the nations [i.e., the Gentiles].[14]

But we must move on to the remaining miracles of the 3 martyr, though with the necessary addition of one last point. Namely, it is not a light or easy matter for every person to encounter God—since his power is so lofty and sublime and unattainable even to angels and archangels. How much more so then for men, whether it was their lifestyle or character, or both, that prevented them from perceiving that divine voice (especially since the human race is always fond of danger and always entangled in many and various griefs and sorrows). But God, being a friend of mankind, very disposed to act mercifully, and supremely generous, sowed his saints over the land, as if parceling out the inhabited world among certain excellent doctors, so that, on the one hand, they could work miracles without effort, somehow because they are nearer to those who entreat them and can immediately react and bring healing. On the other hand, they could accomplish through God's grace and power such great miracles as may require his special assistance, through intercession, consolation, and entreaty on behalf of nations, cities, races, and peoples, against plagues, famines, wars, droughts, earthquakes, and as many disasters as the hand of God alone can mightily subdue and alleviate.

Appropriately, also, the great martyr—since she can ac- 4 complish great things and was appointed for this purpose by our common king Christ—often halted famine, put an end to plague, quenched drought, terminated war, handed over enemies, saved cities, protected houses, and gave out

19

πᾶσι καὶ τοῖς καθ᾽ ἕκαστον ἅπερ ἕκαστος ᾔτησεν ἀφθόνως ἔδωκε—μόνον εἰ συμφερόντως τις καὶ πρεπόντως ᾔτησεν, ἅμα καὶ τὸν βίον τοῦ πάντως τι λαβεῖν ἄξιον ἀεὶ παρεχόμενος, ὡς ὅ γε ῥυπῶν καὶ δυσαγὴς οὐδὲ προσιτός ἐστί ποτε τῇ ἁγίᾳ μεγαλομάρτυρι. Φέρε δὴ καὶ τῶν κατὰ μέρος καὶ εἴς τινας ὑπαρξάντων ἢ κοινῶς ἢ ἰδίως θαυμάτων μνημονεύσωμεν, ὥστε τοῖς παρ᾽ ἡμῶν λεγομένοις καὶ πίστιν ἀναμφίβολον ἐπακολουθεῖν τὰ πράγματα.

5

1 Μέγιστος ὠδίνετό ποτε φόβος κατὰ τῆς Σελεύκου ταύτης πόλεως, ἀλιτηρίων αὐτῇ προσελαύνειν μελλόντων [Ἀγαρηνῶν], ὥστε ἢ δόλῳ ταύτην ὑφαρπάσαι ἢ πολέμῳ καὶ φόβῳ παραστήσασθαι. Βουληθῆναι γὰρ ἔδει μόνον καὶ ἡ πόλις ἦν ἐν χερσί, τῶν μὲν οἰκητόρων τῆς πόλεως ὡς τὰ πολλὰ ἀπιστούντων τε τοῖς τότε θρυλουμένοις καὶ ἀναπεπτωκότων ἢ καὶ θέαις σχολαζόντων καὶ τὸν παραυτίκα κίνδυνον ἐσόμενον οὐδ᾽ ὅλως ὑφορωμένων, τῶν δὲ πολεμίων ἐγρηγορότων, ἀγρυπνούντων, μονονουχὶ τὰ τῶν οἰκούντων ἤδη διαλαγχανόντων χρήματα καὶ σώματα.

2 Ὅτε οὖν ὁ λόχος ἐξήρτυτο καὶ ἦν ἤδη πλησίον, καὶ προσεῖρπε τοῖς τείχεσι τὸ κακόν, καὶ ἡ νύξ—καιρὸς συνάδων τῷ τολμήματι τῆς ἐπιχειρήσεως—οὐ πόρρω, καὶ αὕτη δὲ ἀσέληνος καὶ ἀφεγγὴς καὶ γνοφώδης, καὶ ὕπνος

bountifully, to the collective and to each individual, the very things which each asked for, as long as one made an expedient and appropriate request and, at the same time, offered in return a lifestyle entirely worthy to receive <the gift>, since one who is defiled and impious will never be able to approach the holy megalomartyr.[15] Come now and let us call to mind the miracles that occurred in turn to certain people, either in a group or individually, so that an unwavering faith in her deeds might follow upon my words.

Chapter 5

One day a very great fear oppressed this city of Seleukos: 1 some bandits, the Hagarenes,[16] were about to attack it, either to seize it by treachery or to deal with it by open war and terror. They had only to desire it, and the city would be in their hands: the citizens, as often happens, disbelieved the rumors circulating at that time and were even reclining at meals or spending their time at spectacles, not suspecting in the slightest the imminent danger. But their enemies were awake and watchful, all but dividing by lot the inhabitants' goods and persons.

When their armed band equipped itself and was already 2 nearby, and calamity was creeping toward the walls, at a time when the night—a time appropriate for such a bold attack—was not far off, being moonless, without light, and dark, and

βαθὺς κατὰ τῶν δῆθεν φυλαττόντων ἐκέχυτο, καὶ τὰ μη-
χανήματα τῶν τειχῶν ἤδη που πλησίον ἦν, ὡς καὶ προσ-
πνεῖν τοῖς οἰκοῦσι λοιπὸν τὰ τῆς ἁλώσεως κακά, καὶ τὸ
λεῖπον ἦν οὐδὲν τοῦ τὴν πόλιν ἤδη ληΐζεσθαι, ἡ μάρτυς
ὑπερφανεῖσα μόνον τῶν τειχῶν καὶ ἐπαστράψασα καὶ
μονονουχὶ ἐπαλαλάξασα κατὰ τῶν πολεμίων, ἐκείνους τε
τῆς ἐπιχειρήσεως ἀπέστησε καὶ τοὺς οἰκοῦντας πάντας ἐπὶ
τῶν ἐπάλξεων ἔστησε.

3   Καὶ πολὺ μὲν τούτοις τὸ θάρσος ἐνέπνευσε, πολὺ δὲ
ἐκείνοις τὸ δέος ἐπέσεισεν, ὥστε ἀπροσδοκήτως πάντοθεν
τὴν ὑπὸ τοῖς πολεμίοις οὖσαν ἤδη περισωθῆναι πόλιν, ὡς
τοὺς πολεμίους αὐτοὺς μεγάλα μὲν ἐλπίσαντας, μεγίστων
δὲ ἀποτυχόντας, οὔτε δὲ τῆς ἀποτυχίας τὸν τρόπον καὶ τὸ
αἴτιον ἀγνοήσαντας, πολὺ καὶ μέχρι τοῦ παρόντος ἔχειν
παρ᾽ ἑαυτοῖς ἔτι τὸ θαῦμα τῆς μάρτυρος. Καὶ γὰρ ἐξ ἐκεί-
νης τῆς μιαρᾶς φάλαγγος εἰσὶν ἔτι τινὲς ὑπερυμνοῦντες
ἐπὶ τούτοις τὴν μάρτυρα καὶ τὴν οὐδαμόθεν αὐτοῖς ἐλ-
πισθεῖσαν ὁμολογοῦντες ἧτταν.

6

1   Ἀλλ᾽ οὐ περὶ ταύτην μὲν ἡ παρθένος τοιαύτη γεγένηται,
ὡς ἂν καὶ πρόμαχος αὐτῆς καὶ πολιοῦχος καὶ μήτηρ καὶ δι-
δάσκαλος, ὀλίγωρος δὲ περὶ τὰς ἄλλας ἐστὶ τῶν πόλεων, ἥ
γε καὶ τὸ Ἰκόνιον, τὴν οὕτως εἰς αὐτὴν ἐξυβρίσασαν πόλιν
καὶ τὸ κακῶν ἔσχατον πῦρ κατ᾽ αὐτῆς ἀναψαμένην, ἐπὶ

once a deep sleep had fallen over those who were suppos-
edly mounting guard, and the engines were already near the
walls, so that the woes of conquest were already breathing
hard upon the inhabitants, and there was now no option
except for the city to be plundered, the martyr Thekla ap-
peared alone atop the walls, in brilliant radiance, all but rais-
ing the war cry against the enemies, so that she repelled
them from their attack and roused all the inhabitants to the
ramparts.

Great was the courage she inspired in them; great was the 3
fear with which she shook the attackers, so that, contrary to
every expectation, the city which was already under the con-
trol of the enemy was saved, and so that the enemy itself,
which had great expectations, was disappointed to an even
greater degree. Nor did they understand the manner and
source of their misfortune, but even up to the present the
miracle of the martyr still has a great reputation among
them. For from that abominable troop there are still some
alive who glorify the martyr exceedingly for these events
and acknowledge the defeat that was for them unexpected
in every way.

Chapter 6

One cannot claim, however, that the virgin <Thekla> 1
has become such a defender, protector, mother, and teacher
for our city but holds little regard for other cities. She even
saved Ikonion, which had fallen into similar dangers, al-
though this is the city that had so mistreated her and even,

23

ὁμοίοις κινδύνοις γεγονυῖαν διέσωσε, δραμοῦσά τε ἐντεῦ-
θεν καὶ κατὰ χεῖρα συμπλακεῖσα τοῖς ἐπελθοῦσι τῶν πολε-
μίων καὶ ἀναιροῦσα καὶ παίουσα καὶ κονιορτῷ τὰς ὄψεις
καταπάττουσα, ὥστε πᾶν τὸ ἐν ποσὶν ἠχλυῶσθαί τε καὶ ζό-
φου πεπληρῶσθαι, ὃ πολλοὺς μὲν ἀναιρεθῆναι παρεσκεύα-
σε, πολλῷ δ᾽ αὖ πλείους καὶ ἁλῶναι, πάντας δὲ ὑφ᾽ ἑνὶ γενέ-
σθαι καὶ κινδύνῳ καὶ ὀλέθρῳ, ὡς μηδ᾽ ἄγγελον ἀπονέεσθαι,
ἔφη τις ἂν ὁμηρίζων. Καὶ εἰσὶν ἔτι καὶ νῦν οἱ τούτου μεμνη-
μένοι τοῦ θαύματος, ὃ πρεσβύτερον μέν ἐστι τοῦ καθ᾽ ἡμᾶς,
οὐ πολλῷ δὲ φαυλότερον τοῦ τροπαίου τὸ τρόπαιον· καὶ
γὰρ ἄμφω τῆς μιᾶς ἐστι χειρὸς καὶ γνώμης καὶ δυνάμεως
ἔργον.

2   Ἀλλὰ τούτων μὲν προτέρων ὡς ἂν καὶ περικλεεστέρων
καὶ περὶ πόλιν ὅλην γεγονότων ἐμνήσθημεν τῶν θαυμά-
των, μήτε δὲ τῶν καθ᾽ ἕνα ἄνδρα ἢ γυναῖκά ποτε γεγονό-
των ἀμνημονήσωμεν· ἢ γὰρ ἂν καὶ αὐτὴν ἀδικήσαιμεν τὴν
δεδωκυῖαν, λήθῃ καὶ σιωπῇ παραδόντες οὕτω λαμπρὰς καὶ
μεγάλας θαυματουργίας, καὶ τοὺς εἰληφότας τὰ μέγιστα
καταβλάψομεν, εἰ ἀμνημονήσομεν ἐκείνων ὧν μάλιστα με-
γίστων καὶ μόνων ἀγαθῶν κατὰ τὸν βίον νομίζουσι—καὶ
μάλιστα τοὺς ἐν τοῖς βασιλείοις διαλάμψαντας, ἐν ᾧ πι-
στεύουσιν ἐνδοξότεροι δι᾽ αὐτῆς γεγενῆσθαι—καὶ τοὺς
νῦν δὲ καὶ τοὺς μετέπειτα ζημιώσομεν, εἰ ἀγνοίᾳ τῶν προ-
λαβόντων περί τινας ἀγαθῶν ἀργότεροι φανεῖεν αὐτοὶ
περὶ τὰς ὁμοίας αἰτήσεις. Κἀνταῦθα δὲ προτιμητέα τὰ μά-
λιστα τιμιώτερα καὶ μάλιστα τοῖς τιμιωτέροις ὑπάρξαντα,
πάντων δὲ ἀνθρώπων ἀρχιερεῖς καὶ ἱερεῖς τιμιώτεροι.

as the worst of its misdeeds, lit a fire under her.[17] Rushing from here, she seized the attacking enemies in her hands, killed them, smote them, and sprinkled their eyes with dust, so that everything at their feet was obscured and filled with darkness. This darkness allowed the destruction of many, and the capture of many more, and all of them suffered a single danger and calamity, to the degree that not even a messenger could get away, as one might say with Homer.[18] There are still some alive today who remember this miracle, which is somewhat older than the one in our city <Seleukeia>,[19] but the one triumph is hardly less than the other. For both are the work of one hand, one mind, one power.

We have made mention of these miracles first since they are more celebrated and affected entire cities, but let us not neglect to record the miracles which happened at various times to individual men and women. We would certainly do wrong by her who has granted them by surrendering to oblivion or silence such splendid and mighty miraculous deeds, and most of all we will harm the beneficiaries, were we to fail to mention precisely those events which they consider the most important and the only good things in their lives. (This is true especially for those who distinguished themselves at the palace, inasmuch as they believe their esteemed positions have come to them through Thekla.) And we would cause harm to those living now and those to come, if through ignorance of those benefits received by some they might show themselves more negligent in asking for similar benefits. At this point, we must show preference to events which are most honorable and, in particular, which have happened to the more honorable people among us: and of all men, bishops and priests are most deserving of honor.

7

1 Τὸν Δεξιανὸν τοίνυν ἐκεῖνον ἀγνοεῖ μὲν οὐδεὶς τῶν καθ᾽ ἡμᾶς, ὅσοι δὲ ἴσμεν, πάντες καὶ θαυμάζομεν ὡς ἱερὸν ἄνδρα, ὡς ἄριστον ἀρχιερέα, ὡς ἐπάξιον ἀληθῶς ἧς εἶχεν ἀξίας. Τοῦτον τοίνυν, ὄντα μὲν τότε τῆς γερουσίας τῶν ἱερέων, ὄντα δὲ καὶ αὐτῆς τῆς μάρτυρος πάρεδρον, κἀκεῖνα πράττοντα ὅσαπερ ἱερεῖ καὶ ὅσα παρέδρῳ καὶ ὅσα φύλακι τῶν οὕτως ἁγίων καὶ τιμίων πρέπει, τιτρώσκει τις δαίμων βασκαίνων αὐτῷ τῆς πάντοθεν εὐκλείας, τιτρώσκει δὲ πάθει καὶ τρόπῳ τοιῷδε.

2 Ἐν νυκτὶ μέσῃ καὶ ἐν ἀφεδρῶνι καθεζομένῳ τῷ Δεξιανῷ ἐφίστησι δαιμονῶντα ἄγριόν τινα καὶ λυσσητῆρα, ὡς ἐξαίφνης αὐτὸν τοῦ παρεστῶτος αἰσθόμενον, τοῦτο μὲν ὡς ἐν βαθεῖ καὶ ἀφεγγεῖ σκότῳ, τοῦτο δὲ καὶ ὡς πνευματιῶντα καὶ βλέποντα καὶ φθεγγόμενον μανικά, ἐκπλαγῆναί τε καὶ περιδεῆ καὶ ἔντρομον γενέσθαι, καὶ ὅλον πληρωθῆναι δείματός τε καὶ ἱδρῶτος. Ἐκ δὴ τοῦ τοιούτου φόβου ἡ κεφαλὴ ἅμα τῷ αὐχένι τῆς οἰκείας ὥσπερ ἕδρας καὶ τάξεως ἀπολισθήσασα, καὶ τῶν σπονδύλων οὐκ ἐναρμονίων ἔτι περιολισθαινόντων ἀλλήλοις, περίτρομός τε ἦν καὶ συχνότερον περὶ αὐτὴν ἐκραδαίνετο, ὡς κοινὸν εἶναι πένθος τοῖς θεωμένοις αὐτόν.

3 Τί οὖν ἡ μάρτυς; Τόν τε τοῦτο ἐργασάμενον οὐκ ἀγνοήσασα δαίμονα, καὶ τὸν πεπονθότα κακῶς ἐλεήσασα καὶ ὡς ἱερέα καὶ ὡς ἄνδρα τίμιον καὶ ὡς αὐτῆς πάρεδρον, εὐθὺς ἀπαλλάττει τοῦ πάθους, ὡς τοσοῦτο καὶ οὕτω μέγιστον κακὸν εὐθὺς παύσασθαί τε καὶ συσκιασθῆναι τῷ

Chapter 7

Certainly no one in our generation is unfamiliar with the 1
acclaimed Dexianos, and all of us who knew him admire
him as a holy man, an excellent bishop, and truly worthy of ·
the honor which he held. This man, who was at that time a
member of the college of priests, yet also an attendant of
the martyr herself,[20] and who performed such deeds as befit
a priest, an attendant, and a guardian of such a holy and pre-
cious treasure, was injured by a demon envious of his univer-
sal good reputation, and it afflicted him in the following
manner.

In the middle of the night, while Dexianos was seated on 2
the privy, there stood before him a demonic creature, wild
and raving mad.[21] As soon as he perceived it standing next to
him—<he knew it was there> because, even though he was
sitting in pitch black darkness, <he could see> it was pant-
ing, leering, and making insane noises—he was stupefied
and trembled with fear, completely overwhelmed with dread
and drenched with sweat. And because of his great fright,
his head and his neck slipped from their normal base and
position, and the vertebrae were no longer aligned and
slipped out of joint with one another, his head trembled and
was shifting all around. As a result, there was common grief
among those who saw him <in this state>.

What then did the martyr do? Recognizing the demon 3
who had done this, and pitying the miserably afflicted man,
<whom she knew> as a priest, an honorable man, and her
own attendant, immediately she delivered him from his
suffering, so that even so great an affliction as this ceased
immediately and disappeared through the miracle. For,

θαύματι. Νύκτωρ γὰρ ἐπιφοιτήσασα αὐτῷ κελεύει μηδαμῶς μὲν ἀθυμεῖν μήτε δεδιέναι μήτε ὀλιγοπιστίας πρᾶγμα ὑπομένειν, χρήσασθαι δὲ πρὸς θεραπείαν ἐλαίῳ τῷ τὸ νυκτιαῖον ἀεὶ φυλάττοντι φῶς κατὰ τὸν αὐτῆς χῶρον καὶ τὸ βῆμα τὸ ἱερόν. Τοῦτο ἀκούσας ὁ Δεξιανὸς καὶ ὑπὸ μόνης μὲν τῆς θαυμαστῆς ὄψεως καὶ περιχαρείας ἰάθη, διαναστὰς δὲ τῆς κλίνης καὶ τῷ ἐλαίῳ μυρωθέντι χρισάμενος, αὐτῆς δήπουθεν καὶ τοῦτο ἐργασαμένης, εἰς δευτέραν ἔτι καὶ ἑτέραν ἡμέραν οὐκ ἐδεήθη τοῦ φαρμάκου, πλήν γε ὅσον ἐπιγαυρούμενος τῷ βοηθήματι κατεχρήσατο τῷ δώρῳ. Τοσαύτην δὲ καὶ μετὰ ταῦτα τὴν ἰσχὺν ἔσχε τοῦτο τὸ προσταχθέν, ὥστε αὐτῷ καὶ ἐν ἑτέρῳ πάλιν κινδυνεύσαντι καιρῷ κατὰ δαίμονος καὶ τότε προσβολὴν ἐπαρκέσαι.

8

1   Φερομένῳ γὰρ ἐφ' ἵππου ποτὲ γαύρου τε καὶ οἵου μὴ ἀνέχεσθαι χειρὸς ἀσθενεστέρας, καὶ δὴ κατενεχθέντι καὶ τὸ σκέλος κατεαγέντι καὶ κακῶς ἔχοντι πάνυ, ἡ αὐτὴ μάρτυς τὴν αὐτὴν ὀρέξασα βοήθειαν τὸν μὲν ἰάσατο παραχρῆμα—καὶ γὰρ ἔμελεν αὐτῇ τἀνδρὸς ἄγαν—ἴσον δὲ ἑκατέρων τὸ θαῦμα εἰργάσατο περί τε τὴν κεφαλὴν καὶ τὸ σκέλος. Καὶ ταῦτ' ἀπ' οὐδεμιᾶς πολυτρόπου φαρμακείας, ὃ δὴ καὶ μάλιστα ἄν τις αὐτῆς θαυμάσειε· μηνύουσα γὰρ ἃ χρὴ ποιεῖν τοὺς πάσχοντας, οὐκ ἐπί τι τῶν σπανίων καὶ

visiting him during the night, she commanded him never to lose heart, nor to be afraid, nor to abide any deed of weak faith, but to use as a remedy the oil that at night perpetually preserves the light in her own place, the holy sanctuary [lit. *bema*]. Hearing this, Dexianos was healed by the miraculous vision alone and his extreme joy: he rose from his bed and anointed himself with perfumed oil—obviously it was the saint herself who produced this oil—and the next day and the following day he had no need of the remedy. To the extent that he used the gift, he did so because he exulted in the assistance <he had received>. This prescription continued to be so effective thereafter that, for Dexianos, it sufficed to ward off a subsequent assault, when on another occasion he was again endangered by a demon.

Chapter 8

One day, mounted on a skittish horse that could not be controlled by a weak hand, <Dexianos> was thrown off, broke his leg, and was generally in a bad way. The same martyr extended the same assistance: she healed him immediately—for the man was very dear to her—and she accomplished in both cases the same miracle, for his head and for his leg. This was accomplished without the use of complicated medicine, which fact one might particularly admire in her. In demonstrating the proper course of action for the afflicted, she does not guide those who entreat her to

πολυτιμήτων ἄγει τοὺς δεομένους, ἀλλ᾽ ἐπί τι τῶν εὐτελῶν
καὶ ἐν μέσῳ κειμένων, ὥστε καὶ τῇ θᾶττον εὐπορίᾳ τοῦ
μηνυθέντος εὐκολωτέραν γενέσθαι τὴν σωτηρίαν, μετὰ
τοῦ καὶ τὴν αὐτῆς ἐν τοῖς οὕτως εὐτελέσι διαδείκνυσθαι δύ-
ναμιν, ὡς τῆς προσταττούσης, ἀλλ᾽ οὐ τοῦ προσταχθέντος
εἶναι νομίζειν τὰς ἐνεργείας.

9

ιᴍᴇ Μηνοδώρου δὲ τοῦ πάνυ καὶ τοῦ κατ᾽ αὐτὸν θαύματος
τίς ἂν ἑκὼν ἐπιλάθοιτο; Ἦν μὲν γὰρ Αἰγῶν τῶν Κιλικιῶν
οὗτος ἐπίσκοπος, πόλεως θαλάττῃ μὲν προσοικούσης,
εὐπαθούσης δὲ λίαν ἐπί τε ὡρῶν εὐκρασίᾳ, ἐπί τε ὠνίων
ἀφθονίᾳ, ἐχούσης δ᾽ ἔτι καὶ ὄνομα ἐπὶ εὐσεβείᾳ λαμπρόν,
ἀνὴρ τοὺς αὐτόθι πάντας οὐχ οὕτως εὐνοίᾳ καὶ τῷ προ-
εστάναι τοῦ λεῶ προσαγόμενος ὡς ἀπλότητι τρόπων καὶ
καθαρότητι βίου· καὶ γὰρ εἴ τις ἕτερος ἐνήσκητο ταῖς κατὰ
Θεὸν ἀρεταῖς ἁπάσαις, καὶ ἦν πολὺς παρὰ πᾶσιν ὁ ἀνὴρ
ᾀδόμενος ὡς ἡμερώτατος, ὡς σεμνότατος, ὡς καὶ τὸν
Χριστὸν αὐτὸν ἐπὶ πᾶσιν ἀναπνέων οἷς τε ἔλεγεν, οἷς τε
ἔπραττεν, οἷς τε ἐθαυματούργει—ἤδη γὰρ καὶ τοῦτο δι᾽
ὑπερβολὴν ἀριστείας πεπίστευτο τὸ σημεῖα ποιεῖν· λέγεται
γοῦν καί τινα τῶν ἀποβεβιωκότων ἀποδοῦναι αὖθις τῷ βίῳ
τούτῳ, τῆς τοῦ θανάτου δι᾽ εὐχῆς ἀφελόμενος ἰσχύος καὶ
ἀρχῆς. Οὗτος τοίνυν ὁ οὕτω πεφυκώς, καταστὰς ὑπό τινος

something rare and expensive, but to something cheap and readily available, so that their healing comes about more easily through the swift acquisition of the prescription. Furthermore, she displays her power in <making use of> such common means, that one does not attribute the efficacy to that which is prescribed, but rather to the prescriber.

Chapter 9

Who would wittingly disregard the famous Menodoros and the miracle concerning him? For this man was bishop of Cilician Aigai (a city lying near the sea which enjoys an excellent reputation because of its seasonable weather and the abundance of its markets, and still has today a reputation famous for piety), a man who, less for his popularity than for his simplicity of character and purity of life, was put forward to lead all the people in that place. For he was more practiced than anyone else in all the divine virtues and was praised greatly by everyone, as the most gentle, as the most holy, and because he breathed Christ himself in every word, in every act, and in all the miracles he performed—for, on account of his superlative excellence, it was already believed that he performed miracles. It is even said that he restored to this life a person who had died, extricating him, through prayer, from the strength and authority of death. This Menodoros, made of such mettle, was appointed by a faithful,

γυναίου πιστοῦ καὶ σεμνοῦ καὶ ἐπιδόξου τὸ γένος τοῦ οἰκεί-
ου καὶ διαφέροντος αὐτῷ κλήρου κληρονόμος, ὡς εὖ τε καὶ
κατὰ Χριστὸν διαθεῖναι τὰ καταλειφθέντα χρήματα δυνά-
μενος καὶ μηδὲν εἰς οἰκεῖον σφετερίσασθαι κέρδος, περι-
πίπτει τοιῷδε πράγματι.

2   Τῶν γάρ τις ἐν οἴκῳ βασιλέως ἀναστρεφομένων εὐνοῦ-
χος, μεγάλα τε δυνάμενος καὶ πονηρίας οὐδὲν ἀπολεί-
πων—Εὐτρόπιος ἦν ὄνομα αὐτῷ—μαθὼν καὶ τοῦ γυναίου
τὴν τελευτὴν καὶ εἰς ὃν κατέληξεν ὁ τῶν ἐκείνης χρημά-
των κλῆρος, ὑποπίμπλαται μὲν εὐθὺς θυμοῦ καὶ φθόνου—
καὶ γὰρ φιλόπλουτον ἀεὶ καὶ βάσκανον καὶ πλεονεκτικώ-
τατον τὸ τῶν ἡμιβαρβάρων τούτων καὶ γυνάνδρων ἐστὶ
γένος—καταφεύγει δὲ ἐπὶ βασιλέα καὶ πειρᾶται διὰ τῶν
ἐκείνου γραμμάτων ἀποστῆσαι μὲν τῆς κληρονομίας τὸν
Μηνόδωρον, εἰς ἑαυτὸν δὲ μεταντλῆσαι τὸν πλοῦτον,
ἀποπειρᾶται δὲ οὕτως.

3   Θεσπίσαι πρότερον παρασκευάζει βασιλέα μηδενί ποτε
κληρικῷ ἐξεῖναι γυναῖκα κατὰ μηδὲν προσήκοντι χρῆσθαι
κληρονόμῳ, καὶ ποιεῖται μὲν κοινὴν κατὰ πάντων τὴν νο-
μοθεσίαν ταύτην, Μηνόδωρος δὲ ἦν ὁ θρυλούμενος, ὁ ζη-
τούμενος, ὁ μελετώμενος. Διαπραξάμενος δὲ τοῦτο, κατα-
πέμπει στρατιώτας ἀστικοὺς τοὺς τὸν ἐπίσκοπον ἀγώγιμον
ἄξοντας ὡς καὶ παραβεβηκότα νόμον καὶ κτήμασιν ἀλλο-
τρίοις ἐπιπηδήσαντα. Καὶ ἄγεται μὲν ὁ Μηνόδωρος ὥς τι
λάφυρον ἀπὸ πολεμίων λαμπρόν, ἔβρεμε δὲ κατ' αὐτοῦ ὁ
Εὐτρόπιος εἰσπραττόμενος, βιαζόμενος ἅ τε εὐνοῦχος καὶ
ὅσα πλεονέκτης καὶ ὅσα βασιλέως ὑπηρέτης καὶ ὅσα
Εὐτρόπιος· τῶν γὰρ πώποτε διὰ πονηρίαν ἢ δυναστείαν

respected, and wellborn woman to be the heir to her personal estate, <in the hope that> he would be able to manage well, according to <the law of> Christ, the wealth which was bequeathed to him and not appropriate anything for his personal gain. He fell into the following circumstance.

One of the eunuchs dwelling in the household of the emperor, a very powerful individual who neglected no opportunity for evil—Eutropios was his name[22]—when he learned of the woman's death and who had inherited her wealth, he was immediately filled with anger and jealousy—for his race, that of these semibarbarian she-men, is always greedy, malicious, and exceedingly avaricious. He appealed to the emperor and attempted, through an imperial rescript [lit. the emperor's letters], to divest Menodoros of the inheritance, and to transfer the wealth to himself. This is how he went about it. 2

First, he arranged for the emperor to decree that at no time can a woman make a cleric her heir, if he is no relation to her: while he made this a law applying to all people, Menodoros was the one named, the one sought after, the one pursued. Having achieved this much, Eutropios sent soldiers from the capital to arrest the bishop who was <now> liable to seizure, under the pretense that he had broken the law and had stolen the goods of another. Menodoros was led away, like some magnificent spoils of an enemy, while Eutropios continued to rage against him, exacting money from him and exerting pressure on him: as one might expect from a eunuch, a greedy individual, an emperor's servant, a true Eutropios.[23] For, among all those ever distinguished for their 3

ἄδικον ᾀδομένων περιφανέστερος ἦν ὁ Εὐτρόπιος, ἐν κα-
κοῖς ἄγαν κακίων ὑπεράγαν ὤν τε καὶ δοκῶν παρὰ πᾶσι.

4   Λύει μὲν οὖν ὅμως τὸν οὕτω χαλεπὸν καὶ βαρὺν πόλε-
μον ἡ μάρτυς εὐνοίᾳ καὶ μνήμῃ τῶν ποτε ὑπαρξάντων
αὐτῇ παρὰ τοῦ Μηνοδώρου, πρεσβυτέρου τε ὄντος καὶ
παρεδρεύοντος καὶ βιοῦντος τῶν ἐκείνης ἐπαξίως ὀφθαλ-
μῶν πάντοτε. Λύει δὲ οὕτως· κατηφιῶντι γὰρ αὐτῷ καὶ
ποτνιωμένῳ καὶ προσευχομένῳ καὶ τήν γε αὐτῆς μετὰ
Χριστὸν ἐπιβοωμένῳ βοήθειαν ἐπιφοιτήσασα ἡ μάρτυς
εἶπε μὴ ἂν ἄλλως ἀπαλλαγήσεσθαι τῆς ταραχῆς ταύτης
καὶ ζάλης καὶ τρικυμίας ἐξ οὕτω μεγάλης ἀνακυκηθείσης
δυναστείας εἰ μὴ τὸν δεῖνα διδάξοι τῶν συνηγόρων, τοῦ-
τον δὲ εἶναι τὸν ἅμα τῇ ἕῳ πρὸς ταῖς ἱεραῖς θύραις τῆς
ἐκκλησίας ἀπαντήσοντα, καὶ τοιόνδε καὶ τοιόνδε ὄντα τῷ
σχήματι—καὶ γὰρ ὅστις ἦν, ὑπέγραψεν αὐτῷ τῷ λόγῳ τὸν
ἄνδρα· ὡς διαναστάντα τῆς κλίνης αὐτὸν καὶ δραμόντα
πρὸς ταῖς θύραις τῆς ἐκκλησίας εὑρεῖν ἐκεῖνον ὕπαρ, ὃν
ὄναρ ἐδόκει θεᾶσθαι.

5   Ἀταλάντιος δὲ ἦν ὄνομα τούτῳ, τότε μὲν ἐν τοῖς ῥή-
τορσι, τελευταῖον δὲ καὶ ἐν ἐπισκόποις ἐκλάμψαντι. Δια-
λεχθεὶς δὲ αὐτῷ καὶ ὅ τι δέοι ποιεῖν ἀκούσας καὶ ἀναθαρ-
ρήσας, ἄπεισί τε καὶ συρρήγνυσι τῷ σμερδαλέῳ, καὶ πτῶκα
ποιεῖ τὸν λέοντα καὶ κολοιὸν τὸν ἀετὸν ἐκ τῶν οἰκείων
αὐτὸν θηράσας πτερῶν. "Ὁ μὲν γὰρ τοῦ βασιλέως," φησί,
"βούλεται νόμος μὴ ἐξεῖναι γυναίοις κληρικοὺς τίθεσθαι
κληρονόμους. Ἐγὼ δέ," φησίν, "οὐ κληρικός εἰμι, κληρι-
κῶν δὲ ἡγούμενος," ἑτέρου νόμου καὶ τοῦτο διασαφοῦντος
τί μὲν κληρικός, τί δὲ ἐπίσκοπος, καὶ ὡς ἄλλο μὲν τοῦτο,

wickedness or tyranny, Eutropios stood out: since he was supremely wicked in his evil deeds and was perceived as such by all.

The martyr, nevertheless, put an end to such a harsh and 4 grievous battle in gratitude and remembrance of the acts which, at one time or another, were devoted to her by Menodoros, while he was her presbyter and attendant and lived in a manner that was entirely dignified in her eyes. She put an end to it in this way. The martyr visited this man while he was downcast, crying aloud, praying, and invoking her help, after that of Christ. She told him that he would not be delivered from the disturbance of the stormy waves stirred up by such a great power, unless he should explain <his case> to a certain lawyer. This lawyer would meet him at dawn before the holy doors of the church, and he would be such and such in appearance, and she described for him in words what this man looked like. So, Menodoros rose up from his bed and rushed to the doors of the church, where he found in actuality that man, who had before seemed to appear as a dream.[24]

Atalantios was the man's name; he was at that time a well- 5 known rhetor, but became in the end a distinguished bishop. Conversing with him, Menodoros learned what he must do and took courage. Then he went out and fought the monster:[25] he turned the lion into a cowering beast; the eagle he turned into a jackdaw, having captured it by its own wings. "The law of the emperor," he said, "seeks to forbid women from making clerics their heirs. But I," he said, "am not a cleric. I am a chief of the clerics! A different law decides what a cleric is and what a bishop is: the former is one thing,

ἄλλο δὲ ἐκεῖνο.[1] Καὶ γὰρ τούτοις αὐτὸν ὁπλίσας καὶ παρα-
θαρρύνας ὁ Ἀταλάντιος ἀπονητὶ περιγενέσθαι τοῦ πολέ-
μου πεποίηκεν, τῆς μάρτυρος δηλονότι καὶ παρούσης καὶ
παρομαρτούσης τοῖς γενομένοις καὶ πάντα ταῦτα ποιού-
σης ἰσχυρά τε καὶ ἀκαταγώνιστα, ὡς τὸν ἐκ νεφῶν ποθεν
δοκοῦντα βροντᾶν Εὐτρόπιον ἀράχνης εὐχερέστερον δια-
λυθῆναι, καὶ ἀγαπητῶς τῆς ἀθεμίτου ταύτης ἀπαλλαγῆναι
δίκης.

6   Μήτε δὲ τὸ ἕτερον θαῦμα τὸ δι᾽ αὐτοῦ πάλιν ἢ δι᾽ αὐτὸν
ἐπιτελεσθὲν ἀμνημόνευτον καταλείψωμεν, ὃ τοῦ μὲν ἄρτι
ῥηθέντος ἐστὶ πρεσβύτερον, ἱκανὸν δὲ καὶ τοῦτο δεῖξαι
τὴν τῆς μάρτυρος δύναμιν. Οὗτος γὰρ τοῦ τῆς ἐκκλησίας
ὢν ἔτι καταλόγου, ἐκκλησίας δὲ τῆς κατὰ Σελεύκειαν, τῆς
Θέκλας λέγω, κατά τινα δὲ χρείαν ὑπὸ τοῦ τότε ταύτης
προεδρεύοντος—Συμπόσιος δὲ ἦν οὗτος ὁ θαυμαστὸς καὶ
θεῖος ἀνήρ—εἰς τὴν Κωνσταντίνου καὶ βασιλίδα πόλιν
σταλείς, οἷα δὴ ξένος ἔν τινι δωματίῳ μεγίστης οἰκίας κατ-
έλυσε. Μελλούσης δὲ ὅσον οὐδέπω καταπίμπρασθαι ταύ-
της, τοῦτο ἡ παρθένος προκαταμηνύει τούτῳ, ᾗ νόμος
αὐτῇ, καὶ ἀμεῖψαι προστάττει τὸ δωμάτιον. Οὔπω πᾶν
εἴρητο ἔπος καὶ ὁ μὲν μεθίστατο, ἡ δὲ κατεφλέγετο καὶ εἰς
κόνιν διελύετο, ἡ μάρτυς δὲ ᾔδετο, ὑμνεῖτο, εὐφημεῖτο
κατὰ τὴν μεγίστην καὶ βασιλίζουσαν πόλιν. Τῆς δὲ τοιαύ-
της προφητείας καὶ ἆθλον ὁ Μηνόδωρος ἐκομίσατο παρὰ
βασιλέως τὴν νῦν μὲν ἐκκλησίαν οὖσαν, πάλαι δὲ δίκης
καὶ θέμιδος ὂν χωρίον, δι᾽ ὃ καί—ὥς φασιν—ἔσταλτο παρὰ
βασιλέα.

the latter another." It was Atalantios who armed him with these arguments, encouraged him, and enabled him to extricate himself without difficulty from this fight. But clearly the martyr was present and fought alongside him in these events, and she made sure all his arguments were strong and invincible, so that Eutropios, who had once appeared to thunder from the clouds on high, was easier to crush than a spider's web, and Menodoros was happily delivered from this unlawful judgment.

We should not leave unmentioned the other miracle 6 which was accomplished both through Menodoros and for his sake. This <miracle> is older than the one just mentioned, but equally capable of demonstrating the martyr's power. This man was still inscribed in the registry of the church (I am speaking of the church of Thekla in Seleukeia). He had been sent to the imperial city of Constantine on some business by the bishop of Seleukeia at that time—this was the admirable and divine Symposios.[26] Because he was a stranger, Menodoros took up lodging in an apartment of a grand house. But since this house was about to burn to ashes very soon,[27] the virgin warned him of this in her customary way,[28] and she instructed him to change his apartment. The warning was hardly out of her mouth when Menodoros made the move, and the house caught fire and was reduced to ash. The martyr was praised, celebrated, and honored throughout the supreme imperial city. For this prophecy Menodoros received a prize from the emperor: the church that is there today,[29] but which formerly was a place of law and justice. This was the reason for which, so they say, he had been sent to the emperor <in the first place>.[30]

10

1   Ἐπεὶ δὲ ὁ Συμπόσιος ἧκεν ἡμῖν εἰς μνήμην, καλὸν μηδὲ ἐκεῖνο σιωπῇ παραδραμεῖν μέγιστόν τε ὂν σφόδρα καὶ τῆς μάρτυρος ἐπάξιον ἔργον. Κατά τινα τῶν τοίχων αὐτοῦ τοῦ νεὼ τῆς μάρτυρος, τὸν καὶ ἀντιπρόσωπον τῆς ἔνδον καὶ δευτέρας πύλης τῶν ἱερῶν περιβόλων, τῆς καὶ ἐπὶ τὸν νεὼν αὐτὸν καὶ τὰ σεμνὰ καὶ τοὺς παρθενῶνας ἀπαγούσης, ἐμπέπηγε γράμματα διὰ ψηφῖδος λεπτῆς καὶ χρυσῆς, τῆς ἁγίας καὶ ὑπερτάτης Τριάδος κηρύττοντα πᾶσιν ἀνθρώποις τὸ ὁμοούσιον. Ταῦτα τὰ γράμματα ὁ Συμπόσιος, ὡς ἅτε Ἀρειανός τε ὢν ἔτι καὶ παρ' ὁμοδόξων ἐπισκόπων χειροτονηθεὶς ἐπίσκοπος, ἐκκολαφθῆναι κελεύει ὡς ἂν μὴ συνᾴδοντα τῇ τούτων βδελυρίᾳ.

2   Ὁ δὲ τοῦτο ἐπιταχθεὶς σφῦράν τε καὶ κολαπτῆρα λαβὼν καὶ διὰ πάσης ἐγκαρτερήσας ἡμέρας παίων καὶ κολάπτων, πάντα τρόπον ἀνορύττειν αὐτὰ πειρώμενος, τὰ μὲν γράμματα τῆς μακαρίας ἐκείνης ὁμολογίας οὐδ' ὅλως ἐκίνησεν, ἀλλ' οὐδ' ἐπεχάραξεν, οὐδ'—ὅ φησιν Ὅμηρος—ἐπέγραψε, σκεπούσης αὐτὰ δηλονότι καὶ φυλαττούσης τῆς ἀχράντου καὶ ἀκηράτου καὶ παρθενικῆς ἐκείνης χειρὸς ὡς βασιλικὰ σήμαντρα, ὡς θεμέλια καὶ φυλακτήρια τῆς ὅλης πίστεως καὶ αὐτοῦ τοῦ νεὼ καὶ αὐτῆς τῆς ἀνθρωπίνης φύσεως. Τελευταῖον δὲ καὶ αὐτὸς ἐκεῖνος ὁ τοῖς θείοις γράμμασι πολεμῶν ἀποπεσὼν τῆς κλίμακος συνετρίβη τε εὖ μάλα καὶ παρὰ πόδας ὧν ἐτόλμησε τὴν δίκην ἔδωκε. Καὶ ὁ Συμπόσιος δὲ τοῦ κακοῦ φρονήματος εὐθὺς τότε μεταθέμενος ἐκεῖνα ἔλεγεν, ἐκεῖνα ἀπέπνει, ἐκεῖνα ἀνωμολόγει, ἐκεῖνα

Chapter 10

Since we have just made mention of Symposios, it will be   1
good that we also not pass by in silence the following mira-
cle, a significant one and very much worthy of the martyr.
On one of the walls of the martyr's church, the one which
faces the second interior door of the holy enclosures—this
interior door leads into the church proper, to the sacred area
and the area of the virgins—an inscription is affixed, made
with fine golden tesserae, proclaiming to all men the con-
substantiality of the holy and sublime Trinity. Inasmuch as
Symposios was still at that time an Arian and had been or-
dained to the episcopate by bishops of his same confession,
he ordered that this inscription be obliterated, since it did
not agree with their abomination.

The one appointed for this task took up a hammer and   2
chisel and struck and chiseled away at the inscription, per-
severing through the whole day. He tried in every way to dig
out this inscription, but did not budge in the least the let-
ters of that blessed confession of faith, nor did he chip it,
nor did he (as Homer says) *scratch the surface.*[31] Clearly it was
that immaculate and undefiled hand of that virgin <Thekla>
which was shielding and preserving the inscription like an
imperial seal, an inscription which is the foundation and
safeguard of the whole faith, of this very church, and of hu-
man nature itself.[32] In the end, the man who was waging
battle with the divine letters fell off of his ladder, shattered
his bones, and immediately paid the penalty for his brazen
actions. As for Symposios, he immediately turned from his
wicked thoughts and recounted, expressed, confessed, and

δημοσίᾳ τε καὶ ἀναφανδὸν ἐκήρυττεν ἃ τὰ πρότερον πο-
λεμούμενα γράμματα ἐδίδασκεν· ἡ Τριὰς ὁμοούσιος.

3   Ἀλλ᾽ ἄγε δὴ μετάβηθι, τοῦτό φησι μὲν Ὅμηρος, ἐμοὶ δὲ
ποιητέον, καὶ πρὸς ἕτερα θαύματα μεταβητέον λοιπόν·
οὐκ εἰς ἅπαντα μέν, ὅσα δὲ δυνατὸν ἐμοί. Καὶ γὰρ τῶν
ἀμηχάνων εὑρεῖν τε πάντα καὶ εὑρόντα εἰπεῖν· ὥσπερ γὰρ
ὅτε νιφάδες ἐπὶ γῆς φέρονται πολλάκις ὕοντος τοῦ Θεοῦ
τῶν ἀμηχάνων ἐστὶ φράσαι πόσας ταύτας ἀφίησιν ὁ Θεός,
οὕτω καὶ τῶν Θέκλας θαυμάτων ἀνεξερεύνητος ὁ ἀριθ-
μός· οὔτε γὰρ ἔληξεν, οὔτε μὴν λήξει ποτὲ τοῦ θαυματουρ-
γεῖν, ἀγαθή τε οὖσα καὶ πρὸς ἕκαστον ἀεὶ τῶν αἰτούντων
ἐπικαμπτομένη. Οὗτοι δέ εἰσι πάντες ἄνθρωποι· ὅσα γὰρ
ἔθνη, ὅσα γένη, ὅσαι πόλεις, ὅσαι κῶμαι, ὅσοι ἀγροὶ καὶ
οἶκοι, πάντες τῆς μάρτυρος δέονται, μεθ᾽ ὧν τε ἔχουσι
μαρτύρων καὶ πρό γε πάντων ταύτην ἐπιβοώμενοι. Καὶ
γὰρ οἷς οὐκ ἔστι δύναμις τοῦ παραγενέσθαι καὶ τὸν νεὼν
τοῦτον καταλαβεῖν, ἐν οἷσπερ καὶ εἰσὶ τόποις ἐπικαλεσά-
μενοι, ὡς παρούσης αὐτῆς καὶ πυνθανομένης οὕτω τυγχά-
νουσι ἑτοίμως τῆς βοηθείας. Οὔτε γὰρ εἴργει τὴν χάριν
αὐτῆς καὶ δύναμιν οὐδὲν μὴ οὐκ ἐπὶ πάντα φοιτᾶν καὶ πάν-
των ἀκούειν, οὐκ ὄρη, οὐ πεδία, οὐ θάλαττα, οὐχ ὁδοῦ
σταθμοὶ τόσοι καὶ τόσοι, οὐ ποταμοὶ πελαγίζοντες, οὐ λίμ-
ναι ἐπὶ πολὺ τῆς γῆς ἡπλωμέναι, οὐχ ἡ Μαιῶτις, οὐχ
Ἡράκλειοι στῆλαι, οὐδ᾽ αὐτὸς ὁ μέγιστος Ὠκεανὸς ὁ τὴν
καθ᾽ ἡμᾶς τε καὶ ὑπὲρ ἡμᾶς ὁριζόμενος γῆν. Ἰτέον οὖν
ἡμῖν ἐφ᾽ ἅ τε δυνατὸν καὶ ὅσα δυνατόν· αὐτὴν δὲ οἶμαι
συλλήψεσθαί μοι πάλιν τὴν καὶ ἐπ᾽ αὐτό με τοῦτο κεκινη-
κυῖαν μάρτυρα.

proclaimed publicly and openly the very words of the inscription against which he had previously battled: the Trinity is consubstantial.

But *come, let us move on to something else.* This is what Homer 3
says,[33] and I should do so too, for it is time to pass to other
miracles: not to all of them, but only to as many as I can recount. It would be an impossible feat to discover all the miracles and, once they have been recovered, to recount them.
In the same way, when snowflakes fall thickly upon the
earth, since God sent the storm, it is impossible to say how
many of them God lets fall. So also the number of Thekla's
miracles is incalculable. For she did not cease working miracles in the past, nor will she ever cease doing so, since she is
good and is always inclined to mercy toward each person
who supplicates her. This means everyone: all nations, all
races, all cities, all towns, all fields and houses, all who make
supplication to the martyr. Along with the other martyrs
whom they have, they call out to her before any of them.
Those who cannot come here and arrive at this church invoke her in the places where they are, and readily attain her
assistance just as if she were present beside them and perceived their needs. For there is nothing which restricts her
grace and power from reaching every place and hearing every request: neither mountains, nor plains, nor sea, nor stops
along a route (however numerous they may be), nor overflowing rivers, nor lakes which cover a great part of the
earth, neither the Maeotis,[34] nor the Pillars of Herakles, and
not even the immense <encircling> Ocean itself, which delimits the earth above and below us.[35] Now, I should broach
the miracles which I am able to tell, and as many as I can.
For I think the martyr who has urged me toward this very
task will assist me once more.

II

1 Τοῦ τοίνυν κατ᾽ Αὐρήλιον γεγονότος θαύματος εἰ μὴ νῦν μνημονεύσομεν, ἀδικήσαιμεν ἂν τὴν τάξιν, εἴ γε ἱερεῦσι μὲν ἱερέας χρὴ συντάττεσθαι, πατράσι δὲ πνευματικοῖς παῖδας πνευματικούς. Τοῦτο δὲ ἦν τῶν προειληφότων Αὐρήλιος, τοῦ δευτέρου δὲ καὶ πολίτης, οἶμαι δὲ ὡς καὶ συγγενής. Οὗτος τοίνυν νέος ὢν ἔτι καὶ τὴν πρώτην ἕλκων ἡλικίαν περιπίπτει πάθει ᾧ ὄνομα παρὰ τῶν Ἀσκληπιαδῶν τέθειται χοιράδες· αἵ περιλαβοῦσαι τὸν αὐχένα τοῦ νέου καὶ κατὰ μικρὸν περιοιδαίνουσαι καὶ πρὸς ἄμετρον ὄγκον ἀεὶ αἱρόμεναί τε καὶ πλατυνόμεναι, μικροῦ ἂν αὐτὸν καὶ ἀπ-έπνιξαν.

2 Τῆς τῶν ἰατρῶν τέχνης μεταχειρισαμένης μὲν τὸ πάθος ποικίλως, ἡττηθείσης δὲ ὅμως τῇ τοῦ πάθους κακοηθείᾳ, ἔνθα καὶ ὁ βέλτιστος καὶ ἰατρικώτατος, ὥς φασι, Σαρπηδό-νιος ὑπὸ τῆς τοῦ νέου τήθης ἱκετευθείς, ὡς ἂν δαίμων παρὰ δαιμονώσης γυναικός, οὐδ᾽ αὐτὸς ἔσχεν εἰπεῖν τρό-πον θεραπείας, ἢ καθάπαξ ἀποσιωπήσας, ἢ καί—ὡς σύνη-θες αὐτῷ—τὸ γύναιον ἀπατήσας καὶ ἀνόνητον ἀποπέμ-ψας, ἢ γρῖφον ἢ μῦθον ἢ οὐδ᾽ ὅλως ἀποφηνάμενος.

3 Ἀλλ᾽ ἡ μάρτυς, ἡ ἀληθῶς ἀρωγός, ἡ ἐνεργὴς βοηθός, ἡ πάντοτε καὶ περὶ πάντα τὰ χρηστὰ πρόθυμος, τῆς μὲν γραὸς καταγελάσασα, τὸν δὲ νέον ὡς καὶ αὐτῆς τρόφιμον καὶ πιστῶν γονέων παιδίον οἰκτίζουσα, ὡς αὐτῇ ἔθος, ἐπείγεται μὲν ἐπὶ τὴν θεραπείαν, παραδραμοῦσα δὲ πάν-τας αὐτῇ φαίνεται τῇ πρεσβύτιδι, τοῦτο μὲν ὡς οἰκείᾳ τοῦ

Chapter 11

If we were to pass over in silence the miracle that hap-   1
pened to Aurelios, we would do an injustice to proper order,
if indeed one must link priests with priests, and spiritual
children with their spiritual fathers. This was Aurelios's rela-
tionship with those previously mentioned, a fellow citizen
with the last cited [i.e., Symposios] and even, I believe, his
relative. This Aurelios, while he was still young and in the
first phase of his life, fell ill with a disease which the Asklepi-
ades have named "hog's back" or scrofula.[36] The scrofulous
bumps encircled the youth's neck and, gradually swelling up,
grew in size and thickness into an enormous tumor, nearly
to the point of choking him.

The skill of the doctors was applied to the disease in vari-   2
ous ways, but it nevertheless proved to be no match for the
disease's malignancy. The boy's grandmother then appealed
to the famous and, as they claim, the most skilled of the doc-
tors, Sarpedonian Apollo—as if a demon could be invoked
by a demon-possessed woman. Nor was Sarpedonios himself
able to suggest any means of a cure: either because he re-
mained absolutely silent, or because—as is his custom—he
deceived the woman and sent her away without achieving
her goal, or because he pronounced either a riddle or a fable,
or nothing at all.

But the martyr, the true benefactor, the effective helper,   3
who is always eager for every beneficial deed, ridiculed the
old woman, while showing pity on the youth as if he were
her own nursling and a child of believing parents, and she
hastened on to the treatment, as is her custom. Bypassing all
others, she appeared directly to the old woman, first because

43

παιδός, τοῦτο δὲ καὶ ὡς ἐπιτωθάζουσα οἶμαι αὐτὴν δι᾽ ὃν
ἐπρέσβευε δαίμονα. Ἐπιφοιτήσασα δὲ καὶ τὴν θεραπείαν
εὐθὺς ὑπέφηνε· "Λαβοῦσα γάρ," φησίν, "ὦ βέλτιστον γραΐ-
διον, ἔριον μαλακὸν καὶ πρὸς μέτρον τὸ ἀνεστηκὸς τοῦ
παιδίου μηρυσαμένη τοῦτο, ὡς ἄρχεσθαι μὲν ἐκ κεφαλῆς,
λήγειν δὲ ἄχρι ποδῶν, εἶτα τοῦτο καύσασα καὶ τὴν ἀπὸ
τούτου τέφραν ἀναμίξασα τῷ φαρμάκῳ—ὃ πάλιν εἶπεν αὐ-
τῇ—κατὰ τὸ πεπονθὸς μέρος τοῦ αὐχένος τοῦτο ἔμπλα-
σον, καὶ ἀπαλλάξεις τοῦ δεινοῦ πάθους τὸ παιδίον." Καὶ ἡ
μὲν εἰρηκυῖα ταῦτα ἀπέπτη ἠΰτε πέλεια—ποιητῶν ἄν τις
εἶπεν—ἐπανίσταται δὲ τοῖς ῥήμασι τούτοις ἡ πρεσβῦτις,
καὶ ἀπὸ μόνου τοῦ προσχήματος ἐγνωκυῖα τίς ἡ ταῦτα
φήνασά τε καὶ εἰποῦσα εἴη—καὶ γὰρ τῇ αὐτῆς μὲν θυγα-
τρί, μητρὶ δὲ τοῦ νέου, Θέκλᾳ καὶ αὐτῇ καλουμένῃ, δέμας
φυήν τ᾽ ἄγχιστα ἐῴκει.

4   Ἤσχαλλε μὲν καὶ ἠγριαίνετο πρὸς τὴν ὄψιν ὅτι μὴ
παρὰ τοῦ αὐτῆς δαίμονος ταῦτα ἐπύθετο, τὸ προσταχθὲν
δ᾽ ὅμως ἐποίει φειδοῖ τοῦ παιδός. Ἔνθα καὶ θαυμάσειεν ἄν
τις λοιπὸν τήν τε τοῦ πάθους ἀναίδειαν, τήν τε τοῦ βοη-
θήματος ἐνέργειαν· τοῦ γὰρ φαρμάκου καθ᾽ ὃν ὑπέθετο
τρόπον ἡ μάρτυς ἐπιτεθέντος, αἱ μὲν χοιράδες ὑπεξίσταν-
ται μὲν ἐκείνου τοῦ μέρους καθ᾽ ὃ καὶ τὸ φάρμακον ἦν,
χωροῦσι δὲ πρὸς ἕτερον τοῦ αὐχένος τόπον, πάλιν δὲ μετα-
τεθέντος καὶ τοῦ φαρμάκου πρὸς ἐκεῖνο τὸ μέρος, πρὸς
ἕτερον πάλιν μέρος καὶ αἱ χοιράδες ἀφήλαντο. Καὶ ἦν τις
λοιπὸν ὥσπερ κυνῶν καὶ ἐλάφων δρόμος, τῶν μὲν ἐπιθε-
όντων, τῶν δὲ φευγουσῶν, μέχρι περ ὁ βέλτιστος ἰατρός,
ὅστις καὶ ἦν, πολὺ τὸ φάρμακον τοῦτο ποιήσας—τῆς

of her relationship to the child, but also, I think, to jeer at her for having sought the intercession of a demon. During her visit, Thekla immediately revealed the method of the cure: "My good little old lady,[37] take some soft wool and draw it out to the height of the child while standing—start from his head and end at his feet—then, burn the wool, and mix its ashes with the medicine," (which she indicated to her). "Apply this mixture to the afflicted part of the neck and you will deliver the child from the terrible disease." Having said all of this Thekla *flew away like a dove* (as one of the poets would say),[38] and at these words the old woman bestirred herself. She only recognized from outward appearance who it was that had shown and told her this remedy, since the stature of her daughter, the boy's mother, *was very close* to that of Thekla,[39] and she was even called by the same name of Thekla.

The grandmother was grieved and angered at the vision 4 because she did not learn the remedy from her demon, but she nevertheless carried out the instructions in order to spare the child. One would have marveled then at the tenacity of the disease, as well as the efficacy of the remedy. For when the medicine was applied in the way the martyr prescribed, the bumps went away from that place where the medicine was applied, only to move to another part of the neck, and again when the medicine was applied to that place, the bumps moved to another part. Then its course became like that of dogs and deer, the former giving chase, and the latter fleeing, at any rate until the good doctor, whoever he was, made a great quantity of this medicine—I think

μάρτυρος οἶμαι καὶ τοῦτο ἐπὶ νοῦν ἀγαγούσης—καὶ τὸν
αὐχένα ὅλον τούτῳ περιλαβών, καταδῦναι πρὸς τὴν γα-
στέρα τὰς ἀναιδεῖς χοιράδας ἠνάγκασε, κἀκεῖθεν διὰ τῆς
ἕδρας ἐκρυῆναι. Τοῦτο γὰρ παρ' αὐτοῦ τοῦ πεπονθότος
καὶ ἰαθέντος ἔγνωμεν, διηγουμένου τε πολλάκις καὶ τὴν
μάρτυρα ἐφ' οἷς ἔτυχε δοξάζοντος.

12

1   Τὸ δὲ περὶ ἐμὲ αὐτὸν θαῦμα, γεγονὸς ἅπαξ που καὶ δεύ-
τερον καὶ τρίτον, ἐπερυθριῶ μὲν εἰπεῖν, μή τις καὶ ἀλαζονεί-
ας με γράψαιτο καὶ ψεύδους, λέξω δὲ ὅμως αὐτῇ τῇ ἰασα-
μένῃ με μάρτυρι προσχρώμενος. Ἄνθραξ καλεῖταί τι πάθος
παρὰ τῶν ἰατρῶν διακαὲς ἄγαν καὶ φλογῶδες, ὅθεν καὶ τὸ
καλεῖσθαι ἄνθραξ τετύχηκε· πολλάκις δὲ τοῦτο καὶ θάνα-
τον τοῖς πεπονθόσιν ἔτεκε. Τοῦτον ἔσχον καθ' ἑνὸς τῶν τῆς
μιᾶς χειρὸς δακτύλων, τοῦ μετὰ τὸν ἀντίχειρα εὐθὺς τετα-
γμένου, καὶ ἦν πολὺς ὁ φόβος ἐμοί τε καὶ τοῖς ἰατροῖς μὴ
κατὰ παντὸς ἔρψαν τὸ πάθος τοῦ σώματος, ὡς καὶ ἄγαν κα-
κόηθες, τῇ πάσῃ μου λυμήνηται ζωῇ. Καὶ τέως μὲν τοῖς
ἐγχωροῦσιν ἐχρῶντο φαρμάκοις πραΰνειν τε πειρώμενοι
τὸ κακὸν καὶ καταμαλάσσειν τὴν ὀδύνην χαλεπήν τε οὖσαν
καὶ ἀπαρηγόρητον· ὡς δὲ καὶ τῆς τέχνης καὶ τῶν φαρμά-
κων κρεῖττον ἦν τὸ δεινόν, διὰ σιδήρου παρατάξασθαι τῷ
πάθει λοιπὸν ἐβουλεύοντο καὶ ἀποτέμνειν τὸν δάκτυλον,
καὶ οὕτω δὴ τῷ λοιπῷ σώματι χαρίσασθαι τὴν σωτηρίαν·

the martyr even put this into his mind—and applied it all around the neck, and he compelled the tenacious bumps to descend into the boy's belly and, from there, to flow out through his rear end. We know this story from the very one who was afflicted and was healed, since he recounts it often and glorifies the martyr for the favor he obtained from her.

Chapter 12

I blush to tell of the miracle concerning myself (which happened once, and even a second and third time), since someone may accuse me of boasting and lying.[40] But I will tell it nevertheless, relying on the very martyr who healed me. "Anthrax" is the name given by physicians to a certain malady which feels like a hotly burning inflammation (whence it comes to be called *anthrax* [or coal]).[41] Often this disease even kills its victims. I contracted this in one of my fingers on one hand, the finger situated immediately after the thumb [i.e., the index finger]. I was greatly afraid, as were the doctors, that the infection would spread throughout my body, and that, due to its extreme malevolence, it might put my entire life in jeopardy. Up to that point the doctors had tried the available remedies, attempting to mitigate the disease and to alleviate the pain that was severe and uncontrollable. But, perceiving that the terrible illness was stronger than both their skill and their medicines, they decided next to fight the illness with the knife and to amputate the finger, thereby saving the rest of my body. For otherwise I

ἑτέρως γὰρ μὴ ἂν εἶναι δυνατὸν ἔτι ζῆν. Τοῦτο οὗτοι μὲν ἐβουλεύοντο, ἐγὼ δὲ μετὰ δέους καὶ δακρύων ὠνειροπόλουν.

2 Νὺξ δὲ ἦν ἔτι, τὸ μέσον τῆς βουλῆς καὶ τῆς τομῆς. Μικρὸν δὲ ὅσον ἀποκαθευδήσας αὐτὸ τὸ περίορθρον καὶ καθ᾽ ὃν ἀπολήγει μὲν ἔτι καιρὸν ἡ νύξ, ἄρχεται δὲ ἡ ἡμέρα, ὡς καὶ δοκεῖν ἄμφω ἀνακεκρᾶσθαι, φωτὶ μὲν σκότος, σκότει δὲ φῶς, καὶ δὴ ὁρῶ σφῆκας πολλούς τε καὶ δεινοὺς καὶ τὰ κέντρα ἠρκότας καὶ ὥσπερ αἰχμὰς προτείνοντας κατ᾽ ἐμοῦ, ὁρῶ δὲ καὶ τὴν παρθένον ἐπεισελθοῦσαν οὗ ἐκάθευδον. Ἐδόκουν δὲ ἐν τῇ τῆς ἐκκλησίας αὐλῇ καθεύδειν τῇ καὶ τὴν φιάλην καὶ τὸ ἐπ᾽ αὐτῇ βλύζον ὕδωρ ἐχούσῃ καὶ τὴν πλάτανον ὑφ᾽ ᾗ καὶ τὸ ὕδωρ ῥεῖ, ἐπεισελθοῦσαν δὲ καὶ θεασαμένην τὸν κατ᾽ ἐμοῦ τῶν σφηκῶν πόλεμον, καὶ λαβομένην ἄκρου τοῦ ἱματίου τοῦ τὴν κεφαλὴν μετὰ καὶ τοῦ λοιποῦ σκέποντος σώματος καὶ περιστρέψασαν τῇ χειρί, τὸν πολὺν ἐκεῖνον ὅμαδον τῶν σφηκῶν ἀποσοβῆσαί τε καὶ καθελεῖν καὶ συμπατῆσαι τοῖς ποσί, καὶ ἐμὲ πάντων ἐκείνων ἐλευθερῶσαι τῶν δεινῶν πολεμίων.

3 Καὶ ἡ μὲν ὄψις ἡ γεγονυῖά μοι αὕτη· τῆς δὲ ἡμέρας ἤδη φανείσης καὶ ὑπολάμπειν ἀρχομένης, ἐγὼ μὲν ἀπηλλάγμην τῶν ἀγρίων ἐκείνων πόνων καὶ ἀλγηδόνων, ὡς καὶ μειδιᾶν καὶ γάννυσθαι ἐπὶ τῇ μακαρίᾳ ὄψει, οἱ δὲ ἰατροὶ κατὰ σπουδὴν μὲν ἦλθον καὶ τὸ σιδήριον μετὰ χεῖρας εἶχον καὶ ἀλλήλοις—οἷάπερ εἰκός—διελέγοντο, ἀπῆλθον δὲ καὶ αὐτοὶ τὴν μάρτυρα μετ᾽ ἐμοῦ θαυμάζοντες, ἀνυμνοῦντες, τάχα δέ τι ἂν μικρὸν αὐτῇ καὶ ἐπιμεμφόμενοι ὡς διὰ τὴν αὐτῆς ἐπίσκεψιν καὶ ἰατρείαν καὶ ἀπόμισθοι γεγονότες.

would not be able to live much longer. They decided upon this course of action, while I, with fear and weeping, had a dream.

It was still night, midway between their decision and the amputation. Having fallen asleep only a little before dawn (at the point when night is coming to an end and the day is beginning, so that both appear mixed together, dark with light, light with dark), I saw many terrible wasps brandishing their stingers, pointing them at me like spears. But next I saw the virgin entering the place where I was sleeping. (I seemed to be sleeping in the atrium of the church, which has a fountain and water gushing into it, as well as a plane tree under which the water flows.) After entering and witnessing the wasps' attack against me, taking the top part of her *himation* (i.e., cloak), which covered her head as well as the rest of her body, and swinging it around with her hand, she scared away that great swarm of wasps, destroyed them, trampled them with her feet, and set me free from all those terrible enemies.

This is the vision which happened to me. But when daylight appeared and began to shine, I found I had been delivered from that fierce pain and suffering, so that I was even smiling and gladdened at the blessed vision. Then the doctors came with haste, bearing the knife in their hands, and conferring with one another, as usual. They went away, however, marveling at the martyr and singing her praises along with me, though perhaps they bore a slight grudge against her, since they lost their payment on account of her visitation and healing.

4   Καὶ τόδε μὲν τὸ θαῦμα ὧδέ τε ἔσχε καὶ ὧδε ἐτελεύτη-
σεν· ὃ δὲ ἐφεξῆς εἰμι ἐρῶν, περὶ ἐμὲ μὲν καὶ τοῦτο γεγένη-
ται, δέδοικα δὲ μήπως ἀπιστηθῇ πρός τινων, οὕτως ὑπερ-
φυές τε ἄγαν ἐστὶ καὶ τῆς ἐμῆς οὐδενείας ὑπέρτερον· ἐρῶ
δ' οὖν ὅμως. Τὸ μειράκιον τοῦτο Βασίλειος, τὸ μὲν ὅπως
ἐπίσκοπός τε ἐγένετο καὶ τῆς ἐκκλησίας ἐκράτησε, τὸ
μηδὲ σκηνῆς ἄξιον, ἀφείσθω τὰ νῦν· ἐξ αὐτῆς δὲ τῆς κακί-
στης ἐπ' αὐτῷ χειροτονίας ἀρξάμενον ὑπομηνιᾶν μοι—καὶ
γὰρ ὡς εἰπεῖν μόνος ἢ μετὰ παντελῶς ὀλίγων ταῖς περὶ
αὐτοῦ κακαῖς καὶ ὀλεθρίοις ψήφοις ἀντέκρουσα, ὡς οὔτε
εὐαγέσιν, οὔτε τὸ δίκαιον, οὔτε τὸ ὅσιον ἐχούσαις—πάντα
τρόπον ἐπιβουλεῦόν μοι διετέλει. Καὶ δή ποτε καὶ πλασά-
μενος αἰτίαν, ἧς τὴν ἐπήρειαν ἐκ τῆς αὐτοῦ κεφαλῆς ζητή-
σοι Θεός, τῶν θείων εἴργει με μυστηρίων, ἢ νόμος τοὺς
ἀληθῶς πταίοντας εἴργειν. Ἐρῶ δὲ καὶ τὴν διὰ τοῦτό μοι
προγεγονυῖαν ὄψιν, ἐφ' οἷς παρὰ τοῦ δυστήνου τούτου
παιδαρίου πείσεσθαι ἔμελλον.

5   Ἀνθρωπίσκος γάρ τις Αἰθίωψ, ζόφου καὶ ἀχλύος πεπλη-
ρωμένος, περινοστῶν ἀεὶ τὰς τῆς πόλεως ἀγυιὰς ἐπὶ τῷ τι
κομίζεσθαι παρὰ τῶν ἐλεεῖν εἰωθότων—Ζαμαρᾶς δὲ ἦν
ὄνομα τούτῳ τῷ Αἰθίοπι—οὗτος καθεύδοντί μοι προσιέ-
ναι τε ἔδοξε καὶ ὀρέγειν ὃ καλεῖν ἔθος ἡμῖν τριμίσιον, ὡς
ἂν καὶ τοῦ ὅλου στατῆρος τὸ τρίτον ὄν· ζοφῶδες δὲ καὶ
τοῦτο ἦν καὶ μελάντατον, ἢ ἐδόκει ζοφῶδες εἶναι. Τοῦτο
ἄκων ἐδεξάμην καὶ οὐχ ἡδέως, ὁμολογῶ· καὶ γὰρ ὄναρ
ἔδοξέ μοι οὐκ ἀγαθοῦ τινος εἶναι μάντευμα τὸ τοιοῦτο.
Καὶ τὸ μὲν ὄναρ εἰς τοῦτο ἔληξεν, ἄρτι δὲ ἡμέρας γεγο-
νυίας, καὶ ἔτι μοι τὰ κατὰ τὴν ὄψιν ταύτην διανοουμένῳ

The miracle happened in this way and such was its resolu- 4
tion. I will now recount the one which followed: it happened
to me as well, but I am afraid it will inspire doubt in some,
as it is so very extraordinary and transcends my own lowly
state. Nevertheless, I will tell it. This youngster Basil,[42]—let
me pass by for now how he came to be bishop and gained
control of the church, <a tale> which does not deserve to be
narrated[43]—began to rage against me from the very moment
of his most unfortunate consecration—for I alone, so to
speak, or with very few others, opposed this evil and de-
structive election, as being an impure, unjust, and profane
act—and he continued to plot against me in every way pos-
sible. Once he even fabricated a charge—may God wreak
this insult upon his own head!—and he excluded me from
the divine mysteries, as it is customary to exclude those
who truly sin. I will tell the premonitory vision which came
to me, of the suffering I was about to endure from this
wretched youth.[44]

A black pygmy filled with darkness and doom, who was 5
always loitering around the city streets looking for a hand-
out from those who are accustomed to give alms—Zamaras
was the name of this black man—this fellow seemed to ap-
proach me while I was sleeping, and held out what we com-
monly call a *tremisis* (as it would be a third of a whole *stater*).
This coin, too, was dark and very black, or at least it seemed
to be dark. I took it against my will and without pleasure, I
must confess. For the dream seemed to me to be the sort
of prophecy auguring nothing good. The dream ceased at
that point, just as day was coming on, and, while I was still

καὶ ἀσχάλλοντι ὁ λευκὸς οὗτος Ζαμαρᾶς—πλὴν γὰρ τοῦ
χρώματος, ὅτι ὁ μὲν μέλας ἦν, ὁ δὲ λευκός, τὰ πάντα
ἤστην ὁμοίω, καὶ μάλιστά γε τὴν οἰνοφλυγίαν—ἐπάγει μοι
τὴν τῆς ἀκοινωνησίας ψῆφον, μὴ κατηγόρου φανέντος,
οὔτε γὰρ ἦν, μὴ μαρτύρων παρελθόντων, οὔτε γὰρ ἦν ἐφ'
ᾧ ἂν καὶ ζητηθεῖεν μάρτυρες. Ἐπάγει δ' οὖν ὅμως κα-
κούργῳ τινὶ καὶ ἀνελευθέρῳ περιόδῳ χρησάμενος· οὐ γὰρ
ψεύσομαι.

6   Τούτου δὲ γεγονότος, θόρυβός τε πολὺς καὶ θροῦς² ἄτα-
κτος κατὰ τὴν ἐκκλησίαν, κατὰ τὴν πόλιν, πάντων τὸ τοῦ
πράγματος ἀναιδὲς καὶ ἄτοπον θαυμαζόντων, κατηφεῖς δὲ
οἱ φίλοι καὶ οἱ ἐν τέλει πάντες, ὅσοι δὴ καὶ τὰ καθ' ἡμᾶς
ᾔδεσαν. Ὁ δὲ Θωμᾶς, ἀνὴρ ἅγιος καὶ Θεῷ φίλος, ὡς καὶ
πτωχῶν πολὺν ποιούμενος λόγον, ὧν καὶ μάλιστα μέλει
Θεῷ, οὐδὲ πράως ἤνεγκε τὴν ἐπ' ἐμοὶ ψῆφον ἐξ ἀδίκου καὶ
δολερᾶς γνώμης ἐξενεχθεῖσαν, ἀλλ' ἐπεισιὼν ἀεὶ τῷ καθ'
ἡμᾶς συνεδρίῳ κατεβόα μὲν τοῦ Βασιλείου καὶ Εὐβούλου,
τὴν καταγέλαστον αὐτῶν ἐπ' ἐμοὶ σκαιωρίαν ὀνειδίζων,
τὴν ἄλογον ψευδολογίαν, τὴν ἀνόητον συκοφαντίαν, τὴν
ἀναίσχυντον πονηρίαν, ἠρέμα πως καὶ τὴν Εὐβούλου
προσονειδίζων αἰσχύνην καὶ βδελυρίαν, καὶ ὡς τὰ ἐκείνου
κατασυσκιάζειν βουλόμενοι τὰ καθ' ἡμῶν ταῦτα τεκταί-
νονται.

7   Οὕτω δὲ τούτων ὑποκινουμένων, ἤδη δὲ καὶ συγγενῶν
καὶ φίλων ὁπλιζομένων κατὰ τοῦ Βασιλείου καὶ Εὐβούλου
καὶ δρᾶσαι κατ' αὐτῶν νεανικόν τι βουλευομένων, ἐκεί-
νους μὲν τῆς ὁρμῆς ἐπέσχον ὡς δέοι μᾶλλον φιλοσοφεῖν
καὶ παρακαλεῖν. Ἐπὶ τούτοις γὰρ αἰνέσας τὸν Θεόν, ἦλθον

ruminating and disturbed by this vision, our own white Za-
maras [i.e., Basil]—for, apart from his color (the former was
black and this one white) they were alike in every respect,
particularly in their drunkenness—imposed upon me the
sentence of my excommunication, without any accuser pres-
ent (for there was none), nor with any witnesses coming for-
ward (for there was nothing for which witnesses might be
sought). He also attacked me, using a villainous and rude
statement. I do not lie.

Once this had occurred, a great disorderly tumult of 6
shouting arose in the church and in the city, since everyone
was amazed at the shamelessness and irregularity of the
deed. My friends were downcast, as were all those in author-
ity, as many of them as knew what had befallen me. Thomas,
a holy man and beloved of God (because he takes a great in-
terest in the poor, who are of special concern to God), did
not take lightly the verdict against me, arising as it did out
of an unjust and treacherous intention, but, coming straight-
away to the meeting called on my behalf, he railed against
Basil and Euboulos, reproaching their ridiculous machina-
tion against me, the absurd falsehood, the senseless calumny,
the shameless wickedness, at the same time denouncing Eu-
boulos's shameful and abominable behavior, and suggesting
that the two were trying to obscure his deeds by contriving
these accusations against me.

When matters had been stirred up to this extent, rela- 7
tives and friends were already preparing for battle against
Basil and Euboulos and were ready to do something rash
against them. But I restrained them from their impulse,
thinking that reasonable discussion and entreaty were pref-
erable. Then, while praising God about this, I recalled my

καὶ εἰς μνήμην τῆς κατὰ Ζαμαρᾶν ὄψεως, καὶ ὡς τῶν γε-
γονότων τούτων ἐκεῖνα σύμβολα ἦν καὶ προάγγελσις, καὶ
ὡς ἤδη λωφήσει τὸ κακόν.

8   Δευτέρας γοῦν ἡμέρας ἤδη μοι οὔσης ἐπὶ τῇ ἀκοινωνη-
σίᾳ καὶ τῆς νυκτὸς ἐπιλαβούσης, καὶ πολλὰ μὲν ἀποδα-
κρυσαμένῳ πρὸς τὸν Θεόν, πολλὰ δὲ καὶ ἐπιβοησαμένῳ
τὴν μάρτυρα, μικρὸν δὲ καὶ ἀποκαθευδήσαντί μοι μετὰ
τὰς λιτάς—πῶς εἴπω τὸ φρικτὸν ἐκεῖνο καὶ μακάριον θέα-
μα;—ἐφίσταταί μοι ἡ μάρτυς ἐν κορικῷ σχήματι καὶ τρι-
βωνίῳ λευκῷ ἐκ τῶν μεταφρένων μὲν ἐπὶ τὰ στέρνα περι-
ηγμένῳ, αὐτόθι δὲ λοιπὸν ἐμπεπορπημένῳ, καὶ λαβομένη
μου τῆς δεξιᾶς χειρὸς ἐντίθησί μοι ὅπερ Βασίλειος οὐκ
οἶδα εἰ καλῶς ἀφείλετο· "Ἔχε καὶ θάρρει, τέκνον—ἐπι-
φθεγξαμένη μοι—καὶ ἴσθι δὲ ὡς ἐπὶ Μακεδονίαν ἐπείγομαι
νῦν γυναικὶ κινδυνευούσῃ βοηθήσουσα" [Acts of the Apos-
tles 16:9]. Καὶ γὰρ ἐπ᾽ ἐκείνοις ταῦτα προσέθηκε. Καὶ ἡ
μὲν ταῦτα εἰποῦσα ἀπέπτη—καὶ γὰρ ἐπειγομένη ἐῴκει—
ἐγὼ δὲ διαναστὰς τὴν μὲν χεῖρα ἐξαισίου τινὸς εὐωδίας
εὗρον πεπληρωμένην, αὐτός τε οὖν ἀνεθάρρησα καὶ τοῖς
παραγεγονόσι τῶν φίλων εἶπον εὐθὺς ὡς· "Σήμερον, κἂν
μὴ βούληται, Βασίλειος λύσει τὴν ἀκοινωνησίαν." Ὃ δὴ
καὶ ἐγένετο· τῆς γὰρ τρίτης ἡμέρας ἐπιγενομένης, μετα-
πεμψάμενός με ὁ Βασίλειος λύει τὴν ἐπ᾽ ἐμοὶ ψῆφον, τῆς
μάρτυρος καὶ ἄκοντα πρὸς τοῦτο συνωθούσης αὐτὸν ἀο-
ράτως τε καὶ ᾗ νόμος αὐτῇ ποιεῖν. Καὶ ταῦτα μὲν εἰς τοῦτο
ἔληξε—τὴν Βασιλείου λέγω κακουργίαν καὶ τὴν τῆς μάρ-
τυρος ἐπ᾽ ἐμοὶ θαυματουργίαν—ἐφ᾽ ὃ δὲ καὶ πάλαι ἠπειγό-
μην ῥητέον.

vision of Zamaras, recognizing that those images had been symbols of these current events, even a forewarning, and that now the evil would cease.

I was already in the second day of my excommunication and night was falling. After making many tearful entreaties to God, and crying out repeatedly to the martyr, I had barely fallen asleep after my prayers when—how should I describe that awesome and blessed sight?—the martyr stood at my side in the dress of a girl, with a white *tribonion* (i.e., cloak) wrapped around her, from her back to her chest, then fastened there <at the shoulder> with a pin.[45] And taking my right hand, she gave to me that very thing of which Basil had wickedly deprived me. "Take this and be courageous, my child," she said to me, "and know that *I am hastening now to Macedonia to help* a woman in danger." For she added these last words to her speech. Having uttered them, she flew away—indeed, she seemed to be in a hurry. But I stood up and found my hand filled with an extraordinary fragrance.[46] I took renewed courage and immediately said to my friends who were present: "Today, whether he wants to or not, Basil will revoke the excommunication." This is exactly what happened. When the third day arrived, Basil summoned me and revoked the sentence against me; the martyr, against Basil's will, invisibly pressured him to do this, as is her custom. These events concluded at this point—I mean the villainy of Basil and the miracle-working of the martyr on my behalf—and now I will discuss that which I was hastening to tell long ago.

13

1 Στρατιάρχης τις ἦν, τούτῳ δὲ ὄνομα Σατορνῖλος, ἀφ᾽ οὗ καὶ ὁ γεννάδας οὗτος Σατορνῖλος, ἀπ᾽ ἐκείνου τρίτος ὤν, ὁ τὸν δυσαγῆ καὶ ἀλάστορα καὶ τρισκακοδαίμονα Σεβῆρον ἐπὶ παροινίᾳ τοσαύτῃ καὶ τόλμῃ ἢ κατὰ τῶν ἁγίων καὶ ἱερῶν ἐχρήσατο τόπων ἐπικατασφάξας τῷ μύσει καὶ τῷ κοινῷ κατὰ τῆς οἰκουμένης μιάσματι, καὶ τοσαύτης καὶ οὕτως ἐξαγίστου παρανομίας ἐλευθερώσας τὰς ἐκκλησίας. Ἀλλὰ τί τ᾽ ἄρρητ᾽ ἀναμετρήσασθαί με δεῖ; Τῷ τοι κἀγὼ πεισθεὶς Εὐριπίδῃ τῷ σοφῷ σιωπήσομαι. Ὁ οὖν Σατορνῖλος ἐκεῖνος ἦν μὲν ἀνὴρ πιστὸς καὶ εὐπατρίδης καὶ περικλεής. Σταλεὶς δὲ ὑπὸ βασιλέως μετὰ καὶ στρατιᾶς συχνῆς καὶ ἀκμαζούσης καὶ πνεούσης θυμὸν ἐννάλιον—εἶπεν ἄν τις ποιητικῶς—ἐπήμυνε τῇ πάσῃ Ἑῴα καμνούσῃ καὶ ληϊζο-μένῃ ὑπὸ τῆς γείτονος καὶ ληστρίδος ταύτης χώρας, πάντα δι᾽ ὧν κακῶς ἅμα ἔφυσέ τε καὶ ἤνεγκε ποινηλατούσης.

2 Τούτῳ τοίνυν ἥκοντι δεῦρο καὶ πολλὴν διὰ πολλῶν ἐπι-δεδειγμένῳ τὴν εἰς Χριστὸν εὔνοιαν καὶ πίστιν, καὶ ἄλλοτε μὲν πολλάκις ὁρμῶντι πρὸς πόλεμον συμπαρῆν τε καὶ προήσπιζεν ἡ μάρτυς καὶ πᾶσαν αὐτῷ συγκατειργάζετο νίκην, ποτὲ δὲ αὐτῷ καὶ λόχον καὶ ἐνέδραν ἐξ αὐτῶν τού-των τῶν ἀλιτηρίων κατεσκευασμένην προκατεμήνυσέ τε καὶ ἀνεκάλυψεν, ὡς τὸν Σατορνῖλον προαισθόμενον τῆς ἐπιβουλῆς φυλάξασθαι τὸ παθεῖν καὶ τοῖς ἄρχουσιν αὐτοῖς περιτρέψαι τὸν κίνδυνον, ὡς μηδὲ τὸν μηνύσοντα κατα-λειφθῆναι τὴν συμφοράν.

3 Πολλὰ τοῦδε τοῦ θαύματος χαριστήρια ἔτι καὶ νῦν

MIRACLES OF SAINT THEKLA

Chapter 13

There was a general named Satornilos. Descended from him in the third generation, the noble Satornilos of our day killed the impious, vengeful, and thrice-accursed Severus for the drunken audacity which he employed against the holy and sacred places—a defilement and general pollution inflicted on the inhabited world—thereby freeing the churches from an enormous and abominable lawlessness.[47] *But why should I recapitulate that which is unspeakable?*[48] In this, obeying the wise Euripides, I too shall remain silent. Satornilos was a pious, wellborn, and celebrated man. Sent by the emperor with a large and well-trained army that was *exhaling the breath of war* (as one might say poetically),[49] he came to the aid of the entire <diocese of> Oriens, distressed and pillaged as it was by the neighboring land of brigands, which inflicts vengeance on us through the men whom it has wickedly produced and borne.[50]

This Satornilos came here and exhibited in many ways his great benevolence toward Christ and his faith in him. At other times, while he was pressing toward battle, the martyr was by his side and shielded him and helped him to achieve every victory. One time in particular she forewarned him and revealed a treacherous ambush prepared by those same accursed men, so that Satornilos, with foreknowledge of the plot, was able to guard against becoming the victim and turned the danger against the instigators themselves, so that none of them survived to tell of the disaster.[51]

We are still today able to see the many thank offerings for

ὁρᾶν ἔχομεν, ἃ ἐκεῖνος μὲν ἀνιέρωσε τῇ παρθένῳ, σαφε-
στάτῃ πείρᾳ τὴν χάριν αὐτῆς καὶ δύναμιν καρπωσάμενος,
καλλωπίζει δὲ τὸν νεών. Τοιγάρτοι ὁσάκις ἄν τις ἐκεῖνα
θεῷτο, καὶ τοῦ θαύματος καὶ τοῦ δεδεγμένου τὴν χάριν
ἀναμιμνήσκεται, καὶ θαυμάζει μὲν τὴν παρθένον τῆς ἰσχύ-
ος, τῆς ὀξύτητος, τῆς εἰς τοὺς ἀγαπῶντας αὐτὴν εὐνοίας
καὶ συμπαθείας, μακαρίζει δὲ τοῦτον τῆς βοηθείας καὶ
προνοίας ἧς ἐκαρποῦτο παρὰ πάντα τὸν χρόνον τῆς μάρ-
τυρος.

4   Ἔτι δέ με ὑπὸ τῆς αἴγλης τοῦδε τοῦ θαύματος κατα-
λαμπόμενον, θαῦμα ἕτερον ὑπολάμψαν ποτὲ γεγονὸς τῷ
τε κάλλει με καταπλήττεται καὶ πρὸς ἑαυτὸ πείθει ταχέως
μεθίστασθαι ὡς καλόν, ὡς ἐράσμιον, ὡς πολὺ πλέον τῶν
ἄλλων θαυμάτων τόν τε ἀκροατὴν θέλξαι δυνάμενον καὶ
τὴν τῆς μάρτυρος λαμπρότερον κηρῦξαι χάριν καὶ δύνα-
μιν. Μήτε οὖν ἡμεῖς μελλήσωμεν, καὶ τῷ θᾶττον βουλο-
μένῳ προπηδῆσαι θαύματι χαρισώμεθα τάχος. Ποῖον δὲ
δὴ τοῦτό ἐστιν;

14

1   Ἀνήρ τις εὐπατρίδης καὶ λαμπρός, ᾧ ὄνομα μὲν Ὑψίστι-
ος, πόλις δὲ ἡ Κλαυδίου—καὶ γείτων αὕτη πόλις—οὗτος
Χριστοῦ τε τὸ πρὶν πολέμιος ἦν καὶ δαιμόνων φίλος,
οὐδενὸς οὐ ῥήματος οὐ πράγματος βλασφήμου καὶ δυσσε-
βοῦς ἀφειδῶν. Συνῴκει δὲ τούτῳ καὶ γύναιον ἐξ ὁμοίου μὲν

this miracle, offerings which he consecrated to the virgin, after receiving the clearest proof of her grace and power, and which he used to decorate her temple. Anytime someone gazes upon these offerings, he will be reminded of the miracle and the beneficiary of her grace, and he will admire the virgin for her strength, her quickness, her benevolence and sympathy toward those who love her, and he will declare Satornilos blessed for the martyr's help and foresight, which he received over a long period of time.

While I am still dazzled by the radiance of this miracle, 4 another miracle shines forth which happened in the past. It entrances me with its beauty and beckons me to move on quickly to it, since it is so beautiful, so lovely, so much more capable than the other miracles to enchant the listener and to proclaim all the more brilliantly the martyr's grace and power. Therefore let us not delay, but since the miracle is impatient to bound swiftly into view, let us grant it speed. What, then, is this miracle?

Chapter 14

A wellborn and illustrious man, by name Hypsistios and 1 from the city of Claudius—a neighboring city to our own[52] —was previously an enemy of Christ and a friend of demons, and he neglected no word or deed that was blasphemous and profane. With this man lived a wife who came

καὶ περισήμου γένους ὁρμώμενον, σωφροσύνῃ δὲ καὶ εὐ-
σταθείᾳ τρόπων καὶ τῇ εἰς Χριστὸν μάλιστα πίστει κοσμού-
μενον. Πλούτου δὲ καὶ τρυφῆς καὶ πάσης εὐπαθείας αὐτοῖς
παρούσης ἐδυσχέραινεν, ἐδεινοπάθει, κατηφὲς καὶ περί-
δακρυ ἦν ἀεὶ τὸ γύναιον· ἐλύπει δὲ ἄρα ἕτερον μὲν αὐτὴν
οὐδέν, τοῦ δὲ ὁμοζύγου ἡ ἀπιστία. Τὸν νεὼν τοιγαροῦν ἀεὶ
τῆς μάρτυρος καταλαμβάνουσα, τῆς μὲν Ἄννης ἐκείνης ἧς
καὶ πολὺ κλέος ἐν ταῖς θείαις ἐστὶ γραφαῖς ἐμιμεῖτο τὴν
στάσιν, τὰς εὐχάς, τὰ δάκρυα, τὴν ἐπὶ ταῖς εὐχαῖς καὶ λιταῖς
διακαρτέρησιν, ἀλλ᾽ οὐχ ὑπὲρ τοῦ κτήσασθαι παῖδας—
ἰουδαϊκῆς γὰρ ἀπειροκαλίας τὸ αἴτημα—ἵνα δὲ Χριστιανὸν
καὶ πιστὸν ἐπίδῃ τὸν ἑαυτῆς ἄνδρα.

2   Ἐπήκουσε τούτων ἡ μάρτυς καί, θαυμάσασα μὲν αὐτὴν
τῆς πίστεως ἤπερ ἐλεήσασα, στρατηγικώτερον μὲν αὐτῷ
ὡς ἂν καὶ ἀναιδεστέρῳ πολεμίῳ πρόσεισιν, ἀπαλλάττει δὲ
ὅμως αὐτὸν τῆς ἀπιστίας καὶ εἰδωλομανίας. Νόσῳ γὰρ
αὐτὸν ἰσχυρᾷ περιβαλοῦσα πρότερον, καὶ τὸ ἀγεννὲς καὶ
ἀμείλικτον τῆς ψυχῆς αὐτοῦ καταμαλάξασα, τότε προσ-
άγει τὴν θεραπείαν. Προσάγει δὲ οὕτως, ὃ καὶ λίαν τοὺς
ἀκούοντας καταπλήξειε· τῶν γὰρ προλαβόντων θαυμάτων
ἔχει τι καὶ παραδοξότερον· ὡς γὰρ ὁ μὲν προσήλωτο κλίνῃ,
πολλοῖς τε ἄλλοις πάθεσι μαχόμενος καὶ τῷ παρὰ τῆς ἀσε-
βείας ἐκβρασθέντι πυρὶ συμφλεγόμενος, πολὺς δὲ καὶ ὁ
χρόνος ἦν ἤδη τῆς ἀρρωστίας, ἀπειρήκει δὲ πᾶς ἰατρὸς
καὶ πᾶς οἰκέτης, ἐτετρύχωτο δὲ καὶ αὐτὸ τὸ γύναιον ὑπό
τε ἀγρυπνίας πολλῆς καὶ χαμευνίας καὶ τῆς τοῦ νο-
σοῦντος μελαγχολίας—νόσου γὰρ μακρᾶς ὡς τὰ πολλὰ

from a similarly noble family, except that she was adorned with modesty and steady manners and, particularly, with faith in Christ. Even though they had wealth, an easy life, and every comfort, the wife was habitually upset, complained loudly, and was always downcast and tearful; and what troubled her was nothing other than her spouse's lack of faith.[53] She therefore visited unceasingly the martyr's temple, in this imitating Hannah, who has such great renown in the holy scriptures, in her persistence, her prayers, her tears, and her perseverance in prayers and entreaties, but she did this not for the sake of having children—a request of Jewish vulgarity—rather, that she might see her husband become a Christian believer.[54]

The martyr heard these prayers and, marveling at the   2 woman's faith or taking pity on her, she attacked the husband strategically, as if he were a more shameless enemy, but she nevertheless delivered him from his lack of faith and idol mania. First she afflicted him with a terrible disease, and softened the base and cruel part of his soul, and then she applied the cure. And she applied it in the following way, which is likely to shock my listeners, for it is more extraordinary than the miracles previously reported. This man was bedridden, contending with many different torments and being consumed by the fire that spewed forth as a result of his impiety. Already the illness had lasted for some time, and every doctor and every attendant had given up, and his wife was worn out by sleeplessness, from lying on the floor, and from her sick husband's depression—since a long illness often produces depression—and the universal

μελαγχολία τὸ πέρας—ἐλπὶς δὲ ἦν πάντοθεν ἀπωλείας, τί συμβαίνει καὶ τί γίνεται;

3   Σταθερᾶς ἤδη μεσημβρίας οὔσης καὶ ἡλίου τὸ μέσον οὐρανοῦ καθιππεύοντος, ἐπεισέρχεται τῷ νοσοῦντι ἡ μάρτυς, ὕπαρ οὐκ ὄναρ, αὐτοπροσώπως ἀλλ᾽ οὐ δι᾽ ἑτέρας μορφῆς, εὐσταλής τις καὶ μικρὸν ἀνεστηκυῖα κόρη, εὐπρόσωπος, ἐμβριθής, εὐσταθής, εὔχαρις, ὕπωχρος μετ᾽ ἐρυθήματος—τοῖς γὰρ τῆς ἀρετῆς ἔτι ἐμφαίνεσθαι καὶ τὰ τοῦ σώματος ἐφιλονείκει χρώματα—πολὺ δὲ ἔτι καὶ παντὸς ἄλλου τὸ τῆς σωφροσύνης ἐπήνθει κάλλος αὐτῇ μετ᾽ αἰδοῦς, μετὰ χαρίτων, μετὰ ὀφθαλμῶν ἀγλαΐας καὶ τῆς τοῦ λοιποῦ σώματος αἴγλης, ὃ τοῖς φαιοῖς μὲν ὑπέστιλβεν ἱματίοις, ἐδόκει δὲ ὥσπερ ἔκ τινος ἁλουργοῦ τε καὶ λεπτοῦ παραπετάσματος ὑπαυγάζειν ἥλιος· καὶ γὰρ ἔσταλτο μὲν παρθενικῶς καὶ ᾗ νόμος ταῖς ἱεραῖς τοῦ Χριστοῦ θεραπαινίσιν, οὐράνιον δέ τι καὶ θεῖον ἀπήστραπτε φῶς, ὡς δοκεῖν ἀγγέλου τε ἅμα καὶ ἀνθρώπου φύσιν ἀνακεκρᾶσθαι καὶ δι᾽ ἀμφοῖν ἄγαλμά τι συγκεῖσθαι θεοειδὲς καὶ ἀκήρατον καὶ ἔμπνουν.

4   Οὕτω δὲ ἔχουσα σχήματος καὶ παρελθοῦσα εἴσω τοῦ δωματίου, τῇ κλίνῃ τῇ τοῦτον ἄρρωστον ἐχούσῃ παρεκαθέσθη, μικρὸν δὲ καὶ ὑποψοφήσασα τῷ ποδί, ὡς τὸν Ὑψίστιον αἰσθόμενόν τε καὶ ὑποτοπήσαντα τῶν συνήθων εἶναι γυναικῶν καταβοῆσαί τε καὶ ἔρεσθαι τίς τε εἴη καὶ τί βούλοιτο νῦν διενοχλεῖν αὐτῷ—δυσάρεστοι γὰρ οἱ νοσοῦντες ἀπορίας ὕπο—τὴν δὲ ὑπολαβοῦσαν εὐθὺς εἰπεῖν· "Ἐγώ," φησίν, "εἰμὶ μὲν Θέκλα ἡ μάρτυς τοῦ Χριστοῦ ἡ παρὰ σοῦ πάντοτε ὑβριζομένη καὶ λοιδορουμένη,

expectation was imminent death. But what happened, what came to pass?

Already it was high noon, and the sun had reached mid-course in its ride across the sky,[55] when the martyr came to visit the sick man, in a waking vision and not a dream,[56] in her own person and not in another's guise: a trim girl and not too tall, fair of face, dignified, steady, graceful, pale with some redness of cheek—for the colors of her body contended still with those of her virtue for the privilege of being exhibited—even more and above all, the beauty of discretion bloomed in her with dignity, with grace, with splendor in her eyes, and splendor in the rest of her body, which sparkled under her somber clothes, and she seemed to gleam like a sun through a thin curtain of purple. In short, she was dressed like a virgin and in a way which is customary for the holy handmaidens of Christ, but she shone with a heavenly and divine light, so that angelic and human natures seemed to be mingled together and, through the two, produced something like a godlike, pure, and living statue.

It is with such an appearance that she entered the house and sat at the side of the bed that held the sick man. She then made a slight noise with her foot, so that Hypsistios, noticing her and suspecting she was one of the women of the household, shouted at her and asked who she was and why she wished at that moment to disturb him—for sick people tend to be disagreeable due to their helplessness—and she immediately answered by saying, "I am Thekla, the martyr of Christ, the one whom you constantly insult and

3

4

παραγέγονα δὲ νῦν ἵνα ὁμοῦ σε καὶ τῆς ἀπιστίας ἀπαλ-
λάξω καὶ τῆς ἀρρωστίας· τοιούτοις γὰρ ἐγὼ τοὺς ὑβριστὰς
ἀμείβεσθαι πέφυκα δώροις. Τοιγαροῦν ἐπειδὴ τίς μέν εἰμι
ἐγὼ μεμάθηκας, ἱκανὴν δὲ καὶ τῆς ἀπιστίας ἤδη δέδωκας
δίκην, ἀνάστηθι, ἄπιθι, βαπτίσθητι, πρόσιθι τοῖς μυστηρί-
οις, προσκύνησον, ὁμολόγησον τὸν Πατέρα, τὸν Υἱόν, τὸ
Πνεῦμα τὸ ἅγιον, τὴν ἄκτιστον καὶ ὁμοούσιον Τριάδα τὴν
πάντα ταῦτα δημιουργήσασαν, εἴτε νοητά, εἴτε αἰσθητά,
εἴτε ὁρατά, εἴτε ἀόρατα, τὴν πάντα φέρουσαν καὶ ἡνιοχοῦ-
σαν, τὴν πάντα οἰκονομοῦσαν καὶ διακρατοῦσαν. Συνομο-
λόγησον πρὸς τούτοις τὴν μετὰ σαρκὸς παρουσίαν καὶ
ἐπιδημίαν τοῦ μονογενοῦς, τὴν ἀπὸ τῆς παρθένου λέγω
καὶ θεοτόκου Μαρίας σάρκωσίν τε καὶ γέννησιν, τὸν σταυ-
ρόν, τὸν θάνατον, τὴν ἀνάστασιν, τὴν ἀνάληψιν· καὶ παρα-
χρῆμα ὑγιανεῖς καὶ τὸ σῶμα καὶ τὴν ψυχήν, καὶ εὖ μὲν
οἰκήσεις τὴν γῆν ταύτην, εὖ δὲ βιώσεις, εὖ δὲ καὶ μεταστή-
σει πρὸς τὸν οὐρανόν, καὶ σὺν πολλῇ τῇ παρρησίᾳ ὄψει
τότε λοιπὸν τὸν βασιλέα Χριστόν."

5   Καὶ ἡ μὲν ταῦτα εἰποῦσα πρὸς τὸν αὐτῇ πρέποντα
χῶρον ἀπεχώρησε πάλιν, ἐμπνεύσασά τι καὶ λεληθότως
αὐτῷ σωτηρίας τε καὶ ἰσχύος καὶ χάριτος· πάντα δὲ ἅμα
κατὰ ταὐτὸν ἀθρόα συνέβη, ἡ πίστις, ἡ χάρις, ἡ μύησις, τὸ
ἐπὶ πᾶσι τούτοις ἐρρῶσθαί τε καὶ ὑγιαίνειν καὶ ἐν αἰσθήσει
τῶν καλῶν ἀπολαύειν τῶν ἀληθῶς ἀγαθῶν, ὧν τὸ κρατι-
στεῦον τὸ Χριστιανόν τε γενέσθαι καὶ μήκιστον ἐπιβιώ-
σαντα χρόνον τῇ πίστει μεταστῆναι οὕτως ἀπὸ τοῦ βίου
μετὰ καὶ τῆς ἐπὶ τῇ ἀναστάσει πᾶσιν ἡμῖν ὑπαρχούσης
ἐλπίδος.

abuse, but I have come to your side now so that I may deliver you from both your unbelief and your sickness. It is with gifts such as these that I customarily repay abusive men. Therefore, now that you have learned who I am, and you have already paid a sufficient penalty for your lack of faith, arise, go out, be baptized, approach the mysteries, bow in worship, confess the Father, the Son, and the Holy Spirit, the uncreated and consubstantial Trinity, who wrought all these things—everything spiritual or perceived, seen or unseen—who carries all things and drives all things, who administers all things and supports all things.[57] Go confess in addition the advent in the flesh and the coming of the Only Begotten—I am speaking of the incarnation and birth from the virgin Mary, the Theotokos—the cross, the death, the resurrection, the ascension.[58] And immediately you will heal both body and soul, and happily will you inhabit this earth, and happily will you live, and happily will you also ascend to heaven, where with great intimacy you will thereafter gaze upon Christ the king."

And after saying these words to him, she returned again 5 to the region fitting for her [i.e., Seleukeia], having breathed into Hypsistios imperceptibly the makings of salvation, strength, and grace. All these events happened all at once to the same man: faith, grace, initiation, and on top of all these, recovery of his strength and health, and, with his recognition of the moral good, the enjoyment of true blessings. The most important of these were becoming a Christian and, after living a long life in faith, departing from life with the hope of the resurrection which belongs to all of us.

15

1   Ὁ δὲ Κυπρίων ἔστιν ἔτι καὶ νῦν διηγουμένων ἀκούειν, κἀγὼ διηγήσομαι. Τῶν γάρ τις εὐπατριδῶν καὶ πιστῶν ἐπιβάς ποτε ὁλκάδος παρὰ τὴν μάρτυρα ἠπείγετο, προσευξόμενός τε αὐτῇ καὶ τὴν ἑορτὴν θεάσασθαι βουλόμενος ἣν ἄγουσι μὲν ἑκάστου ἔτους οἱ καὶ πολῖται καὶ σύνοικοι τῆς μάρτυρος, τιμῶσι δὲ πάντες ἄνθρωποι. Ἀλλ᾽ ὁ μὲν τῇ κατὰ τὴν Ἰσαυρίδα ταύτην χέρσῳ προσορμισθεὶς καὶ ἀποβάς, εὐθὺς εἴχετο τῆς ἐπὶ τὸ μαρτύριον ὁδοῦ καὶ πορείας ἅμα καὶ οἷς ἐπήγετο· γαμετὴ δὲ καὶ παῖδες ἦσαν οὗτοι καὶ οἰκέται. Καὶ τῶν ναυτῶν δὲ οἱ πλείους ἢ καὶ πάντες πόθῳ τῆς ἱερᾶς πανηγύρεως ἐφείποντο, μειρακίοις δυσὶ μόνοις ἢ καὶ αὐτῷ τῷ καιρῷ τὴν τῆς νεὼς παραδόντες φυλακήν· οὔτε γὰρ ἦν τι τῶν ἐκ τοῦ χειμῶνος ὑποτοπῆσαι χαλεπῶν, πολλῆς δὲ πάντοθεν ὑποφαινομένης τῆς ἀσφαλείας· θέρος τε γὰρ ἦν ἔτι καὶ τεττίγων ᾠδὴ καὶ κυμάτων σιωπὴ καὶ γαλήνη μετὰ πραείας αὔρας ἐπιμειδιῶσα τῇ θαλάσσῃ.

2   Καί ποθεν ἐξαίφνης ἐμβαλὼν ἄνεμος πολύς τε καὶ ἄγριος καὶ ἠχλυωμένος ἐκίνει μὲν ἐκ βυθῶν ἅπαν ὁμοῦ τὸ κλυδώνιον, ἐπεγείρει δὲ κύματα κύμασι, τοῖς μὲν ἄρτι προσαρασσομένοις τῷ αἰγιαλῷ καὶ ταῖς πέτραις, τοῖς δὲ ἐπικυρτουμένοις ἔτι, τοῖς δὲ ἔνδοθέν ποθεν ἐκ μέσου τοῦ πελάγους ἐπικυκωμένοις τε καὶ ἐπεκθέουσιν, ὥσπερ ὄρεσι μεγίστοις ὄρη παμμέγιστα ἐπαιωρούμενα. Συναρπάσας δὲ καὶ τὴν βοηθείας ἔρημον ναῦν καὶ ἀποκόψας τῶν πεισμάτων, εἰς μέσον τε πέλαγος ἀπορρίπτει ταύτην μετὰ καὶ τῶν ἀποδυρομένων μειρακίων καὶ εἰς οὐρανὸν τὰς χεῖρας

Chapter 15

I will recount myself a tale which it is still today possible 1
to hear related by Cypriots. A man of a noble and believing
family embarked once on a merchant vessel and hastened to
come to the martyr in order to pray to her and with the de-
sire to witness her festival, which is organized each year by
the citizens and co-inhabitants with the martyr and which
everyone holds in honor.[59] Once the man landed at our Isau-
rian shore and disembarked, immediately he took the road
leading to the martyr's shrine, together with those who ac-
companied him: his wife, children, and servants. Most of
the sailors, if not all of them, also followed out of a longing
for the holy festival, and they handed over the guarding of
the ship to two young boys alone, that is, to the whim of the
weather. There was no reason to suspect any problems from
a storm, since from every direction conditions appeared
very secure. For it was still summer, the cicadas were sing-
ing, the waves were calm, and a stillness with a gentle breeze
was smiling over the sea.

But all of a sudden a great wind blew in from nowhere, 2
fierce and gloomy, and it stirred up from the deep every little
ripple at the same time. It raised wave upon wave: some had
just crashed on the beach and rocks when others began to
crest, and still others were just being formed from some-
where out in the middle of the sea and were setting forth,
as if they were immense mountains being lifted up against
enormous mountains. Seizing the boat, which was defense-
less, and breaking its moorings, the wind threw the boat out
into the middle of the sea along with the two boys. They
were lamenting bitterly and could only raise up their hands

67

αἱρόντων μόνον καὶ τὸν ἐπινηχόμενον αὐτοῖς ἐκδεχομέ
νων θάνατον, πονῆσαι δὲ ἢ βοηθηθῆναι μηδ’ ὁτιοῦν δυνα
μένων.

3   Ἐν τούτοις δὲ τούτων ὄντων καὶ τοῦ χειμῶνος ἔτι κατα
δουπούντος τὴν θάλασσαν, ἰδοὺ καὶ ἡ παρθένος ἐπὶ τῆς
χειμαζομένης καὶ ἤδη καταδύεσθαι μελλούσης νεὼς φαί
νεται, τοῖς τε παισὶν ἤδη λειποθυμοῦσι θαρρεῖν ἐπικελευ
ομένη καὶ οἰάκων ἁπτομένη καὶ κάλως ἀνασείουσα καὶ τὸ
ἱστίον ἀνατείνουσα καὶ τῷ χειμῶνι ἐπιτιμῶσα καὶ πάντα
ποιοῦσα ὅσα τε ναύταις καὶ ὅσα κυβερνήταις πρέπει καὶ
ὅσα αὖ πάλιν ἀποστόλῳ καὶ μάρτυρι καὶ πάντοθεν ἐχούσῃ
τὸ δύνασθαι, καὶ οὕτω τήν τε ζάλην κατευνάσασα, τήν τε
ναῦν διευθύνασα, ἐκείνοις τε προσορμίζει τοῖς τόποις ἀφ’
ὧνπερ καὶ ἀνήχθη τὴν ἀρχὴν ὁ πιστὸς ἐκεῖνος καὶ θαυμά
σιος ἀνήρ, ὡς καί τινας τῶν ἐπὶ τὴν πανήγυριν σταλέντων
οἰκείους καὶ ἰδεῖν τὴν ναῦν καὶ καταπλαγῆναι καὶ ἔρεσθαι
τὰ μειράκια καὶ μαθεῖν πάντα ἃ γεγένητο παρά τε τοῦ
χειμῶνος καὶ τῆς μάρτυρος, καὶ ὡς αὖθις ἐκεῖθεν ἀναλα
βοῦσα τὴν αὐτὴν ἵεται καὶ πάλιν ἐκείνοις ἐγκαθορμίζει
τοῖς τόποις ἀφ’ ὧνπερ αὐτὴν καὶ ἀπέρρηξεν ὁ χειμὼν
ἀγκυρῶν τε καὶ πεισμάτων κρείττων γενόμενος· ὥστε τήν
τε νῆσον τὴν Κύπρον πληρωθῆναι τοῦδε τοῦ θαύματος,
τήν τε Σελεύκου ταύτην μὴ ἀγνοῆσαι τὸ παράδοξον, τῶν
μειρακίων ὧδέ τε κἀκεῖσε πάντα διηγησαμένων, ἔτι γε μὴν
καὶ τοὺς πανηγυρίζοντας ἐκείνους, ὃ καὶ πλήρωμα τῆς
ὁλκάδος ἦν, ἐν ἀγνοίᾳ μὲν γενέσθαι τοῦ τοσούτου καὶ ἦ
θέμις πανηγυρίσαι σὺν ἡδονῇ, κατελθόντας δὲ τήν τε ναῦν
εὑρεῖν καὶ τὸ θαῦμα ἀκοῦσαι καὶ ἀποσωθῆναι οἴκαδε μάλα

to heaven and await the death that was swimming toward
them, since they were unable to do anything for themselves
or to be aided in any way.

While they were in this situation, and while the storm 3
continued to crash upon the sea, the virgin appeared on the
storm-tossed boat, which was on the verge of sinking, and
she ordered the children, who had already lost heart, to take
courage, and she grabbed the rudder, swinging it back and
forth with skill, she hoisted the sail, she rebuked the storm,
and did everything fitting for sailors and steersmen, and fur-
ther, everything fitting for an apostle and female martyr
whose ability is limitless. Thus she quieted the squall, kept
the boat on a straight course, and brought it to anchor at the
very spot where that faithful and admirable man had docked
it to begin with.[60] As a result, when some of his household
who had been sent to the festival saw the boat, they were
stupefied, they questioned the boys, and they learned all of
what happened regarding the storm and the martyr. They
also learned that, having brought the boat back from there,
she let it go and anchored it again at precisely the spot where
the storm had ripped it away, being stronger than the an-
chors and moorings. The result was that the island of Cy-
prus was completely filled with the story of this miracle, and
our town of Seleukeia was not ignorant of the prodigy either,
since the boys recounted all of their story here and there.
Those who had gone to the festival, that is to say, the pas-
sengers on the boat, were still unaware of the story, hav-
ing been enjoying the festival, as is right. But when they
came back down <to the harbor>, they found the ship and
heard about the miracle and returned safely home, telling

ἀσμένως ταῦτα διηγουμένους, ταῦτα ἀκούοντας, ἐπὶ τούτοις πᾶσι τὴν μάρτυρα θαυμάζοντας καὶ δοξάζοντας. Ἀλλ᾽ οὐ τοῖς μὲν κατὰ θάλασσαν χειμαζομένοις οὕτως ἑτοίμως ἐπήμυνεν ἡ μάρτυς, τοῖς δὲ κατὰ γῆν ὁδοιποροῦσι καὶ κινδυνεύουσιν ἀργοτέραν πως τὴν αὐτῆς παρέχεται δύναμιν, ἤ γέ τι καὶ τοιοῦτο φαίνεται πεποιηκυῖα.

16

1 Ἀμβρόσιος γάρ τις, στρατιώτης μὲν ὢν ἀστικός, ἐφ᾽ ἵππου δὲ πολλάκις διελθὼν τὴν οἰκουμένην ἐν ἐπείγουσί τε καὶ τάχος ἀπαιτοῦσι καιροῖς, ὥστε ἢ βασιλεῖ τι τῶν κατεπειγόντων ἀπαγγεῖλαι ἢ παρὰ βασιλέως ὑπηκόοις ἐπιτάξαι, ἤ τι τῶν τιμιωτέρων καὶ πολυτίμων διακομίσαι, οὗτος τοίνυν χρυσίον πολὺ καὶ εἰσπραξάμενος καὶ διακομίζων, ἐδεῖτο μὲν τῆς κατὰ Κιλικίαν τε καὶ Καππαδοκίαν παρατεινομένης ὁδοῦ, ἐπέπληστο δὲ πολεμίων αὕτη μέχρι καὶ τῶν βασιλείων αὐτῶν, πολλῶν τε καὶ οὐκ ἀνεκτῶν καὶ δι᾽ αὐτό γε τοῦτο τοὺς παριόντας λοχώντων, ὥστε καὶ τῶν χρημάτων ἀπογυμνοῦν καὶ τέλος ἢ ἀποσφάττειν ἢ χρημάτων πάλιν ἀποδίδοσθαι τοῖς οἰκείοις. Οὕτω δὴ τῆς ὁδοῦ κακῶς ἐχούσης ἐκείνης, ὅμως δι᾽ ἐκείνης ἠπείγετο, δυοῖν θάτερον πάντως πείσεσθαι προσδοκῶν, ἢ ἁλῶναι καὶ ὑπὸ τοῖς πολεμίοις ἔσεσθαι, ἢ μελλήσεως ὑπομεῖναι δίκας. Πολλὰ δὲ μητρὶ φίλῃ μὲν οὐδαμῶς—ὥς πού φησιν Ὅμηρος—ἠρήσατο

and hearing the story with great pleasure, and admiring and glorifying the martyr for all these events. The martyr not only came to the ready aid of those storm-tossed on the sea, but she has also exhibited her power with no less zeal in service of those who meet danger while traveling over land. She has accomplished a miracle of this sort as well.

Chapter 16

A certain Ambrosios, soldier of the imperial capital,[61] often traveled across the whole world on horseback, in pressing situations when speed was of the essence—to make an urgent report to the emperor or to communicate an imperial order to his subjects, or to transport something of importance or value. This man, having obtained and carrying on his person a great deal of gold, needed to take the road that stretched out across Cilicia and Cappadocia, but it was infested—right up to the palace itself—with enemies who were numerous and intractable and who set ambushes for the sole purpose of stripping passersby of their possessions, with the end result being either the slitting of the travelers' throats or else ransoming them back to their relatives.[62] So bad was this route, but nonetheless he hastened along it, fully expecting to suffer one of two outcomes: either to be captured and end up in the hands of the enemies, or to be punished for his delay. It was not *to his dear mother*—as Homer says—*that he* lifted *his arms in prayer,*[63] but to the servant and

χεῖρας ἀνασχών, τῇ δὲ τοῦ Χριστοῦ δούλῃ καὶ μάρτυρι, καὶ οὕτω τῆς τε ὁδοῦ ἅπτεται καὶ τυγχάνει τοῦ θαύματος.

2   Κατὰ γὰρ αὐτὸ τὸ φοβερώτατον καὶ ληστρικώτατον τῆς ὁδοῦ μέρος, ἔνθα καὶ τὸ πολὺ δέος ἦν καὶ ὁ κίνδυνος πρόδηλος, ὁρᾷ στῖφος στρατιωτῶν ὡπλισμένων τε καὶ ἱππέων ἑπόμενόν τε καὶ παρεπόμενον, καὶ φυλάκων καὶ δορυφόρων ἀποπληροῦν χρείαν καὶ τάξιν. Τὸ δὲ ἦν ἄρα τῆς μάρτυρος ἔργον οὕτως αὐτῷ τε καὶ τοῖς πολεμίοις φανταζόμενον καὶ τῷ μὲν παρέχον οὐ μικρὰν τὴν ἀσφάλειαν, τοῖς δὲ πολεμίοις πολλὴν τὴν δειλίαν ἐμβάλλον· ὃ γὰρ τούτῳ παρεῖχε τὴν ἄδειαν, πολὺν ἐκείνοις ἐνεποίει τὸν φόβον· ὡς τὸν Ἀμβρόσιον ἀποσωθέντα μὲν ἐκεῖθεν, ἐν δὲ τοῖς βασιλείοις γενόμενον, καὶ τὸ θαῦμα βοᾶν, καὶ τὴν τοῦ θαύματος ἐργάτιν ὑμνεῖν καὶ γεραίρειν οἷς ἔνι μάλιστα, ὡς ἀρωγόν, ὡς σύμμαχον, ὡς ἐπίκουρον. Οὔτε γὰρ ἀφῆκεν ἡ μάρτυς λαθεῖν ἥτις ποτὲ ἦν ἡ φυλάττουσα καὶ παραπέμπουσα, ἢ τὸ δοκοῦν τότε φαίνεσθαί τε καὶ ἕπεσθαι στράτευμα παρασκευάζουσα.

17

1   Λεοντίου δὲ εἰ ἀμνημονήσομεν καὶ τοῦ περὶ αὐτὸν γεγονότος θαύματος, οἶμαι ὡς οὐχ ὅσια πράξομεν, ἔτι τοῖς ἐκείνου κατὰ τὸ ἱερὸν βῆμα φιλοτεχνήμασι τὰς ὄψεις ἑστιώμενοι· ἥ τε γὰρ τῶν τοῖς τοίχοις περιυφασμένων

martyr of Christ; and thus he took to the road and obtained a miracle.

For along the portion of the route that is the most terrify- 2 ing and the most frequented by bandits, where the fear was great and the danger evident, he saw a body of soldiers, both infantry and cavalry, following and accompanying him, fulfilling the role and duty of both guard and escort. This apparition was the work of the martyr, appearing thus both to him and to the enemies, providing for him no small protection, and instilling great fear in his enemies. This apparition provided freedom from fear for the one, and introduced great terror for the others, so that Ambrosios, departing from that region in safety, and arriving at the imperial palace, announced the miracle with a loud voice, and praised the worker of the miracle and honored her as much as possible as his defender, ally, and protector. For the martyr did not let it escape notice who was the one guarding and escorting him, even though she made it seem as if an armed guard had appeared and provided an escort.

Chapter 17

Ⅰf we should fail to mention Leontios and the miracle that 1 happened to him, I think we would not be acting piously, we who still feast our eyes upon his marvelous craftsmanship in the holy sanctuary [lit. *bema*]. For the arrangement of marble

μαρμάρων τε καὶ πλακῶν συνθήκη, τό τε τοῦ ἐδάφους κατὰ
μικρὸν εἰς ἓν καὶ πολυειδὲς περιαθροιζόμενον κάλλος, τῶν
ἐκείνου χειρῶν ἔργον καὶ πόνος ἐστίν.

2 Οὗτος τοιγαροῦν τοιοῦτο μὲν εἰργάσατο καὶ διεμηχα-
νήσατο κάλλος ἔν τινος τῶν εὐδαιμόνων οἰκίᾳ κατὰ τὴν
Ἀντιόχου τὴν καλὴν καὶ μεγίστην πόλιν. Εἰργάζετο δὲ
μετὰ καὶ ἑτέρων πολλῶν ὑψοῦ τε καὶ περὶ τοίχους ποιού-
μενος τὴν σπουδὴν ταύτην, καί πως τῶν σανίδων περι-
ολισθησασῶν, αἵπερ καὶ ἀντὶ ἐδάφους τοῖς ποσὶν αὐτῶν
ὑπερηρεισμέναι τὴν ἐν τοῖς μετεώροις ἐργασίαν μετ᾽ ἀσφα-
λείας παρείχοντο, καταφέρεται μὲν μετὰ πάντων, σῴζεται
δὲ μόνος ἐκ πάντων, τὸ σκέλος εὖ μάλα κατεαγεὶς ὡς καὶ
αὐτὸν συναριθμεῖσθαι τοῖς τεθνεῶσι. Τότε τοῦτο ἄγαν
ἐλύπησε τὸν Μαξιμῖνον, ὅσπερ καὶ δεσπότης ἦν τῆς οἰκίας
ἐκείνης, καὶ διὰ πολλῆς ἐπιμελείας ἐποιεῖτο τὸν ἄνθρωπον,
οὐ διὰ τὴν τέχνην μᾶλλον ἢ ὡς χρηστόν τε καὶ βέλτιστον
καὶ ἡσύχιον.

3 Ὡς δὲ καὶ ὁ χρόνος προὔκοπτε καὶ τὸ πάθος ἐπετείνετο
καὶ τῆς σωτηρίας ἐλπὶς οὐδαμόθεν ὑπεφαίνετο, δεῖται τοῦ
Μαξιμίνου ὁ Λεόντιος ἐπιτρέψαι οἱ τὴν ἐπὶ Σελεύκειάν τε
ταύτην καὶ τὸ μαρτύριον τῆς Θέκλας ἄφιξιν. Καὶ δὴ ὁ μὲν
ἐπέτρεψεν ἐπιμειδιάσας ὡς ἂν ἑώλῳ πράγματι τῷ κατὰ τὴν
μάρτυρα—καὶ γὰρ τῶν ἔτι ἀπίστων ἦν ὁ ἄνθρωπος—ὁ δὲ
ἧκεν, καὶ ἄνεισι μὲν εἰς τὸ μαρτύριον ἑτέρων χρώμενος
χερσὶ καὶ ποσίν, οὔτε δὲ τρίτης ἡμέρας διαγενομένης τοῦ
τε πάθους ἀπαλλάττεται ὁ Λεόντιος καὶ τὸν πόδα ἀναρρών-
νυται, συμπαγέντος αὖθις τοῦ καταθραυσθέντος ὀστέου.

4 Καὶ τὴν Ἀντιόχειαν αὖθις κατέλαβε θέων, βαδίζων

panels interwoven on the walls, and the beauty of the variegated pavement which coalesces little by little to a single point, are the work and labor of this man's hands.

He, therefore, made and constructed similar beauty in 2 the house of a noble of the great and lovely city of Antioch. He used to work with many others at a great height and exercised his talents around the walls. One time the scaffolding slipped, which was supporting their feet in place of the floor, and enabled them to work safely in midair. This fell down with all of the workmen, among whom he alone survived, and his leg was so badly shattered that he was reckoned among the dead. This caused great sorrow for Maximinos, who was master of that house and who thought very highly of the man, not only for his skill but rather because he was talented, noble, and quiet.

As time advanced, his suffering intensified and there ap- 3 peared to be no hope of salvation from any source. Leontios asked Maximinos to allow his departure to our Seleukeia and to the martyr shrine of Thekla. He allowed it, though with a smirk, as if anything to do with the martyr was nonsense[64]—you see, this man was at that time still an unbeliever—but <Leontios> came and ascended to the martyr's shrine, relying on the hands and feet of others, and the third day <of his visit> had not dawned before Leontios was relieved of the suffering, his leg regained its strength, and the broken bone was put back together.

He arrived back at Antioch in stride, walking unhindered, 4

ἀκωλύτως, καὶ ἀσκολιάστως ἐπὶ τὸν ἐφ᾽ ὅνπερ ἠπείγετο
τρέχων πρὸς τὸν Μαξιμῖνον. Ὃν θεασάμενος ἐκπλαγῆναι
λέγεται οὐ διὰ τὸ θαῦμα μόνον, ἀλλὰ καὶ διὰ τὸ τάχος,
γενέσθαι δὲ δι᾽ αὐτὸ τοῦτο καὶ Χριστιανός, ὅπερ μάλιστα
καὶ ἡ μάρτυς προμηθουμένη τὸ θαῦμα εἰργάσατο, ἵνα καὶ
τοῦ μειδιάματος αὐτὸν ὡς οὐ καλῶς γεγονότος ἐπανα-
μνήσῃ καὶ προσαγάγῃ τῷ Χριστῷ.

5   Εἰργάσατο μέντοι γε τὸ θαῦμα ἡ μάρτυς οὕτως, οὐ γὰρ
δίκαιον τὸν τῆς θεραπείας σιωπηθῆναι τρόπον ἔχοντά τι
καὶ χαρίεν· ἐκάθευδε μὲν γὰρ ὁ Λεόντιος οὗτος ἐν τῷ νεῷ,
νυκτός τε οὔσης καὶ κακῶς ἔχων ὡς μηδὲ ἀσκολιάζων
βαδίζειν, φοιτήσασα δὲ ἡ μάρτυς εἶπε μὲν οὐδὲν οὐδὲ ἐνέ-
φηνε, πατεῖ δὲ τῷ οἰκείῳ ποδὶ τὸν ἐκείνου πόδα τὸν πεπον-
θότα, καὶ μάλα ἰσχυρῶς, ὡς τὸν Λεόντιον ἄγαν περιαλγή-
σαντα ἀναπηδῆσαί τε ἀθρόον καὶ στῆναι, καὶ τότε πρῶτον
βαδίσαι τε καὶ δραμεῖν, καὶ οὕτως ἀπαλλαγῆναι τοῦ πά-
θους εὐπετῶς, ὡς καὶ παραυτίκα τῆς ἐπὶ τὴν Ἀντιόχειαν
ἅψασθαι πορείας, πολλὰ ἐρρῶσθαι φράσαντα τῇ τε θα-
λάσσῃ, ταῖς ναυσὶ καὶ τοῖς κύμασιν.

18

1   Ταὐτὸ δὲ τοῦτο θαῦμα καὶ περὶ ἕτερα δύο εἰργάσατο γύ-
ναια, ὧν τῇ μὲν ὄνομα Ἀβά, πόλις δὲ ἡ Σελεύκου, γένος δὲ
λαμπρὸν καὶ περίσημον, τῇ δὲ ὄνομα μὲν Τιγριανή, πόλις

and hurried at a run, without limping, straight to Maximinos himself. The latter, upon seeing Leontios, is said to have been astonished not just at the miracle, but also at the speed <with which it was accomplished>, and for this same reason also became a Christian. This was precisely what the martyr intended to do in accomplishing the miracle: to remind him of his ill-advised smirk and to lead him to Christ.

The martyr accomplished the miracle in the following 5 way, for it is not right to remain silent about the mode of healing when it is so charming: Leontios was sleeping in the church <at the martyr's shrine>, it was night, and he was upset that he could not walk unhindered. The martyr visited him, though she said nothing, nor was she visible, but she stepped with her own foot onto Leontios's injured leg, and she did this with vigor.[65] Accordingly, Leontios felt great pain and jumped to his feet and stood up, and was from the start able to walk and run and was so easily healed of his injury that he immediately took up the overland route to Antioch, bidding a hearty farewell to the sea, to its ships and waves.

Chapter 18

This very same miracle was accomplished for two differ- 1 ent women, one of whom was called Aba, from the city of Seleukeia, of an illustrious and celebrated family; the other

δὲ Ταρσοί, γένος δὲ καὶ ταύτῃ λαμπρόν. Ἀλλὰ γὰρ δὴ τού-
των λοιπὸν ἡ μὲν Χριστιανή τε οὖσα καὶ Ταρσόθεν ἰοῦσα
καὶ πρὸς αὐτὴν τρέχουσα τὴν μάρτυρα, τῆς τε ἡμιόνου κατ-
ενεχθεῖσα καὶ τὸ σκέλος κατεαγεῖσα, καὶ πολλὰ τῆς μάρτυ-
ρος καταβοήσασα ὡς ἂν καὶ δι᾽ αὐτὴν ταῦτα πεπονθυῖα,
τοιούτου τυγχάνει τοῦ θαύματος· καὶ γὰρ οὐδὲ ὅσον ἡ μάρ-
τυς ἀναβαλλομένη ἐφίσταται νύκτωρ καὶ παρακελεύεται
οὐ τὸ καὶ τὸ ποιῆσαι, οὐδὲ τῷδε ἢ τῷδε χρήσασθαι τῷ φαρ-
μάκῳ, διαναστῆναι δὲ μόνον τῆς κλίνης καὶ βαδίζειν ἐφ᾽
ἅπερ ἠπείγετο καὶ μὴ μέλλειν ὅλως, ὡς τοῦ ποδὸς πρὸς τὸ
οἰκεῖον αὖθις καὶ σχῆμα καὶ σθένος ἐπανελθόντος. Διανα-
στὰν δὲ τὸ γύναιον, ὡς μὲν ἀπιστοῦν τῷ τοσούτῳ θαύμα-
τι ἀποπειρᾶται τοῦ ποδός, ὡς ἐν ἔργῳ δὲ τὸ παράδοξον δε-
δεγμένη, τῆς ἡμιόνου μὲν οὐδαμῶς ἔτι ἐπέβη, βαδίζουσα
δὲ σὺν εὐφημίαις καὶ εὐχαῖς καὶ ὕμνοις καταλαμβάνει τὸν
νεὼν τῆς μάρτυρος, ἅμα μὲν καὶ ἐπαγαλλομένη τῷ θαύμα-
τι, ἅμα δὲ καὶ τῷ μήκει τοῦ χρόνου καὶ τῆς ὁδοιπορίας ἀπο-
πειρωμένη τοῦ θαύματος μή ποτε καὶ ὄναρ εἴη τὸ ὕπαρ· ἦν
δὲ ἀληθῶς ὕπαρ. Πάντα γὰρ ἀληθῆ τε καὶ ἀψευδῆ καὶ τέ-
λεια τὰ τῆς μάρτυρός ἐστί τε καὶ ἔσται θαύματα.

2   Ἡ δὲ Ἀβὰ ἑλληνὶς μὲν ἦν ἔτι, οὔτε δὲ Ἰουδαίους ἐβδε-
λύττετο, οὔτε Χριστιανοὺς ἀπεστρέφετο· ἐπλανᾶτο δὲ περί
τε πάντας καὶ πάντα. Καὶ αὕτη τοίνυν καταφέρεται μὲν ἐξ
ἡμιόνου, οὕτω δὲ διετέθη τὸ σκέλος κακῶς, τοῦ ἀποθραυ-
σθέντος ὀστέου τὴν περιτεταμένην τῷ ποδὶ σάρκα διελόν-
τος τε βιαίως καὶ πρὸς τὸ ἔξω χωρήσαντος, ὡς καὶ θερα-
πείας λοιπὸν κρεῖττον εἶναι δοκεῖν τὸ κακόν. Καὶ γὰρ ἐν
πλείονι μὲν τῷ χρόνῳ παρετάθη τὸ δεινόν, καὶ ἀκίνητος

was called Tigriane, from the city of Tarsus, also of an illustrious family. The second of the two was a Christian, and when she came from Tarsus and rushed straight for the <shrine of the> martyr, she fell from her mule and broke her leg. After she cried out against the martyr, saying that she had suffered on her account, she obtained the following miracle. Without any delay the martyr visited her during the night <at her bedside> and instructed her—not to do this or that, nor use this or that medicine—only to rise up from her bed and walk to the very spot she had been hastening to, and not to delay in the least, since her foot had regained both its normal appearance and strength. The woman rose up and, hardly able to believe so great a miracle, tested her foot. Once she accepted the prodigy as reality, she no longer mounted the mule, but walking on foot with praises, prayers, and hymns, she arrived at the martyr's church. While rejoicing in the miracle, she rejoiced likewise in the lapse of time and of the journey, making trial of the miracle, whether it had been a dream or a vision; but it had been truly a vision.[66] For all the miracles of the martyr are and will be true, authentic, and complete.

Aba was still a pagan, but she was not repulsed by Jews, 2 nor did she turn away from Christians; she was undecided about everyone and everything. She also fell from a mule and injured her leg badly—the broken bone violently split the flesh covering her leg and was sticking out—so that the injury seemed to be worse than any remedy could fix. Her suffering was extended over a prolonged period of time, and

ἦν, ποτὲ μὲν Ἰουδαίων, ποτὲ δὲ καὶ τῶν ἐπαοιδῶν τούτων, ἅμα δὲ καὶ τοῦ βελτίστου Σαρπηδονίου παιζόντων εἰς αὐτὴν καὶ τὴν μὲν θεραπείαν ἐπαγγελλομένων, ἢ καί τι δρώντων, οὐ μὴν καὶ ποιῆσαί τι δυναμένων οὔτε δυνηθέντων εἰς τέλος. Ὡς δὲ καὶ συμβουλευθὲν ἢ καὶ οἴκοθεν κινηθὲν τὸ γύναιον ἀνεκομίσθη τε εἰς τὸν νεὼν καὶ ἐδεήθη τῆς μάρτυρος μετὰ δακρύων, μετὰ οἰμωγῶν πολλῶν τε καὶ ἱκανῶν ἐκμειλίξασθαι τὴν παρθένον, οὔτε τρεῖς ὅλαι διεγένοντο ἡμέραι καὶ βαδίζουσα κατῆλθεν ἡ γυνή, ὡς μηδὲ τοῦ χειραγωγήσοντος ἔτι προσδεηθεῖσα, συντόνῳ δέ, ὥς φασι, δρόμῳ πρὸς τὰ οἰκεῖα χωρήσασα.

3   Ποῖον δὲ καὶ τὸ τῆς θεραπείας φάρμακον; Πάντως ὅτιπερ βούλεσθε καὶ τοῦτο μαθεῖν. Οὐ πολυτελές, οὔτε περίεργον, οὔτε τῆς τῶν Ἀσκληπιαδῶν ἀλαζονείας κόμψευμα. "Τὸν γὰρ ῥύπον," φησὶν ἡ μάρτυς, "τῶν περικειμένων[3] τῷ ἐμῷ θαλάμῳ κιγκλίδων τούτων περιξέσασα, τῷ πεπονθότι μέρει τοῦ ποδὸς ἔμπλασον, καὶ παύσεις μὲν παραχρῆμα τὸ πάθος, χρήσῃ δὲ τοῖς ποσὶ πρὸς ὃ κεχρῆσθαι δεῖ τοῖς ποσί." Καὶ ἡ μὲν εἶπεν, ἡ δὲ ἔπραξε, καὶ τὸ θαῦμά γε μέχρι τοῦ παρόντος βοᾶται παρά τε ἐκείνης ἔτι καὶ τῶν ἐκείνην θεασαμένων βαδίζουσαν, θέουσαν, ἐνεργοῦσαν τῷ ποδί, τὸ δὴ μεῖζον καὶ Χριστιανὴν ἀπὸ τοῦ τοιούτου γεγονυῖαν θαύματος, καὶ Χριστιανὴν οἵαν εἰκὸς ἐκ πείρας γενέσθαι τοιαύτης. Ἡ γὰρ τοῦ ποδὸς θεραπεία καὶ αὐτὴν τὴν τῆς ψυχῆς συνεβλάστησε θεραπείαν· καὶ οὕτως ἀμφότερα ἐξ ἑνὸς ὑπῆρξε τοῦ θαύματος.

she was unable to move, as the Jews at one time and the sorcerers at another, along with even the excellent Sarpedonian <Apollo>, toyed with her while they proposed a cure, or attempted some procedure, but were powerless to accomplish anything or to arrive at a successful conclusion. Thus, whether on the advice of another or at her own initiative, the woman had herself transferred to the church and there beseeched the martyr with many tears and lamentations, sufficient to soften the virgin's heart.[67] And less than three days afterward the woman descended on her own two feet, without needing someone to lean upon, and she returned *at an eager pace* (as they say) to her own house.[68]

What was the medicine prescribed for the treatment?   3
Surely you want to know this too! Nothing expensive or complicated, nothing ingenious of which the Asklepiades [i.e., physicians] boast: "Scrape up," says the martyr, "<some of> the filth lying at the gates of my chamber and plaster it on the injured part of your leg, and immediately you will stop the suffering, and you will use your feet for the purpose for which they are intended." Thekla said this, and Aba did it, and the miracle is still proclaimed up to our own day by this woman and by those who have seen her walking, running, and using her leg. Even more important is the fact that she became a Christian as a result of this miracle, and a Christian such as it is natural to become after such an experience. For the healing of the leg produced a concomitant healing of the soul: both healings thus resulting from a single miracle.[69]

19

1 ‎῾Ηκέτω δὲ ἡμῖν εἰς μέσον καὶ ἄλλη γυνή, καὶ διηγείσθω τὸ θαῦμα, καὶ κινείτω πάντας ἡμᾶς πάλιν εἰς θαῦμα. Καὶ γάρ τις τῶν Κητιδίων τούτων καὶ εὐπατριδῶν γυναικῶν Βασσιανή—τοῦτο γὰρ ἦν ὄνομα αὐτῇ—ὡμήρευε μὲν παρ' ἡμῖν ἐπί τισι συνθήκαις, ἐπαγγελλομέναις μὲν ἐκ λῃστείας εἰρήνην, ἐν δὲ τῷ ἐκείνης σώματι τὸ βέβαιον πάντως ἐχούσαις. Προσεκαρτέρει δὲ ὡς τὰ πολλὰ καὶ προσελιπάρει τῇ μάρτυρι, τοῦτο μὲν καὶ ὡς Χριστιανή, τοῦτο δὲ καὶ ὡς δεομένη λύσεως τῆς τότε προσδεσμούσης αὐτὴν ἀνάγκης.

2 Αὕτη ποτὲ ἐν ὥρᾳ θέρους, καὶ ἡνίκα μάλιστα ἑαυτοῦ φλογωδέστερός ἐστιν ὁ ἥλιος, ἐνδιέτριβε μὲν τῷ νεῷ τῆς μάρτυρος τὰ συνήθη ποιοῦσα, δακρύουσα, ψάλλουσα, εὐχομένη, καὶ οἷάπερ τὰ τῶν ἀνιωμένων τε καὶ εὐχομένων ἐστί. Νυκτὸς δὲ ἐπιλαβούσης καὶ τῆς φλογὸς ἐπιταθείσης, ἤσχαλλε μὲν τὴν ἀρχήν, ὡς ἂν καὶ ἀσυνήθης, καὶ διηπορεῖτο, καὶ ἄσθματος ἐπληροῦτο, καὶ ἱδρῶτι κατερρεῖτο, καὶ ποτὲ μὲν κατὰ τὰ χαμεύνια αὐτὰ περιεστρέφετο, ἀεὶ τὸ κάμνον τοῦ σώματος θεραπεύουσα καὶ ἀναψύχουσα, καὶ τοῦτο ποιοῦσα συχνότερον, ποτὲ δὲ καὶ ἀναπηδῶσα τῆς κοίτης, ἡνίκα διάβροχός τε ἦν ἤδη λοιπόν, καὶ τοῖς μαρμάροις ἑαυτὴν προσήρειδεν, ὡς ψυχροτέροις τε οὖσι μᾶλλον καὶ ἀναψῦξαι δυναμένοις αὐτήν. Τέλος δέ, ὡς ἐνικᾶτο τῷ κακῷ—καὶ γὰρ καὶ γαστρὸς ὄγκος αὐτὴν ἐπὶ παιδὶ κυρτουμένης συνεῖχε, καὶ τὸ τοῦ φλογμοῦ πολύ τε καὶ ἄηθες οὐκ ὀλιγωρεῖν παρεσκεύαζεν—ὥρμησε μὲν ἐπὶ τί ποτε τῶν παρακειμένων φρεάτων, ὃ καὶ βαθὺ καὶ

Chapter 19

Let there come into our view yet another woman! And let ɪ
the miracle be told and let it move us all again to amaze-
ment! A noble woman from Ketis, Bassiane—this was her
name[70]—served as a hostage among us following certain
agreements which promised a peace from brigandage, but
which were completely guaranteed in the person of that
woman. She spent most of her time at the martyr's shrine
and persistently entreated her. This was because she was a
Christian, but also because she was praying for a release
from the obligation which at that time bound her.

One summer day, when the sun was blazing fiercely, she ₂
was spending time in the martyr's shrine carrying out her
customary routine: weeping, singing psalms, praying, and
such actions as befit the grief stricken and prayerful. As
night came on the heat intensified. She began to be dis-
tressed, since she was unaccustomed to the heat: she did not
know what to do; she was having trouble breathing, and she
was drenched in sweat. At one instant, she would toss on her
bed, trying to restore and refresh her weary body, and she
repeated this numerous times. At the next instant, she would
bound up from her bed, when she was already quite soaked,
and lean against the marble revetment, which was certainly
cooler and could refresh her. In the end she was defeated by
the terrible heat—in effect, the weight of her belly, swollen
because she was with child, oppressed her, and she was un-
prepared to counter effectively the intense and unexpected
heat. She rushed to one of the cisterns lying nearby, which

πληθύον ἦν ὕδατι, ὡς ἐγκυβιστῆσαί τε τούτῳ καὶ ἐννήξα-
σθαι, ἢ καὶ ἀποπνιγῆναι· τοῦτο γὰρ ἦν τὸ πάντως ἐσόμε-
νον τοῦ κακοῦ πέρας.

3   Παραφανεῖσα δὲ ἡ μάρτυς καὶ τοῦ ἱματίου αὐτῆς λαβο-
μένη, τῆς μὲν ὁρμῆς ἔπαυσε, πολλὰ λοιδορησαμένη τῆς
τόλμης αὐτήν· προσκαλεσαμένη δὲ κόρην, ὡς ἄν τινα παι-
δίσκην αὐτῇ παρομαρτοῦσαν, φησί· "Τὴν λεκάνην μοι
προσάγαγε ταύτην," ἣν καὶ μετὰ χεῖρας ἐδόκει φέρειν ἡ
κόρη. Ἡ δὲ προσήγαγεν· ὕδατος δὲ ἦν αὕτη μεστή· καὶ
τὸν αὐτῆς ἡ πραοτάτη καθιμήσασα δάκτυλον καὶ ἀναδεύ-
σασα τῷ ὕδατι, ἐπαλείφει τὸ μέτωπον τούτῳ καὶ τῶν κατα-
κλείδων ἑκατέραν, καὶ ἀπῆλθε, ζέφυρον—ὡς εἰπεῖν—αὐτῇ
μόνον λιγυρὸν ἐπιπνέοντα καταλείψασα. Διεγένετο μὲν
οὖν ὡς ἐν πᾶσιν ἐκφρυγομένοις τῷ καύσωνι αὐτὴ μόνη ὡς
ἐν ἦρι καὶ ὡς ἐν Δάφνῃ τῷ πολυδένδρῳ καὶ πολυανέμῳ
χωρίῳ διάγουσα. Καὶ ταῦτα δὲ ὕπαρ, οὐκ ὄναρ ἐδρᾶτο.
Καὶ μάρτυς ὁ ἐκ ταύτης τότε γενόμενος παῖς, Μόδεστος
δὲ ἦν οὗτος ὁ πάνυ, ἔτι τε καὶ νῦν ἐν ζῶσι τελῶν, καὶ τὴν
εἰρήνης ἐπώνυμον πόλιν κοσμῶν, καὶ τὸ θαῦμα τοῦτο μετὰ
πολλῶν καὶ ὅσων τῶν χαρίτων διηγούμενος· εὔθυμος δὲ ὁ
ἀνήρ, καὶ πολλῆς γέμων τῆς εὐμουσίας.

20

1   Οὐκ ἄχαρι δὲ οὐδὲ ἐκείνου μνημονεῦσαι τοῦ θαύματος·
κἂν ἐπ᾽ αὐτῷ μέλλῃ τι μικρὸν ὑπερυθριᾶν ἡ μάρτυς, οὐχ
ὑπὲρ ἑαυτῆς, μᾶλλον δὲ τῆς αἰτησαμένης γυναικὸς τὴν

was deep and full of water, to plunge herself into it and swim, but really to drown, for death was going to be the result of her poor condition in any case.

The martyr appeared and, seizing her *himation*, stopped 3 the woman's headlong rush <for the cistern> and rebuked her for her recklessness. She then summoned a young girl, who was accompanying her as a maidservant, saying, "Bring me this basin," the very thing which the girl seemed to be holding in her hands. She brought it, and it was full of water. This most gentle of women <Thekla> dipped her finger into it and soaked it in the water. She then applied it to Bassiane's forehead and to each of her shoulders, and then went away, leaving only the sweet west wind blowing on her (as it were).[71] Among all those parched by the summer heat, this woman alone felt as if she were enjoying springtime in the wooded, breezy suburb of Daphne.[72] These events comprised a vision, not a dream. And a witness to this is the child born from the woman, the very famous Modestos, who is still alive and adorns the city that is called "peace,"[73] and he recounts this miracle with every possible grace. He is a kind man and filled with fine artistic sense.

Chapter 20

It would be ungracious of me to omit the following mira- 1 cle.[74] Even if the martyr should blush at it a little, her blushing would not be on her own account but for the sake of the

χάριν ἐρυθριῶσα. Γύναιον γάρ τι τῶν ἄγαν εὐδαιμόνων τούτων καὶ διὰ πλοῦτον μεγαφρονούντων ἐπὶ τῷ συνοίκῳ, ὡς στρατιάρχῃ τε καὶ μεγάλα δυναμένῳ—Βιτιανὸς δὲ ἦν οὗτος, ὁ καὶ τῷ κατὰ Περσῶν ἐπιγαυρούμενος τροπαίῳ— τοῦτο τοίνυν ποτὲ τὸ γύναιον, ὡς περὶ τὴν εὐνὴν ὑπὸ τοῦ συνοικοῦντος ἀδικούμενον—φίλαυτον δὲ ἀεὶ γυνὴ καὶ ζη- λότυπον οὐ μετρίως, καὶ δεινὸν ἀνδρὸς ὑφορᾶσθαι τρόπον περὶ ἕτερά τε καὶ ἑταιρικὰ πλανώμενον γύναια—μετὰ πολλῆς πρόσεισι τῆς κατηφείας τῇ μάρτυρι, δακρύον, ἀρώ- μενον, κατευχόμενον, οὐ μὴν τοῦ ὁμοζύγου—καὶ γὰρ καὶ λυπῶν ἦν αὐτῇ περισπούδαστος, καὶ ἀνὴρ πρᾶγμα ἔν- δοξον—κατὰ δὲ τῶν θεραπαινίδων ἐκείνων, περὶ ἃς καὶ Βιτιανὸς ἐπτόητο καὶ ταύτης παραμελεῖν ἠνάγκαστο.

2   Τί οὖν ἡ μάρτυς; οὐκ ἀπεστράφη τὴν ἱκεσίαν, οὐ τὴν ἄκαιρον τῆς γυναικὸς ἐμίσησεν ἀθυμίαν, παθοῦσα δέ τι διὰ τὸν γάμον, ὡς πατούμενόν τε καὶ ὑβριζόμενον ὑπὸ τῆς βδελυρᾶς πορνείας, δίδωσι τὴν χάριν ἀθρόως, διορθωσα- μένη τὸν τοῦ ἀνδρὸς τρόπον, καὶ πόθον, ὅνπερ ἐπ᾽ ἐκείνας εἶχεν οὐ καλῶς, ἐπὶ ταύτην μετέθηκεν εὐπρεπῶς, οὐ τῶν μελῶν τι πρὸς τὸ χεῖρον ἢ ἄμεινον μετασκευάσασα, τὴν δὲ ψυχὴν τοῦ ἀνδρὸς εὐθῆ καὶ ὅσια βλέπειν καταναγκάσασα, καὶ μισῆσαι μὲν τὴν δυσαγῆ πορνείαν, τὰ δὲ τοῦ γάμου καλὰ καὶ δίκαια πρεσβεύειν.

3   Εἰ καὶ ἡ βελτίστη γυνὴ μετὰ παῖδας οὕτω καλούς τε καὶ πολλοὺς καὶ ἡλικίαν ἔξωρον, μηδ᾽ ὅλως ἐπιχηρεύειν τοῖς ἐκ τοῦ Βιτιανοῦ παισὶν ἀνασχομένη, τὸν Γρηγόριον ἡμῖν ἀντηλλάξατο ἀντὶ τοῦ στρατιάρχου καὶ περσολέτου,

woman who requested her grace. There was a very prosperous woman who boasted of her husband on account of his wealth. He was a general and a man of great power—Bitianos was his name and he took great pride in his victory over the Persians.[75] This woman then, since she had been wronged by her husband with regard to the marriage bed—a woman is always self-centered, unreasonably jealous, and liable to suspect in her husband a knavish manner of going astray among other women of a promiscuous nature—approached the martyr with great dismay, weeping, cursing, and making imprecations, not against her husband—for, although he had caused her grief, she was still devoted to him, and a husband is a highly honored thing[76]—but against those little hussies, for whom Bitianos had fallen and by whom he had been compelled to neglect his wife.

What did the martyr do? She did not turn away from the 2 supplication, nor did she scorn the woman's unbecoming despondency, but, suffering on account of the marriage that had been trampled upon and insulted by loathsome prostitution, she offered her favor unstintingly. And she corrected the husband's habit by transferring his unbecoming desire for those other women to an appropriate desire for his wife. <Thekla did this> not by changing the appearance of some part of <the wife's> body, either for the better or for the worse, but by compelling the man's soul to look to right and holy things, to despise impious prostitution, and to respect the good and righteous bonds of marriage.

<This story is true> even though this excellent woman, 3 with so many beautiful children, when she reached an advanced age, was unable to remain a widow together with her children by Bitianos, the general and the slayer of Persians.

ἄνθρωπον ἀλήτην καὶ ξένον, καὶ ἵππων καὶ ἡμιόνων ἀκεστὴν ἑλομένη τε καὶ συνοικοῦσα νῦν τούτῳ· τὴν δὲ αἰτίαν οὔτε ἐμοὶ λέγειν εὐαγές, οὔτε ὑμῖν τοῖς ἀκούουσι μαθεῖν.

21

1 Ἰτέον δὲ καὶ πρὸς ἑτέρου πάλιν θαύματος ἔργον, ὃ καὶ αὐτὸ μὲν περί τι γεγένηται γύναιον, γεγένηται δὲ οὕτως. Ἦν γάμος καὶ γαμικὴ χορεία καὶ πανήγυρις, καὶ ὁ θάλαμος εἰκότως κεκαλλώπιστο, ἥ τε παστὰς πεποίκιλτο· χρυσὸς δὲ ἦν ὁ κόσμος καὶ ἄργυρος, καὶ αὐτὸς ἤδη κόσμος ὤν, καὶ ἐσθὴς δὲ ὅση ποικίλη τε καὶ λεπτὴ καὶ πολύτιμος· πολλὰ δὲ ἦν ταῦτα, καὶ παρὰ πολλῶν συνειλεγμένα πρὸς κόσμον τῆς νυμφοστολίας.

2 Ἐνταῦθα φώρ τις καὶ Εὐρύβατος ἐπιτίθεται τῷ θαλάμῳ, καὶ τοῦ ὑφασμένου κόσμου τὸ ἀριπρεπέστατον ἀφελόμενος ᾤχετο. Ζώνη δὲ ἦν τοῦτο, πολύ τι χρῆμα καὶ τιμαλφέστατον· χρυσός τε γὰρ ἦν ἡ ζώνη καὶ λίθοι διαυγεῖς, ὁ μὲν ἱμάντος χρείαν παρεχόμενος, ὑποσφίγγων τε ἅμα πάντα καὶ συνδέων, οἱ δὲ δίκην ἀστέρων κύκλῳ περιλάμποντες καὶ ἄλλοι ἄλλοθεν ἐπαυγάζοντες, ὡς πολύολβον εἶναι τὸ κάλλος, ἐκ πολλῶν τε καὶ ἀλλοχρόων ἀκτίνων συγκεραννύμενον. Τοῦτο τοίνυν καὶ τὸ οὕτως ἔχον κάλλους ὑφελόμενος—ὅστις καὶ ἦν—ὁ βέλτιστος, ἔν τινι τόπῳ φέρων

In his place she substituted under our eyes Gregory, prefer-
ring a vagabond and foreigner, a healer of horses and mules,
and she lives with him today. I cannot offer the reason for
this nor can you, my audience, learn it without impurity.

Chapter 21

Let us pass again to the accomplishment of another mira- 1
cle, one which was also produced on behalf of a woman and
which happened in the following way. There was a wedding,
with dancing and celebrations befitting a wedding. The bed-
chamber had been adorned in the customary way, and the
bed decorated with various embroideries. The ornament
was in gold and silver—which are themselves an ornament—
and the clothing was just as sumptuously intricate, refined,
and costly. The decorations were manifold, collected from
numerous people for the adornment of the bride's raiment.

Thereupon a thief, a true Eurybatos,[77] snuck into the bed- 2
chamber and made off with the most valuable piece of wo-
ven decoration. This was a belt, a very important and pre-
cious piece: for the belt was gold with sparkling stones. The
gold served as a strap, cinching everything from underneath
and binding it all together, while the stones twinkled in a
circle like stars, some shining from one place, others from
another. Its beauty was very sumptuous, a combination of
many hues of various colors. This, then, is the beauty which
the excellent man, whoever he was, carried off. He took
it to a certain place and buried it, not genuinely taking

κατέχωσεν, οὐ καθαρῶς ἡδόμενος ἐπὶ τῷ κακίστῳ λήμ-
ματι—ὑφεῖρπε γὰρ ὁ φόβος—νομίζων ἔχειν οὐδέν.

3   Ἐν αἰσθήσει δὲ τῆς ἀπωλείας γενομένης, κατήφεια μὲν
εὐθὺς τὴν γαμικὴν χορείαν καὶ τέρψιν διαδέχεται, δάκρυά
τε τὸν γέλωτα· οὔτε γὰρ ἐν φορητοῖς ἦν ἡ ζημία. Ἀλλ᾽ ἡ
πάντα ἐφορῶσα καὶ πάντα ἐποπτεύουσα μάρτυς, ὡς τὸν
μὲν εἶδεν ὑφελόμενον, τοὺς δὲ δακρύοντας, ὑβρισμένον δὲ
τὸν γάμον, ἐπιφοιτήσασα τῇ Παύλᾳ—ἧς καὶ τὸ γαμούμε-
νον ἦν θυγάτριον, καὶ ἀνὴρ ὁ Χρύσερμος, ἐν τοῖς πρώτοις
μάλιστα τῶν περὶ τὰ ἀρχεῖα ῥητόρων τελῶν—καταμηνύει
καὶ τὸν τόπον καὶ τὸ χωρίον καὶ τὸν φῶρα· καὶ οὕτω τήν
τε κατήφειαν διέλυσε, καὶ τὴν γάμῳ προσήκουσαν εὐφρο-
σύνην ἀπέδωκε, καὶ τὴν Παύλαν ὡς πιστὴν καὶ ἀρεσκόν-
τως αὐτῇ βιοῦσαν ἐτίμησε τῷ θαύματι.

22

1   Τοῦτο τὸ θαῦμα καὶ περί τι τῶν οἰκείων αὐτῆς ἐπεδείξα-
το κειμηλίων. Τῶν γὰρ ἀνιερωμένων αὐτῇ σταυρῶν ἕνα τις
ὑφελόμενος, ἔν τινι μέρει τῆς ἐπ᾽ αὐτὴν ἐκ τοῦ ἄστεος ἀνα-
γούσης ὁδοῦ φέρων, εἴς τι φυτὸν εὖ μάλα κατώρυξεν. Ἡ δὲ
μάρτυς καὶ γέλωτος μὲν ἀφορμὴν ἐποιήσατο τὸ περὶ αὐτὴν
τοῦτο δρᾶμα, ὡς ἂν μηδὲ αὐτῆς ἀφειδούντων τῶν βελτί-
στων κλωπῶν, καὶ εἴπερ οἷόν τε λήσειν αὐτῆς τὸ πανδερ-
κές τε καὶ θεῖον ὄμμα. Ἐπιφοιτήσασα γοῦν τῶν αὐτῆς

pleasure in his very ill-gotten gain—for fear was creeping up on him—but as if he had gained nothing at all.

When the loss was discovered, dejection immediately re- 3 placed the dancing and delight of the wedding feast, and tears replaced laughter, since the damage was not easily endured. But the martyr, who watches and keeps an eye on all things, when she saw the thief, as well as those crying over the theft, and that the wedding ceremony had been violated, she came to visit Paula—whose little daughter was the bride, and whose husband was Chrysermos, one of the leading orators in the imperial administration—and Thekla revealed to her the place, the region, and the thief. Thekla thus put an end to the dejection and restored to the wedding an appropriate sense of good cheer and <thereby> honored Paula with a miracle, because she lived a faithful life that was pleasing to her.

Chapter 22

The next miracle Thekla exhibited for the sake of one of 1 her own treasures. Someone stole one of the crosses dedicated to her and, taking it a certain ways along the road that led out of the city <Seleukeia> toward her own shrine <Hagia Thekla>, he hid it very well inside a tree. At first, the martyr laughed at this action against her, because these excellent thieves did not spare even her, as if it were possible to escape her all-seeing and divine eye! Then, she went to visit

ὑπηρετῶν καὶ παρέδρων ἑνί, καταμηνύει πάλιν καὶ τὸν
φῶρα καὶ τὸ φώριον καὶ τῷ ἀποκοσμηθέντι τόπῳ τὸν ἱερὸν
σταυρὸν ἀποδίδωσι. Τῷ δὲ τὸν σταυρὸν ἔχειν νομίζοντι
αὐτὸ τοῦτο περιῆν μόνον, τὸ καλεῖσθαι ἱερόσυλον.

23

1   Τὴν δὲ κατὰ Παυσίκακον θαυματουργίαν, τίς ἂν ἑκὼν
παραδράμοι; Εἰ γὰρ καὶ εἰς πένητας καὶ χειρώνακτας τετέ-
λεκεν ὁ ἄνθρωπος οὗτος, ἀλλὰ γὰρ ἐν ἴσῃ τάξει τοῖς μεγά-
λα δυναμένοις καὶ περικλεέσιν ἠξίωται τοῦ θαύματος καὶ
ἠρίθμηται παρὰ τῆς μάρτυρος. Οὗτος τοίνυν ὁ Παυσίκα-
κος τῷ τῶν ὀφθαλμῶν ποτε περιπεσὼν πάθει καὶ τυφλω-
θείς, ἢ ἀμελείας ἢ ἀτεχνίας ἰατρῶν τοῦτο ἐργασαμένης, διὰ
τῆς μάρτυρος αὖθις τὸ ἀπολεῖψαν αὐτὸν ἀνεκτήσατο φῶς.
Λεκτέον δὲ καὶ τὸ ὅπως.

2   Καταλαβὼν γὰρ οὗτος οὐ τὸν νεών, τὸ δὲ μικρὸν ἀπω-
τέρω τοῦ νεὼ προτεμένισμα, ᾧ ὄνομα Μυρσινεών, ᾧ καὶ
τὰ πλεῖστα ἐνδιαιτᾶσθαι λέγεται καὶ πιστεύεται ἡ παρθέ-
νος, ἐνταῦθα τρόπον τινὰ καθείρξας ἑαυτόν, καὶ ἄπαυστα
μὲν θρηνῶν, ἄπαυστα δὲ ποτνιώμενος, ἤδη δὲ καὶ κατα-
βοῶν—πολλῶν γὰρ δὴ καὶ καταβοώντων πολλάκις ἡ μάρ-
τυς ἠνέσχετο, καὶ ἡ συγγνώμη παρὰ τοῦ πάθους—οὐ πρό-
τερον μέντοι γε ἔληξε, πρὶν ὅπερ ἀπώλεσεν ἀνεκομίσατο.

3   Ἀνεκομίσατο δὲ οὕτως· *φολίδων γάρ τινων—ὥς φα-
σιν—ἐκ τῶν ὀφθαλμῶν ἔνδοθεν ἀποπεσουσῶν* [Acts of the

one of the servants and attendants at her shrine and, again, indicated the thief and stolen object and thus restored the holy cross to the place from which it had been robbed. But the only profit for the one who reckoned that he possessed the cross was being called a "temple robber."

Chapter 23

Who would wish to overlook the miracle accomplished on Pausikakos's behalf? Even though this man was an impoverished manual laborer, the martyr deemed him worthy of a miracle and honored him at the same rank as the powerful and famous. This Pausikakos was afflicted with a disease of the eyes and lost his sight—a result either of the negligence or incompetence of the physicians—but through the help of the martyr he regained once more the eyesight which he had lost. We must tell how this happened.

Pausikakos did not go to the church but to the small outer precinct which is a little ways from the church, which is called Myrsineon, the "Myrtle Grove," where it is claimed and believed that the virgin martyr spends most of her time.[78] Here he confined himself in some manner, ceaselessly lamenting and supplicating, as well as shouting out loudly—the martyr often had to endure the cries of many people and had sympathy for their suffering—and he did not stop till he recovered what he had lost.

And he recovered it thus. When *the scales fell away from his*

Apostles 9:18], συνεξέπεσε καὶ ἡ τὰς κόρας ἀχλὺς ἀλλοι-
οῦσα, καὶ ἀντεισῆλθε τὸ ἀρχαῖον φῶς. Τοῦτον οἱ ἰδόντες
τυφλὸν ἐπὶ χρόνον οὐκ ὀλίγον, εἶδον καὶ βλέποντα ἐπὶ
χρόνον πολύν, τά τε αὐτοῦ ἐργαζόμενον, καὶ τὰς ποταμίας
ἀνέλκοντα ναῦς, καὶ φορτηγοῦντα, καὶ τὸν βίον ἐκ τού-
των ἐρανιζόμενον ἀφ᾽ ὧνπερ καὶ τὸ πρότερον ἐποιεῖτο.
Καὶ μάρτυς τοῦ θαύματος ἡ σύμπασα Σελεύκου πόλις,
ἥπερ καὶ πατρὶς ἦν ἐκείνῳ καὶ πόλις.

24

1 Κἀκεῖνο δέ μοι ῥητέον, ὅ με καὶ μικροῦ παρέδραμε. Παι-
δίον, ἀπότιτθον ἄρτι γεγονός, ὑπὸ τοῦ ἄγαν κλαυθμυρίζε-
σθαι τὸν ἕτερον τῶν ὀφθαλμῶν ἐκινδύνευσεν, ὡς καὶ ἰα-
τρικῆς εἶναι λοιπὸν τὸ πάθος δυνατώτερον. Τοῦτο ἡ τίτθη
λαβοῦσα, κάτεισι μὲν ἐκ τῆς ἀστυγείτονος ταύτης πόλεως,
ᾗ ὄνομά ἐστιν Ὄλβα· ἀνελθοῦσα δὲ κατὰ τὸν νεών, διέτρι-
βεν ἀεὶ μετ᾽ ὀδυρμῶν καὶ λιτῶν καὶ δακρύων προκομίζουσα
τὸ παιδίον τῇ μάρτυρι, καὶ τὸ τραῦμα τοῦτο ἐπιδεικνύουσα,
καὶ δεομένη μὴ παριδεῖν τὸ παιδίον εἰς οὕτως ἀκαλλές τε
καὶ ἀπρεπὲς καὶ ἐπονείδιστον πρᾶγμα καὶ σχῆμα καθιστά-
μενον, καὶ τὴν μάλιστα τῆς ὄψεως ἀπολλύον χάριν, ὡς ἡμι-
τελές τε λοιπὸν ἔχειν τὸ φῶς καὶ ἡμίεργον, τὸ κάλλιστον ἐν
ἀνθρώπῳ μάλιστα τοῦ Θεοῦ δημιούργημα.

2 Τί δὲ οὕτω καλὸν ἡμῶν ἐν τοῖς μέλεσι; τί δὲ οὕτως
ἀναγκαῖον καὶ χρήσιμον, ὡς ὀφθαλμοὶ παναυγεῖς τε καὶ

eyes, as they say,[79] the darkness that had affected his pupils
fell away as well, and the original light entered again. Those
who had seen him as a blind man for a not inconsiderable
amount of time <now> saw him also as a seeing man for
many years, plying his trade, towing boats up the rivers and
carrying loads, and making a living from these activities, as
he had formerly done. This miracle was witnessed by the en-
tire city of Seleukeia, which was both his hometown and his
residence.

Chapter 24

I must also recount the next miracle which I almost for- 1
got. A little boy, just having been weaned, was in danger of
losing one of his eyes due to excessive weeping, so much so
that the affliction proved stronger than the medical art.
This boy's wet nurse took him and came down from the
neighboring city, whose name is Olba. Arriving at the church,
she presented the child to the martyr with incessant lamen-
tations, prayers, and tears, pointing to his injury, and praying
that the martyr not disregard a child thus doomed to an un-
becoming, ill-suited, and disgraceful state and appearance,
who had also lost the gift of sight, so that he would see the
light only half completed and half finished, God's most
beautiful creation for humankind.

Which part of our body is as beautiful as this? Which is 2
so necessary and useful, as radiant eyes which see as much

ἴσα βλέποντες, καὶ ἴσα λάμποντες, καὶ ἴσον ἐπὶ πᾶσι τοῖς
πραττομένοις τὸ φῶς ἔχοντες καὶ παρέχοντες; Ἐπεὶ καὶ
τοῦ μεγάλου τούτου οὐρανοῦ, εἴ τις ἀφέλοι τὸν ἕτερον
τῶν φωστήρων, οὐ μικρὰ ζημιώσει μὲν αὐτὸν τὸν οὐρανὸν
εἰς κάλλος, ζημιώσει δὲ τὴν γῆν, τοῦ μὲν τὸν ἥμισυν περι-
ελὼν κόσμον, τῆς δὲ τὸ ἥμισυ καὶ νυκτιαῖον πάλιν περι-
κόψας φῶς.

3   Ἐπὶ τούτοις εἶπε μὲν ἡ μάρτυς οὐδέν, οὐδὲ τὸ καὶ τὸ
ποιῆσαι προσέταξε· παιδιᾶς δὲ μᾶλλον ἢ σπουδῆς ποιεῖται
τὸ θαῦμα. Καὶ γάρ τι συμβαίνει τοιοῦτο κατὰ τὴν αὐλὴν
αὐτοῦ τοῦ νεώ. Καταρρίπτει τις ἀεὶ καὶ διαρραίνει σπέρ-
ματα σίτων, ἤτοι κριθὰς ἢ καὶ ὀρόβους, ὡς εἶναι ταῦτα
τροφὴν ταῖς αὐτόθι νεμομέναις περιστεραῖς, ἢ καὶ τοῖς
ἄλλοις ὄρνισι· πολλὰ γὰρ δὴ καὶ ποικίλα τὰ νεμόμενα,
κύκνοι, γέρανοι, χῆνες, περιστεραί, ἤδη δὲ καὶ τὰ ἐξ Αἰ-
γύπτου καὶ Φάσιδος, ἃ κατὰ πόθον ἢ λόγον εὐχῆς κομί-
ζοντες ἀνατιθέασιν οἱ ἐπιδημοῦντες τῇ μάρτυρι.

4   Ἐνταῦθα καὶ τὸ παιδίον τοῦτό ποτε ἀθῦρον καὶ τερπό-
μενον ἦν, ποτὲ μὲν διῶκον ὄρνιν μετὰ γέλωτος, ποτὲ δὲ
καὶ διωκόμενον ὑπό τινος τῶν ὀρνίθων, ὡς καὶ τέρψιν
εἶναι τοῦτο τοῖς θεωμένοις καὶ γέλωτος ἀφορμήν. Καὶ δὴ
μία τῶν γεράνων, ὡς ἄτε δὴ παρὰ τοῦ παιδίου κωλυομένη
φαγεῖν, μᾶλλον δὲ ὡς προσταχθεῖσα τοῦτο παρὰ τῆς μάρ-
τυρος, ἐμπηδᾷ τῷ παιδίῳ, καὶ τῷ ῥάμφει τὸν ὀφθαλμὸν
ἐκεῖνον ἐγκολάπτει τὸν καὶ ἤδη πεπονθότα καὶ ἀποσβε-
σθέντα λοιπόν. Καὶ ἀνωλόλυξε μὲν τὸ παιδίον ὑπὸ τῆς
πληγῆς, συνεξεβόησαν δὲ καὶ αἱ παροῦσαι γυναῖκες, ὡς ἂν
καὶ ἀτόπου μεγάλου τινὸς γεγονότος. Ἡ δὲ πρεσβῦτις ἡ

as they illumine, and which receive and impart an equal amount of light in all activities? Just as in this firmament, if one should remove the second-ranked of the luminous bodies [i.e., the moon], one would significantly diminish the beauty of heaven itself, but also the earth: first, because one would take away half of the adornment of heaven, and second, because one would remove half of the earth's light, which it receives at night.[80]

To these entreaties the martyr responded not at all, nor did she prescribe doing this or that. Rather, the miracle was accomplished more through childish play than through a serious endeavor. This is what happened in the forecourt of the church. <Visitors> are always tossing and spreading about seeds of grain (either barley or vetch) to feed the pigeons that inhabit the place, and the other birds as well. For many different birds live there: swans, cranes, geese, pigeons, even birds from Egypt and Phasis[81]—these are the birds which the pilgrims, out of simple desire or in fulfillment of a vow, bring as an offering to the martyr.

One day this child was playing here and having fun, sometimes chasing a bird with peals of laughter and, the next moment, being chased by one of the birds, which resulted in great entertainment for the onlookers and gave them cause for laughter. One of the cranes, apparently because it was being hindered by the boy from its feeding, but rather acting upon the martyr's instructions, jumped at the boy and pecked with its beak that eye which was already afflicted and had now lost its light. The child started wailing at the attack, and all the women who were there also cried out, as if something terrible had happened. The elderly wet nurse—

τίτθη—συμπαρῆν γάρ—μικροῦ καὶ ἀφῆκε τὴν ψυχήν, ὡς
καὶ πρὸς τὸ χεῖρον ἔτι τοῦ πάθους ἐλάσαντος καὶ τὸ λεῖπον
ἐκκόψαντος τῆς ἐλπίδος.

5   Τόδε ἄρα θεραπεία ἦν τοῦ πάθους καὶ ἄκος· τοῦ γὰρ
ὀφθαλμοῦ, καθάπερ ὑπὸ ἰατροῦ καὶ σιδηρίου τρηθέντος
καὶ σὺν ἐπιστήμη τρωθέντος, ἐκρεῖ μὲν ἅπαν τὸ παχὺ
ῥεῦμα καὶ ἀχλυῶδες τὴν κόρην ἐπισκοτοῦν—ἣν καὶ ὀφθαλ-
μὸν εἴποι τις ἂν ὀφθαλμοῦ—τούτου δὲ ἀποκενωθέντος,
ἀναβλέπει τότε πρῶτον τὸ παιδίον, καὶ ἀπολαμβάνει τὸ
ἐπιλεῖπον τοῖν ὀφθαλμοῖν φῶς· ὡς κατὰ μηδὲν ἐπιχωλεύειν
τὴν ὄψιν, ἀπελθεῖν δὲ ἄρτιον καὶ ὁλόκληρον, πολὺ τῇ τε
πόλει τῷ τε πατρὶ καὶ πάππῳ τὸ θαῦμα παρασχόν, ὧν ὁ μὲν
καλεῖται Παρδάμιος, ὁ δὲ Ἀνατόλιος ὁ πάππος, ὁ καὶ ἱε-
ρεὺς ὢν τῆς ἐκκλησίας ἐκείνης.

25

1   Ἐπεὶ δὲ ὀφθαλμῶν ἐμνημονεύσαμεν ὅλως, μηδὲ ἐκεῖνο
παραλείψωμεν, ὃ ἀγχοῦ μὲν τοῦ χρόνου τούτου γεγένηται,
πάντες δὲ ἡμεῖς ἴσμεν τὸ γεγονός, οἱ καὶ τοῦ θαύματος καὶ
τῆς ἰάσεως ἀπολαύσαντες. Πανδήμου γὰρ ὀφθαλμίας ἐπι-
πεσούσης τῇ πόλει ταύτῃ κατὰ τὸ παριππεῦσαν ἔτος καὶ
θέρος, ῥεύματος δὲ πολλοῦ τε καὶ δριμέως ἄνωθεν ἐκ τῆς
κεφαλῆς ἐποχετευομένου τοῖς ὀφθαλμοῖς, ὡς μηδὲ τοῖς
ἀκεσταῖς τῶν σωμάτων εἶναι χώραν ἔτι τοῦ χρῆσθαι τοῖς

for she was present, too—all but gave up the ghost because his malady had taken a turn for the worse and any hope for the future had been extinguished.

In reality, this event was the remedy and the cure of his 5 suffering. For the eye, as if it had been pierced by a physician's scalpel and incised with skill, was flushed of all the thick discharge and haziness obscuring the pupil—which is, one might say, *the eye within the eye*.[82] Once the eye was drained, the child regained his sight for the first time and recovered the light that had been lost to both his eyes. With his appearance in no way disfigured, he went back <home> sound in body and completely recovered, causing great astonishment to his city <Olba>, his father, and his grandfather: the former is called Pardamios, the latter, the grandfather, Anatolios, who is the priest of that church <in Olba>.

Chapter 25

While we are discussing the eyes in general, let us not 1 omit the following miracle, which happened very recently. All of us are familiar with the story, since we were beneficiaries of the miracle and the healing. An eye epidemic afflicted our city as the calendar year and summer were coming to a close [i.e., the end of August], causing a discharge of fluid, both abundant and virulent, to flow down from inside the head and into the eyes. There was no opportunity for the healers[83] to use their healing remedies,[84] since the discharge

ἀλεξητηρίοις τούτοις φαρμάκοις, τοῦ ἐπικατιόντος ἀεὶ
ῥεύματος τὸ ἐμβαλλόμενον ταῖς βλεφαρίσιν ἢ καὶ ἐπαλει-
φόμενον ἀποκλύζοντος φάρμακον, ὡς ἐρήμους μὲν εἶναι
βοηθείας τοὺς ὀφθαλμούς, ἀπορίας δὲ πολλῆς καὶ ἀμηχα-
νίας μεστοὺς τοὺς ἰατρούς, ὑπὸ τοῦ κακοῦ νικωμένους, ἢ
καὶ αὐτοὺς ἤδη καὶ συνεχομένους ὑπὸ τοῦ ἴσου κακοῦ—καὶ
γὰρ πάντας ἀφειδῶς ἐπενείματο τὸ δεινόν.

2   Ἀλλ᾽ ἡ μάρτυς, τὸ τῆς ἀνθρωπίνης φύσεως ἀλεξητή-
ριον, ἐλεήσασα τὸ πολυάνθρωπον οὕτω καὶ ἀπάνθρωπον
πάθος, ἀνοίγει μὲν ἐν τῷ αὐτῆς τεμένει τὸ ἰατρεῖον, προσ-
καλεῖται δὲ κοινῇ πάντας ὡς αὐτήν, ἑνὶ μὲν τῶν πασχόν-
των τοῦτο νύκτωρ διακελευσαμένη, πᾶσι δὲ δι᾽ ἐκείνου
κηρύξασα, ὥστε τῷ αὐτῆς χρήσασθαι λουτρῷ πάντας τοὺς
τῷ πάθει τούτῳ περιπεπτωκότας. Τοῦτο γὰρ ἦν τὸ ἰα-
τρεῖον, ὃ τῷ μὲν νοσήματι τῆς ὀφθαλμίας πολέμιον ἦν ὡς
ἂν καὶ ἄρτι ἀρξαμένης, ἀνακραθὲν [John 5:7] δὲ ὅμως τῇ
ἐνεργείᾳ τῆς μάρτυρος, ἄκος μέγιστον ὁμοῦ πάσῃ τῇ πό-
λει γεγένηται· ὡς τὴν ἐπέκεινα λεωφόρον μηδὲ ἀρκεῖν τοῖς
ἀνιοῦσι μὲν μετ᾽ οἰμωγῆς καὶ δακρύων, κατιοῦσι δὲ μεθ᾽
ἡδονῆς καὶ δοξολογίας· καὶ ἀνιοῦσι μὲν νῦν συμμεμυκόσιν
ὀφθαλμοῖς, κατιοῦσι δὲ ἀναπεπταμένοις τοῖς βλεφάροις.

3   Οὔτε γὰρ τῆς πτωχῆς ἐκείνης καὶ πενιχρᾶς κολυμβή-
θρας ἡ χάρις ἦν, τῆς ἕνα—καὶ μόλις τοῦτον—σῳζούσης
ἄνθρωπον, ἀλλὰ τῆς πλουσίας καὶ ἀφθονωτάτης πηγῆς.
Ἀπειρήκει μὲν γὰρ ἅπας ὁ δῆμος συνθέων· ἀπειρήκει δὲ
τὰ ταῖς κολυμβήθραις ἐπαντλούμενα νάματα· οὐκ ἐνεδί-
δου δὲ ἡ τῆς μάρτυρος χάρις, τοὺς μὲν δεχομένη καὶ ἰω-
μένη καὶ ἀποπέμπουσα, τοὺς δὲ αὖθις ὑποδεχομένη τε

was constantly either flushing out the medicine that had been placed inside the eyelids or washing away that which had been smeared over <the eyes>. The result was that the eyes were deprived of any healing agent and the physicians were filled with great embarrassment and helplessness, defeated by the evil disease, or having themselves already succumbed to the same illness—for the affliction did not spare anyone.

But the martyr, the true healer of human nature, considered with pity this inhuman affliction that affected so many, and she opened the healing shrine in her sanctuary and summoned all together to herself. She gave the instruction during the night to one of the afflicted people and then proclaimed it to everyone through him, that all who had fallen victim to this affliction should make use of her bath. For this bath was the place of healing which was able to combat the eye disease, from the very beginning, but when *stirred up* by the power of the martyr it became the greatest remedy to the entire city together.[85] From then on, the highway overflowed with those who went up <to the shrine> with lamentation and tears, and those who came down full of joy and praise: for they ascended with their eyes shut, but descended with their eyelids opened again.

For it was not the grace of that poor and miserable pool <of Bethesda>, which could save only one person—and hardly that—but the grace of an abundant and exceedingly generous fount.[86] When all the assemblage of people grew weary and when the flow of the water into the pools slowed down, the grace of the martyr did not cease: she had hardly welcomed, healed, and sent the afflicted on their way when once more she was welcoming and healing again, sending

πάλιν καὶ ἰωμένη, καὶ πάντας μεθ᾽ ὁμοίας ἀποπέμπουσα
τῆς θεραπείας· ὡς ἐν τρισὶν ὅλαις ἢ τέτρασιν ἡμέραις εἰς
ἄγαν εὐαριθμήτους περιστῆναι τὴν νόσον, ἀπιστίας οἶμαι
κἀκείνους ἢ καὶ βίου κακίας ἄλλης ἕνεκεν, διαμαρτεῖν
παρασκευαζούσης τῆς κοινῆς βοηθείας, ἢ τάχα ἵνα καὶ
μάθοιμεν ὅσον ἦν τὸ κακόν. Οἷς γὰρ ἐπέμεινε, τούτοις καὶ
τύφλωσιν ἐπήγαγεν· ἢ γὰρ καὶ τῶν δύο ἅμα, ἤγουν τὸν
ἕτερον τοῖν ὀφθαλμοῖν πάντως ἐξέκοψεν. Οὕτω δεινότα-
τον ἦν τὸ κακὸν καί τι δαιμόνιον ἐπιβούλευμα· ἡττηθὲν δὲ
ὅμως τοῦ θαύματος, ὡσεὶ μηδὲ γεγονὸς τὴν ἀρχὴν οὕτως
ἀϊστώθη τε καὶ ἐκ ποδῶν γέγονεν.

26

1   Εἰ δέ τι χρὴ καὶ τῶν παραδοξοτέρων μνημονεῦσαί τε καὶ
εἰπεῖν, κἀκεῖνο ἐρῶ. Δαλισανδός ἐστι πόλις, ἢ πόλεως εἴδω-
λον ἔτι καὶ ὄνομα, ἐν τοῖς ἀφανέσι μὲν καὶ ἀνωνύμοις ἀπερ-
ριμμένη, ἔχουσα δέ τι καὶ αὐτὴ περιφανὲς διὰ τὴν μάρτυρα.
Τιμῶσα γὰρ αὐτὴν περιφανῶς, τυγχάνει καὶ αὐτὴ παρ᾽
αὐτῆς περιφανεστέρου θαύματος.

2   Καθ᾽ ἣν γὰρ τιμᾶται πανήγυριν ἡ παρθένος—λαμπρὰ
δὲ αὕτη καὶ περίσημος καὶ πολυάνθρωπός ἐστιν, ὡς ἂν καὶ
πολλῶν πανταχόθεν εἰς αὐτὴν συρρεόντων—εἴ τις φυλά-
ξει κατὰ τὴν ἱερὰν νυκτεγερσίαν αὐτῆς τῆς ἑορτῆς ὑπὲρ
τὴν ἀκρώρειαν τοῦ κατ᾽ αὐτὴν ὄρους ἀνεστηκώς (ὃ πρὸς

everyone on their way with the same cure. The outcome was that, in three or four days total, the illness still affected only a very small number of people. I think they remained afflicted because of their lack of faith or because of some other evil in their life—<the martyr> having arranged for them to miss out on her general assistance or, perhaps, in order for us to understand the gravity of the affliction. For it resulted in blindness among those in whom it persisted: it removed sight either from both eyes at the same time or, at the least, from one eye. So terrible was the affliction, truly a demonic machination! Nevertheless, once vanquished by the miracle, it was destroyed and stamped out as if it had never existed.

Chapter 26

If it is necessary to call to mind and recount something even more extraordinary, I shall tell it here. Dalisandos is a city, or just the shadow and the name of a city which has been cast away into obscurity and anonymity, but still retains a certain amount of fame because of the martyr.[87] For she honored it splendidly, and the city received from her an even more splendid miracle.

The festival in honor of the virgin martyr is magnificent, famous, and well attended, so that people flock to the festival from all over. If, during the holy night vigil of her festival, one keeps watch while standing on the highest peak of the mountain next to the city (which turns its back to the

ἔω μὲν τὰ νῶτα, πρὸς δὲ δύσιν τὴν ὄψιν κέκτηται), γενό-
μενος δὲ αὐτόθι καὶ ἀγρυπνήσας ὁρᾷ πυρίνῳ ἅρματι ὑψοῦ
τοῦ ἀέρος βεβῶσάν τε τὴν παρθένον καὶ διφρηλατοῦσαν,
καὶ οἴκοθεν οἴκαδε ἐπειγομένην ἀπὸ τῶν κατὰ Σελεύκειαν
ἐπ᾽ ἐκεῖνο τὸ νυμφευτήριον, ὃ ἀγαπᾷ τε μᾶλλον τῶν ἄλλων
μεθ᾽ ἡμᾶς καὶ περιέπει καὶ τέθηπεν, ὡς ἐν καθαρᾷ τε καὶ
ἀμφιδεξίῳ καταγωγῇ κείμενον.

3   Τά τε γὰρ ἐν αὐτῇ δένδρα πολλά τε καὶ ὑψηλὰ καὶ ἀμφι-
λαφῆ καὶ ἀμφιθαλῆ καὶ καλλίκαρπα, αἵ τε αὖ πηγαὶ πολλαί
τε καὶ χαριέσταται, καὶ μάλα ψυχροῦ ὕδατος, ἐξ ἑκάστου
φυτοῦ τε καὶ πέτρας, ὡς εἰπεῖν, ἑκάστης ἐκθέουσαί τε
καὶ διαρρέουσαι καὶ αὐτὸν περιθέουσαι τὸν νεών, τό τε
εὔπνουν τοῦ τόπου ὡς πολύ τε καὶ λιγυρὸν καὶ ἀγαπητόν,
ἥ τε ὑπὲρ κεφαλῆς ᾠδὴ τῶν ὀρνίθων ὡς μάλα θαυμασία
τε καὶ καταθέλξαι ἱκανὴ οὐκ ἀνειμένον μόνον ἤδη καὶ
τρυφηλόν, ἀλλὰ γὰρ καὶ κατηφῆ καὶ κατεστεναγμένον
ἄνθρωπον, ἥ τε πόα πολλή τε καὶ δαψιλὴς καὶ πολύχρους
ἐπικεχυμένη τῇ γῇ, καὶ ἐναναπαύεσθαι παντὶ παρέχουσα,
καὶ ἀνδρὶ καὶ γυναικὶ καὶ παιδίοις ἀθύρουσι καὶ βοσκή-
μασι νεμομένοις, ἔτι μὴν καὶ ἐπιχορεῦσαι βουλομένοις καὶ
ἐνσκιρτῆσαι φαιδρότατα, θοινήσασθαί τε προθυμουμένοις
καὶ ἐμφαγεῖν θυμηρέστατα, ἤδη δὲ καὶ νοσοῦσι πρὸς ὑγί-
ειαν μόνον ἀπέχρησεν.

4   Ὡς οὖν καὶ τὴν πανήγυριν ἐποψομένη, καὶ πρὸς οὕτως
εὔδαιμον καὶ αὐτῇ μόνη πρέπον ἐπειγομένη χωρίον, ἑκά-
στου ἔτους καὶ κατὰ ταὐτὸ τῶν ὡρῶν τὸ χαριέστατον
ἀπαίρει μὲν ἐκ τῆς κορυφῆς ταύτης ἵππους ἐντυναμένη—
εἶπεν ἄν τις ποιητικῶς—καταίρει δὲ εἰς ἐκείνην τὴν

East and faces the West) and remains on the spot without
falling asleep, one will see the virgin, high in the air and
mounted on a chariot of fire, hastening from one of her
homes to another, from the region of Seleukeia to that vir-
ginal dwelling <at Dalisandos>, which she loves more than
any others besides us [i.e., the shrine at Hagia Thekla] and
which she treats with respect and admires, as it is situated in
a pristine and suitable setting.

For <the shrine at Dalisandos> has numerous trees, lofty, 3
thick, abounding in blossoms and fruit, and there are many
very lovely springs, with very cold water, gushing out from
under every plant and every rock, so to speak, flowing and
coursing all around her church. And there is a nice breeze in
this place, clear and delightful. The birdsong overhead is ab-
solutely marvelous and able to charm not just the visitor
who is already relaxed and at ease but also one who is down-
cast and distraught. Thick and abundant grass is spread out
over the earth in many colors, providing a place to rest for
everyone—men, women, children at play, and grazing ani-
mals—even for those who want to dance and leap for joy,
or who are eager to lay out a picnic and dine in the most de-
lightful setting.[88] There are even some sick people who have
been restored to health only by a visit <to this grassy
meadow>.

Therefore, annually during the most delightful part of 4
the year, in order to look in on her festival and to make haste
to a place so pleasant and fitting for her alone, she rises from
this peak <in Seleukeia> *after harnessing her horses*—as one
might say in the words of a poet[89]—and sets down again on

κορυφήν, καὶ εἰσδύνει τὸν νεών· καὶ τήν τε πανήγυριν ἐπι-
τελέσασα, καὶ δωρησαμένη τοῖς συνεληλυθόσιν ἃ δω-
ρεῖσθαι νόμος αὐτῇ, καὶ μικρὰ ἄττα ἐφησθεῖσα τῷ χώρῳ,
ταύτην ἵεται πάλιν. Οὐδ᾽ ὡς τοῦτον καταλείψασα τὸν
νεών· ἁγίων γὰρ ὀφθαλμὸς οὐκ εἴργεται, οὐ κωλύεται μὴ
οὐκ ἐπὶ πάντα φοιτᾶν ἀεί τε καὶ εἰς ὁπόσα καὶ ὁπότε βού-
λονται χωρία καὶ ἔθνη καὶ ἄστη καὶ πόλεις.

5   Τούτου φασὶ καὶ Ταρσοὺς τὴν μεγάλην πόλιν τυγχάνειν
τοῦ θαύματος, τοῦ θεσπεσίου Παύλου κατὰ τὸν ἴσον τρό-
πον ἐκ τῆς μεγίστης καὶ βασιλιζούσης πόλεως Ῥώμης ἐπι-
φοιτῶντος αὐτῇ, καὶ ταύτῃ μάλιστα τὴν αὐτοῦ τιμῶντος
καὶ πόλιν καὶ ἑστίαν καὶ πανήγυριν, καὶ αὐτοῖς τοῖς τιμῶσι
δεικνύντος ὡς ἄρα ἠρέσθη τῇ πανηγύρει, καὶ δέδεκται τὰς
ἱερὰς τιμάς, καὶ ἀντιδέδωκεν αὐταῖς καλλίστας ἀμοιβάς.

6   Τὴν αὐτὴν δὲ ταύτην Δαλισανδὸν πολλάκις καὶ πολιορ-
κίας ἡ αὐτὴ δήπου μάρτυς ἐξήρπασε, τῆς τε ἀκρωρείας
ἐκείνης ὑπερφανεῖσα, καὶ πυρὸς οὐρανίου δίκην τὰς τῶν
πολεμίων ὄψεις καταστράψασά τε καὶ καταπλήξασα, καὶ
τοῦ πολιορκεῖν ἀποστήσασα. Καὶ εἰσί γε οἱ μεμνημένοι ἔτι
τοῦ θαύματος τούτου καὶ ἐπιγαυρούμενοι τῷ διηγήματι.

27

1   Ἐπεὶ δὲ μνήμη πολιορκίας γεγένηται, μηδὲ τοῦ κατὰ
Σεληνοῦντα θαύματος ὑπερίδωμεν, ἱκανοῦ καὶ μόνου
τεκμηριῶσαι τὴν τῆς μάρτυρος δύναμιν. Αὕτη τοίνυν ἡ

that peak <at Dalisandos> and enters her church. When she has celebrated the festival, and distributed to those who have assembled the gifts which she customarily offers [i.e., dreams and healing], and taken some small pleasure in the place, she leaves there once more. Not that she has abandoned her church here, for the eyes of the saints are unhindered; they can visit everywhere, as often and whenever they wish.

They say that the great city of Tarsus also benefitted from this miracle. The divine Paul made an appearance there in the same way, coming from the grand imperial city of Rome, and thereby he showed special honor to his own city, his hometown, and his festival, demonstrating to those who honored him that he was pleased by the festival, and he received their holy honors and gave them in return the most beautiful gifts. 5

The same martyr often rescued this same city of Dalisandos from sieges. She would appear on that lofty summit, dazzling the eyes of her enemies like fire from heaven, stunning them, and causing them to lift the siege. There are some who still remember this miracle and take pleasure in telling it. 6

Chapter 27

While we are on the topic of sieges, we should not omit the miracle at Selinous, sufficient on its own to attest to the martyr's power. Selinous is a small coastal city which was at 1

Σεληνοῦς ἐστι πόλις μικρὰ μὲν καὶ ἐφάλιος, μεγίστη ποτὲ
καὶ εὐδαιμονοῦσα τὸ πρὶν ἐπ᾽ εἰρήνης, ἐπίφθονος δὲ καὶ
τότε καὶ νῦν οὖσα ἔτι τοῖς πολεμίοις, ἀδικοῦσα μὲν οὐδέν,
ὅτι δὲ ἀδῄωτος ἔστηκεν ἔτι λυποῦσα, καὶ μηδέπω τὴν αὐτῆς
κτῆσιν εἰς τὰς ἐκείνων χεῖρας πάλιν μετήντλησε. Ταύτην
τοιγαροῦν καὶ θάλαττα μὲν ὑποζώννυσιν, ὥσπερ τις περι-
εληλαμένη τάφρος ἀχειροποίητος, καὶ κρημνὸς δὲ ὑπερ-
ανεστηκώς, καθάπερ τι κράνος κεφαλήν, φυλάττει τε καὶ οὐ
ποιεῖ πολεμίοις ἐπίδρομον, ἀδεῶς δὲ παρέχει τοῖς οἰκοῦσιν
οἰκεῖν. Ἀλλά γε τὴν οὕτως ἐχυρὰν πάντοθεν καὶ ἀπόρθη-
τον, χαλεποῦ ποτε δαίμονος προσβολὴ τοῖς πολεμίοις παρέ-
δωκε.

2   Προὔδωκε δὲ οὕτως· αἰπόλου γάρ ποτε νέμοντος κατὰ
τὴν ἄκραν ἐκείνην καὶ ὑπερανέχουσαν τῆς πόλεως κορυ-
φήν, αἲξ ἀποπλανηθεῖσα τῶν ἄλλων αἰγῶν, εἰς τὸ τοῦ κρημ-
νοῦ κάταντες ἐφέρετο, μικρᾶς τινος καὶ λεπτῆς καὶ ἀμυ-
δρᾶς ἀτραποῦ, γραμμῆς δὲ μᾶλλον, ἐπιλαβομένη. Ταῖς δὴ
αἰξὶ ταύταις οὐ πάνυ τι χαλεπὰ καὶ τὰ λίαν δυσέμβατα
ταῦτα καὶ περιερρωγότα τῶν πετρῶν, ἃ καὶ *ἠλίβατά* φησιν
Ὅμηρος. Ὡς οὖν ἡ μὲν ἔφευγεν, ὁ δὲ αἰπόλος ἀτρέμα
καὶ μικρὰ βαίνων, ἔστι δὲ οὗ καὶ τοῖς ὄνυξι καὶ ταῖς χερσὶ
χρώμενος, ἐπικατέβαινε, τῆς αἰγὸς ὑποφευγούσης τε καὶ
ἡγουμένης, καὶ μέχρι τοσούτου, μέχρις ὅτουπερ εἰς τὸ
ὑποκείμενον πεδίον ἥ τε αἲξ ὅ τε αἰπόλος ἀφίκοντο, γίνε-
ται διὰ τοῦ τοιούτου κατάφωρος ἥ ποτε ἄγνωστος καὶ
λεπτὴ καὶ ἀφανὴς ἀτραπὸς ἐκείνη πᾶσί τε ἅμα καὶ τοῖς
προσοικοῦσι πολεμίοις.

one time very important and prosperous while there was peace.[90] But then as now Selinous attracted the envy of its enemies, not because it had done anything wrong, but because it had caused <its enemies> great grief merely because it had until then withstood devastation and because it had not yet fallen into their hands. The sea surrounds this city, encircling it like a natural moat, and a cliff overhangs it, like a helmet on a head, <both of which> defenses protect the city and prevent enemies from overrunning it and allow the inhabitants to live without fear. However, this city, so secure on all sides and so impregnable, was once delivered over to its enemies through the action of a savage demon.

It was delivered over in the following way. One day a goat- 2 herd went to pasture <his flock> along the summit of the crest that overlooks the city. One of the goats wandered away from the others and headed down the steep slope of the cliff, using a small and narrow path that was hardly discernible—really more of a line <than a path>. Goats have no difficulty at all with rugged and steep rocks, which Homer calls *precipitous*.[91] Then, as the goat ran away, the goatherd descended carefully step by step, sometimes using his hands and fingernails, while the goat <simultaneously> evaded him and also led him on, all the way to the point at which both goat and goatherd arrived at the plain down below. From this descent the previously unknown, narrow, and hidden path was revealed to everyone at once, even to neighboring enemies.

3   Καὶ ἁλίσκεται μὲν οὕτω τότε ἡ πόλις, περιδεὴς δὲ ἦν
καὶ εἰς τὸ μετὰ ταῦτα, μὴ καὶ πάλιν καὶ πολλάκις ἁλῷ ἡ ἐν
ὀφθαλμοῖς τε οὖσα τῶν οὕτω χαλεπῶν ἀλιτηρίων, καὶ τῆς
ἀτραποῦ λοιπὸν ἐκείνης ἀνερεθιζούσης τὴν ἐπιθυμίαν καὶ
πρὸς ἑαυτὴν ἐφελκομένης ἀεὶ τοὺς τῶν ἀλλοτρίων ἐρῶν-
τας. Καὶ οἱ μὲν οὕτω διέκειντο, ἐν ὑπονοίᾳ πάντοτε ἁλώ-
σεως ὄντες, ἡ δὲ μάρτυς τὸν οὕτω πολὺν αὐτῶν φόβον
διέλυσεν ἐπιφοιτήσασά τινι τῶν αὐτόθι καὶ διακελευσα-
μένη κατ᾽ αὐτὸ τό τε ἄκρον καὶ προοίμιον τῆς ἀτραποῦ
ἐκείνης τῆς ἄνωθεν ἐρχομένης δείμασθαί τε καὶ ἀνοικο-
δομῆσαι οἶκον αὐτῇ, καὶ μηδ᾽ ὅλως ἔτι ἐν ὑποψίᾳ εἶναι τοῦ
κακοῦ, ὡς καὶ μόνης ὄψεως τοῦ νεὼ ἀρκούσης ἀποστρέ-
ψαι τοὺς πολεμίους.

4   Καὶ γεγένηταί τε καὶ γίνεται πολλάκις, καὶ ἐν ᾧ δὴ
ταῦτα γεγράφηκα καιρῷ ταὐτὸ τοῦτο ἐγένετο. Οἱ μὲν γὰρ
τὸ προσταχθὲν ἐποίησαν, ὡς εἶχον τάχους, καὶ ἀνέστησαν
τὸν νεών, καὶ τῇ τε ἀτραπῷ καὶ τοῖς πολεμίοις τοῦτον ἐπε-
τείχισαν, οἱ δὲ ἀποπειραθέντες πολλάκις τε ἄλλοτε καὶ νῦν
οὔτε ἔλαθον, καὶ μετὰ πολλῆς τῆς αἰσχύνης ὑπενόστησαν.
Τοσαύτην ἡ μάρτυς καὶ ἐν τοῖς ἄγαν φοβεροῖς καὶ ἀλά-
στορσιν ἀνθρώποις ἐπιδείκνυται τὴν ἰσχύν, ἀντὶ τῆς αἰγί-
δος καὶ τῆς θυσανοέσσης ἀσπίδος καὶ τῶν ἄχρι μύθων
φοβερῶν ὅπλων τὸ μικρὸν καὶ εὐτελὲς προβαλλομένη τέ-
μενος, καὶ δι᾽ ἐκείνου φάλαγγας ὅλας ἐρινυώδεις ἀποστρέ-
φουσα, καὶ ἀποστρέφοις τε πάντοτε ἐκείνων τε καὶ ἡμῶν,
ὦ καλλίνικε καὶ χριστοφόρε παρθένε.

In this way the city was captured, and the people lived in 3
fear thereafter, that it would be taken again and again, ex-
posed as it was to such savage and abominable people. <They
feared also> that this famous path would thereafter stir up
<their enemies'> desire and constantly lure those who covet
the property of others. The inhabitants were in this state of
mind, being in perpetual suspense that their city would be
captured. But the martyr removed this great fear of theirs
by visiting one of the local men and instructing him to build
and construct a home for her at the very top, at the start of
the path leading downward, and not to be any longer con-
cerned with misfortune, since the mere sight of this church
would be sufficient to turn back the enemy.

This has often happened and continues to happen, and 4
even at the very moment I write these words the very same
thing just happened. The inhabitants did what was pre-
scribed, as quickly as they could, and they set up the church
and erected it as a fortification against the path and their
enemies. The latter, after numerous unsuccessful attempts
at other times, did not at the present time escape notice,
but <were forced to> return home in great shame. So great is
the strength that the martyr displayed against very formi-
dable and abominable enemies, opposing the goatskin, tas-
seled shield of Athena and the formidable armaments of
mythological proportions with her small and simple sanctu-
ary, and through it turning back entire Fury-like phalanxes.[92]
May you always turn them back from the Selinountans and
from us, victorious Christ-bearing virgin!

28

1 Οἶον δὴ καὶ τόδε ἔρεξε θαῦμα, ὅ με μικροῦ παρέπτη καὶ ὑπερέπτη, οὔτε ἑκόντα, ἅτε λήθης κατασχούσης τὸν λογισμόν, τῷ δὲ μήθ' ἅμα πάντα, μηδὲ παρ' ἑνὶ πάντα, ἀλλὰ μηδὲ ἀθρόως πάντα εὑρεῖν, κατὰ δὲ τοὺς χρυσωρύχους πολλὴν πρότερον ἀποσκάπτοντα ὕλην καὶ γῆν, οὕτω κατὰ λόγον ἀναλέγειν τὰ θαύματα ὑπό τε χρόνου συγχωσθέντα καὶ λήθης ἐξίτηλά τε καὶ ἀμυδρά πως γεγονότα, καὶ διαδιδράσκοντα μνήμην καὶ τάξιν καὶ τόπον καὶ τὸ ὅπως ἐγένετο. Ῥητέον δὲ ὅμως ὃ μόλις καὶ πολλῇ σπουδῇ ζητήσας καὶ ἀνιχνεύσας εὗρον, ὃ μάλιστα καὶ ὑπὲρ αὐτῆς ὂν καὶ τοῦ οἰκείου νεὼ ἐτεθήπειν τε καὶ ἐμάστευον, καὶ μόλις ἀνεῦρον.

2 Λέγεται γὰρ ὡς τὸν ναὸν τοῦτον τὸν αὐτῆς οἱ κακῶς ἡμῖν οὗτοι προσοικοῦντες ἀλιτήριοι, καὶ ποτὲ μὲν ἐν πολεμίων μοίρᾳ τὰ τῇδε ληϊζόμενοι, ποτὲ δὲ ἐν δεσποτῶν τάξει καὶ τυράννων πάντα σφετεριζόμενοι, πάντα διαρπάζοντες, καταδραμόντες δέ ποτε τὸν νεὼν τοῦτον καὶ εἷλον καὶ ἠνδραποδίσαντο, ὡς ζάχρυσόν τε καὶ μυρίῳ ἄλλῳ πλούτῳ κοσμούμενον.

3 Καὶ λαβόντες τὰ ἱερὰ χρήματα, πρὸς τὴν Λαιστρυγονίαν καὶ τὴν αὐτῶν ἠπείγοντο γῆν, ἐπὶ δυσὶ τούτοις ἐπαιρόμενοί τε καὶ γεγηθότες, καὶ ὡς τὴν μάρτυρα νικήσαντες, καὶ ὡς πλουτήσαντες ἀθρόον. Ἐνδοῦσα δὲ ἡ παρθένος μικρὸν τοῖς τολμήμασιν, ὥστε καὶ εἰσελθεῖν καὶ περιελεῖν καὶ λαβεῖν τὸν ἱερὸν κόσμον καὶ φορτίσασθαι

Chapter 28

Similar is the accomplishment of the following miracle, 1
which I nearly flew past and skipped over; not intentionally,
but because forgetfulness overwhelmed my mind. For I did
not uncover all the miracles at one time, nor all of them one
by one, nor even all of them together, but like gold miners
who first dig up a large chunk of earth, so also have I assem-
bled in sequence the miracles that, buried by time and obliv-
ion, have faded away and become obscure, and whose mem-
ories, sequence, place, and the manner of occurrence have
been lost. Nevertheless, I should relate what I discovered,
having hunted and tracked it down with great effort and dif-
ficulty, a miracle that the martyr worked for her own sake
and for that of her church and that amazed me; and I made
an investigation with fervor, but was able to find out about it
only with difficulty.

For it is said that, regarding her church here <in Seleu- 2
keia>, our wicked and abominable neighbors sometimes pil-
lage our lands here in the manner of enemies, but other
times they seize and plunder everything in the manner of
despots and tyrants. Once, they even attacked and held cap-
tive <the martyr's> church, since it is rich in gold and
adorned with countless other treasures.

Taking the holy objects, they hastened back to their 3
homeland of Laistrygonia,[93] excited and joyful for the fol-
lowing two reasons: because they had bested the martyr, and
because they had suddenly become rich. The virgin, after
having granted their bold venture some leeway—enough to
get in, strip off and steal the holy treasure, carry it away,

καὶ ἐξελθεῖν καὶ τρέχειν, οὕτω παίζει τὴν κατ᾽ αὐτῶν στρα-
τείαν· καὶ γὰρ κατὰ πολλὴν σπουδὴν ὁρμήσαντας αὐτοὺς
καὶ φεύγοντας ἐπὶ τὴν αὐτῶν πάλιν Λαιστρυγονίαν, δια-
κειμένην μὲν ὡς πρὸς ἑσπέραν καθ᾽ ἡμᾶς τε καὶ τὴν σύμ-
πασαν ἑῴαν γῆν, πολλοῖς δὲ καὶ ἰσονεφέσιν ὄρεσι διειλημ-
μένην, τὸ μάλιστα τῆς ἀπονοίας αὐτῶν κρησφύγετον,
ἀλλοιώσασα αὐτῶν καὶ ὄψεις καὶ γνώμην καὶ ἀντιμεταλα-
βοῦσα, πρός τε τὴν ἕω καὶ τὸ ὑποκείμενον αὐτῇ πεδίον
ἀμογητὶ καὶ ἀψοφητὶ πάντας ἅμα συνωθήσασα, πρὸς ἕτοι-
μον σφαγὴν ηὐτρέπισε τοῖς στρατιώταις.

4   Οἳ καὶ μαθόντες τὸ γεγονός, καὶ λύπης καὶ θειασμοῦ
πληρωθέντες, καὶ οἷς εἶπον ἐγκαταλαβόντες τόποις, ὑπτί-
οις τε καὶ λίαν ἱππασίμοις, ἡβηδὸν πάντας ἀπέσφαξαν, καὶ
μετὰ τοσούτου τοῦ τάχους, ὡς τῆς αὐτῆς ἡμέρας ἀρχὴν
καὶ τέλος τὸν πολυανθρώπινον οὕτω φόνον λαβεῖν, καὶ
στῆναι τὸ τρόπαιον, καὶ τὸν ἱερὸν εἴτε κόσμον εἴτε πλοῦ-
τον ἀνακομισθῆναι παρ᾽ αὐτῶν τῶν νενικηκότων τῇ μάρ-
τυρι· οἳ καὶ παιανίζοντες καὶ χορεύοντες καὶ ὑμνοῦντες καὶ
τὸν ἐπινίκιον ᾄδοντες, οὕτω τὰ αὐτῆς πάλιν ἀνέθεσαν τῇ
μάρτυρι μετὰ τοῦ καὶ θαυμάζειν καὶ καταπεπλῆχθαι, πῶς
οὐδ᾽ ἐν ἀκαρεῖ χρόνῳ τῆς τόλμης τῶν δυσαγῶν ἐκείνων
καὶ ἀλαστόρων ἠνέσχετο.

5   Ὧν μηδὲ νῦν ἀνάσχοιο, μηδὲ ἐπὶ πολὺ τὴν καθ᾽ ἡμῶν
τῶν σῶν τροφίμων ὕβριν αὐτῶν καὶ ἀπόνοιαν ἐκταθῆναι
συγχωρήσαις. Οὐ γὰρ οἰστὰ ἡμῖν ἔτι οὐδὲ φορητὰ τὰ
κακά· πρὸς ἀπώλειαν δὲ καὶ πανωλεθρίαν ἤδη πάντες νε-
νεύκαμεν, καὶ εἰς γόνυ κεκλίκασι μὲν ἐκκλησίαι, κεκλί-
κασι δὲ πόλεις καὶ ἀγροὶ καὶ κῶμαι καὶ οἶκοι, πάντες δὲ

get out, and make a quick escape—enjoyed her campaign against them in the following manner. While they were flee-ing with great haste back to Laistrygonia, a land situated to the west of us and the whole land of the East,[94] though separated <from us> by many sky-high mountains—a per-fect refuge for their madness!—she confused their eyes and befuddled their brains. She turned their course back toward the East, to the plain that lies beneath her shrine, without effort and noiselessly, and handed them over to a massacre prepared by the troops.

These troops, once they learned what had happened, 4 were filled with grief and divine rage, and attacked them in the place which I noted, a place which is flat and very suit-able for cavalry, and they cut the throats of all the pillagers without exception.[95] And they accomplished this so swiftly that, from beginning to end, a single day sufficed for the massacre of many men, for setting up the victory standard, and for the return of the holy treasure and wealth to the martyr by the conquerors themselves. They also praised the martyr, danced, chanted hymns, and sang the victory song, and in this way they returned her property to the martyr, marveling and astonished at how she suffered the audacity of those impious pillagers for not even a short time.

May you not suffer them today, nor may you allow them 5 to continue very long their hubris and madness against us, your nurslings. For no longer are our misfortunes either endurable or tolerable. Already we all are moving toward our death and utter destruction: churches are on their knees, and also on their knees are cities, fields, villages, and

πάντοθεν ὀδύρονται, πρὸς μίαν ἔτι ταύτην ἐλπίδα πάντες ἀφορῶντες, τὴν παρὰ σοῦ πρεσβείαν, καὶ τὴν παρὰ τοῦ σοῦ νυμφίου καὶ βασιλέως Χριστοῦ βοήθειαν.

6 Ὅτι δέ, μεθ᾽ ἧς ἔχει χάριτος καὶ δυνάμεως εἰς τὸ βοηθεῖν οἷς ἂν δέῃ βοηθεῖν, οἶδε καὶ τοὺς λυποῦντας ἀντιλυπεῖν, καὶ λυπεῖν οὐ μέτρια, καὶ μάλιστα οὓς ἂν αἴσθηται οὐ μέτρια πλημμελοῦντας καὶ δυσσεβοῦντας καὶ εἴς τι τῶν αὐτῆς ἐμπαροινοῦντας κειμηλίων, ἤτοι ψυχικῶν ἤτοι καὶ λειτουργικῶν, οὐ μικρὰ μὲν ἀπόδειξις καὶ τὰ ἄρτι ῥηθέντα· ὅπως ἐπέστησαν οἱ πολέμιοι, καὶ ὅπως ἀπήλλαξαν, μηδὲ τὸν ἐροῦντα ἢ μηνύσοντα τοῖς οἰκείοις τὸ πάθος καταλεῖψαι συγχωρηθέντες. Ἐπισταμένη γὰρ εὖ ποιεῖν ἡ μάρτυς τοὺς εὖ τι δρῶντας κατὰ τὸν βίον, ἐπίσταται καὶ κολάζειν τοὺς ἀσεβεῖς καὶ ἀνόσια τολμῶντας, τὸ τοῦ Χριστοῦ βασιλέως, οἶμαι, μιμουμένη, παρ᾽ οὗ πολλά τε φιλανθρωπίας ἔργα καὶ ὀργῆς τεκμήρια εἰς ἀνθρώπους πάλαι τε γεγένηται, καὶ νῦν ἔστιν εὑρεῖν ἔτι γινόμενα· καὶ φιλανθρωπίας μὲν τὴν Νινευὴ πόλιν ὅλην καὶ πολυάνθρωπον ἐξ ὀλίγων δακρύων μετανοίας σωθεῖσάν τε καὶ ὑψωθεῖσαν, ὀργῆς δ᾽ αὖ πάλιν τὰς Σοδομιτῶν καὶ Γομορρητῶν πόλεις, ὅλον ἔθνος, πανωλεθρίᾳ καταδικασθὲν δι᾽ ἀνουθέτητον καὶ ἀμετάβλητον πονηρίαν.

7 Κἀκεῖνα μὲν οὖν, ἅπερ ἔφην, ἱκανὰ τεκμήρια τῆς μάρτυρος, καὶ ἐφ᾽ ἕτερα δὲ βαδιστέον, ἀφ᾽ ὧν ἔστι μάλιστα καὶ ὀργιζομένην ἰδεῖν, καὶ τοῖς πταίσμασιν ἤτοι τολμήμασιν ἀντιπαραμετροῦσαν τὰς τιμωρίας, καὶ οὕτως ἢ σωφρονίζουσαν καὶ διορθουμένην, ἢ καὶ τέλεον ἀναρπάζουσάν τε

households. Everyone everywhere is mourning, and all are looking toward this same single hope: intercession on your part and the succor that comes from Christ, your bridegroom and king.

She, with all the grace and power to help those she must 6 help, knows how to afflict those who cause affliction, and in no small measure, particularly those whom she perceives to have immoderately offended her, been impious, or acted recklessly toward any of her treasures, whether *ex voto* gifts or liturgical objects.[96] No small demonstration of this is the story I just told: how the enemies attacked, how they were wiped out, without even the possibility of leaving anyone behind to tell and inform their people of their bad end.[97] Therefore, if the martyr knows how to treat well those who do some good in their life, she knows also how to chasten the ungodly and those who commit profane acts with boldness, imitating in this, I believe, Christ the King, from whom numerous acts of love as well as signs of his wrath toward men came long ago and can be found to happen still today. He showed his love for humankind when he saved and glorified the entire populous city of Nineveh because of a few tears of repentance.[98] But he showed his wrath in the complete destruction of the cities of Sodom and Gomorrah, a whole people condemned for their stubborn and incorrigible wickedness.[99]

These events, then, which I have reported are sufficient 7 tokens of the martyr, and we must move on to other events, in which her tendency to exercise her wrath is particularly apparent, meting out appropriate punishments for <those committing> faults and also offenses, and in this manner either correcting and setting them right, or ultimately

τοῦ βίου καὶ τιμωρουμένην λοιπόν, ἐφ᾽ ὧν ἀνουθέτητόν τε μάλιστα καὶ ἀσωφρόνιστον γεγένηται τὸ κακόν. Καί, εἰ δοκεῖ, φέρε τοῦ καθ᾽ ἡμᾶς τέως γεγονότος μνημονεύσωμεν θαύματος, ἵνα μοι καὶ πρὸς λόγον ἡ μαρτυρία γένηται, καὶ πλησίον ὦσιν οἱ ἀναβησόμενοί τε καὶ μαρτυρήσοντες. Οὗτοι δέ εἰσιν, οὐ τρεῖς, οὐδὲ τέσσαρες—στενός τις καὶ ὕποπτος ἀριθμός—ἀλλ᾽ ὅλαι πόλεις καὶ ὅλοι δῆμοι, καὶ οἱ μέχρι τε ἡμῶν ἀπὸ τῆς Ἑῴας παραγινόμενοι, καὶ αὖ πάλιν οἱ ἀφ᾽ ἡμῶν καὶ μέχρι τῆς Ἀσίας ἐκτεινόμενοι. Καὶ γὰρ διὰ πάντων τὸ θαῦμα δεδράμηκε, καὶ ἡ ἐπὶ τῷ θαύματι γεγονυῖα φρίκη τε καὶ ἔκπληξις.

29

1   Ἦν τοιγαροῦν Μαριανός τις Ταρσῶν τῶν κατὰ τὴν Κιλικίαν ταύτην ἐπίσκοπος, πόλεως ἐπί τε κάλλει καὶ μεγέθει καὶ οἷς ἂν ἁπλῶς πόλις λαμπρὰ καὶ εὐδαίμων γνωρισθείη πᾶσιν ἐπιγαυρουμένης, καὶ τῷ πρώτην μάλιστα τῆς Ἑῴας ἀνίσχειν καὶ πρώτην πάλιν προσβάλλειν τοῖς ἐξ ὁποιασοῦν γῆς ὁρμωμένοις πρὸς τὴν Ἑῴαν, τὸ δὴ μέγιστον καὶ περιφανέστερον τῷ πόλιν εἶναι μάλιστα τοῦ μεγίστου καὶ θεσπεσίου ἀποστόλου Παύλου.

2   Οὗτος τοίνυν ὁ Μαριανός, φύσει τε ὢν εὐχερὴς καὶ εὐπαρόξυντος, διενεχθεὶς δὲ καὶ πρὸς τὸν Δεξιανόν, καὶ αὐτὸν ὄντα τότε τῆς Σελευκείας ταύτης ἐπίσκοπον, ἄλλως

depriving of further life and punishing those whose wicked actions have become completely incorrigible and uncontrolled. And, if you agree, come and let us recall the miracle that happened in our own day, so that my story might gain a witness, and so that those who are nearby might take the stand and testify.[100] These witnesses are not three or four individuals — or some other scant and suspicious number[101] — but entire cities and whole communities; those who live between the East and our city, and again those who extend in turn from our city all the way to <the west>, <to the diocese of> Asia. For the miracle spread among all of these people, and likewise the awe and wonder at the miracle.

Chapter 29

A certain Marianos was bishop of Tarsus in neighboring Cilicia, a city that takes pride in its beauty, size, and simply everything which might commend a famous and prosperous city. <It also took pride> in the fact that it served as the gateway to the East and that it was the first city en route for travelers hastening to the East from whatever land. Most famously <it took pride> in the fact that it was the hometown of the great, divine apostle Paul.

This Marianos, then, who had a reckless and impulsive nature, was at odds with Dexianos, who was at the time bishop of Seleukeia. Marianos was not able to avenge

μὲν ἀμύνασθαι οὐκ ἴσχυσεν—οὔτε γὰρ Μαριανῷ τοσοῦτο
ἦν τὸ δύνασθαι, ὥστε τοσούτου κρατῆσαι ἀνδρός, οὔτε
μὴν Δεξιανοῦ τὸ εἶξαι ἀνδρὶ μὴ μάλα ἐρρωμένῳ μηδὲ φρε-
νήρει—διὰ δὲ τῆς εἰς τὴν μάρτυρα παροινίας καὶ ὕβρεως
αὐτὸν ἀμύνασθαι λοιπὸν ἐπειρᾶτο. Ὃ καὶ αὐτὸ μὲν τεκμή-
ριον μέγιστον τῆς τοῦ ἀνδρὸς ἠλιθιότητος, τὸ οὕτω δει-
νοῖς καὶ ἀδυνάτοις ἐπιχειρῆσαι πράγμασιν· ἐπειράθη δ᾽
οὖν ὅμως.

3   Καὶ γὰρ ἐνστάσης τῆς παρθενικῆς ἑορτῆς, καθ᾽ ἣν πᾶς
τις, μάλιστα Κιλίκων, ἔθει καὶ θεῖ δ᾽ ἔτι πρὸς ἡμᾶς, καὶ
μέχρις ἂν ὦσιν ἄνθρωποι, ἐπὶ τιμῇ μὲν τῆς μάρτυρος, ὠφε-
λείᾳ δὲ τῆς ἑαυτοῦ ψυχῆς ἕκαστος, ὡς στενοχωρεῖσθαι
μὲν τὴν γῆν, στενοχωρεῖσθαι δὲ τὴν θάλασσαν, κατὰ δή-
μους, κατὰ οἴκους, κατὰ γένη πάντων ἐνταυθοῖ συρρεόν-
των, οὗτος, διαναστὰς κατὰ τὴν οἰκείαν αὐτοῦ ἐκκλησίαν,
ἀπαγορεύει πᾶσι καὶ ἀποκηρύττει τὴν ὡς ἡμᾶς τε καὶ τὴν
μάρτυρα ἄφιξιν. Καὶ τοῦτο ἦν ἡ μεγίστη ἀπειλὴ καὶ ἄμυνα
κατὰ τοῦ Δεξιανοῦ, τὸ καὶ τῆς ἑορτῆς τὸν συνήθη κόσμον
περιελεῖν, καὶ τῶν ἐπὶ τῇ ἑορτῇ τῆς μάρτυρος συντρεχόν-
των ἀνθρώπων ἀποσυλῆσαι τὴν παρὰ τῆς μάρτυρος εὐλο-
γίαν.

4   Ἀλλ᾽ οὐκ ἔφθη τοῦτο ποιήσας καὶ δίκην ἔδωκε τῆς ἀνοί-
ας, εἴτ᾽ οὖν ἀπονοίας. Οὔτε γὰρ εἰς πέμπτην ἢ ἕκτην ἡμέ-
ραν ὁ Καπανεὺς οὗτος ἐπεβίω τῇ θρασύτητι ταύτῃ. Τὸ δὲ
καὶ ὅθεν τοῦτο γέγονε δῆλον ὡς κατ᾽ ὀργήν τε καὶ μῆνιν
ἀνηρπάσθη τῆς μάρτυρος, καλὸν δὲ τοῦτο εἰς μέσον εἰπεῖν.
Κάστωρ τις, ἀνὴρ βέλτιος, ἐκ μὲν τῆς Λυκαονίας τὸ γένος
ἕλκων, τὴν δὲ Σελεύκειαν ταύτην οἰκῶν, καὶ τὴν ἐπάρχοις

himself—for Marianos's strength was not sufficient to pre-
vail over so great a man <as Dexianos>, nor would Dexianos
yield to a man who was neither powerful nor of a sound
mind—other than by trying to get revenge on his own
through insolent and offensive behavior toward the martyr.
This is the clearest testimony to this man's folly, that he
would attempt such a terrible and impossible deed. But he
attempted it nevertheless.

As the festival of the virgin got underway, at the time 3
when all people—especially the Cilicians—were hastening
(as they still hasten today to our city and will continue <to
do so> as long as mankind exists) to honor the martyr, each
for the benefit of his own soul. As a result both land and sea
were overcrowded from the confluence of all the people at
this spot, community by community, house by house, nation
by nation. But this man <Marianos>, standing up in his own
church, forbade and prevented everyone from departing to
our city and the martyr's shrine. Such was his great threat
and his revenge against Dexianos, to remove the customary
adornment of the festival <by the presence of the Tarsians>,
and to deprive those who were headed to the martyr's festi-
val of the blessing <they were to receive> from the martyr
herself.

But no sooner had he done this than he was punished for 4
being mindless, or rather out of his mind, for this Kapa-
neus did not survive his insolent action by even five or six
days.[102] And it deserves to be told openly how it became
clear that he was vanquished by the anger and rage of the
martyr. A certain Kastor, an excellent man and native of
Lykaonia,[103] though a resident of our Seleukeia, served as a

ὑπηρετουμένην διέπων στρατείαν, οὗτος κατ᾽ αὐτὴν τὴν
τῆς πανηγύρεως νυκτεγερσίαν ὄψιν ὁρᾷ τοιαύτην· τὴν
παρθένον αὐτὴν μετὰ ἀγριωτέρου καὶ σχήματος καὶ βλέμ-
ματος καὶ βαδίσματος ἀνὰ τὴν πόλιν ἅπασαν περιθέουσαν,
καὶ τὰς χεῖρας συχνότερον ἀποκροτοῦσαν, καὶ τὸν Μα-
ριανὸν καὶ τὴν ὕβριν ἀναβοῶσαν, καὶ τὸ ἤδη λήψεσθαι
δίκην ἐπαπειλοῦσαν.

5   Τὸ δὲ ἦν ὕπαρ λοιπόν, οὐκ ὄναρ ἔτι. Τῇ γὰρ ὄψει ταύτῃ
εὐθὺς καὶ ὁ ἐκείνου θάνατος ἐπηκολούθησεν· ὡς συμβῆναι
κατὰ ταὐτὸν ἄμφω, καὶ τὸν Κάστορα διηγεῖσθαι τὴν ὄψιν,
καί τινας ἑτέρους τὸν Μαριανοῦ θάνατον ἀπαγγέλλειν· ὡς
καὶ πᾶσιν ἅμα πολλὴν ἐγγενέσθαι φρίκην, καὶ οὐχ οὕτως
ἀπὸ τοῦ πράγματος, ὅσον ἀπὸ τοῦ τάχους. Καὶ τοῦτο μὲν
ὧδέ τε ἔσχεν καὶ ὧδε ἐτελεύτησε. Καὶ ἑτέρου δέ, οὐ μάλα
τι χείρονος, πεύσεσθε θαύματος, δι᾽ ὀργῆς μὲν ἐπιτελεσθέν-
τος καὶ τούτου, οὐ μέχρι δὲ θανάτου τὴν ποινὴν ἐσχηκό-
τος.

30

1   Τῶν γάρ τις ἀμφὶ τὰ ἀρχεῖα ταῦτα ῥητόρων—Εὐσέβιος
δὲ ἦν ἐκεῖνος, οὗ πολὺ κλέος ἔτι καὶ νῦν ἐστιν ἐπί τε εὐγε-
νείᾳ καὶ εὐμουσίᾳ καὶ ἡμερότητι τρόπων καὶ τῷ λίαν εἶναι
πιστός—οὗτος τοίνυν Ὑπερέχιον τὸν πάνυ ζῶντά τε ἄγαν
ἐφίλει καὶ περὶ πολλοῦ ἐποιεῖτο—καὶ γὰρ ἐκ μιᾶς πόλεως
ὥρμηντο τῆς Δαμαλίδος τε καὶ Σάνδα τοῦ Ἡρακλέως τοῦ

functionary in the provincial administration.[104] This man, during the night vigil of the festival, saw the following vision: the virgin herself, with a savage appearance, gaze, and gait, was running around the whole city and clapping her hands together repeatedly, while denouncing Marianos and his hubris and threatening that he would soon pay the penalty.

This was a waking vision, and not really a dream.[105] For that man's [i.e., Marianos's] death followed immediately upon the vision, so that both events happened as one: Kastor recounting the vision, and some others announcing Marianos's death. Everyone experienced great shock as a result, not so much from Marianos's fate, as from the speed with which it occurred. This miracle happened in this way and such was its conclusion. You will now hear another miracle, not at all inferior to this one; it too occurred as a result of the martyr's anger, but did not result in the punishment of death.

Chapter 30

One of the orators serving in the imperial administration[106]—this was Eusebios, a man of great renown still today for his nobility, artistic sense, cultivated manners, and for his strong Christian beliefs—cherished and greatly admired the well-known Hyperechios when he was still alive. (For both came from the same city of Damalis and Sandas of

Ἀμφιτρύωνος, τοῦτο δὲ καὶ ὡς ἄνδρα δεξιόν τε καὶ πᾶσαν
ἀρετὴν ἄκρον—καὶ τεθνεῶτα κατὰ ταύτην τὴν Σελεύκου
πόλιν ὑπερτιμῆσαι, κἂν τοῖς κατὰ τὴν ὁσίαν ταύτην, ἐβού-
λετο. Μείζονα δὲ καὶ περιφανεστέραν ἄλλην οὐχ ἡγεῖτο
ταύτης τιμήν, ἢ τὸ κηδεῦσαι καὶ θάψαι τοῦτον ἐν τῷ τῆς
μάρτυρος νεῷ. Καὶ δὴ δεῖται περὶ τούτου τοῦ μεγίστου καὶ
θειοτάτου ἀνδρός, τοῦ Μαξίμου λέγω τοῦ καὶ τηνικαῦτα
τῆς ἐκκλησίας ταύτης προεδρεύοντος, ἐφεῖναί οἱ θάψαι τὸν
Ὑπερέχιον ἔνδον τοῦ νεὼ τῆς μάρτυρος ἐν δεξιᾷ τε καὶ τῇ
κατὰ μεσημβρίαν στοᾷ. Τοῦ δὲ θαυμαστοῦ Μαξίμου καὶ
δυσωπηθέντος τὸν ἄνδρα καὶ ἐπιτρέψαντος, εἰσελθόντες
οἷς τοῦτο ἐν σπουδῇ τὸ ποιεῖν τάφους, ἔργου τε ἥπτοντο
καὶ λαξεύειν ἤρξαντο τοὔδαφος.

2   Καί πως ἀθρόως ἐπέστη τούτοις ἡ μάρτυς ἐπιτιμῶσα,
ἐγκαλοῦσα τόλμης αὐτοῖς, ἐκπληττομένη καὶ ὑποχωρεῖν
ἤδη παρακελευομένη. Οἱ δὲ τὴν μὲν ἀρχὴν ἥτις καὶ ἦν
ἠγνόησαν—οὐδὲ γὰρ ἦν ἐκείνων τὸ οὕτω παράδοξον καὶ
δυστέκμαρτον πρᾶγμα καταλαβεῖν—ὑπεχώρησαν δ᾽ οὖν
ὅμως· ὡς δὲ καὶ μικρὸν ἐνδόντες καὶ αὖθις ἐπεχείρησαν,
παρέστη καὶ ἡ μάρτυς αὖθις αὐτοῖς, ἐμβριθέστερον δὲ καὶ
ὀργιλώτερον εἰς αὐτοὺς ἀπιδοῦσα λοιπόν, καὶ οἷα τῶν
ἄγαν χαλεπαινόντων ἐστίν, ἄπνους μὲν αὐτοὺς παραχρῆμα
ἐποίησεν, ὡς μηδὲν μεῖναι τῶν μελῶν ἄτρομον ἢ ἀκλόνη-
τον—φοβερὰ γὰρ ἡ μάρτυς, οὐ κινοῦσα μόνον τὴν ἰσχύν,
ἀλλὰ γὰρ καὶ βλέπουσα ἀτενὲς πρὸς οὓς ἂν καὶ δεηθείη
τοιούτου βλέμματος—μικροῦ δ᾽ ἂν καὶ τῆς ζωῆς αὐτοὺς
ἀπέρρηξεν, ὡς καὶ ἑτέρων λοιπὸν εἰς τὸ ταφῆναι δεηθῆναι
χειρῶν, εἰ μὴ αἰδοῖ τοῦ Μαξίμου τούτων μὲν ἐφείσατο.

Herakles, the son of Amphitryon,[107] but this <feeling of approval arose also from the fact that Hyperechios> was a talented man and supreme in every virtue.) When Hyperechios died in our city of Seleukos, Eusebios wanted to honor him exceedingly, even in the funeral arrangements. He could think of no greater and more prestigious honor than to conduct his funeral and bury Hyperechios in the church of the martyr. He asked a very great and very divine man—that is to say, Maximos, who was at that time presiding over this church[108]—to allow the burial of Hyperechios inside the church of the martyr, along the right side in the south aisle. When the wondrous Maximos had received the man's entreaty and had granted his permission, the grave diggers went in, got to work, and began to dig up the pavement.

All at once the martyr stood before them, rebuking them, accusing them of insolence, striking them with fear, and commanding them to withdraw at once. They did not realize at first who she was—it was not their lot to comprehend an event so strange and unexpected—but they withdrew nevertheless. After waiting a little while they got to work again, and again the martyr stood before them, this time looking at them with a more severe and angry gaze, as is typical of those who are extremely irritated. She immediately knocked the breath out of them, so that none of their limbs remained free of shaking and trembling—for the martyr is fearsome, not only when she exercises her strength, but also when she gazes directly at those who might be deserving of such a gaze—and she nearly deprived them of their lives, so that other hands would be required for their burial, but she spared them out of respect for Maximos.

3   Αὐτῷ δὲ τῷ Μαξίμῳ καὶ μάλα ὀνειδιστικώτερον νύ-
κτωρ ἐπιστᾶσα παρήνεσε μὴ οὕτω τοῦ νεὼ καταφρονη-
τικῶς ἔχειν, ὡς τὴν τῶν πολυανδρίων καὶ τάφων δυσωδίαν
εἰς αὐτὸν μεταφέρειν. Μήτε γὰρ εἶναί τι κοινὸν τάφοις καὶ
εὐκτηρίοις οἴκοις, πλὴν εἰ μή τις ἄρα καὶ νεκρὸς γεγονὼς
μὴ εἴη νεκρός, ἀλλὰ ζῇ τε τῷ Θεῷ [Romans 6:11] καὶ ἄξιος
ᾖ τοῦ καὶ μάρτυσιν συνοικεῖν καὶ ὁμοστεγεῖν, ὡς Συμπό-
σιος ἐκεῖνος ὁ θεσπέσιος, ὡς Σάμος ἐκεῖνος ὁ θεῖος ἀνήρ,
ὡς εἴ τις ἄλλος παραπλήσιος ἐκείνοις.

31

1   Ἐν ᾧ δὲ καιρῷ τὴν περὶ τοῦ θαύματος τούτου ἐποιούμην
γραφήν—οὐδὲ γὰρ τὸ τότε μοι παρὰ τῆς μάρτυρος ὑπάρ-
ξαν σιωπῆσαι καλόν—συμβαίνει τι καὶ τοιοῦτο. Ὀλιγώρως
μὲν γὰρ εἶχον ἤδη περὶ τοῦ συλλέγειν καὶ γράφειν αὐτὰ
ταῦτα, ὁμολογῶ, καὶ ῥαθύμως ἡπτόμην λοιπὸν καὶ δέλτου
καὶ γραφίδος, ὡς ἂν καὶ ἀπειρηκὼς λοιπὸν περὶ τὴν τῶν
θαυμάτων τούτων ἔρευνάν τε καὶ συλλογήν. Οὕτω δὲ ἔχον-
τί μοι καὶ χασμιῶντι λοιπὸν ἔδοξεν ἡ μάρτυς πλησίον ἐν
ὄψει μου παρακαθέζεσθαι, οὗπερ καὶ ἔθος ἦν μοι τὴν πρὸς
τὰ βιβλία ποιεῖσθαι συνουσίαν, καὶ ἀφαιρεῖσθαί μου τῆς
χειρὸς τὴν τετράδα, ἐν ᾗπερ καὶ ταῦτα ἐκ τῆς δέλτου μετε-
γραφόμην. Καὶ δὴ καὶ ἀναγινώσκειν ἐδόκει μοι καὶ ἐφήδε-
σθαι καὶ μειδιᾶν, καὶ ἐνδείκνυσθαί μοι τῷ βλέμματι ὡς

When she presented herself to Maximos himself during 3
the night, she exhorted him that he should not have been so
disdainful of her church as to introduce into it the foul smell
of burials and tombs. There was nothing in common, she
said, between tombs and houses of prayer, unless someone
who has died is not really dead but is *alive to God,*[109] and is
worthy to dwell together under the same roof as the mar-
tyrs,[110] such as the divine Symposios, or Samos, the famous
holy man, or someone else of the same quality as they.[111]

Chapter 31

At the very moment when I was writing down this mira- 1
cle—it is not good to be silent about what the martyr did
for me then—something like this happened. I had been ne-
glectful in collecting and committing these events to writ-
ing, I confess, and I was lazily holding my writing tablet and
stylus, as if I had already given up researching and collecting
these miracles. While I was in such a state and in the midst
of a yawn, the martyr seemed to appear before my eyes, sit-
ting down beside me in the place where I normally consult
my books, and she took from my hand the notebook on
which I was transcribing this previous miracle from the
writing tablet.[112] Indeed, she seemed to me to read and enjoy
it, and to smile and to show me by her expression that she

ἀρέσκοι τότε τοῖς γραφομένοις, καὶ ὡς δέοι με ἀναπληρῶσαι
τὸν πόνον τοῦτον καὶ μὴ ἀτέλεστον καταλιπεῖν, μέχρις ἂν
ἐξῇ μάλιστα, ἃ ἕκαστος οἶδε καὶ ἅπερ σὺν ἀκριβείᾳ δυνα-
τόν, παρ' ἑκάστου μανθάνειν· ὥστε με μετὰ τὴν ὄψιν ταύ-
την δέους τε πληρωθῆναι καὶ προθυμίας ὑποπλησθῆναι
καὶ ἅψασθαι πάλιν δέλτου καὶ γραφίδος, καὶ τοῦτο ποιεῖν
μέχρι περ ἂν αὐτὴ κελεύῃ.

32

1   Παραπλησίας δὲ καὶ οἵας εἶπον ὀργῆς καὶ ἐπιτιμήσεως
καὶ ὁ Δεξιανὸς ἐπειράθη ποτέ· ἐπειράθη δὲ ἐπὶ πλημμελή-
ματι οὐ τοιούτῳ μέν, λυπήσαντι δὲ ἄγαν τὴν μάρτυρα. Καὶ
γὰρ ἐνθένδε ποθέν, ὡς οἶμαι, καὶ ἀπελείπομεν τὸν λόγον.
Τῶν προσοίκων καὶ συνοίκων τούτων ἀλιτηρίων ποτὲ τὰ
τῇδε πάντα καταθεόντων τε καὶ ληϊζομένων, καὶ Μυσῶν
λείαν ποιουμένων τὰ πράγματα, ὡς καὶ πόλεις ἀνδραποδί-
ζεσθαι, καὶ κώμας παρασύρεσθαι, καὶ ἀγροὺς καὶ οἴκους
ἐπικλύζεσθαι, καὶ μηδὲν εἶναι τὸ διαφεῦγον τὴν ἐκείνων
ἐπιδρομὴν καὶ ὁρμὴν καὶ λύτταν, εὐλαβηθεὶς ὁ Δεξιανός,
οἷάπερ ἄνθρωπος—ἔτι γὰρ τῶν παρέδρων τότε φυλάκων
ἦν—μήπως τὸ φρούριον ὃ περίκειται τῷ νεῷ ὑπὸ τοῖς πολε-
μίοις γένηται καὶ αὐτὸς ὁ νεὼς ὡς πολλῶν χρημάτων με-
στός, πάντα τὸν ἐν χρυσῷ καὶ ἀργύρῳ κόσμον περιελών,
μετακομίζει τοῦτον ἐν τῇ πόλει, ὡς ἐν ἀσφαλεστέρῳ τε καὶ

was pleased with what I had written. She also seemed to indicate that I should complete this task and not leave it unfinished—at least up to the point that I could learn from each person what he knows and what can be known with accuracy. As a result, after this vision I was consumed with fear, but even greater was my desire to take up my writing tablet and stylus once again and to continue this work as long as she might command.

Chapter 32

Dexianos once experienced the martyr's anger and reproach, in a similar way to what I have described previously [i.e., in *Mir.* 30]. He experienced it not for a fault of similar nature but one that caused great grief to the martyr. It is at this point, I think, that I interrupted my story: once, when those sinners who live in the vicinity and among us overran and pillaged everything here, turning our possessions into Mysian plunder,[113] so that our cities were enslaved,[114] our villages swept away, our fields and houses ravaged, and there was no escaping their attack and furious assault, Dexianos was concerned, as is only human—for he was still an attendant and a guardian of the church at that time—that the defensive wall that surrounds the church might fall to the enemies, and even the church itself which was full of many valuables; so he removed all the gold and silver decoration and transferred it to the city, which was a safer and more

πολυανθρώπῳ μᾶλλον χωρίῳ, ὥς γε τὸ εἰκὸς φυλαττομένῳ. Καὶ ὁ μὲν τοῦτο ποιήσας ἐδόκει τι καὶ ἀσφαλὲς καὶ τῷ καιρῷ πρέπον πεποιηκέναι.

2   Οὔπω δὲ οὐδεμιᾶς διαγενομένης ἡμέρας, νυκτὸς ἐκείνης ἐπιλαβούσης, θορύβου τε πλήρης ἦν ὁ νεὼς καὶ ταραχῆς καὶ βοῆς, τῆς μάρτυρος ἄνω τε καὶ κάτω διαθεούσης, καὶ καταφρονεῖσθαι παρὰ τοῦ Δεξιανοῦ λεγούσης, ὡς ἀσθενοῦς, ὡς ἀγεννοῦς, ὡς μηδὲ τῷ νεῷ μηδὲ τοῖς κατὰ τὸν νεὼν βοηθῆσαι δυναμένης· "Φθάσας γὰρ ὁ Χριστιανός, ὁ ἱερεύς, ὁ ἐμὸς πάρεδρος, τὰ τῶν πολεμίων εἰς ἐμὲ διεπράξατο, καί με ἀπεκόσμησε καὶ ἀπεσύλησεν, ὃ μηδ᾽ ἄν τις τῶν πολεμίων ἐτόλμησε." Ταῦτα τῶν ἔνδον τινὲς τότε καθευδουσῶν παρθένων καὶ μαθοῦσαι, καὶ παρ᾽ αὐτῆς τῆς μάρτυρος ἀκούσασαι ὕπαρ, μικροῦ μὲν καὶ τῶν φρενῶν ἐξέπεσον ὑπὸ τοῦ δείματος, μήτε δὲ τῆς ἡμέρας ἀναμείνασαι τὸ προοίμιον, ἀπελθοῦσαι πάντα τῷ Δεξιανῷ καὶ ἀπήγγειλαν καὶ διηγήσαντο, ὠρακιῶσαί τε καὶ ἀλλοχροοῦσαι καὶ τρέμουσαι καὶ τὴν καρδίαν πάλλουσαι· ὡς τὸν Δεξιανὸν μηδὲ ὅσον ἀναβαλλόμενον ἀνασκευάσαι πάλιν ἐκ τῆς πόλεως εἰς τὸν νεὼν τόν τε κόσμον, τά τε ἱερὰ καὶ λειτουργικὰ σκεύη, καὶ οὕτω μόλις ἐκμειλίξασθαί τε καὶ παῦσαι τῆς ὀργῆς ταύτης τὴν μάρτυρα. Καὶ ὅσα μὲν ἡμερωτέρας τετύχηκε δίκης, τοιαῦτά τε καὶ τοσαῦτα, ὅσα γε εἰς ἡμᾶς ἦλθεν, ὡς τά γε λαθόντα ἄπειρά τε καὶ οὐκ ἀριθμητά. Ἃ δὲ ἐμβριθεστέρας τε λοιπὸν καὶ αὐστηροτέρας ἔλαχε τιμωρίας ἤδη λεκτέον.

populous place and, obviously, well guarded. In doing this he imagined he had acted in the interest of safety and in a manner appropriate to the circumstances.

But not a day had passed when, during the subsequent 2 night, the church was filled with an uproar, a disturbance, and shouting: the martyr was running back and forth saying that Dexianos had scorned her, as if she were weak, lacking in courage, and incapable of assisting either the church or those in the church. "This Christian, this priest, this attendant of mine has managed to act toward me like an enemy: he has stripped me of my ornament and robbed me, something not even an enemy would dare." Some virgins who were sleeping inside the church that night perceived this disturbance and heard the waking vision of the martyr, and almost went out of their minds from fear. They did not wait for daybreak, but went straight to Dexianos to announce and relate all that had happened, even while they were still fainting, pale, shaking, and trembling in their hearts. Dexianos, without the slightest delay, returned the ornaments from the city to the church, that is, the holy and liturgical objects, and thus he barely mollified the martyr and was able to quell her anger. Cases of her moderate punishment are of this sort and intensity, at least to the best of my knowledge, since those that have escaped my notice are infinite and innumerable. Now I must tell <of the sort of miracle> in which the punishments were more severe and harsh.

33

1 Ἦν ἡ τῆς μάρτυρος αὐτῆς ἑορτή, καὶ ἡ τελευταία τῆς
ἑορτῆς ἡμέρα, ἣν δὴ καὶ ἀπόλυσιν καλεῖν ἡμῖν ἔθος, ὡς ἂν
καὶ πέρας ἐχούσης λοιπὸν τῆς ἑορτῆς. Ἐν ταύτῃ πᾶς τις
ἐπείγεται καὶ ἀστὸς καὶ ξένος, καὶ ἀνὴρ καὶ γυνὴ καὶ παιδί-
ον, καὶ ἄρχων καὶ ἀρχόμενος, καὶ στρατηγὸς καὶ στρατιώ-
της, καὶ δημαγωγὸς καὶ ἰδιώτης, καὶ νέος καὶ πρεσβύτης,
καὶ ναυτίλος καὶ γεωργός, καὶ πᾶς τις ἁπλῶς πρόθυμος
συλλεγῆναι σπουδαιότερον, καὶ Θεῷ τε προσεύξασθαι, καὶ
ἱκετεῦσαι τὴν παρθένον, καὶ τυχὼν τῶν θείων μυστηρίων
ἀπελθεῖν ἡγιασμένος καὶ ὥσπερ τις νεοτελὴς ἀνακαινισθεὶς
καὶ σῶμα καὶ ψυχήν.

2 Μετὰ δὲ τῆς πληθύος ἐκείνης καί τινες ἦστην δύο ἐκ
τῆς καθ᾽ ἡμᾶς ταύτης Εἰρηνουπόλεως ὁρμηθέντες. Οὗτοι
τοίνυν, τῆς ἑορτῆς καὶ συνάξεως διαλυθείσης, εἱστιῶντό
τε μετ᾽ ἀλλήλων καὶ ἑτέρων δὲ πλειόνων καί, οἷάπερ εἰκός,
ἕκαστός τι τῶν κατὰ τὴν ἑορτὴν ἐθαύμαζεν· ὁ μὲν τὸ
λαμπρὸν αὐτῆς καὶ φαιδρόν, ὁ δὲ τῶν συνεληλυθότων τὸ
μυρίον πλῆθος, ὁ δὲ τῶν ἀρχιερέων τὸν πολὺν σύλλογον,
ὁ δὲ τῶν διδασκάλων τὸ εὔμουσον, ὁ δὲ τῆς ψαλμῳδίας τὸ
εὔηχον, ὁ δὲ τῆς νυκτεγερσίας τὸ διαρκές, ὁ δὲ τῆς λοιπῆς
λειτουργίας τὸ τεταγμένον καὶ εὔρυθμον, ὁ δὲ τῶν εὐχο-
μένων τὸ ἔντονον, ὁ δὲ καὶ τοῦ ὄχλου τὸν ὠθισμόν, ὁ δὲ
καὶ τοῦ πνίγους τὴν ὑπερβολήν, ὁ δὲ καὶ τῶν ἐπὶ τῆς
φρικτῆς μυσταγωγίας τὴν ἔνστασιν ἅμα καὶ σύστασιν
τῶν ἄρτι προσιόντων, τῶν ἤδη ἀπιόντων, τῶν ἐπεισιόντων
πάλιν, τῶν ὑποχωρούντων αὖθις, τῶν βοώντων, τῶν

Chapter 33

The festival of the martyr was taking place, and the final   1
day of the festival arrived, which we customarily call the
"dismissal," since it signals the end of the festivities. On this
day, everyone, both citizen and foreigner, man, woman, and
child, both ruler and ruled, general and soldier, magistrate
and private citizen,[115] young and old, seaman and farmer,
simply everyone who was zealous, would eagerly hasten to
assemble, to pray to God, and to beseech the virgin martyr,
and after taking part in the divine mysteries, they would de-
part sanctified and renewed in body and soul, just like a
newly baptized initiate.

Among that mass of people were two men who came   2
from the neighboring city of Eirenoupolis.[116] Once the fes-
tival and service had concluded, these men ate dinner to-
gether with several others and, as one would expect, each
related one of the festival's admirable features. One spoke
about its brilliance and splendor, another about the im-
mense multitude of people that gathered together, another
about the assembly of so many bishops, another about the
artistic talent of the preachers, another about the melodi-
ousness of the psalmody, another about the length of the
night vigil, another about the well-paced arrangement of the
rest of the liturgy, another about the intensity of those who
prayed, another about the press of the crowd, another about
the excessive stifling heat, another about the jostling back
and forth during the awesome mysteries, as some were just
coming forward, others already leaving, others coming back
in again, and others withdrawing again, all the while shout-
ing, competing with each other, entangled one with another,

133

φιλονεικούντων, τῶν ἀλλήλοις ἐμπλεκομένων καὶ μὴ εἰκόν-
των ἀλλήλοις διὰ τὸ πρῶτός τις μάλιστα βούλεσθαι με-
τασχεῖν τῶν ἁγιασμάτων.

3   Ἐν τούτοις δὲ ὑπολαβὼν καὶ τοῖν δυοῖν ὁ ἕτερος, ᾧ καὶ
ὄνομα ἦν Ὀρεντίων· "Ἕκαστος μέν," φησίν, "ὑμῶν ὃ βού-
λεται θαυμαζέτω τῆς ἑορτῆς· ἐγὼ δὲ οἶμαι ὡς θαυμασιω-
τέρου πάντων καὶ ἡδίονος ἀπολέλαυκα θαύματος καὶ θε-
άματος· καὶ γὰρ ἐθεασάμην γύναιον, ἀπό τινος τῶν κατὰ
τὸν νεὼν στοῶν διακύπτων, οὕτω κάλλιστον, οὕτως εὐ-
πρεπὲς ἢ καὶ ἀριπρεπὲς καὶ χαρίτων μεστόν, ὡς πάντα τὸν
τῆς συνάξεως καιρὸν τῷ ἐκείνης θαυμασίῳ κάλλει προσ-
δεδέσθαι τε καὶ προσηλῶσθαι τὰ ἐμὰ ὄμματα, ὡς καὶ τοῦτο
μόνον εὔξασθαί με τῇ μάρτυρι, τοῦ ἐκείνης ἐπιτυχεῖν κάλ-
λους, ἑτέρου δὲ μηδενός." Καὶ οἱ μὲν παρὰ τὴν ἑστίαν λό-
γοι τοσοῦτοί τε καὶ τοιοῦτοί τινες ἦσαν.

4   Νυκτὸς δὲ ἐπιγενομένης ἐκαθεύδησαν μὲν πάντες, ὁ δὲ
Ὀρεντίων ἐκ τῶν μεθημερινῶν φροντισμάτων οὐδὲ κα-
θεύδων τῶν ἴσων ἀπελείφθη φαντασμάτων. Καὶ γὰρ ἔδο-
ξεν, ὡς αὐτὸς ἐκεῖνος τοῖς παροῦσι διηγεῖτο, ὁρᾶν ἐν ὄψει
τὴν μάρτυρα ἐν τῷ αὐτῆς μὲν καθεζομένην νεῷ ἐφ' ὑψη-
λοῦ τινος καὶ χρυσηλάτου καὶ ἐπηρμένου θρόνου, διανέ-
μειν δὲ ἑκάστῳ τῶν συνεληλυθότων κατὰ τὴν πανήγυριν
τὰ ὑπὲρ αὐτῆς τῆς πανηγύρεως δῶρα λαμπρά τε καὶ πολλὰ
καὶ αὐτῆς τῆς παρεχούσης ἄξια· "Τελευταῖον δέ," φησί,
"καὶ πρὸς ἐμὲ αὐτὴν ἀποβλέψασαν εἰπεῖν· 'Σὺ δὲ τί βούλει,'
φησίν, 'ὦ τάν, τῶν δώρων τούτων λαβεῖν; ἢ βούλει τοῦ
γυναίου ἐκείνου οὗπερ καὶ ἐρασθεὶς ἐκτόπως ηὔξω μοι τυ-
χεῖν; τοιγαροῦν λαβὼν ἄπιθι, καὶ ἔχε, καὶ ἀπόλαυε τοῦ

and not ceding ground to others in the slightest because each wanted to be the first to partake of the holy elements.

During these recollections one of the two men, who was named Orention, piped up: "Let each of you marvel," he said, "at his favorite part of the festival. But I think that I have experienced a miracle and a vision that are more marvelous and sweeter than anything. For I observed a woman who was peering out from one of the colonnades of the church, so beautiful, so comely, so distinguished and full of grace that I was transfixed and had my eyes glued to her marvelous beauty throughout the whole service. The only prayer I could utter to the martyr was that I might encounter that woman's beauty, and nothing else." Such were the stories told at the dinner table.

3

As night came on they all went to sleep, but Orention, because of his preoccupation with the day's events, did not fail to see similar apparitions as he slept. As he himself recounted to those present, he seemed to see the martyr in a vision. She was seated in her church upon a lofty, gilded, and elevated throne, and she was distributing to everyone who assembled for her festival numerous magnificent gifts for the sake of her festival and worthy of the woman who was presenting them: "Finally," he said, "looking straight at me, she said, 'You, my good sir, which of these gifts do you wish to receive? Do you want that woman of whom you have become enamored and offered me such a strange prayer that you might meet her? Then take her and go away and keep

4

δώρου.' Καὶ ἐγώ," φησίν, "ὑπερησθεὶς καὶ λαβὼν τὸ δῶρον ἀπῆλθον. Καὶ γὰρ καὶ τὸ γύναιον, μετὰ τῶν ἄλλων ὧν διένειμεν, ἑστὸς ἔτυχε." Καὶ ἡ μὲν ὄψις καὶ ἡ διήγησις εἰς τοῦτο ἐτελεύτησεν.

5   Ὥρας δὲ μιᾶς καὶ ὅσον διαγενομένης, ἐπιπηδᾷ τις δαίμων αὐτῷ λυσσητὴρ καὶ ἄγριος, καὶ καταρρήγνυσι μὲν αὐτὸν καὶ διεσπάραττε, κατὰ δὲ τὸν τῶν Περσῶν νόμον δείρας αὐτὸν τῆς δορᾶς γυμνὸν ἐποίησε, καὶ σκωλήκων τε εὐθὺς καὶ ἰχῶρος ἐπλήρωσεν· ὡς τοὺς παρεστῶτας πλησίον πάντας ἄπνους τε καὶ ἀναύδους γενέσθαι ὑπὸ τοῦ συμβεβηκότος οὕτως ἀθρόως κακοῦ, μικροῦ δὲ καὶ ἀπολέσθαι. Τοσοῦτον ἦν ἐν ὀφθαλμοῖς τὸ κακόν, καὶ τοῦτο ἦν ἄρα ἡ γυνή, ἡ κακῶς μὲν καὶ ἀνοσίως ὀφθεῖσα παρ' αὐτοῦ, κάκιον δὲ συμπλακεῖσα, τελευταῖον δὲ καὶ διαφθείρασα τὸν τρισάθλιον. Καὶ γὰρ οὐδὲ εἰς τρίτην ἡμέραν διαρκέσας, ἀνῃρέθη παρὰ τοῦ δαίμονος, καὶ τίνει ταύτην δίκην ἀκολάστου τε βλέμματος καὶ τῆς εἰς τὴν παρθένον ὕβρεως καὶ παροινίας.

6   Ὡς ἀγνοηθῆναι μὲν τὸ δρᾶμα παρ' οὐδενός—τραγικῆς γὰρ ἀληθῶς ἄξιον γλώττης—μέχρι δὲ καὶ νῦν ἀντ' ὀνείδους καὶ στίγματος τοῖς ἐξ ἐκείνου τὸ ἐκείνου γεγενῆσθαι πάθος. Ἀλλ' ἐμὲ μὲν τοῦτο ἱκανῶς διεπτόησε καὶ εἰς πολὺ δέος κατέστησεν, ὡς καὶ τρεμούσῃ τῇ χειρὶ μόλις ἀποσημῆναι τὸ φοβερὸν τοῦτο θαῦμα.

her, and enjoy your gift!' And I," he said, "with exceeding joy took the gift and went away. For the woman happened to be standing there among the gifts which the martyr was distributing." And the vision and his retelling both ended at that point.

Not more than an hour after he related this story, a raging 5 and savage demon assaulted him, tore him to pieces, and ripped him apart; flaying him in the custom of the Persians, it stripped him naked of his skin and suddenly filled him with worms and pus. As a result all of those standing nearby lost their breath and their voices because of the sudden onset of this horrific event, and they themselves almost died. So terrible was the event that occurred before their eyes. This demon was in truth the woman whom he had gazed upon wickedly and impiously, and with whom he had even more wickedly engaged in intercourse, and in the end she had destroyed the thrice-unhappy man. Orention did not survive three days; he was killed by the demon and received this punishment for his unbridled gaze and for his drunken hubris toward the virgin martyr.

No one is unaware of this dramatic event—truly worthy 6 of the tragic style[117]—and even up to today that man's fate remains a mark of shame among his descendants. Even for me this story had a terrifying effect and inspired great fear in me, so that I can barely record this frightful miracle with my trembling hand.

34

1 Πρόσεισι δέ μοι καὶ ἕτερον, οὐ πολὺ μὲν τοῦ προτέρου ἀπολειπόμενον, οἶμαι δὲ ὡς καὶ φοβερώτερον, δεόμενον δὲ ὅμως καὶ αὐτὸ τοῖς θαύμασιν ἐγγραφῆναι, ὥστε τοῖς ἐντυγχάνουσι τῷ βιβλίῳ τούτῳ σωφροσύνης εἶναι παράγγελμα, καὶ πείθειν τοὺς ὀφθαλμοὺς μὴ ἀνόσια βλέπειν, μηδὲ βέβηλα, μηδὲ τῶν τῆς μάρτυρος ὀμμάτων ἀνάξια. Διὸ μάλιστα καὶ πεισθείς—καὶ γὰρ εὔλογά μοι προσίσχετο—πρὸς τὸ καὶ τοῦτο διηγήσασθαι τὸ θαῦμα πάλιν ἠπείχθην.

2 Ἥκοντες γὰρ ἅμα δύο ἐκ ταύτης τῆς πόλεως, καὶ ἅμα πάλιν ἀνελθόντες εἰς τὸν νεών, οὐχ ὑπὲρ εὐχῆς ἀλλ᾽ ὑπὲρ τρυφῆς, ἅμα πάλιν περιπίπτουσι τῷ κακῷ. Καὶ γὰρ ἀδίκως ποθὲν χρυσίον ἀποκερδάναντες—οἶμαι δὲ καὶ ὡς ἀπὸ τῶν τῷ βασιλεῖ καταβαλλομένων ὑφ᾽ ὧν καὶ καταβάλλεσθαι νόμος—ἀδικώτερον κατεχρῶντο τῷ κακῷ τούτῳ λήμματι, κραιπαλῶντες, μεθύοντες, πάντα τρόπον κατεξωλευόμενοι, καὶ ταῦτα ὑπὸ μάρτυρι τῇ παρθένῳ.

3 Καὶ γὰρ ἐν ἑνὶ τῶν αὐτῆς ἠριστοποιοῦντο κήπων οἱ δείλαιοι, καὶ δὴ κάκιστον πέρας τῆς κακίστης εὕραντο τρυφῆς. Καὶ γὰρ ὡς ὑπὸ τῆς ἀμέτρου διεφλέχθησαν οἰνοποσίας, ἤδη καὶ πρὸς ἀνοσιουργίας ἔβλεπον, ὅπερ καὶ τέλος ἐστὶν οἰνοφλυγίας ἀρίδηλον, καὶ δήποτε παρθένον ἔξω τῶν ἱερῶν σηκῶν περιπλανωμένην εὑρόντες—οὕτω καὶ τοῦτο τοῦ δαίμονος ἐπισκευάσαντος, ἵνα καὶ τὸ ἐνδόσιμον ἡ κακὴ λάβῃ βουλή, καὶ τέλος ἡ τιμωρία, καὶ κέντρον ἡ ἁμαρτία—ἐφέλκονταί τε πρὸς ἑαυτοὺς τὴν

Chapter 34

Another miracle occurs to me, hardly inferior to the previous one, but to me even more frightful. It also deserves to be recorded among the martyr's miracles inasmuch as it might encourage the readers of this book to engage in self-control, and persuade them to avert their gaze from things unholy, or profane, or unworthy of the martyr's eyes. Being persuaded thus myself—for I am attracted to stories that are creditable—I am compelled to recount this miracle in its turn.

Two men came together <to Seleukeia> from that city <Eirenoupolis>,[118] and together they went up to the church —not for prayer, but to enjoy themselves—and together they fell into evil ways. They had unjustly obtained a piece of gold from some source or other—I think it came from the taxes paid to the emperor by those who are legally required to pay them. Even more unjustly did they use it for this evil purpose, that is, getting drunk and carousing, and engaging in every kind of debauchery, right under the eyes of the virgin martyr.

These wretched men were eating in one of the gardens when they reached a most immoral conclusion to their immoral debauchery. For while they were inflamed by excessive consumption of wine and were already looking to commit a sacrilege (the manifest goal of intoxication), at some point they came across a virgin wandering outside the holy precincts—just as the demon had arranged, so as to provide an occasion for their immoral plan, a realization of their punishment, and a goad to their sin.[119] The men dragged this

παρθένον ταύτην, καὶ ποιοῦνται ὁμοτράπεζον, ἤδη δὲ καὶ ὁμόκοιτον.

4   Ἔνθα καὶ θαυμάσειεν ἄν τις τὸ συμβεβηκός· αἰσθομένη γὰρ ἡ μάρτυς ὡς ἄρα μία τις τῶν αὐτῆς παρθένων περιβέβληταί που λοιπὸν βρόχοις ἁμαρτίας, καὶ μεταξὺ δύο λύκων ἡ ἀμνὰς συμπεπόδισται, πρὸς ἕτοιμον ἀπωλείας ἑλκομένη βάραθρον, ὡς εἶχε τάχους ἐφίσταται τῷ κήπῳ, καὶ τούτοις ἔτι καθεύδουσι, μηδέπω δὲ μηδὲ ἀψαμένοις τῆς κόρης—τῆς γὰρ μέθης προδουλωσαμένης αὐτοὺς τῷ ὕπνῳ, οὐκ ἔσχε χώραν ἡ ἁμαρτία, ὥστε γενέσθαι καὶ μέθης τι κέρδος τότε—"Εἰς τί," φησίν, "ὦ κάκιστοι, τὴν περιστερὰν τὴν ἐμὴν ἀπελάσαντες τῶν ἐμῶν οἴκων ἐν μέσῳ ὑμῶν ἀπειλήφατε, καὶ διαφθεῖραι βούλεσθε; ἀλλ' ἐμοί," φησίν, "ὅπως δῶτε δίκας ὑπὲρ οὕτω παρανόμου τολμήματος μελήσει." Καὶ δὴ ταῦτα εἰποῦσα, πρὸς τὸν ἑαυτῆς ἀπῆλθε νεὼν καὶ χῶρον.

5   Οἱ δέ, ὡς παρ' αὐτῆς μὲν ἐκδειματωθέντες τῆς ὄψεως, καὶ ὑφ' ὧν δὲ τετολμήκεσαν καὶ ὑφ' ὧν ἠκηκόεισαν καταπλαγέντες, τὴν μὲν παρθένον καὶ αὖθις παρθένον ἀπέπεμψαν, πολλὰ τῇ μέθῃ καὶ τῷ ὕπνῳ τέως εὐχαριστήσαντες, αὐτοὶ δὲ ᾤχοντο προτροπάδην φεύγοντες, ἐλελήθεισαν δὲ ὡς ἄρα καὶ φεύγοντες οὐκ ἔφευγον, καὶ τοὺς τόπους ἄλλοτε ἄλλως ἀμείβοντες ἐντὸς ἦσαν ἀρηνῶν. Οὐ πολὺς γοῦν διεγένετο χρόνος, καὶ ὑπὸ μὲν τῆς αὐτῆς ἤχθησαν αἰτίας ὥσπερ ὑπὸ σημείου τινός—τῆς τοῦ χρυσίου λέγω κλοπῆς, ἀφ' ἧσπερ καὶ τὸ κακῶς καὶ ἐπὶ τῷ κακῷ κραιπαλᾶν ἔσχον—ὑπὸ δὲ τῆς αὐτῆς ἁμαρτίας ἀπώλοντο, καὶ ἐν ᾧπερ ἠσέβησαν τόπῳ τὴν δίκην ἔδωκαν, πολλὰς μὲν εἰς

virgin off with them and made her share their meal and expected her later to share their bed.

One should marvel at what happened next. The martyr 4 perceived that one of her virgins had somehow been snared in a net of sin, that a she-lamb was entangled between two wolves,[120] and that she was being dragged to the pit prepared for her destruction. As speedily as she could Thekla made a visitation to the garden, and to the men who were still sleeping and had not yet in any way touched the girl—for their drunkenness had already made them slaves to sleep, and sin did not have an opportunity,[121] so that at least there was some benefit to their intoxication. "Immoral men," she said, "why have you driven my dove away from my dwelling and taken her among you? Do you mean to corrupt her? It will be my duty," she said, "to see that you are punished for such a lawless and brazen act." And after speaking these words, she went away to her church and sanctuary.

The men, mightily frightened by this vision, and stupe- 5 fied by their rash deed and the words they had heard, immediately sent the virgin back still in a virginal state, all the while giving great thanks for their drunkenness and their sleep. Then they took off in headlong flight, ignoring the fact that in fleeing they were not really escaping: while going from one place to another, they really remained in fact "within the arena."[122] Not long afterward they were brought to justice by some piece of evidence or other—I want to say through the theft of the gold piece which had led to the immoral drunkenness with such immoral consequences—and they were destroyed by their sin and received their punishment in the very same place where they had committed the

τὸ διαδρᾶναι τὴν δίκην ὁδοὺς καὶ ἀτραποὺς καὶ εἰσόδους
ὑπ᾽ ἀνοίας κατασοφισάμενοι καὶ ἐναλλάττοντες, οὐ μὴν
καὶ διαδρᾶναι δυνηθέντες οὔτε τὸν τῆς μάρτυρος μέγι-
στον καὶ ἀκοίμητον ὀφθαλμόν, οὔτε τὸν τῆς δίκης ἐπ᾽
αὐτοῖς ὁρισθέντα τρόπον.

6   Ὁ μὲν γὰρ εἰς τὸν ποταμὸν τοῦτον ἐκ τῆς πορθμίδος
τῆς καὶ περαιούσης αὐτὸν ὡς ἡμᾶς καταληφθεὶς ὤλετο,
πολλὰ τῇ περὶ πάντα προπετείᾳ μεμφόμενος, ὁ δὲ καθ᾽
ἕτερον πάλιν διαφθαρεὶς τρόπον καὶ αὐτὸς ὤλετο. Τὸν
αὐτὸν δὲ ἄμφω καὶ χρόνον καὶ τόπον τῆς ἀπωλείας ἔσχον,
ὡς δέ φασι καὶ τὸν αὐτὸν ἔλαχον τάφον, τάχα δὲ καὶ τὸν
τῆς τρυφῆς καὶ ἁμαρτίας. Τοῦτο δὲ καὶ παρ᾽ αὐτῶν τῶν
ἐκείνοιν πολιτῶν, τάχα δὲ καὶ συγγενῶν ἐπυθόμην. Ἤδη
δὲ καὶ τρίτη δυὰς ἡμῖν Εἰρηνουπολιτῶν λοιπὸν ὑπολείπε-
ται, ἧς εἰ ἀμνημονήσομεν, μεγίστου θαύματος λήσομεν
ἑαυτοὺς ἀποστεροῦντες.

35

1   Πάππος τοιγαροῦν τις καὶ Αὐλέριος βουλευταὶ μὲν
ἤστην ἄμφω, καί τινος δὲ στρατιωτικοῦ δαπανήματος κοι-
νωνοί. Σῖτος δὲ ἦν, οἶμαι, τὸ δαπάνημα τοῦτο. Ὡς δὲ καὶ ὁ
χρόνος προὔκοπτε, καὶ ὁ σῖτος ἐπαναλίσκετο, τῶν στρατι-
ωτῶν ἐν ἄρτοις τοῦτον ἡμέρας ἑκάστης ἀποφερομένων, ὁ
μὲν Αὐλέριος κατὰ τὸ συμβὰν ἐπέξεισι τὸν βίον, ὁ δὲ Πάπ-
πος τῇ τούτου τελευτῇ πρὸς ἐπιβουλὴν τῶν ἐκείνου παίδων

impiety. They foolishly tried to escape punishment by devising a change of route and taking many different roads, shortcuts, and paths, but they could not escape the great and sleepless eye of the martyr, nor could they escape the type of punishment assigned to them.

The first one died by falling into the river here as he was 6 being ferried on a boat over to our side, while cursing greatly his rashness in all affairs. The other met his doom in a different way altogether, but perished all the same. The two died at the same time and in the same place and shared "the same tomb," as they say, probably that of debauchery and sin. I learned this story from fellow citizens of these two men, perhaps even from their own relatives.[123] Now it only remains for me to tell of a third pair of Eirenoupolitans; if I were to omit them, we would overlook a great miracle, depriving ourselves in the process.

Chapter 35

A certain Pappos and Aulerios were both council mem- 1 bers and had a shared responsibility for some military expenditures. This was, I think, the expenditure for grain.[124] As time progressed, the grain supply became depleted, since the soldiers were each day receiving their ration in the form of bread. As it happened, Aulerios died, and Pappos took the opportunity of his death to plot against Aulerios's

κατεχρήσατο, τὸ μὲν κοινῇ προσῆκον αὐτοῖς κέρδος εἰς
ἑαυτὸν μόνον ἀπενεγκάμενος, τοῖς δὲ ἐκείνου παισὶ τὰ
ἐλλείμματα μόνον ἐγκαταλείψας· ὡς διπλοῦν εἶναι λοιπὸν
τὸ δυστύχημα, ὀρφανίαν τε καὶ τὴν τῶν ὄντων αὐτοῖς ἔτι
μικρῶν χρηματίων ἀπώλειαν.

2   Τί οὖν ἡ μάρτυς, ἡ μηδέποτε μηδὲ τῶν ὑπερορίων
ἀφροντιστοῦσα, ὁμοίως δὲ κηδομένη πάντων τῶν πονούν-
των καὶ ἀδικουμένων; Σπεύδει καὶ ἐπικαταλαμβάνει τὴν
τοῦ ἠδικηκότος καὶ πόλιν καὶ ἑστίαν, καὶ κακὸν ὄναρ—ὡς
πού φησιν Ὅμηρος—κεφαλῆφιν ἐπέστη· "Τίς γάρ," φησίν,
"ὦ βέλτιστε, ὁ τοσοῦτός σοι πρὸς τοὺς ὀρφανοὺς πόλεμος;
τίς δὲ ἡ οὕτως ἀναιδής σου κατὰ τῶν ὀρφανῶν συκοφαν-
τία; τί δέ σε τοσοῦτον ἡ ἀπληστία κατέφλεξεν, ὡς ὁμοῦ
πάντα παριδεῖν, καὶ Θεὸν καὶ πίστιν καὶ τὸ πρὸς ἀλλήλους
συνειδός, ἵνα δὴ παντελῶς ὀλίγα κερδάνῃς, ἅπερ οὔτε τὸν
σὸν οἶκον αὐξήσει, καὶ τὸν ἐκείνων βλάψει; Πάντως τοι-
γαροῦν ἴσθι," φησίν, "ὡς ὁ παρὰ σοὶ τεθνηκὼς Αὐλέριος
καὶ διὰ τοῦτο ἀδικούμενος, τῷ πάντων βασιλεῖ προσελή-
λυθε τῷ Χριστῷ κατὰ σοῦ, καὶ ἡ κατὰ σοῦ ψῆφος ἤδη θα-
νατηφόρος ἐξενήνεκται, καὶ μέλλεις ὅσον οὐδέπω ἐπικα-
ταλήψεσθαί τε ἐκεῖνον καὶ αὐτόθι τὰς τοῦ κοινοῦ λόγου
δώσειν εὐθύνας. Τεθνήξει δὲ τῆς δευτέρας ἑβδομάδος
κατὰ τὴν αὐτὴν ταύτην πάντως ἡμέραν."

3   Ἐπὶ τούτοις ἡ μὲν ἀπέπτη, ὁ δὲ ἀνέστη, τοσοῦτον ὑπὸ
τοῦ δέους κατακλονούμενος, ὡς μηδὲν ἐν ἠρεμίᾳ μεῖναι
τοῦ σώματος, βρασμοῦ δὲ καὶ κλόνου καὶ τρόμου πάντα
πληρωθῆναι τὰ μέλη. Ἥ τε γὰρ κεφαλὴ ἐκραδαίνετο,
τά τε ὄμματα ἤδη λειπαυγοῦντα περιεπλανᾶτο, καὶ ἡ
γλῶσσα παριεῖτο, καὶ οἱ ὀδόντες ἐπατάγουν, καὶ ἡ καρδία

children, that is, to appropriate for himself alone the profit which the two men used to share in common, leaving only the debts for the former's children. Their misfortune was thus doubled: they were both orphaned and lost whatever meager wealth still remained to them.

What, then, did the martyr do, she who never ceases to assist even those beyond her borders, with equal concern for all who are hard-pressed and suffer injustice? She rushed to the city and the very house of the one who had committed this misdeed, and *a bad dream stood by his head,* as Homer might say.[125] "My good man," she said, "what is this great battle you are waging against the orphans? What is this shameless greedy plot of yours against the orphans? What is this immense avarice that consumes you, that you would disregard all things alike—God, good faith, a conscience toward others—in order that you might ultimately profit only a little, bringing no increase to your own household, while inflicting harm on the household of those orphans? Know this well," she said, "that your deceased colleague, Aulerios, who has been wronged by this, has presented himself before Christ the King of all to make a petition against you, and the sentence of death has already been pronounced against you, and you will join him without delay and there you will have to give an account of your common administration. You will die next week on this very same day."

With these words she flew away, and Pappos woke up, so agitated with fear that no part of his body could keep still, and his limbs were seized by trembling, shaking, and quivering. His head was shaking, his eyes, already deprived of their sight, were rolling about, his tongue was paralyzed, his teeth were chattering, his heart was pounding—so strongly that it

ἔπαλλε—καὶ οὕτως ἀνέδην, ὡς καὶ προεκπίπτειν δοκεῖν
τοῦ λοιποῦ σώματος—πόδες δέ, ὡς ἐπί τινος χαύνου καὶ
διαρρέοντος ἀναγκαζόμενοι βαίνειν, οὕτω συχνά τε καὶ
ἀστήρικτα ὑπωλίσθαινον.

4   Πρὸς τοσοῦτον δὲ ἀντήρκεσε μόνον, ὥστε καὶ τὴν ἀδι-
κίαν ὁμολογῆσαι, καὶ ῥῖψαι τὴν συκοφαντίαν, καὶ τὴν
ἄκαιρον ἐπιδείξασθαι φιλανθρωπίαν, ὀνήσασθαι δὲ μηδ᾽
ὁτιοῦν ἑαυτὸν ἔτι τῷ μηδὲ γνώμης, ἀλλ᾽ ἀνάγκης λοιπὸν
εἶναι τὰ πεπραγμένα ταῦτα. Τῆς γοῦν προρρηθείσης ἡμέ-
ρας ὅσον διακυψάσης μόνον, ἀνηρπάσθη τε καὶ τὸ τῆς
προφητείας ἀψευδὲς ἐβεβαιώθη τῷ τέλει ὡς μηδένα μὲν
τῶν παρ᾽ ἡμῖν, μηδὲ τῶν παρ᾽ ἐκείνοις ἀγνοῆσαι τὴν μετ᾽
ἀδικίας συμφοράν.

5   Ἀλλ᾽ ἄγε δὴ μετάβηθι—ταὐτὸν γάρ μοι πάλιν ῥητέον—
ἀπὸ τῶν κατηφεστέρων ἐπὶ τὰ φαιδρότερα θαύματα, ἀπὸ
τῶν ἐμβριθεστέρων ἐπὶ τὰ χαριέστερα, ἵνα καὶ συσταλεί-
σας ἡμῶν ὑπὸ τοῦ φόβου τὰς ψυχὰς ἀναγάγωμέν τε καὶ
ἀναθάλψωμεν γλυκυτέροις πάλιν καὶ προσηνεστέροις τισὶ
διηγήμασιν. Ἅπερ οὖν ἔγνωμεν, πάλιν εἰς μέσον ἀγάγω-
μεν.

36

1   Θέρος ἦν καὶ τεττίγων ᾠδὴ καὶ πολὺς ὁ ἥλιος ὑπὲρ κε-
φαλῆς φλέγων, καί τις ἐπενέμετο βαρεῖα νόσος ὀρέας,
ἵππους, βόας, ὄνους, πρόβατα, καὶ πάντα ἁπλῶς ὅσα τῆς

seemed to leap out of his body—and his feet, as if compelled to walk on some kind of spongy and slippery ground, were sliding out from under him without ever gaining purchase.

He survived just long enough to confess his injustice, to 4 renounce his greedy plotting, and to demonstrate his generosity, which came too late. But in these actions he did not improve his situation in the slightest, since he did them not on his own initiative, but out of necessity. Then, just as the appointed day was dawning, he was snatched from life, and the truth of the prophecy was confirmed by his end, so that no one in our city nor anyone in theirs was unaware of the fate that accompanies injustice.

But *come, let us move on*[126]—again I have to say this—from 5 the gloomier miracles to the more splendid ones, from the more oppressive to the more delightful, so that we may raise up our souls which had been seized by fear and comfort them anew with some stories that are sweeter and more soothing. Therefore, let us once again relate the stories we have learned.

Chapter 36

It was summertime: the cicadas were chirping and a blaz- 1 ing sun was burning high overhead. A grievous sickness spread among the mules, horses, cows, donkeys, sheep, and

τῶν βοσκημάτων ἐστὶ φύσεως, ὡς καὶ ἐν ἀμηχανίᾳ πολλῇ καὶ φροντίδι τὸ κακὸν εἶναι, κενουμένων μὲν κωμῶν καὶ ἀγρῶν, ἤδη δὲ καὶ τῶν ἐν ἄστει λαμπρῶν οἴκων, μηδαμοῦ δὲ θεραπείας ὑποφαινομένης, τῷ καὶ ἄδηλον εἶναι τὸ κακὸν ὅ τί τε εἴη καὶ ὅθεν ἐγκατασκήπτοι—οὔτε γὰρ ἦν παρὰ τῶν ἀπολλυμένων μαθεῖν—ἔτι μὴν καὶ τῷ προαναρπάζεσθαι τῆς τῶν κεκτημένων αἰσθήσεως, καὶ πολλά γε ἅμα καὶ ἀθρόον ἀπόλλυσθαι. Ὡς οὖν ἄπορόν τε ἦν τὸ δεινὸν καὶ ἀνθρωπίνης ἐπινοίας κρεῖττον, πάλιν ἡ ἄφθονός τε καὶ παναλκὴς ἐνταῦθα μάρτυς ᾤκτειρέ τε τὰ ἀπολλύμενα τούς τε ἀπολλύοντας, καὶ τὴν θεραπείαν παρὰ πόδας ὑπέδειξε.

2   Τὴν γὰρ μὴ οὖσάν ποτε πηγήν, μήτε παρά τινος ἡμῶν ἢ καὶ τῶν παλαιοτέρων ὀφθεῖσαν, ἀθρόον ἀναβλύσαι παρασκευάζει· παρασκευάζει δὲ οὔτε πόρρω, οὔτε ἐν ἀλλοτρίῳ χώρῳ, ἀλλ' ἐν ᾧπερ τόπῳ πάλιν αὐτῆς ἐστι τὸ τέμενος. Τοῦτο δέ ἐστιν ἄντρον πρὸς ἑσπέραν αὐτοῦ τοῦ νεὼ καὶ καταντικρὺ κείμενον, χαριέστατον δὲ καὶ ἐπιτερπέστατον, καὶ πολλὴν ἔχον τὴν ἡδονὴν βαδίσαι τε ἐπ' αὐτῷ καὶ ἐμφιλοχωρῆσαι, καὶ καθ' ἡσυχίαν πολλὴν εὔξασθαί τε καὶ οὗ βούλεταί τις τυχεῖν δι' εὐχῆς παρὰ τῆς μάρτυρος. Πᾶς γοῦν ὁ εἰς τὸν νεὼν βαδίζων τε καὶ εὐχόμενος, εὐθὺς καὶ ἐπ' ἐκεῖνο τρέχει τὸ ἄντρον, ὡς ἂν καὶ ἐπί τινα κοιτωνίσκον λοιπὸν καὶ θάλαμον ἔνδον ἔχοντα τὴν παρθένον. Φασὶ γάρ τινες τὰ πλεῖστα καὶ ἐν τούτῳ διατρίβειν αὐτήν, ὡς ἂν ἡσυχίας τε ἐρῶσαν καὶ φιλέρημον οὖσαν. Καὶ γὰρ τοῦτο μάλιστα τῶν ἁγίων ἴδιον, τὸ ἠρεμίαις τε χαίρειν καὶ ταύταις ὡς τὰ πολλὰ ἐναυλίζεσθαι.

simply every species of livestock. The malady left the people in a state of considerable helplessness and worry, since their villages and fields were being emptied, and soon also their splendid houses in the city. And no cure was apparent, for both the nature and the source of the malady were unclear and where it came from—one could not learn this from the victims!—and, furthermore, since the animals were carried off by the illness before their owners could perceive it, and numerous animals were dying at the same time and suddenly. As the pestilence was becoming unmanageable and more powerful than human ingenuity, once again the generous and all-powerful martyr who lives here took pity, upon both the animals that were losing their lives and the people losing their animals, and she revealed the remedy right under our noses.

She arranged for the sudden gushing forth of a spring, 2 which had not formerly existed, and had not been noticed either by any of us or by the inhabitants of old. And she did not arrange this far off, in a strange land, but in the very location of her own sanctuary. This is a cave to the west of her church, lying just opposite it, which is quite delightful and charming and offers a very pleasant spot to walk and spend time, where one can pray in absolute tranquillity and obtain from the martyr through prayer whatever one desires. Anyone who comes to pray at the church straightaway also heads to this cave, as if to a bedroom and chamber where the virgin martyr resides. For some say that she spends most of her time in this cave, because she loves the quiet and solitude. For this quality is distinctive of the saints, that they enjoy quiet places and spend as much time as possible in them.

3 Ἐκ ταύτης οὖν τῆς οὕτω σχεδιασθείσης πηγῆς πᾶσι τοῖς νοσοῦσι ζῴοις τὴν θεραπείαν ἡ μάρτυς ἐπήντλησεν. Ἦν γοῦν ἰδεῖν πᾶσαν μὲν ἀτραπόν, πᾶσαν δὲ λεωφόρον, ἐκ τῶν ὑπτίων καὶ ὑπερτέρων τόπων ὧδέ τε βλέπουσαν καὶ ὧδε ἄγουσαν, καὶ πλήθουσαν ἵππων, ὀρέων, βοῶν, προβάτων, αἰγῶν, ὄνων, ἤδη δὲ καὶ κυνῶν καὶ συῶν καὶ πρὸς ἓν τουτὶ τὸ χωρίον ἐπειγομένων, τὸ θεραπείας τότε μᾶλλον καὶ ἰάσεις ἤπερ ὕδωρ ἐκβλύζον. Οὐδὲν τοιγαροῦν τῶν γευσαμένων τότε ζῴων τοῦ ὕδατος ἀπῆλθεν ἔτι νοσοῦν, ἀλλ᾽ ὥσπερ ὑγιείας μᾶλλον ἢ ὕδατος ἀρυσάμενον, οὕτως ἀνερρώσθη τε αὖθις καὶ ἀνεσκίρτησε, καὶ πρὸς τὸν οἰκεῖον ἕκαστον καὶ ἀγρὸν καὶ οἶκον ἀπέδραμε, μάλα τε ἐρρωμένον καὶ τῶν συνήθων ἔργων ἁπτόμενον.

4 Λέγεται δέ τις τότε καὶ τῶν ἐν τῇ πόλει λαμπρῶν νοσοῦντα ἵππον καὶ κακῶς ἄγαν ἔχοντα, τοῦ νώτου συνελκομένου κατὰ τὸ ὄπισθεν μέρος, καὶ τὸ λοιπὸν σῶμα ἀντισπῶντος, καὶ ταῖς τῶν νεύρων—ὥς φασι—συνολκαῖς τὴν πρόσω πορείαν κωλύοντος, κατὰ πεῖραν μᾶλλον ἢ πίστιν ἐπ᾽ ἐκεῖνο πέμψαι τὸ ὕδωρ, εἰ ἄρα ἱκανὸν γένοιτο τὸν οὕτω πρόδηλον περιελεῖν κίνδυνον, τὴν δὲ μάρτυρα μήτε ἀγνοῆσαι τὴν πεῖραν, καὶ σῶον ἀποπέμψαι τὸν ἵππον πρὸς τὸν Μαριανόν. Ἀγνοεῖ δὲ τοῦτον, οἶμαι, οὐδεὶς καὶ τῆς αὐτοῦ γνώμης ἐξειπεῖν τὸ ἀπόρρητον, καὶ τοῦ ἵππου τὴν ἀπροσδόκητον θεραπείαν καὶ τῆς μάρτυρος τὴν οὕτως ὀξυτάτην ὑπεραγασθῆναι ῥοπήν.

From this spring that had appeared in this manner, the 3
martyr poured out the healing remedy for all the infected
animals. One could see that every path, as well as every high-
way, leading to this spot from the flatlands and the high
places alike, was filled with horses, mules, cows, sheep,
goats, donkeys, and even dogs and pigs. All were hastening
to this one spot, where at that time not water gushed forth,
but remedies and healing cures. None of the animals that
tasted the water at that time went away still infected, but
just as if they had drunk health instead of water from the
spring, they regained their strength and bounded away, each
running back to its own field or dwelling, fully recovered
and ready to return to its accustomed chores.

It is said that at that time a distinguished inhabitant of 4
the city had a horse that was ailing and doing very poorly—
its spine was contracting toward its rear and was pulling the
rest of its body in a contrary direction, and it was hindering
his forward motion because of the spasms of the nerves, as
they call them. And seeking proof rather than out of faith,
the owner sent the horse to this <miraculous> water, to see
if it might be capable of removing such a manifest danger.
However, the martyr was not unaware that she was being
put to the test, and returned the horse to Marianos deliv-
ered of its affliction. Everyone, I think, knows that he then
declared his secret thoughts and that he was highly im-
pressed with the horse's unexpected healing and with the
martyr's exceedingly swift intervention.[127]

37

1 Κατέχει δέ τις λόγος, ὡς καὶ Κυπρίων τις τῶν ἄγαν εὐπατριδῶν καὶ περισήμων, τῶν ὄψεων μὲν στερηθείς, κατὰ δὲ φήμην τοῦ ὕδατος τούτου περαιωθεὶς χρήσασθαί τε τῷ φαρμάκῳ, καὶ πρὸς Κυπρίους αὖθις μετὰ τῶν ὄψεων ἐπανελθεῖν. Εἶτα οὐ κατεροῦσιν ἡμῶν οἱ λόγοι, καὶ καταβοήσουσι πρὸς τοὺς ἐλλογίμους τῶν ἀνδρῶν, εἰ μόνοι παροφθεῖεν ὑφ' ἡμῶν, καὶ ταῦτα οὐ παροφθέντες ὑπὸ τῆς μάρτυρος, ἀλλὰ γὰρ καὶ πολλάκις τετυχηκότες θαυμάτων ἐν ἀνδράσι σοφοῖς τε καὶ ἐλλογίμοις; Φέρε οὖν, ἃ τέως μεμαθήκαμεν εἴπωμεν, ἵνα ἔχοιεν ἡμῖν καὶ οἱ λόγοι χάριν, ὡς τῆς οὕτω καὶ αὐτοὶ μακαρίας τῶν θαυμάτων χοροστασίας ἀξιωθέντες.

38

1 Ὀλυμπίου τοίνυν τοῦ γραμματιστοῦ τοῦ πάνυ Ἀλύπιός τις ἦν πατήρ, καὶ αὐτὸς γραμματιστής τε ὢν καὶ τῇδε τότε παιδεύων. Οὗτός ποτε περιπίπτει νόσῳ βαρείᾳ καὶ ἀπειλούσῃ θάνατον. Ὡς δὲ καὶ παῖδες ἰατρῶν ἀπειρήκεσαν, καὶ αὐτὸς δὲ κρεῖττον λοιπὸν ἀνθρωπίνης βοηθείας ἐνόμιζε τὸ κακόν, καὶ πᾶσα ἐλπὶς αὐτὸν ἐπελελοίπει ζωῆς, καταφεύγει πρὸς τὸ μόνον κρησφύγετον τῶν τοιούτων κακῶν, τὴν μάρτυρα, καὶ τὸν νεὼν καταλαβὼν τῆς ἐκεῖθεν ὅλως λοιπὸν

Chapter 37

A certain story goes that a most wellborn and distin-   1
guished Cypriot, deprived of his eyesight, crossed over the
sea because of the fame of this water and made use of its
remedy, and returned to Cyprus with his eyesight restored.[128]
Now oratory is accusing me and complaining on behalf of
eloquent scholars: should it alone remain neglected in my
stories, given that it has not been neglected by the martyr
but, on the contrary, wise and eloquent men have often ob-
tained miracles? Come now, let me tell what I have learned
up to the present moment, so that oratory may grace my
pages, because it has been included in such a blessed chorus
of miracles.[128]

Chapter 38

The father of the well-known grammarian Olympios was   1
Alypios, also a grammarian, who taught here in Seleukeia.[130]
This Alypios once fell gravely ill and was at death's door.
Since the doctors despaired of curing him, he reckoned that
the illness was beyond the capacity of human interven-
tion, and he lost all hope of survival. He then sought refuge
with the only refuge for such <incurable> maladies, the
martyr. After arriving at her church, from then on he relied

ἐξήρτητο σωτηρίας. Ὅθεν καὶ ἡ μάρτυς ἐπιταχύνουσα—
φιλόλογος γὰρ καὶ φιλόμουσος, καὶ ἀεὶ χαίρουσα τοῖς λογι-
κώτερον εὐφημοῦσιν αὐτήν—ἀπαλλάττει τοῦ κινδύνου
τὸν ἄνθρωπον.

2   Ἀπαλλάττει δὲ οὕτως· ἐπιφοιτήσασα νύκτωρ αὐτῷ καὶ
ᾗ ἔθος αὐτῇ πρὸς τοὺς ἀρρώστους ἀεὶ ποιεῖν, παραδείξασά
τε ἑαυτὴν ἥτις εἴη τῷ σχήματι, εὐθὺς ἤρετο ὅ τί τε πάσχοι
καὶ ὅ τί βούλοιτο. Ὁ δὲ ὑπολαβὼν ἔφη·

"Οἶσθα· τί ἦ[4] τοι ταῦτ᾽ ἰδυίῃ πάντ᾽ ἀγορεύω;"

Ὅ ἐστι μὲν ἐξ Ὁμήρου, ὁ δὲ λαβὼν εὐστοχώτατα—μᾶλλον
ἤπερ Ἀχιλλεὺς τότε πρὸς τὴν ἑαυτοῦ μητέρα τὴν Θέτιν—
εἶπεν, ἵν᾽ ἅμα καὶ πρεσβεύῃ τὴν αὐτὸς αὐτοῦ τέχνην, καὶ
δυσωπήσῃ τὴν παρθένον τῷ καλλίστῳ τούτῳ καὶ ἁρμοδι-
ωτάτῳ.

3   Ἐπιμειδιάσασα γοῦν ἡ μάρτυς καὶ ἡσθεῖσα ἐπί τε τῷ
ἀνδρί, ἐπί τε τῷ ἔπει, θαυμάσασα δὲ καὶ ὡς μάλα ἁρμοδίως
ἀπεκρίνατο, ψηφῖδά τινα, ἣν καὶ μετὰ χεῖρας τότε φέρουσα
ἔτυχε, καλλίστην τε δοκοῦσαν εἶναι καὶ ποικίλην καὶ τῆς
κατεχούσης χειρὸς οὐ μάλα ἀπάδουσαν, ὀρέγει τε ταύτην
αὐτῷ, καὶ ἐνάψαι τῷ τραχήλῳ παρεκελεύσατο, ὡς καὶ φυ-
γαδεῦσαι τὴν νόσον δυναμένην, καὶ χαρίσασθαι τὴν σωτη-
ρίαν.

4   Δέχεται ταύτην ὁ Ἀλύπιος, καὶ ἔτι μὲν τῷ ὕπνῳ κατ-
εχόμενος ἐδόκει τε ἔχειν, καὶ μάλα ἀκριβῶς περισφίγγειν
τῇ χειρί, ὡς καὶ ζωῆς καὶ ὑγιείας ἐνέχυρον ὄν· ὡς δὲ καὶ
ἀπηλλάγη μὲν τοῦ ὕπνου, ἀναπτύξας δὲ τὴν χεῖρα εὗρεν

completely on deliverance by her. Hence the martyr acted speedily—for she is a friend of literature and the arts, and she always takes pleasure in those who praise her in an eloquent manner—and she delivered Alypios from danger.

She delivered him in the following way. Visiting him at 2 night, as is always her custom with the sick, she revealed herself to him in her true guise and immediately asked what ailed him and what he desired. He responded by saying,

You know; since you know, why must I tell you all of this?[131]

This is a quotation from Homer which Alypios used most aptly, even more so than Achilles addressing his mother Thetis, so that he might promote his art, while also entreating the virgin with this exceptionally lovely and appropriate phrase.

The martyr smiled and was pleased with the man and 3 with his verse, admiring his fitting response. She offered him a small pebble, which she happened to be holding in her hand. It was very beautiful in appearance and multicolored, and was thus not unbecoming to the hand that held it.[132] She held it out to him and ordered him to tie it around his neck, that it might expel the virulent disease, and grant him deliverance from it.

Alypios took it: as long as he continued to sleep, he 4 seemed to hold it and grasp it tightly in his hand, as a pledge of his survival and health. But when he awoke from sleep and opened his hand, he found nothing. He felt he had been

οὐδέν, ἠπατῆσθαί τε ἔδοξε καὶ ἀληθῶς ὄναρ εἶναι τὸ ὄναρ, ὡς μετὰ τῆς ἀρρωστίας καὶ λύπην προσλαβεῖν· πᾶν γὰρ τὸ ἐλπισθὲν μὲν χρηστὸν ὡς πάντως ἐσόμενον, μὴ γενόμενον δέ, δριμυτέραν πως ἔχει τὴν ἀλγηδόνα, καὶ μᾶλλον κεντεῖ τε καὶ εἰσδύνει τὴν ψυχὴν τοῦ πεπονθότος. Ἀλλὰ γὰρ τὴν ὀδύνην ταύτην καὶ τὴν λύπην ἔλυσεν ὁ παῖς ὁ Σολύμιος, μετὰ μικρὸν ὅσον ἐπιφανεὶς καὶ τὴν ψηφῖδα ἐκείνην ἐπὶ τῆς χειρὸς ἔχων, ἣν καὶ ἡ παρθένος ἐδόκει νύκτωρ κατέχειν καὶ δεδωκέναι τῷ νοσοῦντι. Ἆρα οὐ δοκεῖ πλάσμα εἶναι καὶ μῦθος ὁ λόγος οὗτος τοῦ θαύματος; Ἀλλ᾽ ἐὰν τὸ ἐπ᾽ αὐτῷ μάθητε συμβάν, καὶ ὅπως συνέβη, παύσεσθε, οἶμαι, τῆς κακίστης ὑπονοίας.

5   Ὁ Σολύμιος οὗτος, καὶ ὡς φιλόστοργος καὶ ὡς φιλόλογος, τὸ μέν τι τῆς ἡμέρας τοῖς λόγοις ἀπένεμε, τὸ δὲ τῷ πατρί· καὶ μέχρι μὲν ἕως ἦν, ἐνεκαρτέρει τοῖς λόγοις, μεσημβρίας δὲ ἡκούσης ἀνίει πρὸς τὸν πατέρα, ὀψόμενός τε καὶ θεραπεύσων αὐτὸν καὶ πάντα ποιήσων ἃ παιδί τε πρέπει ποιεῖν καὶ πατρὶ πάσχειν παρὰ παιδός. Καὶ δὴ τότε ἀνιὼν καθ᾽ ἣν καὶ ἡ μάρτυς ὤφθη νύκτα, τὴν ψηφῖδα ταύτην εὑρίσκει κατὰ τὴν ὁδόν. Τερφθεὶς δὲ καὶ τῷ κάλλει καὶ τῷ μεγέθει—καὶ γὰρ εὖ τε περιηγμένη ἦν εἰς σφαιροειδῆ τινα κύκλον σύμμετρον, ὡς καὶ τετορνεῦσθαι δοκεῖν, καὶ ἀνεκέκρατο ὑπό τε λευκοῦ καὶ πορφυροῦντος χρώματος, ὡς ἀλλήλοις τε ἀντεμπλέκεσθαι τὰς γραμμὰς καὶ ἀποτελεῖν κάλλος αὐτοφυές τι καὶ ἀμήχανον—καὶ ἀνελόμενος ταύτην, παίζων τε ἅμα καὶ βαδίζων, γίνεται παρὰ τῷ πατρί.

6   Ὡς δὲ ὁ μὲν τῇ κλίνῃ παρέστη, ὁ δὲ τὴν ψηφῖδα τὴν ἐπὶ

deceived and that the dream was truly just a dream, so that disappointment compounded his illness. For whenever one hopes for improvement in the future, and it does not occur, this makes one's suffering all the more keen, and it stings and pierces the sufferer's soul to an even greater extent. But his son Solymios put an end to this distress and disappointment when, a little while later, he appeared holding the pebble in his hand, the very pebble which the virgin had seemed to be holding during the night and had given to the sick man. Now, doesn't this story of the miracle seem to be a fable or a fiction? If you learn what happened to him, however, and how it happened, I think you will give up your ill-founded suspicion.

This Solymios, both a loving son and a lover of literature, 5 devoted part of his day to literature and part to his father.[133] All morning he was occupied with his literary studies, but at noon he went to his father to look in on him and care for him and do everything which a son should do for his father and a father should receive from his son. When he was going up <to his father's house>, on the day after the night when the martyr appeared to his father, the son found this pebble lying in the road. Delighted by its beauty and size—for it was perfectly round and symmetrical like a sphere, so that it seemed to have been worked on a lathe, and its color was a mixture of white and purple, with the striations interwoven, producing an object of a natural and artless beauty—he picked it up and played with it as he walked to his father's house.

As the son stood by the father's bed, the father saw the 6

τῆς χειρὸς κατενόησεν, ὁ πατὴρ ἐπέγνω τε τὸ δῶρον τῆς μάρτυρος, καὶ ἁρπάσας εὐθὺς καὶ ἐναγκαλισάμενος τοῦτο, παρὰ πόδας ἀπηλλάγη τῆς μακρᾶς καὶ χαλεπῆς ἀρρωστίας. Δοκεῖ δέ μοι καὶ ἧφθαι τῆς ψηφῖδος ἐκείνης ἡ μάρτυς, καὶ διὰ τοῦτο εἶναι καλόν τε οὕτω χρῆμα καὶ χαρίεν, ἤδη δὲ καὶ θανάτου φανῆναι δυνατώτερον.

39

1 Μ ετὰ δὴ τὸν γραμματιστὴν ἐπὶ τοὺς σοφιστὰς ἴωμεν, τὸν Ἰσοκάσιον λέγω καὶ τὸν Ἀρέταρχον τοῦτον, ὧν ἑκάτερος, καὶ ἄπιστος ὤν, τετύχηκε θαύματος παρὰ τῆς μάρτυρος, μεμένηκε δὲ ὁμοίως ἄπιστος. Ἀλλ᾽ ἡ αἰτία τῶν ἑλομένων, ὥς πού φησιν ὁ θαυμαστὸς Πλάτων, ἡ δὲ μάρτυς ἀναίτιος. Ὁ μὲν γὰρ Ἰσοκάσιος καὶ ἀπὸ γραμματιστοῦ σοφιστὴς γεγονώς, καὶ τὸ μὲν ἀπολέσας, τὸ δὲ οὐ κτησάμενος, ἐν Αἰγαῖς ταύταις ταῖς Κιλίκων ἀρρωστήσας ποτέ, εἶτα καὶ ἠρεμίας πολλῆς καὶ βαθείας ὡς ἄρρωστος ἐπιθυμήσας, ἐν τῷ ναῷ τῆς μάρτυρος, μικρὸν ἀπωτέρω τῆς πόλεως ὄντι, κατάγεται, ὡς ἂν ἐκεῖ μάλιστα τούτου τευξόμενος. Ἠρεμίας οὖν πολλῆς τυχών, καὶ μικρὸν καταδαρθών, μετὰ τῆς ἠρεμίας τυγχάνει καὶ σωτηρίας, ἀκούσας τε ἃ δεῖ ποιῆσαι παρὰ τῆς μάρτυρος καὶ ποιήσας, καὶ ἀπαλλαγεὶς τοῦ νοσήματος, ὅτε καὶ τῆς ἀπιστίας προσονειδίσασα αὐτῷ τῆς βοηθείας οὐκ ἐφθόνησεν. Οὕτω γάρ πως ἡμῖν ὁ θαυμαστὸς

pebble in his son's hand and recognized it as the martyr's gift. Grabbing it quickly, the father clutched it in his hands, and was immediately delivered from that long and painful sickness. In my opinion the martyr had touched that pebble, and because of this it had become such a beautiful and pleasing object, and appeared thereafter to have power even over death.[134]

Chapter 39

After the grammarian let us move on to the sophists,[135] I mean Isokasios and our own Aretarchos. Each of these, although he was a nonbeliever, received a miracle from the martyr, but remained nonetheless a nonbeliever. *Responsibility lies with the chooser, and the martyr* [i.e., god] *is not responsible,* as the admirable Plato says somewhere.[136] Isokasios became a sophist after having been a grammarian—he lost the first job, without truly acquiring the second![137] One day, he fell ill in Cilician Aigai,[138] and being sick he desired to rest in a very tranquil and quiet place, so he took himself to the church of the martyr, which was a little distance outside the city, hoping that there he might find exactly what he was looking for. Indeed he did find tranquillity there, and in short order he fell asleep, and together with the tranquillity he also found deliverance from his illness. Once he had heard and accomplished what the martyr said he needed to do, he was delivered from the malady. The martyr did not begrudge her assistance, even though she did castigate him for his unbelief.

Εὐδόκιος ἀπήγγειλε καὶ διηγήσατο, ἀνὴρ καὶ λαμπρὸς καὶ περίσημος καὶ ἀληθείας μηδὲν μᾶλλον πρεσβεύων, Ταρσοὺς δὲ τὴν καλλίστην ταύτην πόλιν οἰκῶν καὶ κοσμῶν.

40

1   Ἀρέταρχος δὲ ὁ παρ' ἡμῖν οὗτος σοφιστής, ὃς εἴτε ἄσοφός ἐστι μᾶλλον εἴτε ἄπιστος εἰπεῖν οὐκ ἔχω—καὶ γὰρ ὁμοίως ἑκάτερον ἀκμάζει τε παρ' αὐτῷ καὶ τέθηλεν, ὡς καὶ δύσκριτον εἶναι τὴν θατέρου τούτοιν ὑπεροχήν—δοκεῖ δὲ ὅμως εἶναι σοφιστής, οὗτος βαρυτάτῳ μάλιστα πάθει τῷ τῶν νεφρῶν περιπεσών, ὡς καὶ θάνατον ἐλπίσαι πολλάκις ἐκ τῆς ἄγαν ὀδύνης καὶ θανάτου ἐρασθῆναι δι' ὑπερβολὴν τῆς ὀδύνης, ἔτυχε δὲ ὅμως βοηθείας καὶ σωτηρίας παρὰ τῆς μάρτυρος, εἰπούσης ἔσεσθαι φάρμακον αὐτῷ καὶ ἄκος τοῦ πάθους ἀψευδέστατον ἄλλο μὲν οὐδέν, τὸ δὲ νυκτιαῖον τοῦ φωτὸς τοῦ καὶ τὸν αὐτῆς καταλάμποντος ἀεὶ χῶρον ἔλαιον. Ὅπερ καὶ αἰτήσας οὗτος, καὶ ἐπαλειψάμενος οὗ καὶ τὸ πάθος ὑπέσμυχε, τῆς μὲν ἰάσεως ἔτυχε, τῆς δὲ ἀσεβείας οὐκ ἀπηλλάγη· ὑπὸ γὰρ ἀγχινοίας πολλῆς καὶ βαθείας φρενὸς εἰπὼν καὶ ὁμολογήσας τὴν παρεσχηκυῖαν τὸ φάρμακον, ἑτέρῳ τὴν χάριν ἀνατίθησι τῆς θεραπείας.

2   "Ὁ γὰρ Σαρπηδόνιός μοι," φησί, "τὸ ζητῆσαί τε παρ' αὐτῆς καὶ λαβεῖν προσέταξεν." Εἶτα, ὦ σοφώτατε καὶ ἐμφρονέστατε σοφιστῶν καὶ αὐτὸν ἡμῖν τὸν Γοργίαν ἀνα-

This is what the admirable Eudokios reported and told me, a splendid and renowned man who respects nothing as much as the truth, and who is both a citizen and an adornment for the very beautiful city of Tarsus.

Chapter 40

I cannot say whether Aretarchos, the sophist from our town, is famous more for his lack of wisdom or for being a nonbeliever—for both qualities flourish and thrive in such equal measure in him that it is difficult to tell which of the two is his dominant trait—but nevertheless he passes for a sophist.[139] This man once contracted an exceedingly severe disease of the kidneys, so that often he expected death on account of the intense pain, and even longed for death because of the excessive nature of the pain. Even so, he obtained assistance and deliverance through the martyr, who told him that the remedy and cure of his suffering would be nothing other than the oil from the lamp that through the night constantly illuminates her sanctuary. He asked for it and smeared it on the spot where the illness was smoldering. He obtained healing, but was not delivered from his impiety. For, although with much wisdom and a profound mind he confessed that the martyr had provided the remedy, he rendered thanks for his healing to another.

"Sarpedonios instructed me," he said, "to ask the martyr for the cure and receive it from her." Then, O most wise and most intelligent of sophists, you who live and breathe

πνέων, ὁ πρὸς ἕτερόν σε διαπεμπόμενος αὐτὸς ἄν, εἴπερ ἠδύνατο, οὐ παρεῖχεν, ἀλλὰ τὸν ἱκέτην αὐτοῦ καὶ θιασώ-την καί—ὡς ἂν αὐτὸς εἴποις—μύστην καὶ ἐραστὴν πρὸς ἕτερον ἔπεμπε πρόσωπον, καὶ ταῦτα πολέμιον; Ὅπερ ἦν μάλιστα καὶ τὴν αὐτοῦ ὁμολογοῦντος ἀσθένειαν, καὶ τὴν τῆς μάρτυρος κηρύττοντος δύναμιν, καὶ σαφῶς πάντας διδάσκοντος ὡς αὐτὸν μὲν ἐπιλέλοιπε καὶ ἡ τέχνη καὶ ἡ δύναμις καὶ ἡ σοφία—ἣν οὐδέποτε ἔσχεν—ἡ δὲ παρθένος ἐστὶν ἡ μεγάλα τε ἄρτι δυναμένη καὶ πάντας ἰωμένη.

3   Οὐχ οὕτω δὲ ἀνόητος, ἢ καὶ κατὰ σὲ σοφός, ἦν ὁ βέλ-τιστος ἐκεῖνος ὡς μηδὲ συσκιάζειν δύνασθαι τὴν αὐτοῦ ἀμαθίαν, ἢ ἀδυναμίαν, ἢ οὐκ ἔχω τί εἴπω. Διὰ σοῦ δὲ τοῦ λαμπροῦ καὶ θαυμαστοῦ ῥήτορος ταύτην ἐκπομπεύει. Πλὴν γένοιτό σε καὶ τὴν ψυχὴν ἰαθῆναι παρὰ τῆς μάρτυ-ρος, ἀναθεῖναι δὲ καὶ τοῦτο Σαρπηδόνι ἢ Ἀπόλλωνι, ἢ ὅτῳ σοι φίλον ἐστὶ τῶν δαιμόνων. Τὸ μὲν γὰρ τῇ τῆς μάρ-τυρος λογιούμεθα δυνάμει, τὸ δὲ τῇ σῇ πάλιν ἀμαθίᾳ. Κοῦφον δὲ ἡμῖν τὸ δεύτερον, μόνον τὸ πρότερον εἴη.

41

1   Οὕτω δὴ φιλόλογός τέ ἐστιν ἡ μάρτυς καὶ χαίρει ταῖς διὰ τῶν λόγων ταύταις εὐφημίαις. Ἐρῶ δέ τι καὶ τῶν ἐμαυτοῦ καὶ ὑπὲρ ἐμοῦ γεγονότων, ὅπερ αὐτὴ ἡ καὶ

Gorgias himself for us,[140] wouldn't Sarpedonios, who sent you to another, have provided the remedy himself if he could have? But, instead, he sent one of his own suppliants, his disciple, and—as you yourself would admit—his initiate and devotee, to another person, and an enemy at that? It would have been better for Sarpedonios to confess his weakness, to proclaim the martyr's power, and to teach all plainly that he is deficient in skill, power, and wisdom—which he never possessed—while it is the virgin Thekla who possesses the greatest power and can heal everyone.

That fine Sarpedonios was not so stupid, or even "wise" in 3
the way you <Aretarchos> mean, as to be able to hide his stupidity, his powerlessness, and his I don't know what else! But he parades this powerlessness through you, you splendid and admirable rhetor! May it come to pass that also your soul gets healed by the martyr, even if you attribute it to Sarpedonios or to Apollo, or to whichever demon you like. For I will attribute such a healing to the power of the martyr, and your attribution of it to a god once again to your own stupidity. I reckon this latter of little account in comparison with the former.

Chapter 41

You see then how fond of oratory the martyr is, and how 1
she enjoys the praise that comes to her through speeches. Now I will tell of a miracle that concerns me and which happened on my behalf. The martyr herself, who provided it for

παρεσχηκυῖά μοι μάρτυς οἶδεν ὅτι γεγένηται καὶ οὐ ψεύδο-
μαι. Ἦν μὲν γὰρ αὐτῆς ἡ ἐτησία πανήγυρις, παρεσκευασά-
μην δὲ κἀγὼ πρὸς ἔπαινόν τινα μικρὸν τῆς ἑορτῆς, οὐχ ὥς
τι λέξων ἀξιόλογον ἢ ἐπάξιον αὐτῆς, ἀλλ᾽ ὡς εὔνοιάν τινα
παρὰ τῆς μάρτυρος θηρώμενος, ἐπειδὴ καὶ τοὺς μικρὰ
τιμῶντας οἶδεν ἀντωφελεῖν τὰ μέγιστα.

2   Μιᾶς δὲ λειπομένης ἡμέρας εἴς τε τὸ εἰπεῖν καὶ ἐπιδεί-
ξασθαι τὸν λόγον, προσβάλλει τί μου πάθος τὴν ἀκοήν,
καὶ σφόδρα χαλεπόν τε καὶ ἐπαλγές, ὡς περιτετᾶσθαι μὲν
πᾶσαν τὴν ἀκοήν, ἄγρια δὲ σφαδάζειν ἐκ τῶν ἔνδοθεν,
συνωθεῖν δὲ καὶ πνεῦμα βίαιον εἰς αὐτὸ τῆς κεφαλῆς τὸ
κῦτος, καὶ πολὺν διὰ τοῦτο τὸν ἔνδον ἦχον ἐργάζεσθαι·
ὥστε με καὶ τοῦ ἐρεῖν ἀπογνῶναι παντελῶς, καὶ κακοῦ
μείζονος ἔχειν προσδοκίαν. Ἤδη δέ πως καὶ ὑπερυθριᾶν
ἠρχόμην, ὡς ἐρεῖν μέν τι δόξας τοῖς πολλοῖς, τοῦ δὲ καιροῦ
τῆς ἐπιδείξεως ἐνστάντος τὴν τάξιν ἀπολιπών.

3   Ἃ πάντα ἡ μάρτυς γενέσθαι διεκώλυσεν· ἐφίσταται νύ-
κτωρ καί, λαβομένη μου τοῦ ὠτίου καὶ διασείσασα, εἰς
ἰχῶρα βραχὺν τὸν πάντα διέλυσε πόνον. Οὗ καὶ *ἀποκυλι-
σθέντος* [Matthew 28:2; Mark 16:3–4; Luke 24:2] ἐκ τῶν
σκολιῶν καὶ ἀδύτων—ὡς εἰπεῖν—πόρων, ὤφθην ἐπὶ τοῦ
δεικτηρίου—λέγεται δὲ οὕτως ὁ τόπος ἐν ᾧ ἐπιδείκνυνται
οἱ λέγοντες, τουτέστιν ὁ ἄμβων, ἤτοι τὸ ἀκροατήριον—
καὶ γὰρ οὔπω οὔτε τῶν ἐπ᾽ ἐκκλησίας λεγόντων τις ἦν, καὶ
εἶπον μὲν ἄττα, οὕτω δέ μοι τὴν χεῖρα καὶ χάριν συνεπέ-
δωκεν ἡ μάρτυς, ὡς εἶναί τι καὶ δόξαι, καὶ εἰρηκέναι με-
τρίως, καὶ θαῦμα πλεῖστον ἐπὶ μηδενὶ θαυμαστῷ τῶν ἐμῶν
ἀπενέγκασθαι λόγων.

me, knows that it took place and that I do not lie. The time
had come for her annual festival, and I was preparing a short
address of praise for the celebration, not that I would be
able to say anything appropriately eloquent and worthy of
her, but rather as one seeking after some goodwill from the
martyr, since she knows how to give the greatest rewards
even to those who honor her the least.

There was one day left before I was to speak and proclaim 2
my oration,[141] when an extremely painful and acute malady
affected my ear. It spread all the way around my ear, and
caused a fierce irritation inside the ear, so that a violent pres-
sure was forcing its way into the interior of my skull, and
produced a loud echo inside my head. As a result I despaired
of speaking at all and expected still worse to come [i.e.,
death]. Already I was beginning to grow embarrassed that,
with so many expecting me to speak, I would be abandoning
my responsibility just at the appointed time of my oration.

All of this the martyr prevented from happening. Dur- 3
ing the night she appeared at my side and, taking my ear,
she shook it violently and relieved all my pain through <the
evacuation of> a little pus. When the pus was *rolled away*
from the winding, mysterious paths <of my ear>—so to
speak—I made my appearance upon the rostrum—as the
place is called where orators speak, also called the *ambo* or
the pulpit. I was not yet one of those <priests> who spoke in
the church.[142] I spoke a few words, but the martyr offered
her helping hand and her grace to such an extent that, first, I
seemed to be a man of some reputation;[143] second, I spoke
passably well; and, third, I received substantial admiration
for my words which had no admirable feature.

4 Καὶ τῆς ἱερατικῆς δέ μοι καταξιωθέντι γερουσίας καὶ τοῦ καταλόγου τῶν διδασκάλων καὶ ἱερέων, συμπαρῆν τε ὡς τὰ πολλά, καὶ νύκτωρ ἐπιφαινομένη βιβλίον τί μοι πάντως ἢ χάρτην ὤρεγεν, ὃ πάντως μοι πλείστης εὐδοκιμήσεως σύμβολον ἦν τε καὶ ἐδόκει. Εἰ δὲ μέλλοντί μοι λέγειν τι μὴ ὀφθῇ τοῦτο ποιοῦσα, τό γε ἀποβησόμενον πάλιν εὔδηλον ἦν.

42

1 Κἀκείνου δὲ μνημονευτέον, οὗ καὶ μόλις πως μνήμην ἔλαβον. Καλλίστη τις ἦν μὲν εὐγενὲς καὶ σεμνὸν γύναιον, συνῴκει δὲ ἀνδρὶ οὐ μάλα σώφρονι, ἀλλὰ καὶ λίαν ἐπτοημένῳ περὶ τὰς δημώδεις ταύτας ἡδονάς, καὶ οὔτε τῇ κατὰ νόμον ἀρκουμένῳ μίξει, καὶ ταύταις ἀπλήστως κεχρημένῳ. Ταύτης οὖν τῆς Καλλίστης ἔν τι τῶν ἐπὶ σκηνῆς γυναίων, ὃ καὶ αὐτῷ τούτῳ συνεφθείρετο, λωβᾶται δηλητηρίοις φαρμάκοις τὴν μορφήν, χαρίεν δὲ ᾔσχυνε πρόσωπον, ὡς ἂν ἡ μὲν μηκέτι πρὸς ἡδονῆς εἴη τῷ ἀνδρί, αὕτη δὲ τὸ ἐκείνης ποιοῖ, καὶ συγκαθεύδοι τῷ μὴ προσήκοντι. Πεπονθυῖα δὲ τοῦτο καὶ διαζευχθεῖσα τοῦ ἀνδρὸς ἡ Καλλίστη, τοῦ τῆς ὄψεως αἴσχους ἑτοίμως πρὸς μῖσος ἐνάγοντος τὸν Παπίαν—τοῦτο γὰρ ἦν ὄνομα τῷ ἀνδρί—καταφεύγει πρὸς τὴν μάρτυρα, τήν τε αὐτῆς δυστυχίαν τήν τε τῆς ἑταίρας διηγουμένη κακουργίαν, καὶ δεομένη τυχεῖν τινος θεραπείας,

Once I was judged worthy to join the college of clergy 4
and the register of teachers and priests, Thekla assisted me
constantly. Appearing to me at night she always held out a
book or a sheet of parchment, which was and always ap-
peared to be a symbol of her substantial favor toward me.
<Since this is her pattern of behavior,> if ever she fails to ap-
pear to me when I am about to speak, the inverse conclusion
[i.e., that she is not favorable] is equally clear to me.

Chapter 42

I need to relate the following miracle, which was some- 1
what difficult for me to recollect. Kalliste was a wellborn
and respected woman, but she lived with a husband who
was not very prudent but was greatly distracted by worldly
pleasures—not being satisfied with legitimate sexual inter-
course—and he was insatiable in his pursuit of these plea-
sures. A certain woman of the stage, who had committed
fornication with this man, spoiled Kalliste's appearance by
means of poisonous drugs and disfigured her beautiful face,
in the hopes that Kalliste would no longer be attractive to
her husband and that she herself might become his wife and
might share the bed of someone inappropriate for her. Kal-
liste, after suffering this injury and separating from her hus-
band—since the shame of her appearance was enough to
compel Papias (the man's name) to hate her—sought refuge
with the martyr, narrating her misfortune and the villainy of
the prostitute. She asked to receive some remedy, so that

ὥστε καὶ τὴν τῆς μορφῆς ἀπολαβεῖν εὐπρέπειαν καὶ τὴν τοῦ ἀνδρὸς εὔνοιαν.

2   Ἀκούει τούτων ἡ μάρτυς, καὶ σφόδρα ἐπικαμφθεῖσα τῷ πάθει—καὶ γὰρ ὀχετοὺς δακρύων ἐπηφίει τοῖς λόγοις τὸ γύναιον, οὐδὲν δὲ οὕτως εὐχῆς καρύκευμα κάλλιστόν ἐστιν ὡς δάκρυον δαψιλές, ἐξ αὐτοῦ τοῦ τῆς ψυχῆς βάθους ὑπερχεόμενον—σημαίνει καὶ προστάττει τὴν θεραπείαν εὐθύς· "Λαβοῦσα γάρ," φησί, "ῥύμματα ταυτὶ δή, τὰ πρὸ τοῦ ναοῦ τούτου πωλούμενα, καὶ ἀναδεύσασα οἴνῳ, τούτῳ τὴν ὄψιν ἀποκλύσαι, καὶ τὸ αἶσχος εὐθὺς ἀπονίψεις." Ὃ δὴ καὶ παραχρῆμα ποιήσασα ἡ Καλλίστη, παραχρῆμα καὶ τὴν οἰκείαν μορφὴν τῆς λώβης καὶ τὸν ἄνδρα τῆς ἑταίρας ἀπήλλαξε, πολὺ χείρονος λώβης. Ἅμα γὰρ τοῖς ῥύμμασι καὶ τὸ ποιοῦν, ὥς φασι, τὸ αἶσχος συνεξέπεσε, καὶ ἦν πάλιν ἡ Καλλίστη καλλίστη τε τὴν μορφὴν καὶ ἀρέσκουσα τῷ ἀνδρί.

43

1   Μήτε δὲ τοῦ ἑτέρου γυναίου ἀμνημονήσωμεν, εἰ καὶ πενιχρὸν καὶ εὐτελὲς τὸ γύναιον. Βασσιανὴ γάρ τις πρὸς τοὺς οἰκείους αὐτῆς διενεχθεῖσά ποτε, καὶ μικρά τινα τῶν οἰκείων αὐτῆς χρυσιδίων ὑφελομένη, καὶ οἷα ἂν χερνήτιδι γένοιτο γυναικί—ταῦτα δὲ ἦν δακτύλιοι καὶ περιδέραια μικρά—καταλαμβάνει τὸν νεὼν καὶ αὐτόθι διέτριβεν, ὡς δι'

she might recover the beauty of her appearance and her husband's good will.

The martyr heard her request and was greatly moved by 2 her suffering—for the woman added buckets of tears to her words,[144] and there is no finer garnish for a prayer than an abundance of tears,[145] which are shed from the very depth of the soul. Thekla showed and prescribed the remedy straightaway: "Take this soap," she said, "the kind that is sold in front of my church, and soak it in wine, then wash your face with it, and you will immediately cleanse away the shameful disfigurement." Kalliste did this straightaway, and immediately freed her original appearance from its disfigurement and delivered her husband from the prostitute, a much worse abomination. For, together with the soap, that which caused the shameful disfigurement, as they say, was also washed away. And once again Kalliste was "very beautiful" in her appearance and pleasing to her husband.[146]

Chapter 43

I should not fail to mention another woman, even if she is 1 poor and of low status. Once, a certain Bassiane got into a quarrel with some of her relatives, and, taking a few of her own gold trinkets, such as might belong to a wool spinner (just a few small rings and necklaces), she went to the church and stayed there, harboring her anger toward her relatives.

ὀργῆς ἔχουσα τοὺς οἰκείους. Συνήθης δέ τις αὐτῇ καὶ τῶν
περὶ τὸν χρόνον ἐκεῖνον παρθένος, οὐ πολύν τινα ποιουμέ-
νη λόγον τῆς παρθένοις πρεπούσης ἀκριβείας ἢ εὐλαβείας,
εὑροῦσα καθεύδουσαν ἢ ἀποῦσαν τὴν Βασσιανήν, ὑφελο-
μένη τὰ χρυσίδια ἄπεισι.

2   Διαναστᾶσα δὲ ἡ γυνή, καὶ μηκέτι ἅπερ ἄρτι εἶχεν
εὑροῦσα, καταβοᾶν ἄρχεται καὶ κατοδύρεσθαι τῆς μάρ-
τυρος, ὡς ἂν αὐτῆς πιστευθείσης μὲν ταῦτα φυλάττειν,
ἀπολωλεκυίας δὲ ἢ ἀρνουμένης. Ἡ δὲ μάρτυς καὶ ταύτην
ἐλεήσασα, καὶ τὴν παρθένον τῆς ἀταξίας μισήσασα, ποιεῖ
δήλην αὐτῆς τὴν κλοπήν, τούτῳ μάλιστα κολάζουσα, τῷ
ποιῆσαι κατάδηλον τῇ τε ἀπολωλεκυίᾳ καὶ τοῖς ἀμφὶ τὸν
νεὼν πᾶσιν, ὡς ἐκείνην σαφῶς διελεγχθεῖσαν ἀποδοῦναί
τε τῇ Βασσιανῇ τὰ χρυσίδια, καὶ τοῦ λοιποῦ σωφρονι-
σθεῖσαν οὕτω βιῶναι, ὡς καὶ τὸ πταῖσμα συσκιασθῆναι καὶ
τὴν τῆς μάρτυρος εὔνοιαν αὖθις ἀνακτήσασθαι.

44

1   Ἵνα δὲ καὶ τὸ ἄρτι γεγονὸς ὡς τελευταῖον εἴπωμεν τῶν
θαυμάτων—τελευταῖον δὲ οὔτε ἔστιν, οὔτε μήποτε ἔσται
θαῦμα τῆς μάρτυρος· μέχρι γὰρ ἄνθρωποι ὦσι, καὶ τὰ θαύ-
ματα ἀεὶ ἔσται πηγάζοντα, ἀεὶ βλύζοντα, ἀεὶ τεθηλότα, ἀεὶ
πάντως ἰώμενα—ῥητέον οὖν κἀκεῖνο, ὡς γύναιόν τι τῶν
ἄγαν ἐπισήμων τούτων καὶ εὐπατριδῶν, Δοσιθέα ὄνομα
. . .

While there she became friendly with one of the virgins who lived there at the time and did not give much importance to the scruples and pious behavior befitting virgins. This woman, finding Bassiane either asleep or away, stole her gold trinkets and disappeared.

Upon waking up, Bassiane could no longer find these 2 items which had previously been in her possession. She began to cry aloud and complain to the martyr: namely, that she had entrusted the martyr with guarding the items, but she had either lost them or shirked her duty. The martyr, out of pity for Bassiane and out of hatred for the virgin's wicked conduct, brought the latter's theft to light, punishing her in this way: she revealed the theft to its victim as well as to everyone in and around the church. Thus the thief was publicly exposed and returned the gold trinkets to Bassiane, and thereafter she lived in a restrained manner. The result was that the virgin's offense was glossed over and she regained the goodwill of the martyr.

Chapter 44

To conclude, let me recount a miracle which just hap- 1 pened—not that this is the last one, for there never will be a final miracle of the martyr. For, as long as there are people, there will always be abundantly flowing miracles, continually gushing, flourishing, and providing all sorts of healing. Let me then tell the following miracle, how a woman from a distinguished and noble family, Dosithea by name, . . .[147]

2   Ἀλλὰ τούτων μὲν ἅλις· τί γὰρ καὶ ὄφελος ἀπείροις πε-
λάγεσιν ἐπιρραίνειν ψεκάδας; οὔτε δή, εἰ πλείονα βουλοί-
μην εἰπεῖν, δυναίμην ἂν εὑρεῖν, ὅς γε καὶ ταῦτα συνηρανι-
σάμην μόλις, ὧδέ τε κἀκεῖσε περιθέων καὶ περιαθροίζων
αὐτὰ καὶ συλλέγων, ὥσπερ ἔκ τινος βυθοῦ τοῦ μακροῦ
χρόνου καὶ τῆς λήθης ἀναλεγόμενος τὰ θαύματα, καθά-
περ καὶ τὰ λιθίδια ταῦτα τὰ πολυθρύλητα οἱ τούτων ἔμπο-
ροι. Ἀλλ᾽ οὔτε ὀλίγα, οὔτε πολλῶν πλείονα, οὔτε ὅλως
ἀριθμητά ἐστιν. Οὔτε δ᾽ ἐμοὶ δυνατὸν πτηνῷ τὴν φύσιν ἢ
ἀδαμαντίνῳ γενέσθαι, καὶ διὰ πάσης χωρῆσαι γῆς καὶ θα-
λάσσης, ὡς ἐξ ἑκάστης πόλεως ἢ χώρας ἢ κώμης ἢ οἰκίας
ἀναλέξασθαι· μήτε γὰρ ἂν τὴν συλλογὴν γενέσθαι μοι δυ-
νατήν, μήτε τὴν συγγραφὴν ἐφικτήν, μήτε τὴν ζωὴν οὕτω
μακρὰν ὡς ἐξαρκέσαι τοσούτῳ καὶ οὕτως ἀπείρῳ πλήθει
θαυμάτων.

3   Ὧδε μὲν οὖν, ὅπερ εἶπον, τὸν περὶ τούτων στήσω λό-
γον, ὡς ἂν μήτε δοκοίην ἀνόνητα καὶ ἀκίχητα διώκειν.
Ἐκεῖνα δὲ προσθεὶς ἔτι τὴν ἐπὶ τούτοις σιωπὴν ἀσπάσομαι,
ὡς πολλοὺς μὲν ἄνδρας εἰς ἄκρον ἀρετῆς βιοῦντας ἡ μάρ-
τυς ἀνηγόρευσε, πολλὰς δὲ γυναῖκας τὸν ἴσον ἀνειληφυίας
ζῆλον ἐξήσκησεν, οἷον τὸν Παῦλον εὐθὺς ἐκεῖνον, τὸν καὶ
ὄντα Αἰγύπτιον καὶ ἐπίκλην Αἰγύπτιον, ἄνδρα παρομαρ-
τοῦντα τῷ βίῳ τοῖς κρατίστοις ἐκείνοις καὶ οὐρανομήκεσιν
Ἠλίᾳ καὶ Ἰωάννῃ, τὸν Σάμον ἐκεῖνον, τὸν τῷ μεγίστῳ
Ἐλισσαίῳ καὶ τοῖς κατ᾽ ἐκεῖνον ἁγίοις παραθέοντα—καὶ
γάρ, εἰ καὶ τὴν πόλιν ταύτην ὁ Σάμος ᾤκει, μᾶλλον τῶν τὸ
μαρτύριον οἰκούντων ἐνδιέτριβε τῷ νεῴ, δὶς ἑκάστης ἡμέ-
ρας ἀνιὼν μετὰ ψαλμῳδίας· καὶ τὸ κωλύον ἦν οὐδέν, οὐ

But enough of this! What is the benefit of sprinkling 2
some drops of water into infinite oceans? If I should wish
to recount even more miracles, I would not be able to find
them, I who have with difficulty collected the ones in this
book, running around here and there, gathering and assem-
bling them, recovering the miracles as if from an abyss of
oblivion and the depths of time, just as merchants do for
gemstones in great demand. Her miracles are not few, nor
even many, but quite simply of an infinite number. It is not
possible for me to sprout wings or become strong as steel
and cover every land and sea so as to make my collection
from each city, or region, or village, or house. For neither
would the collection be possible for me, nor would the com-
position be feasible, nor my life long enough to do justice to
such an infinite multitude of miracles.

Here then, as I said, let me put a stop to my discourse on 3
these miracles, so that I not appear to pursue fruitless or un-
attainable goals. I shall add only this <last word> before fall-
ing silent. Namely, the martyr has proclaimed a great num-
ber of men who live at the summit of virtue, and she has
trained in asceticism many women who have adopted the
same zeal. <I speak of individuals> such as, for example, that
famous Paul, who was Egyptian in reality and by name, a
man who is the equal in <saintliness of> life to those heav-
enly champions Elijah and John;[148] also, the celebrated Sa-
mos, who equaled the great Elisha and the saints inspired by
him—since, even if Samos lived in this city of Seleukeia, he
passed more time at the church <of Meriamlık> than those
who live at the martyrion;[149] twice a day he went up the hill
while singing the psalms, and nothing could prevent him,

πῦρ, οὐ χάλαζα, οὐ χιών, οὐ κρύσταλλος, οὐ πνεῦμα καταιγί-
δος [Psalm 148:8], ὥς πού φησι ὁ θεσπέσιος Δαβίδ, τὸν
Δεξιανόν, ὃς καὶ θνητὸς ἐὼν ἔπεθ' ἵπποις ἀθανάτοισι—
καὶ γὰρ ἐν τῷ μέσῳ στρεφόμενος καὶ πολιτικώτερον βιούς,
οὐ πάμπαν τῆς ἐκείνων ἀρετῆς ἀπεσχοίνιστο, ἀλλὰ γὰρ
καὶ λίαν ὢν ἐν Χριστῷ, ταὐτὰ ἐκείνοις εἰργάζετο—ἔτι μὴν
τὸν Καρτέριον, τὸν Ἰωάννην, τὸν Φίλιππον, ταὐτὸ μὲν
ἀνὰ μέρος φροντιστήριον οἰκήσαντας, ζυγοῦ δὲ ἀκριβέ-
στερον, πρός τε ἀλλήλους, πρός τε τοὺς πάλαι βιώσαντας
καὶ διαλάμψαντας. Τὸν δὲ Ἰωάννην τοῦτον οὐδὲ ὁ πολύ-
ευκτος τῆς ἐπισκοπῆς θρόνος τῶν τῆς ἄκρας ἁγιαστείας
νόμων ἐξέβαλε· καὶ τοῦτ' ἔξεστι πᾶσιν ὁρᾶν τοῖς καὶ ὁρῶσι
τὸν ἄνδρα πρὸς τὴν πάλαι τῆς ἀσκήσεως στάθμην καὶ νῦν
ἔτι βιοῦντα. Καὶ τῶν γυναικῶν δ' αὖ πάλιν τὴν Μαρθάναν,
τὴν Ξεναρχίδα, τὴν Διονυσίαν ταύτην, τὴν Σωσάνναν,
τὴν Θεοδούλην, τὰς ἄλλας πάσας, ἃς οὔτε καταλέγειν μοι
καιρός, εἰ μήπου καθ' Ἡσίοδον ἄρα καὶ αὐτὸς βουλοίμην
γυναικῶν ἀρίστων ἄρτι κατάλογον γράφειν.

4   Ὧν πάντων, εἴτε ἀνδρῶν ὧν κατέλεξα, εἴτε γυναικῶν, ὁ
βίος καὶ ὁ τρόπος καὶ ἡ κατὰ Θεὸν πολιτεία θαύματά ἐστι
τῆς μάρτυρος, καὶ μάλα τῶν προειρημένων θαυμάτων
ὑπέρτερα. Τί γὰρ ἄν τις καὶ εἴποι μεῖζον, περὶ μὲν τούτων
τὸ ὑπὸ τοιαύτῃ ταχθῆναί τε καὶ ἀσκηθῆναι ἡγεμονίδι, περὶ
δὲ ταύτης τὸ τοιοῦδε ἐπιμεληθῆναί τε καὶ ἐξάρχειν χοροῦ
ὧν καὶ μιᾶς καὶ ἑνὸς ὁ πᾶς κόσμος οὐκ ἀντάξιος;

neither fire, nor hail, nor snow, nor ice, nor a forceful wind, as the
divine David says somewhere; Dexianos — *who, though mor-
tal, appears to follow after immortal horses*[150] — although he was
involved in the public sphere and engaged rather actively in
political affairs,[151] did not cut himself off in any way from
the virtue of those mentioned, but being very much "in
Christ," he achieved the same feats as they;[152] and in addi-
tion, Karterios, John, and Philip, each inhabiting his own
part of the same monastery, strove more rigorously than a
yoked team of oxen to outshine one another, as well as their
colleagues of old. Not even the highly coveted episcopal
throne could compel John to abandon his habits of the high-
est devotion. This can be seen by everyone who sees the
man even now living according to his longstanding rule of
asceticism. Among the women are, in turn, Marthana, Xen-
archis, our own Dionysia, Sosanna, Theodoule, and all the
others whom time does not permit me to name, even if I
wished, like Hesiod, to write a catalog of the most distin-
guished women of our time.[153]

Of all these men and women I have listed, their life, their   4
habits, and their conduct according to the rule of God are
the martyr's miracles, and easily superior to the miracles re-
counted above. What higher praise could someone ascribe
to these individuals than that they were commissioned and
trained in asceticism under a commander such as Thekla?
As for Thekla, what could be better than to have taken
charge of and led such a choir made up of men and women,
for whom there is no equal in the entire universe?

45

1 Ὃ δέ μου καὶ νῦν τὴν μνήμην ὑπέδραμε, καλὸν μηδὲ ὑμᾶς ἀποκρύψασθαι. Ἡ γὰρ Ξεναρχὶς αὕτη τῷ γάμῳ μὲν καὶ ἀνδρὶ ὡμιληκυῖά ἐστιν, εἰς τοσοῦτον δὲ ἀρετῆς ὕψος ἀνέδραμε καὶ οὕτως ἠρέσθη τῇ παρθένῳ ἡ γεγαμηκυῖα, ὡς καὶ τοιοῦτό τι περὶ αὐτῆς γεγενῆσθαι λέγεται.

2 Τῶν γάρ τις εὐλαβῶν, εἴτε ἀνδρῶν εἴτε γυναικῶν εἰπεῖν οὐκ ἔχω, φέρων μετὰ χεῖρας βιβλίον δίδωσι δῶρον αὐτῇ· τὸ δὲ βιβλίον εὐαγγέλιον ἦν. Δεξαμένη δὲ ἥδιστα, μικρὸν δέ τι καὶ ὑπομειδιάσασα εἰπεῖν λέγεται· "Τὸ μὲν δῶρον θεῖόν τε καὶ ἀξιάγαστον καὶ ὑπέρμεγα καὶ οἷον οὐκ ἄλλο τι τῶν ἐπὶ τῆς γῆς, ἀλλ᾽ ἐμοί," φησί, "τῇ μὴ ἐπισταμένῃ μήτε τὰ πρῶτα ταῦτα στοιχεῖα καὶ γράμματα, μηδὲ ἀφ᾽ ὧν κεῖται καὶ πρόεισι τὰ τῶν λόγων ἅπαντα ῥεῖθρα καὶ νά-ματα, εἰς τί ἔσται τοῦτο, εἰ μή που ἄρα καὶ νῦν ἡ τοῦ βίου μου διδάσκαλος . . ." Καὶ μεταξὺ ταῦτα λέγουσα λύει τὸ βιβλίον καὶ ἁπλώσασα ἐπέκυψεν, ὅσον κατανοῆσαί τε ἢ καὶ ἀσπάσασθαι. Ὡς δὲ μόνον τοῖς γράμμασιν ἐπήρεισε τοὺς ὀφθαλμούς, ἄρχεται καὶ ἀναγιγνώσκειν, καὶ οὕτως ὀξέως καὶ οὕτως ἀνενδοιάστως ὡς ἐκπλαγῆναί τε καὶ τὰς σὺν αὐτῇ πάσας καὶ τὸ εὐαγγελικὸν ἐκεῖνο εἰπεῖν, Πῶς γράμματα οἶδεν αὕτη μὴ μεμαθηκυῖα; [cf. John 7:15], τῆς δὲ μάρτυρος δηλονότι καὶ τοῦτο τὸ πολὺ θαῦμα καὶ παρ-εσχηκυίας τε τότε καὶ ταῦτα ἀκουούσης καὶ ταῦτα ἐργα-σαμένης.

Chapter 45

It would not be good to conceal from you a miracle which   1
just now came to my mind. A woman called Xenarchis, al-
though she was married and lived with her husband,[154] still
ascended to such a great height of virtue; and thus she
pleased the virgin, despite her marriage, so that the follow-
ing story is told about her.[155]

A pious person (whether a man or woman I am unable to   2
say) brought a book, and gave it to her as a gift; it was a gos-
pel book. She accepted it with great joy, even smiled a little,
and, it is said, spoke the following words: "This gift is godly,
worthy of admiration, immensely great, and like no other on
earth. But to me," she said, "since I have not learned these
first elements and letters, nor do I understand from where
all the rivers and streams of words come and where they are
going, what use would this be, unless somehow the Teacher
of my life [i.e., Thekla] might today. . . ." And with these
words she unfastened the book and, laying it flat, she bent
over it as if to contemplate it, or perhaps even to kiss it.[156]
But as soon as she fixed her eyes on the letters, she began to
read aloud, fluently and without hesitation, so that all the
women around her were stupefied and quoted the words
of the Gospel: *How does she know her letters without having
learned them?* Clearly the martyr had also arranged this great
miracle; she heard Xenarchis's words that day and acted
upon them.

46

1 Τῇ δὲ Διονυσίᾳ ὥς φασιν ἀρξαμένῃ τοῦ ἀποτάττεσθαι καὶ ἀνδρὶ καὶ παισὶ καὶ οἴκῳ καὶ πᾶσιν ἁπλῶς, καὶ ἐπ᾽ αὐτῷ τούτῳ καταλαβούσῃ τὸν νεών, συγκαθευδῆσαί τε τὴν νύκτα ἐκείνην ὅλην τὴν μάρτυρα καὶ περιδεδρᾶχθαι αὐτὴν ταῖς ἀγκάλαις, ὡς τὴν τότε σύγκοιτον τῆς Διονυσίας— Σωσάννα δὲ ἦν αὕτη, ἡ καὶ νῦν ὅτε ταῦτα ἔγραφον ἔτι τε περιοῦσα καὶ πάσας τῷ βίῳ παριοῦσα καὶ αὐτὰ ταῦτά μοι διηγουμένη—θαυμάζειν τε ταύτην τότε καὶ πολλάκις ἐπανισταμένην τῆς κοίτης καὶ ἐπωθουμένην τῷ ἀγκῶνι ἐνορᾶν τε τὴν μάρτυρα καὶ καταπεπλῆχθαι τῷ δέει καὶ πρὸς ἑαυτὴν ἀναλογίζεσθαι πῶς μὲν δύο ἤστην τὴν ἀρχήν, νυνὶ δὲ καὶ τρίτη καὶ μέση τις αὐταῖς συγκαθεύδει. Ὡς δὲ πρὸς τούτοις ἦν τοῖς λογισμοῖς, ὁρᾷ τὴν αὐτήν—καὶ γὰρ ἐπιμελὲς ἐπεποίητο τὸ φυλάττειν αὐτήν, ἥτις ἦν—ἀποπτᾶσαν ἐκ μέσου, ἀλλ᾽ οὐκ ἀναστᾶσαν ἢ νόμος τοὺς καθεύδοντας· καὶ δὴ καὶ ὑποδραμοῦσαν ὁρᾷ πάλιν τὸν αὐτῆς θάλαμον, εἰς ὃν καὶ καταδῦναι λέγεται.

2 Τοιγάρτοι μετὰ τὴν νύκτα ἐκείνην εἰς τοσοῦτον ἐπέδωκεν ἀρετῆς καὶ ἀσκήσεως ἡ Διονυσία, ὡς θαῦμα γενέσθαι τῇ πάσῃ γῇ τὸ γύναιον ἐκεῖνο, ὡς ἂν καὶ ὑπὲρ γύναιον πολιτευσάμενον. Καὶ ἀπελθοῦσα δὲ ἐκ τῆς γῆς οὐκ ἀπῆλθε, τὸ θυγάτριον ἡμῖν καταλείψασα, τὴν Διονυσίαν, ἴσα βιοῦσαν, ἴσα φρονοῦσαν, ἴσα βαίνουσαν, ἔχουσαν δέ τι καὶ περιττότερον τῆς μητρός, τὴν παρθενίαν ἁγνὴν καὶ ἀμόλυντον.

Chapter 46

It is said that Dionysia had begun to renounce her hus- 1
band, children, and home, simply everything, and for this
reason she had taken herself to the church.[157] There the mar-
tyr spent the whole night with her and embraced her in her
arms, so that Dionysia's bedmate (Sosanna was her name,[158]
who even now as I write this is still alive and surpasses all
women in her lifestyle; it is she who told me this story) mar-
veled at her and, after raising herself up in the bed several
times and leaning on her elbow, she observed the martyr,
while shaking in fear; and she thought to herself how there
were originally <just> the two of them, but now some third
woman was sleeping between them. While Sosanna was ab-
sorbed in these thoughts, she watched the martyr—for she
was keeping a careful watch over this woman, whoever she
was—fly up from between them, without getting up <from
the bed> like most sleepers. Sosanna saw the martyr slip
back into her bedchamber, where it is said that she sank
down <into the earth>.[159]

Therefore, after that night, Dionysia dedicated herself to 2
such a high degree of virtue and ascetic rigor, that this
woman became herself a marvel to the whole land, as some-
one whose mode of life was superior to that of a woman.
And when she departed from earth Dionysia did not truly
depart, since she left us a daughter, <also named> Diony-
sia, who led the same life, thought the same thoughts, and
conducted herself in the same manner, but surpassed her
mother in one respect: her virginity, pure and undefiled.

[Epilogue]

1 Ἀλλ' ἐγὼ μέν, ὦ παρθένε καὶ μάρτυς τοῦ Χριστοῦ καὶ ἀπόστολε, τὸ ἐπιταχθέν μοι παρὰ σοῦ, μετὰ δέους μέν—οὐκ ἔστι δ' εἰπεῖν ὅσου—ὅμως ἐποίησα, σοὶ τῇ ἐπιταξάσῃ μοι τὸν ἱερὸν πόνον τοῦτον ἀλλ' οὐκ ἐμαυτῷ θαρρήσας· οὔτε γὰρ τῆς ἐμῆς καὶ μικρᾶς φαύλης δυνάμεως ἦν τῶν σῶν οὕτω μεγίστων καὶ θείων καὶ περικλεῶν κατατολμῆσαι πράξεων καὶ θαυμάτων, ὧν ἀγγέλοις, οἷς καὶ νῦν συγχορο-στατεῖς τὸν βασίλειον ὕμνον ᾄδουσα, ἡ εὐφημία μᾶλλον ἁρμόττει.

2 Σὸν δ' ἂν εἴη λοιπὸν μετὰ τῶν ἄλλων καὶ τοῦτο θαυμα-τουργῆσαι καὶ νῦν, τὸ δέξασθαι μὲν τὰ μικρὰ ταῦτα καὶ φαῦλα, καὶ παρὰ μικρῶν σοι καὶ φαύλων προσαγόμενα, δεῖξαι δὲ μεγάλα καὶ θαυμαστά· οὔτε γὰρ ἄξιόν τί ποτε δυνατὸν περὶ σοῦ καὶ τῶν σῶν ῥηθῆναι, οὔτε πρὸς ἡμῶν, οὔτε πρὸς ἄλλων ὄντων σοφῶν καὶ ἄγαν προθυμηθέντων εἰπεῖν τι νεανικόν. Πολλὴν οὖν αὐτοῖς καὶ δαψιλῆ τὴν χά-ριν ἐπίχεε καὶ παράσχου, ὥστε ποτὲ καὶ ἡμᾶς τι νομισθῆναι ἢ γεγενῆσθαι διὰ σὲ καὶ τὴν σὴν χάριν.

3 Δεξαμένη δὲ μιμοῦ μὲν τὰ σαυτῆς εἰς ἐμὲ πάλιν, τὸν πολλάκις διὰ σοῦ σεσωσμένον ἀπό τε νόσων καὶ κινδύνων καὶ δυσμενῶν καὶ τῆς ἀεί μοι παρενοχλούσης ἀνίας ἧς πολλὰ μὲν καὶ πολλάκις καὶ ἄγρια τὰ κατ' ἐμοῦ γεγένηται ῥεύματα, σοῦ δὲ βουληθείσης οὔτε ἐπέκλυσεν οὔτε ἀπέπνι-ξεν, ἀλλ' οὔτε ἐπικλύσει οὔτε ἀποπνίξει ποτέ, σοῦ γε πάλιν βουλομένης καὶ πρεσβευούσης ὑπὲρ ἡμῶν τὰ εἰκότα καὶ πᾶν γε πάθος ἀπελαυνούσης, πᾶσάν τε λύπην καὶ ταραχὴν

[Epilogue]

For my part, O virgin martyr of Christ and apostle, with   1
more fear than I can describe, I have nevertheless accom-
plished the task you assigned to me, placing confidence not
in myself but in you, who assigned me this holy labor. For
my paltry and meager abilities did not suffice for me to un-
dertake the composition of your *Life* and *Miracles*, since they
are so exceptionally great, divine, and renowned. It is more
fitting for angels to sing their praises, with whom you now
join in chorus to sing hymns to the King.

After the others, may it then be your concern to work   2
now the following miracle: to receive these small and feeble
<tales>, offered to you with small and feeble <hands>, and
make them appear great and marvelous. For it is in effect
impossible for me ever to say anything worthy of you and
your affairs. For this is not in my power, nor in the power of
others, even if they are wise or eager to speak with youthful
vigor. Pour out upon this work copious and abundant grace,
so that I may gain some renown because of you and your
grace.

If you accept this book, repeat once more the inter-   3
ventions you have made on my behalf.[160] You have often
saved me from illnesses, dangers, hostilities, and the distress
which constantly plagues me, the torrents of which have be-
come more numerous, frequent, and fierce. When you were
willing <to assist me>, these torrents did not overwhelm
and drown me, nor will they ever overwhelm and drown me.
If you are once again willing to intercede on my behalf in fit-
ting manner, you will drive away every affliction and you will

ἀποκοιμιζούσης, καὶ ταύτην δὲ τήν γε νῦν ἐπαναστᾶσάν
μοι λύπην σὺ λῦσον, ὦ τρισμακαρία, τὸν κύνα, τὸν ἀρκό-
χοιρον, τὸν δυσγενῆ καὶ δύστροπον Πορφύριον παύσασα
τῆς κατ' ἐμοῦ μανίας καὶ λύττης, ἐπεί τοι καὶ τόνδε τὸν ἐκ
ταπεινῶν καὶ ἀνωνύμων καὶ ἀθεμίτου πορνείας τεχθέντα,
καὶ λιμοῦ καὶ πενίας ἔκγονον ὄντα, εἶναί τι δοκεῖν καὶ δύ-
νασθαι πεποίηκεν ὁ παγχάλεπος οὗτος καιρός, ὁ πάντα
μὲν ἐλεύθερον καὶ εὐπατρίδην ταπεινώσας, πάντα δὲ λῃ-
στὴν καὶ δραπέτην καὶ τυμβωρύχον ὑψώσας.

4   Μετὰ δὴ τούτων, ὦ παρθένε, δὸς τὸ καὶ αὖθις ἡμᾶς ἐπὶ
τῆς ἱερᾶς ἀναβάθρας τοῦ ἱεροῦ βήματος τῆς ἐκκλησίας
ταύτης ὀφθῆναι, λέγοντάς τε ἅπερ θέμις καὶ λέγοντας
περί τε ἄλλων πολλῶν, ὧν ἔθος λέγειν ἐν ἐκκλησίαις, καὶ
περὶ σοῦ τοῦ καλλίστου καὶ πρώτου καρποῦ τῆς ἐκκλη-
σίας μετά γε δὴ τοὺς ἀποστόλους, ἢ καὶ σὺν τοῖς ἀποστό-
λοις αὐτοῖς, καὶ τὰ συνήθη κομιζομένους πάλιν, τὴν πειθὼ
τῶν ἀκροωμένων, τὴν αἰδῶ, τὴν προκοπὴν τοῦ λεώ, τῆς
πίστεως καὶ τῆς εὐσεβείας τὴν αὔξησιν· τῆς διδασκαλίας
γὰρ διὰ σὲ τὴν χάριν, ὡς οἶσθα, καὶ τὰ πρῶτα κατεθάρ-
ρουν, καὶ διὰ σέ μοι καὶ κρότοι καὶ ἔπαινοι καὶ τὸ εἶναί τι
δοκεῖν ἐν τοῖς λέγουσι, πολλοῖς τε οὖσι καὶ θαυμασίοις.
Τούτων δὲ ὧν νῦν ἠτησάμην καὶ ὑπὲρ ὧν πρόσειμί σοι
καθ' ἑκάστην ἡμέραν καὶ ὥραν, μηδὲν μάτην ὑπῆρχθαί μοι
μηδὲ ἀτέλεστον μηδὲ ἀνεμιαῖον καὶ ἄκαρπόν ποτε ποι-
ήσῃς, ὦ παρθένε καὶ μάρτυς, ἢ καὶ πάντοτε τῶν ἐμῶν ἐμέ-
λησέ τε καὶ μέλει καὶ μελήσει.

put to rest every sorrow and every disturbance. Relieve me also, thrice-blessed one, of the grief which now affects me, by putting a stop to the frenzy and rage against me of the dog, the bear-pig,[161] the lowborn and boorish <bishop> Porphyrios,[162] since this man, having been born of humble and nameless parents, as the result of unlawful fornication, is the offspring of hunger and poverty. This most deplorable era has made him into someone with apparent substance and power and, by doing so, has diminished every free and wellborn person, elevating <in their place> every thief, fugitive, and grave robber.

Along with these requests, O virgin <Thekla>, grant in   4 addition that I may be seen once again on the holy step of the holy bema of this church, proclaiming that which is right [i.e., scripture] as well as speaking on many other topics on which one customarily speaks in churches; and especially concerning you, the most beautiful firstfruit of the Church after the apostles, or even among the apostles themselves. Grant also that I may be seen again to bring to harvest that which is my wont, namely, the persuasion of my listeners and their respect, the progress of the congregation, and the increase of faith and piety. For, as you know, I put my trust from the beginning in that gift of teaching which was mine because of you, and it is also because of you that applause and acclamation have come to me, as well as my reputation among the orators, who are as numerous as they are admirable. These prayers I have now offered to you and for their sake I come before you every hour of each day. Make it that none of them be ever offered by me in vain, without effect and without completion or fruit, O virgin and martyr, to whom my affairs have always been a concern, are now, and also shall be.

Κατορθώματα τῆς ἁγίας ἀποστόλου καὶ
πρωτομάρτυρος Θέκλας τὰ ἐν τῷ Μυρσεῶνι

1   Ἐτόλμησα, θειότατοι, τῆς ἁγίας ἀποστόλου καὶ καλλι-
παρθένου πρωτομάρτυρος ἐν γυναιξὶ Θέκλας τὴν ἀλη-
θινὴν εἰκόνα ἀποστεῖλαι τῇ ὑμῶν εὐσεβείᾳ, αὐτοκράτορες,
θαρρήσας καταιδεῖσθαι τὸ κράτος ὑμῶν παρ᾽ αὐτῆς τῆς
καταιδεσάσης τὸ πῦρ ἐν Ἰκονίῳ καὶ τοὺς ἀγρίους θῆρας καὶ
τοὺς ταύρους τοὺς πικροτάτους ἐν Ἀντιοχείᾳ, καθὼς καὶ τὰ
ὑπομνήματα αὐτῆς περιέχει. Ἵνα δὲ μὴ ἀμφίβολον γένηται
τοῖς ἀκούουσιν ὡς αὐτῆς εἴη τῆς ὁσίας ἀποστόλου ἡ εἰκὼν
αὕτη ἡ ἀληθινή, δίκαιον διηγήσασθαι ἅπερ μεμαθήκαμεν
παρὰ τῶν προγόνων ἡμῶν.

2   Αὕτη γὰρ ἡ ὁσία, δέσποτα, μετὰ τὸ διασωθῆναι καθὼς
εἴρηται, ἵνα συντόμως εἴπω, εἰσελθοῦσα ἐν Σελευκείᾳ μετὰ
τοὺς ἀγῶνας τοὺς μαρτυρικοὺς τὴν ἀποστολὴν ἐμπιστευ-
θεῖσα παρὰ τοῦ ἁγίου ἀποστόλου Παύλου τοῦ διδασκά-
λου αὐτῆς καὶ τῆς οἰκουμένης, εὗρε πάντας τοὺς ἐν Σε-
λευκείᾳ τῇ Ἰσαύρων μητροπόλει Ἕλληνας ὄντας καὶ

Appendix

Two Variant Endings to the Thekla Legend

The deeds of the holy apostle and protomartyr
Thekla that occurred in the Myrsineon[1]

I have ventured, O most pious emperors, to put forth for   1
your reverence the true image of the holy apostle, beauti-
ful virgin, and protomartyr among women Thekla, daring to
put to shame your own authority through her, who put to
shame the pyre in Ikonion and the savage beasts and raging
bulls in Antioch, just as the memoirs about her describe. So
that my listeners may not doubt this true icon is of her, the
holy woman apostle, it is right to relate what we have learned
from our forebears.

For, O ruler, after this holy woman had been saved as has   2
been described, to speak succinctly, she came to Seleukeia
after her contests as a martyr, having been entrusted with
the apostleship by the holy apostle Paul, her own teacher
and the world's. In Seleukeia, the metropolis of Isauria,

ἀνόμους κατ' ἐκείνους τοὺς χρόνους· καὶ σπεύσασα διδά-
ξαι τὸν λόγον τοῦ Θεοῦ, ὡς πιστευθεῖσα τὴν πόλιν, εὐγε-
νής τε οὖσα, ἔσπευσεν ἐν ἰδιάζουσι τόποις οἰκεῖν. Ὅθεν ἐν
τῷ σπηλαίῳ ᾤκει ἐν τῷ Μυρσεῶνι, ἔνθα νῦν ἡ πηγή, κατὰ
κυριακὴν δὲ ἐξῄει συλλέγειν βοτάνας καὶ ταύτας ἤσθιεν
ὅλην τὴν ἑβδομάδα.

3   Συνέβη δὲ κατ' ἐκεῖνον τὸν καιρὸν τὸν ἱερέα τῶν Ἑλλή-
νων τὸν ὄντα ἐν τῷ Καπετωλίῳ τῷ ἐν τῇ πόλει τῶν Σελευ-
κέων, ὅπερ νῦν ἐστιν Ἀποστολεῖον, ἐξ ἔθους γυμνάζεσθαι
ὡς ἐν ἰδιάζοντι τόπῳ ἔνθα διακινοῦσα ἡ ἁγία συνέλεγε τὰς
βοτάνας ἃς ἤσθιεν. Ἰδὼν δὲ αὐτὴν ὁ ἱερεὺς ἔφιππος ὤν,
πτερνίσας τὸν ἵππον, ἦλθε πλησίον αὐτῆς κακοσχόλως
νομίσας εἶναί τινα τῶν τυχουσῶν κορῶν· καὶ στραφεῖσα ἡ
ἁγία ἀπόστολος Θέκλα, δύναμιν ἐξ αὐτῆς πέμψασα, κατή-
νεγκεν αὐτὸν ἐκ τοῦ ἵππου, καὶ ἐτέθη ἄφωνος τρεῖς ἡμέ-
ρας καὶ τρεῖς νύκτας, ὥστε ἐν τοσούτῳ συναχθῆναι πᾶσαν
τὴν πατρίδα τῆς Ἰσαύρων χώρας περὶ αὐτόν, ἐκπληττομέ-
νους ἐπὶ τῷ γεγονότι· περιβόητος γὰρ ὑπῆρχε καὶ περι-
φανὴς ἐν τοῖς τότε χρόνοις ὁ ἱερεύς. Ὡς δέ ποτε ἀνέσφα-
λεν, ἐν νῷ λαμβάνει ὡς δῆθεν τῶν θεῶν αὐτοῦ οὖσαν καὶ
ὀργισθεῖσαν κατ' αὐτοῦ, καὶ ἐκ τούτου τοῦτον ὑπομεμενη-
κέναι τὸν κλιμακτῆρα. Κελεύει οὖν ἐνεχθῆναι ζωγράφον
καὶ λέγει αὐτῷ· "Ἄπελθε ζωγράφησόν μοι κόρην μικρο-
πρόσωπον, ὀκτωκαίδεκα ἐτῶν μικρῷ πλείω ἢ ἐλάττω, ἧς
τὸ κάλλος ἐξειπεῖν οὐ καταλαμβάνω, φοροῦσαν ἐνώτια
δίκοκκα καὶ περίθεμα κατὰ τοῦ τραχήλου," ὡς ἂν λήψῃ
κατὰ διάνοιαν, οὕτως γὰρ ἦν ὀφθεῖσα τῷ μιερεῖ ἡ ἁγία, ὅτε
καταπεσεῖν αὐτὸν ἐκ τοῦ ἵππου ἐποίησεν.

Thekla found that all people there at that time were impious and lawless pagans [lit. Greeks]. She hastened to teach the word of God, as one entrusted with the city, and (being of noble birth herself) she was zealous to live in a special place. For which reason she took up residence in a cave in the Myrsineon [i.e., the myrtle grove], where there is now a spring. On Sundays she used to go out to collect wild plants, which she would eat during the rest of the week.

At that time it so happened that the priest of the pagans 3 was on the Capitolium of the city of Seleukeia, which is now the Apostoleion. He was exercising here, as was his custom (because this was a secluded spot), precisely when the saint was passing through to collect the plants which she would eat. The priest, who was on horseback, spotted her, spurred on his horse, and approached her closely, believing—to his detriment—that she was one of the local girls. The holy apostle Thekla turned around and, unleashing her power, knocked him off his horse, so that he was rendered speechless for three days and three nights. He was in such a state that his whole fatherland, the region of Isauria, was concerned about him, <everyone being> shocked about what had happened. For the priest was well known and famous in those days. Once he recovered, he assumed that Thekla was one of his own gods and that she was angry with him, and that for this reason he had endured this ordeal. Therefore, he ordered that a painter be summoned and said to him, "Go and produce a painting for me of a girl with a small face, eighteen years old more or less, whose beauty I am incapable of describing, who wears earrings with double teardrops and a necklace around her neck," so that the artist might conjure up her image, since this is how the saint appeared to this unholy priest when she made him fall off his horse.

4   Ὡς δὲ ἐπεχείρησεν ὁ ζωγράφος τοῦ ζωγραφεῖν, ὁδηγη-
θεὶς τῇ συνεργίᾳ¹ τῆς δυνάμεως αὐτῆς, τὴν ἀληθινὴν εἰ-
κόνα γέγραφεν· ἐνεχθείσης δὲ αὐτῷ τῆς εἰκόνος, ἰδὼν αὐ-
τὴν ὁ μιερεὺς ἐπέγνω αὐτὴν οὖσαν, καὶ δυναμωθεὶς καὶ
ἀναστὰς περιεπτύξατο τὴν εἰκόνα καὶ ὡμολόγησεν αὐτὴν
εἶναι· ἣν καὶ ἀπεθησαύρισεν ἐν τῷ ἰδίῳ οἴκῳ, πιστεύσας τῷ
κηρύγματι τῆς ἀποστόλου. Ἥτις εἰκὼν κατήχθη ἐκ δια-
δοχῆς τῶν ἐξ αὐτοῦ γονέων εἰς Ἀχαιόν τινα ἰλλούστριον,
λόγιον φιλόσοφον, Χριστιανὸν ἄνδρα· καὶ μετὰ τὸ τέλος
αὐτοῦ ὤφθη ἡ εἰκὼν αὕτη ὅτε ἐκηδεύετο ὁ αὐτὸς μακά-
ριος Ἀχαιός· ὁ δὲ κατ᾽ ἐκεῖνον τὸν χρόνον παραμονάριος
τοῦ μαρτυρίου τῆς ἁγίας Θέκλας, μεταγραψάμενος τὴν
εἰκόνα ταύτην, ἔδωκε καὶ αὐτὸς εἰς μεταγραφὴν αὐτὴν
τοῖς βουλομένοις.

5   Ἵνα δὲ πάλιν ὁ λόγος ἐπὶ τὴν ἁγίαν ἀπόστολον ἀνα-
δράμῃ, κατάδηλος γέγονεν ἐξ ἐκείνου πολλοῖς, ὡς ἀνέρχε-
σθαι ἀσθενοῦντας καὶ ἰᾶσθαι παρ᾽ αὐτῆς. Παιδίον οὖν τι-
νος τῶν πρώτων τῆς πόλεως ὠχλεῖτο ὑπὸ πνεύματος
ἀκαθάρτου, παραλυτικὸν τυγχάνον· ἦν δὲ τρεφόμενον
παρά τινι γυναικὶ οἰκούσῃ ἐν τῇ ἐπαύλει τῇ πλησίον τοῦ
Μυρσεῶνος τοῦ πρὸ τῆς πόλεως· ὡς οὖν εἶδεν ἡ γυνὴ τότε
πολλὰς ἰάσεις παρὰ τῆς ἁγίας ἀποστόλου ἐπιτελουμένας,
ἀπήνεγκε τὸ παιδίον τὸ ἐνοχλούμενον ὑπὸ τοῦ ἀκαθάρτου
πνεύματος· ἡ δὲ ἁγία δεξαμένη τὸ παιδίον καὶ ἐναγκαλι-
σαμένη αὐτό, ποιήσασά τε τὴν ἐν Χριστῷ σφραγῖδα κατὰ
τῶν μελῶν αὐτοῦ καὶ εὐξαμένη αὐτῷ, ἀπέδωκεν ὑγιὲς τῇ
τροφῷ τὸ παιδίον, χαρίεν γινόμενον εἰς ὑπερβολήν· ἡ δὲ
τροφὸς αὐτοῦ λαβοῦσα αὐτὸ ταχέως ἀπήνεγκεν αὐτὸ τῇ

When the painter set about producing the painting, he 4
was under the guidance and assistance of Thekla's power,
and he produced a true likeness. And when the icon was
brought to the unholy priest, as soon as he saw it, he recog-
nized who she was, his strength was restored, he stood up,
embraced the icon, and declared it to be her. <This icon>
he treasured in his own house, and he became a believer in
the preaching of the apostle <Thekla>. This same icon was
passed down through inheritance from his parents, to a cer-
tain *illoustrios* [i.e., senator] Achaios, a learned philosopher
and a Christian.[2] And after his death, this very icon was on
display when the same blessed Achaios was buried. And the
administrator of Saint Thekla's shrine at that time made a
copy of this icon and himself gave it to those who wanted to
make copies.

In order that once again the story may return again to the 5
holy apostle <Thekla>, it became clear to many people as a
result of this that the sick should go up to her and be healed
by her. Thus a small child of one of the city's leading fami-
lies was afflicted by an unclean spirit and became paralyzed.
He was cared for by a woman living in a country house near
the Myrsineon, outside the city. When the woman saw that
many cures were being worked by the holy apostle <Thekla>,
she took to her the child afflicted by the unclean spirit. The
saint received the child, embraced him, and made the seal of
Christ over his limbs. After praying over him, she gave the
child back to the nurse healthy and rejoicing exuberantly.
And his nurse took him and brought him quickly to his

μητρὶ αὐτοῦ· καὶ ἐκπλαγεῖσα ἡ μήτηρ τοῦ παιδίου, λα-
βοῦσα πάσας τὰς συγγενίδας αὐτῆς καὶ συγχαρεῖσα ἐπὶ
τῷ θαύματι, ἀπήγαγε πρὸς αὐτήν, ἡ δὲ ἁγία μετὰ σπουδῆς
ἐξέθετο αὐταῖς τὸ εὐαγγέλιον τοῦ Θεοῦ, ὅπερ ἦν πιστευ-
θεῖσα παρὰ τοῦ ἁγίου ἀποστόλου Παύλου.

6   Συνέβη δὲ τὸν πατέρα τοῦ ἰαθέντος παιδίου ἐν Ἀντιο-
χείᾳ εἶναι ὅτε ἐθηριομάχει ἡ ἁγία ἀπόστολος Θέκλα·
γράψασα δὲ ἡ γαμετὴ αὐτοῦ ἐν Ἀντιοχείᾳ μετὰ σπουδῆς
ἤγαγεν αὐτόν, καὶ παρακαλέσας θεάσασθαι τὴν ἁγίαν
καλλιπάρθενον καὶ πρωτομάρτυρα καὶ ἀπόστολον Θέ-
κλαν, ἐπέγνω καὶ ἠρώτησεν αὐτήν· "Οὐχὶ σὺ εἶ ἡ θηριο-
μαχήσασα ἐν Ἀντιοχείᾳ;" Ἡ δὲ ἔφη· "Ναί." Ὁ δέ· "Καὶ
πῶς," φησί, "διέφυγες τοὺς ἀγρίους θῆρας ἐκείνους καὶ
τοὺς ταύρους τοὺς πικροτάτους οἷς συνεδέθης, καὶ ἐνθάδε
ἥκας;" Ἡ δὲ ἀπόστολος λέγει καὶ αὐτῷ τὸ εὐαγγέλιον τοῦ
Θεοῦ, καὶ πείσασα αὐτὸν Χριστιανὸν γενέσθαι, γράψασα
ἐν Ἀντιοχείᾳ τῷ² ἁγίῳ ἀποστόλῳ Πέτρῳ καὶ ἀναγοῦσα
ἐκεῖθεν ἕνα τῶν πρεσβυτέρων—ἦν γὰρ ἐκκλησία λοιπὸν
ἐκεῖ, ὅτι ἐν Ἀντιοχείᾳ πρώτως κατηγγέλθη ὁ λόγος τοῦ
Κυρίου ἡμῶν Ἰησοῦ Χριστοῦ, τοῦ Υἱοῦ τοῦ Θεοῦ καὶ Θεοῦ
ἡμῶν, κατὰ τὰ γεγραμμένα ἐν ταῖς Πράξεσι τῶν ἁγίων
ἀποστόλων—τότε ἐλθὼν ὁ πρεσβύτερος ἀπὸ Ἀντιοχείας
ἐβάπτισε τὸν πατέρα τοῦ παιδίου καὶ πάντα τὸν οἶκον
αὐτοῦ συνευδοκίᾳ τοῦ ἁγίου Πνεύματος, καὶ δεδωκότος
τοῦ πατρὸς τοῦ παιδίου τοῦ ἰαθέντος μέρος τοῦ οἴκου
αὐτοῦ, διέγραψεν ἡ ἁγία ἀπόστολος ἅμα τῷ πρεσβυτέρῳ
καὶ ἔκτισε τὴν ἐκκλησίαν, καὶ ἐξ ἐκείνου ἐχρημάτισεν ἡ
ἐκκλησία τῆς ἁγίας Εἰρήνης, καὶ ἐφωτίσθη τὸ πλέον τῆς

mother. The child's mother was astonished, and after gathering all her female relatives she rejoiced with them in this miracle, and she led them off to Thekla. And, with zeal, the saint explained to these women the Gospel of God, which had been entrusted to her by the holy apostle Paul.[3]

It so happened that the father of the boy who was healed 6 had been in Antioch when the holy apostle Thekla fought the beasts <in the arena>.[4] His wife, writing to him <while he was still> in Antioch, <thus> brought him <home> in haste; after he asked to see the holy and beautiful virgin protomartyr and apostle Thekla, he recognized her and inquired, "Aren't you the woman who fought the beasts in Antioch?"[5] And she said, "Yes." And he said, "How did you escape those savage beasts and those raging bulls to which you were yoked? And how did you come here?" And the apostle <Thekla> told him, too, about the Gospel of God, and she persuaded him to become a Christian. She wrote to the holy apostle Peter in Antioch and brought one of his priests from there <to Seleukeia>—for, there was already a church there <in Antioch>, because it was in Antioch that the word of our Lord Jesus Christ, the son of God and our God, was first proclaimed, according to the account written in the Acts of the holy apostles.[6] Then the priest came from Antioch and baptized the child's father and his whole household with the approval of the Holy Spirit.[7] After the father of the healed child offered a portion of his house, the holy apostle <Thekla>, together with the priest, designed and built the church. As a result, the church took the name of holy Peace [Gk. *Eirene*] and most of the city was baptized

πόλεως ἐν Χριστῷ Ἰησοῦ τῷ Κυρίῳ ἡμῶν, τῷ φωτίσαντι
τοὺς ὀφθαλμοὺς [Ephesians 1:18] τῆς διανοίας τοῦ καλλι-
νίκου κράτους ὑμῶν.

7 Ἀνελθοῦσα δὲ ἐν τῷ ὄρει τῷ καλουμένῳ Καλαμεῶνι ἤτοι
Ῥοδίωνι, εὑροῦσα σπήλαιον ᾤκησεν ἐν αὐτῷ ἐπὶ ἔτη ἱκανά.
Καὶ μαθοῦσαί τινες τῶν εὐγενίδων γυναικῶν περὶ τῆς
παρθένου Θέκλας ἀπήεσαν πρὸς αὐτὴν καὶ ἐμάνθανον τὰ
λόγια τοῦ Θεοῦ παρ' αὐτῆς, καὶ πολλαὶ ἐξ αὐτῶν ἀπετάξα-
ντο καὶ συνῴκησαν αὐτῇ, λοιπὸν δὲ καὶ φήμη ἀγαθὴ περὶ
αὐτὴν ἐγένετο, καὶ ἰάσεις ἐπετέλει· τοὺς γὰρ ἀσθενεῖς ἀπο-
φέροντες, πρὶν τὴν θύραν τοῦ σπηλαίου ἀνοῖξαι, θᾶττον
τὰ νοσήματα ἐδραπέτευον· οἱ δὲ δαιμονιῶντες πλησίον
γενόμενοι ἰῶντο, ἀποφευγόντων ἀπ' αὐτῶν τῶν ἀκαθάρ-
των πνευμάτων, ἔκραζον γὰρ λέγοντα· "Τίνος χάριν πρὸ
καιροῦ ἡμᾶς βασανίζεις [Matthew 8:29], ὦ παρθένε;" Καὶ
ἅπαξ εἰπεῖν, οὐκ ἔτι τίς τινος ἰατροῦ χρείαν εἶχε περὶ οἱου-
δήποτε πάθους ἢ νοσήματος· καὶ γὰρ ἐξ ἄλλων ἐνοριῶν
καὶ πατρίδων τοὺς νοσοῦντας φέροντες προσήγαγον αὐτῇ
καὶ ἰῶντο παραχρῆμα καὶ ὑπέστρεφον εἰς τοὺς οἴκους
αὐτῶν ὑγιεῖς, χαίροντες καὶ εὐλογοῦντες καὶ δοξάζοντες
τὸν Θεόν. Οἱ οὖν ἰατροὶ τῆς Σελευκέων πόλεως ἠσθένη-
σαν, τὸν πόρον αὐτῶν ἀπολέσαντες, καὶ φθόνῳ καθίσταν-
το κατὰ τῆς ἁγίας παρθένου καὶ δούλης τοῦ Θεοῦ, καὶ ἀμη-
χανία τούτοις εἶχε καὶ διαβολικὴ ἐνθύμησις.

8 Προκλιανὸς δέ τις ἦν, πρῶτος τῆς Σελευκέων πόλεως,

in the light of Christ Jesus our Lord, the very One who *enlightened the eyes* of the mind of your triumphant power, <O emperors>.[8]

After ascending the mountain which is called Kalameon 7 or Rhodion, Thekla found a cave and lived in it for many years. When some noble women learned about the virgin Thekla, they went to her and learned from her the teachings of God, and many of them renounced the world and took up residence with her. Later good reports concerning her began to spread, and she accomplished healings. For people used to bring their sick, and before they even opened the door of her cave, their illnesses speedily took flight. As soon as demoniacs approached, they were healed, and as the unclean spirits fled from them *they cried out, saying,* "Why *are you torturing us before our time,* O virgin?" In a word, no one thereafter had any need for a doctor to treat any injury or illness whatsoever. And even from other localities and lands they brought the sick to her, and immediately they were healed and returned healthy to their homes, rejoicing, praising, and glorifying God. The doctors of the city of Seleukeia were weakened, having lost their livelihood, and they became jealous of the holy virgin <Thekla> and servant of God, and were gripped by a sense of helplessness along with a diabolical desire <for revenge>.

A certain Proklianos, who was a leading man in Seleukeia, 8

ἔχων γυναῖκα ὀνόματι Ἀνδρόκλειαν καὶ θυγατέρα ὀνόματι
Θεονίλλαν· αὕτη ἡ θυγάτηρ αὐτοῦ ἐκ γαστρὸς μητρὸς
παράλυτος χεῖρων καὶ ποδῶν ἐγεννήθη· οὖσα οὖν ὡς ἐτῶν
εἰκοσιδύο οὐκ ἠδύνατο οὔτε τοῖς ποσὶ περιπατῆσαι οὔτε
ταῖς χερσὶν ἅψασθαί τινος. Πολλὴ οὖν ἀμηχανία εἶχε τοὺς
γονεῖς αὐτῆς λέγοντας· "Τίνι ἐάσωμεν τὰ ὑπάρχοντα
ἡμῶν;" Μονογενῆ γὰρ εἶχον αὐτήν. Μαθοῦσα δὲ ἡ Ἀνδρό-
κλεια ὅτι θεραπείας πολλὰς ποιεῖ ἡ παρθένος Θέκλα ἐν τῷ
ὄρει, λέγει τῷ ἀνδρὶ αὐτῆς· "Κύριε, φοβερόν σοι πρᾶγμα
ἔχω εἰπεῖν. Ἔμαθον γὰρ ὅτι ἡ παρθένος ἡ ἐν τῷ ὄρει κατα-
μένουσα πολλὰς ἰάσεις ποιεῖ· δεῦρο, ἀπαγάγωμεν καὶ ἡμεῖς
τὴν θυγατέρα ἡμῶν ὅπως καὶ αὐτὴ δι᾽ αὐτῆς ἰαθῇ." Ὁ δὲ
Προκλιανὸς λέγει αὐτῇ· "Οἶδας, κυρία μου, ὅτι ἐγὼ πρῶ-
τός εἰμι τῆς πόλεως καὶ πτοοῦμαι ἀπελθεῖν· νομίζω γάρ,
αὕτη τῶν Γαλιλαίων τυγχάνει, καὶ ἐὰν ἀπέλθω πρὸς αὐτήν,
μανθάνει ἡ πόλις καὶ πυρί με παραδίδωσιν· ἀλλὰ κάθισον
αὐτὴν ἐν δίφρῳ καὶ βαστάσουσι δύο παῖδες καὶ νυκτὸς
ἀπαγάγετε αὐτήν."

9   Ἐποίησε δὲ οὕτως ἡ γυνὴ αὐτοῦ καὶ ἀπήγαγε τὴν θυ-
γατέρα αὐτῆς καὶ ἔκρουσεν ἐν τῷ σπηλαίῳ καὶ ἤνοιξε τὴν
θύραν καὶ ἐπηρώτησε· "Τίς ἐστι Θέκλα ἡ παρθένος;" Ἡ
δὲ εἶπεν· "Ἐγώ εἰμι." Καὶ ἐκβαλοῦσα ἡ γυνὴ τὴν θυγατέρα
αὐτῆς ἐκ τοῦ δίφρου ἔρριψεν εἰς τοὺς πόδας αὐτῆς καὶ
ἑαυτὴν μετ᾽ αὐτῆς καὶ ἀνέκραξε λέγουσα ὅτι· "Καὶ ταύτην
ἐλέησον ὡς πολλοὺς ἠλέησας." Καὶ ἐπηρώτησεν αὐτὰς εἰ
ἔχουσι τὸ ἅγιον βάπτισμα, καὶ ἀπεκρίθησαν λέγουσαι ὅτι·
"Βίου ἑλληνικοῦ τυγχάνομεν." Καὶ λέγει αὐταῖς ἡ ἁγία
παρθένος ὅτι· "Ἐγὼ οὐκ εἰμὶ ἡ ἰωμένη ἀλλὰ Θεὸς ὁ ἐν

had a wife named Androkleia, and a daughter Theonilla. His daughter had been paralyzed in both hands and feet from birth. Now at the age of twenty-two, she was not able to walk on her feet, nor to hold anything in her hands. Her parents, experiencing a great sense of helplessness, said, "To whom will we leave our property?" For their daughter was their only child. Androkleia, upon learning that the virgin Thekla was performing many healing cures on the mountain, said to her husband, "Sir, I have an awesome proposal to make to you, for I learned that the virgin who lives on the mountain is performing many healings. Come, let us also take our daughter, so she, too, may be healed by her." Proklianos replied, "My lady, you know I am a leading man of the city and I am loath to go: for I think she is one of the Galileans, and if I go to her, the city will learn of it and they will deliver me to the flames. But place her in a litter, and let two slaves carry her, and during the night take her <to Thekla>."

His wife did just this: she took her daughter away <to Thekla>, knocked on <the door of> the cave, opened the door, and asked, "Which of you is the virgin Thekla?." And she said, "I am." The woman pulled her daughter from the litter, threw herself <and her daughter> at <Thekla's> feet, and cried out, saying, "Have mercy upon her, too, as you have had mercy on many <others>." Thekla asked them whether they had received holy baptism. And they replied, "We happen to be pagans [lit. Greeks]." The holy virgin said to them, "It is not I who heals, but God *who dwells on high*

ὑψηλοῖς κατοικῶν καὶ τὰ ταπεινὰ ἐφορῶν [Psalm 112[113]:5–
6]· εἰ οὖν θέλεις ἵνα ἡ θυγάτηρ σου ἰαθῇ, λάβετε τὴν ἐν
Χριστῷ σφραγῖδα, καὶ ἐὰν μὴ ἐκ τοῦ λουτροῦ τῆς ἀφθαρ-
σίας ἐξέλθῃ περιπατοῦσα καὶ ταῖς χερσὶν ἁπτομένη, ὀφείλω
δεύτερον καῆναι." Ἡ μήτηρ δὲ τῆς κόρης, τὸ μὲν πόθῳ τὸ
δὲ φόβῳ προσέχουσα, τὴν θυγατέρα αὐτῆς κατεδέξατο
λαβεῖν τὴν ἐν Χριστῷ σφραγῖδα, καὶ προσπεσοῦσαι τῇ
ἁγίᾳ εἶπον· "Εἰ ἄξιαί ἐσμεν, τὸ θέλημα τοῦ Κυρίου γενέ-
σθω." Καὶ ἀποταξάμεναι τῷ διαβόλῳ καὶ συνταξάμεναι τῷ
Κυρίῳ ἡμῶν Ἰησοῦ Χριστῷ, κατήχησεν αὐτὰς διδάξασα
τὸ εὐαγγέλιον τοῦ Θεοῦ, καὶ χρίσασα ἔλαιον ἀγαλλιάσεως
[Psalm 44[45]:7; Hebrews 1:9] ἐβάπτισεν εἰς τὸ ὄνομα τοῦ
Πατρὸς καὶ τοῦ Υἱοῦ καὶ τοῦ ἁγίου Πνεύματος [Matthew
28:19]· καὶ ἐξῆλθεν ἐκ τοῦ βαπτίσματος Θεονίλλα καὶ τοῖς
ποσὶ περιπατοῦσα καὶ ταῖς χερσὶν ἁπτομένη, καὶ οὐκ ἔτι
τοῦ δίφρου ἔχρηζεν ἀλλὰ τοῖς ποσὶ περιπατοῦσα ἀπῄει εἰς
τὸν οἶκον αὐτῆς· καὶ μαθόντες οἱ τῆς πόλεως ἀνέκραξαν
λέγοντες· "Μέγας ὁ Θεὸς τῶν Χριστιανῶν ὁ ποιῶν μεγάλα
θαυμάσια" [Psalm 135[136]:4].

10   Μαθόντες οὖν οἱ ἰατροί, ὡς προείρηται, τῆς Σελευκέων
πόλεως καὶ τοῦτο, ἔτι φθόνῳ καθίσταντο κατὰ τῆς δούλης
τοῦ Θεοῦ καὶ παρθένου Θέκλας· καὶ μιᾷ τῶν ἡμερῶν συν-
έδριον ποιήσαντες συνεβουλεύσαντο ὅτι· "Ἱέρεια τυγχά-
νει τῆς Ἀρτέμιδος, καὶ ἀκούει αὐτῆς ὡς παρθένου οὔσης,
καὶ εἴ τι αἰτεῖται παρ' αὐτῆς παρέχει αὐτῇ· δεῦτε οὖν, λά-
βωμεν ἄνδρας λουπαίους καὶ μεθύσωμεν αὐτοὺς καὶ δώ-
σωμεν αὐτοῖς χρυσίον ἱκανόν, καὶ ἄλλο δὲ ταξώμεθα
αὐτοῖς, καὶ ἀπελθόντες μιάνωσιν αὐτὴν καὶ οὐκ ἔτι αὐτῆς

and looks down upon the humble. If you want your daughter to be healed, receive the seal of Christ <in baptism>; and if, following upon the <baptismal> bath of incorruptibility, she does not leave here <on her own two feet> walking and making use of her hands, let me be set on fire a second time." The girl's mother, torn between desire and fear, agreed that her daughter should receive the seal in Christ. Falling down before the saint, they both said, "If we are worthy, may the Lord's will be done." After they renounced the devil and submitted themselves to our Lord Jesus Christ, Thekla gave them instruction, teaching them the Gospel of God and, *anointing them with oil of gladness,*[9] *she baptized them in the name of the Father, the Son, and the Holy Spirit.* And Theonilla emerged from baptism walking on her feet and with good grip in her hands. No longer did she need the litter, but instead she went down to her house, walking on her feet. And when the inhabitants of the city learned of this, they cried out, "Great is the God of the Christians *who performs great miracles!*"

When the doctors of the city of Seleukeia also learned of this <miracle>, as I said above, they became jealous of the servant of God, the virgin Thekla. One day, holding a council, they conspired as follows: "She is a priest of Artemis, and the goddess listens to her because she is a virgin, and when she asks anything of Artemis, the goddess provides it for her. Come, therefore, let us find some licentious men, get them drunk, and give them a lot of gold. Then, let us order them to do something else: namely, going <to Thekla> let them defile her, and Artemis will no longer listen to her."

10

ἀκούει ἡ Ἄρτεμις." Ἐποίησαν οὖν τοῦτο, καὶ ἀπελθόντες ἐν τῷ σπηλαίῳ οἱ πεμφθέντες παρὰ τῶν ἰατρῶν ἐπάταξαν τὴν θύραν τοῦ σπηλαίου καὶ ἤνοιξεν ἡ ἁγία παρθένος Θέκλα θαρροῦσα τῷ Θεῷ (προέγνω γὰρ τὸν δόλον), καὶ λέγει αὐτοῖς· "Τί θέλετε, τέκνα;" Οἱ δὲ λέγουσιν αὐτῇ· "Τίς ἐστι Θέκλα;" Αὕτη δὲ εἶπεν· "Ἐγώ εἰμι, καὶ τί θέλετε;" Ἐκεῖνοι δὲ εἶπαν· "Ἡράσθημέν σου." Ἡ δὲ εἶπεν· "Ἐμοῦ τῆς γραός;" Οἱ δὲ λέγουσιν· "Οὐκ ἐνδέχεται μὴ πρᾶξαι ἡμᾶς ὃ θέλομεν." Καὶ λέγει αὐτοῖς ἡ ἁγία παρθένος· "Ἀναμείνατε, τέκνα, καὶ ὄψεσθε τὸ ἔλεος τοῦ Θεοῦ."

11   Ἡ δέ, κρατουμένη παρ' αὐτῶν, ἀναβλέψασα εἰς τὸν οὐρανὸν εἶπεν· "Ὁ Θεὸς ὁ φοβερὸς καὶ ἀθάνατος, ὁ ῥυσάμενός με ἐκ πυρός, ὁ μὴ παραδούς με Θαμύριδι, ὁ μὴ παραδούς με Ἀλεξάνδρῳ, ὁ ῥυσάμενός με ἐκ θηρίων, ὁ πανταχοῦ συνεργήσας μοι καὶ τὴν δούλην σου δοξάσας, λύτρωσαί με ἐκ τῶν ἀνόμων τούτων καὶ μή με ὑπόδειγμα γυναικῶν εἰς τὸ γῆράς μου ποιήσῃς ἀλλὰ τελείωσον τὴν παρθενίαν μου." Καὶ εὐθέως φωνὴ ἦλθε λέγουσα ἐξ οὐρανοῦ· "Θέκλα, ἀληθινὴ δούλη μου, μὴ φοβηθῇς, μετὰ σοῦ γάρ εἰμι [Isaiah 41:10, 43:5], ἀνάβλεψον ὅπου ἠνέῳκται ἔμπροσθέν σου ἡ πέτρα, ἐκεῖ γὰρ οἶκος αἰώνιός σοι γενήσεται κἀκεῖ τὴν ἐπίσκεψίν σου ποιήσομαι." Προσχοῦσα δὲ εἶδε τὴν πέτραν ἀνεῳχθεῖσαν στομίου μεγάλου καὶ³ κατὰ τὸ λεχθὲν αὐτῇ ἐποίησε καὶ ἀποφυγοῦσα δρομαίως ἦλθεν εἰς τὴν πέτραν, καὶ εὐθέως συνεκλείσθη καὶ οὔτε ἁρμὸς ἐφάνη.

12   Ἐκεῖνοι δὲ ἐπελάβοντο τῶν ἱματίων αὐτῆς, καὶ μέρος τι

They did this, and those men sent by the doctors went to the cave. They knocked on the cave door, and the holy virgin Thekla, taking courage in God, opened it, because she had foreknowledge of their trickery. Then she said to them: "What do you want, children?" They said to her, "Which of you is Thekla?" She said, "I am. What do you want?" They said, "We desire you passionately." She said, "Me, an old woman?" They said, "We must do what we want." The holy virgin said to them: "Wait a while, children, and you will see the mercy of God."

While being seized by them, she looked up to heaven and 11 said, "O God who is fearsome and immortal, who saved me from the fire, who did not hand me over to Thamyris, who did not hand me over to Alexander, who saved me from the beasts, who supported[10] me everywhere and glorified your servant—deliver me from these lawless men and do not make me into a cautionary tale for women in my old age, but preserve my virginity!" Immediately, a voice came down from heaven, saying, "Thekla, my true servant, *do not fear, for I am with you,* look at where the rock has opened in front of you, for therein will be your eternal home and therein will I provide protection for you." As she looked, she saw the rock opening up with a wide mouth, and she did as she had been told. She made a quick escape and entered the rock, and immediately it closed up again and not even a crack could be seen.

Those men grabbed at her clothes, and a piece of her 12

τοῦ μαφορίου αὐτῆς ἀπέμεινεν ἔξωθεν πρὸς πίστωσιν τῶν ὁρώντων, καὶ οὕτως ἐτελειώθη ἡ τοῦ Θεοῦ παρθένος πρωτομάρτυς καὶ ἀπόστολος Θέκλα ἡ τοῦ Ἰκονίου. Ἦν οὖν ἐτῶν δέκα καὶ ὀκτὼ ὅτε ἤκουσε τῆς διδασκαλίας Παύ-λου, ἔζησε δὲ μετὰ τῆς ὁδοιπορίας καὶ ἀσκήσεως αὐτῆς ἄλλα ἑβδομηκονταδύο, καὶ ἐτελειώθη ἐτῶν ἐνενήκοντα, εἰς δόξαν τοῦ Πατρὸς καὶ τοῦ Υἱοῦ καὶ τοῦ ἁγίου Πνεύ-ματος, εἰς τοὺς αἰῶνας τῶν αἰώνων. Ἀμήν.

maphorion (i.e., veil) remained outside for the assurance of the onlookers. In this way the virgin protomartyr of God, the apostle Thekla of Ikonion, died. She was eighteen years old when she heard the teaching of Paul. She lived in constant journeying and asceticism for another seventy-two years and died in her ninetieth year, to the glory of the Father, Son, and Holy Spirit, forever and ever, amen.

ANONYMOUS MIRACLES
OF THE PEGE

Διήγησις περὶ τῆς συστάσεως τῶν ἐν τῇ Πηγῇ τῆς Θεοτό-
κου ναῶν καὶ περὶ τῶν ἐν αὐτοῖς γενομένων θαυμάτων.

I

1 Τὰ κατὰ διαφόρους καιροὺς γεγονότα παρὰ τῆς Θεομή-
τορος θαύματα ἐν τῷ ταύτης τεμένει τῷ κατὰ τὴν ἱερὰν
ἱδρυμένῳ Πηγήν, ὃ πηγὴν ἄν τις θαυμάτων καὶ ἰαμάτων
εἰκότως ἀκένωτον ὀνομάσειε, συνεχεῖς αὐτῶν ἀνελλιπεῖς
δὲ μᾶλλον τὰς ἀναδόσεις ποιουμένων,[1] θείας ἐπισκιαζού-
σης τῷ τόπῳ καὶ χάριτος καὶ δυνάμεως, διελθεῖν κατὰ μέ-
ρος βουλόμενος πῶς τε καὶ παρὰ τίνων ὁ περικαλλὴς καὶ
μείζων ναὸς κατεσκεύασται καὶ τὰ περὶ αὐτὸν ὑποβεβη-
κότα εὐκτήρια, περίσεμνα καὶ αὐτὰ καὶ τὸ κάλλος οἷα,
προσῳκοδόμηται, ἀναβάλλομαι δεδοικώς, μὴ λόγον ἔχων
τῶν τεράτων κατάλληλον μηδὲ νοῦν τηλικοῦτον καὶ δι-
αρκῆ γλῶτταν, ὡς τά γε ἀπερίληπτα τῷ ὄντι περιλαβεῖν καὶ
μὴ πόρρω σκοποῦ βαλεῖν, ἀλλὰ κατ᾽ ἀξίαν ὑμνῆσαι καὶ τοῖς
ἀκροαταῖς διηγήσασθαι.

2 Ὅμως ἐπείπερ πᾶσα γλῶσσα καὶ ἀνθρώπινος νοῦς
παρ᾽ αὐτῆς καὶ εἰς αὐτὴν γινομένων καὶ γεγονότων οὐκ

Narrative concerning the establishment of the churches at the Spring of the Theotokos, and the miracles which occurred in them.

Chapter 1

It has long been my desire to describe in detail the miracles wrought by the Mother of God at various times in her sanctuary established at the Holy Spring. One could reasonably call it an inexhaustible source of miracles and healing cures, which issue forth continuously, or rather unceasingly, as both divine grace and power overshadow the place. It is my wish to describe how and by whom the larger and most beautiful church was constructed, as well as how the additional secondary chapels (which are also very noble and of similar beauty) were built. I have kept postponing my composition, however, fearing that I possess neither the narrative skill to describe the miracles, nor so great a mind nor a tongue with sufficient endurance to encompass truly incomprehensible matters, and not overshoot the mark, but rather praise them worthily and describe them to my listeners.

I realize, however, that no tongue or human mind is capable of <describing the miracles> which are being and have been wrought by her and at her spring. For her affairs are

ἐξαρκεῖ, ὅτιπερ καὶ ταῖς ἀγγελικαῖς τάξεσι καὶ δυνάμεσι τὰ
κατ᾽ αὐτὴν ἄγνωστα ἢ καὶ ὀλίγαις τισὶ γνώριμα καὶ κατά-
δηλα, ἃς κοινωνοὺς τῆς ἀρρήτου καθόδου ὁ ταύτης Υἱὸς
καὶ Δεσπότης πεποίηται, ὅπως τε ἀστενοχωρήτως ἐγέν-
νησε τὸν ἀχώρητον, τὴν παρθενίαν καὶ μετὰ τὸν τόκον
διατηρήσασα, καὶ σάρκα βροτείαν τῷ ὑπὲρ πᾶσαν φύσιν
ἐδάνεισεν, οὐδὲν θαυμαστόν, ἄν τε λόγος οὐκ ἐξισχύῃ
πρὸς τὰ τελούμενα, ἄν τε μυρία καὶ παράδοξα ᾖ τὰ τερα-
τουργούμενα διὰ τῆς ταύτης ἐπισκιάσεως· καὶ συγγνώμων
πᾶς ἔσται πάντως ἀκροατὴς τοῖς κατατολμῶσι τῶν τηλι-
κούτων· τοιγαροῦν ἁπλοϊκὴν καὶ πᾶσι καταληπτὴν τὴν
διήγησιν ποιησόμεθα, τὸ τοῦ λόγου περιελόντες κομψόν,
ἵνα καὶ ἰδιῶται καὶ οἱ τέχναις προσκείμενοι καὶ οἱ ἐν ἀγροῖς
διαιτώμενοι μηδὲν πρὸς τὴν² ἀκρόασιν δυσχεραίνωσιν,
ἀλλὰ μᾶλλον ταύτην ῥᾳδίως ἐνωτιζόμενοι προστρέχωσι
προθύμως τῇ ταύτης πηγῇ καὶ τῶν θαυμάτων ἀπὸ τῶν
ἔργων τὴν δύναμιν ἀρυόμενοι καὶ τῶν σπουδαζομένων
τυγχάνοντες μεγαλύνωσι μὲν διαρρήδην τὴν Θεομήτορα,
δοξάζωσι δὲ καὶ τὸν ταύτης υἱὸν τὸν ἐν τοιούτοις θαύμασι
δοξαζόμενον καὶ βοηθήσαντα τῇ χείρονι φύσει διὰ τῆς
κρείττονος. Ἀρκτέον τοίνυν ἐντεῦθεν τῆς διηγήσεως.

unknown even to the angelic orders and powers, or rather are known and made manifest only to a few of them, whom her Son and Lord caused to share in his ineffable descent (i.e., Incarnation), and the knowledge of how she gave birth without constriction to the One who is not contained, preserving her virginity even after the birth, and how she granted human flesh to One who is superior to every nature. It is no wonder then if words are insufficient to describe the events, even though the miracles wrought through her over-shadowing are myriad and wondrous. Consequently every listener will thus surely be tolerant of those who dare to undertake such an endeavor. Therefore I will make my account simple and understandable to all, avoiding subtle refinement of speech, so that even ordinary people and artisans and agricultural laborers will have no difficulties listening to it, but rather will comprehend it easily and eagerly run to her spring. And after drawing the power of her miracles from her deeds and obtaining the fulfillment of their wishes, may they explicitly magnify the Mother of God, and glorify her Son who is glorified through these miracles, and has helped the weaker nature through the stronger. But now let me begin my narrative.

2

1 Λέων ὁ οὕτω³ καλούμενος Μακέλλης πρὸ τοῦ εἰς τὴν
βασίλειον ἀνελθεῖν τοῦ κράτους περιωπὴν τυφλῷ περι-
τυχὼν κατὰ τὴν ὁδόν, τοῦτον ἐχειραγώγει διὰ γνώμης συμ-
πάθειαν. Καὶ ὅτε κατ' αὐτὸν⁴ τὸν τόπον τῆς ἱερᾶς ἐγεγόνει
πηγῆς, μήπω ὕδωρ ἐχούσης ἀλλὰ τέλμα τυγχανούσης βαθὺ
καὶ ἰλύϊ συγκεχωσμένης πολλῇ, δίψος οὐκ ἀνεκτὸν ὡς ἔοι-
κεν οἰκονομίᾳ Θεοῦ κατέλαβε τὸν πηρόν· καὶ ὃς ὕδωρ
ἐξῄτει καὶ κατηνάγκαζε τὸν βασιλέα ὑδρεύσασθαι καὶ τὴν
δίψαν παραμυθήσασθαι· κἀκεῖνος οἴκτῳ τῷ πρὸς τὸν πένη-
τα ἐφευρεῖν σπουδάζων τὸ αἰτηθὲν καὶ ἀγωνιῶν περὶ ὕδα-
τος εὕρεσιν, φωνῆς ἀοράτως λεγούσης ἀκήκοεν ἐγγύς·
"ἰδοὺ ὕδωρ, μὴ ἀγωνία." Καὶ ὁ βασιλεὺς αἰσθόμενος τῆς
φωνῆς πρὸς τὴν ἐπιτυχίαν τοῦ ζητουμένου ἠπείγετο· καὶ
μὴ δυνατὸς ὢν ἐπιγνῶναι τοῦτο καὶ ἐφευρεῖν διὰ τὸ καὶ ὕλῃ
τὸν τόπον συγκεκαλύφθαι καὶ ἰλὺν ἀνθ' ὕδατος εἶναι τὸ
ὑποκείμενον καὶ διαλογιζόμενος, τίς τε ἡ φωνὴ εἴη καὶ
ὅπου τὸ ὕδωρ, δὶς ἀκήκοε τῆς αὐτῆς, προστιθείσης αὐτοῦ
καὶ τοὔνομα καὶ τὸ μέλλον παραδηλούσης τῆς βασιλείας
ἀξίωμα· "Λέων," λεγούσης, "βασιλεῦ, ἐκ τοῦ πηλοῦ τοῦδε
λαβὼν καὶ τοῦ θολεροῦ ὕδατος, ἐπίχρισον τοὺς ὀφθαλμοὺς
[cf. John 9:11] τοῦ τυφλοῦ· ἐπιγνώσῃ γάρ, ἥτις εἰμὶ ἡ κατοι-
κοῦσα τὸν τόπον, ὡς ἂν μετὰ τοῦτο ἑτοιμάσῃς μοι οἶκον, εἰς
ὃν καὶ κατοικήσω, καὶ βοηθήσω πᾶσιν ἀνθρώποις τοῖς τοῦ-
τον καταλαμβάνουσι." Παραυτίκα οὖν πεισθεὶς τῇ προσ-
τάξει τῆς Θεομήτορος, τότε μὲν τῷ ὑποδειχθέντι πηλῷ
ὑγιῆ τῷ τυφλώττοντι τὴν ὅρασιν ἐνεποίησεν, ὥστε δοξάζειν

Chapter 2

Before Leo, the so-called Butcher,[1] rose to the pinnacle of imperial power, he happened to meet a blind man on the road, and out of a spirit of compassion began to guide him. When he had arrived at the site of the holy spring, which did not yet have clear water, but was a deep marsh and filled with mud, an unbearable thirst seized the sightless man, seemingly through God's plan. He asked for a drink and pressed the future emperor to draw water and assuage his thirst. In his pity for the poor man, Leo was eager to find what the man had requested and was anxiously trying to discover a source of water, when, although he could see no one, he heard a voice nearby saying, "Look, there's water here; don't worry!" When the future emperor heard the voice, he hastened to attain his goal. He was unable, however, to discover or find any water because the place was covered with slime, and because there was mud instead of water underneath it. As he was wondering whose voice it might be and where the water was, he twice heard the same voice, adding his name and predicting his future rank of emperor, saying, "Emperor Leo, if you take some of this mud and slimy water and *smear* it on *the* blind man's *eyes,* you will discover who I am who dwell in this place, so that afterward you may prepare a dwelling for me to live in, and I will help everyone who comes to it." Immediately obeying the injunction of the Mother of God, he then restored the blind man's vision with the mud that she indicated, so that everyone glorified

τὸν Θεὸν ἅπαντας τὸν καὶ πρότερον τὸν ἐκ γενετῆς τυφλὸν [John 9:1] ὀμματώσαντα κἀκείνῳ τὸ δεύτερον τὴν ἴασιν χαρισάμενον.

2 Μετὰ δέ τινας χρόνους τῆς βασιλείας λαβόμενος, τὸ μέχρι καὶ νῦν βλεπόμενον ὕπερθεν τῆς ἱερᾶς πηγῆς ᾠκοδόμησε Καταφύγιον, ταύτην πρὸ παντὸς πίστει ἀνακαθάρας ὡς εἰκὸς καὶ περιποιησάμενος· ᾧ τινες τῶν μετέπειτα καὶ προσθήκας ἐπετεχνήσαντο καὶ κάλλος περιεργότερον περιτεθείκασι καὶ ὡραιοτέραν ἐπήγαγον τὴν εὐπρέπειαν. Τοῦτο καὶ θαῦμα φρικτὸν καὶ τῆς βασιλικῆς ἀρχῆς προδήλωσις ἐναργής· ἡ Θεοτόκος γὰρ ἐν ταύτῳ καὶ βασιλέα τὸν Λέοντα προηγόρευσεν καὶ ὠμμάτωσε τὸν μὴ βλέποντα, δύο θαύματος ἐνεργείας κατὰ μίαν ἀποτελέσασα πρόσκλησιν καὶ ἀντὶ δίψους δωρησαμένη ὀφθαλμοὺς τῷ μὴ βλέποντι καὶ τῷ χειραγωγήσαντι Λέοντι φιλανθρωπίας καὶ οἴκτου βασιλείαν ἀντιδοῦσα ὁλόκληρον. Τοσοῦτον αὐτῇ καὶ τὸ τῆς μεγαλοδωρεᾶς καὶ τὸ τῆς φιλοτιμίας περίεστιν, ὡς, ἡνίκα ἄν τις τὸν αὐτῆς καταλάβῃ ναὸν καὶ τοῦ ὕδατος τῆς ἱερᾶς πηγῆς ἀπογεύσηται, τυγχάνειν τοῦ ποθουμένου καὶ τοῦ ἐνοχλοῦντος τάχος κουφίζεσθαι.

3

1 Τοιούτου τινὸς καὶ θεάματος καὶ ἰάματος καὶ Ἰουστινιανὸς ὁ μακαρίτης τετύχηκε βασιλεύς, εἰ καὶ μὴ ἐφ' ὁμοίου

God, who had previously given sight to the man *blind from birth,* and a second time granted healing to this man as well.

Some years later Leo gained the imperial power, and built ₂ the so-called Refuge (which can be seen even to this day) above the holy spring,² after clearing out the spring appropriately and taking care of it, with faith above all. Others who came later constructed additions to it and invested it with more elaborate beauty and made it even more magnificent. This episode with the blind man was thus both an awesome miracle and a clear prediction of his imperial rule; for the Theotokos at the same time foretold that Leo would be emperor and gave sight to a man who could not see. Accomplishing two miraculous actions with one invocation, she gave eyesight to the man who could not see instead of quenching his thirst, and she rewarded his guide Leo with an entire empire in return for his humanity and compassion. So great is her generosity and munificence that anyone who comes to her church and tastes the water of the holy spring obtains what he desires and is quickly relieved of his problem.

Chapter 3

The emperor Justinian of blessed memory³ was also the ₁ recipient of such a miraculous vision and cure, although not

τοῦ ἀρρωστήματος· περιπεσὼν γὰρ τῷ καλουμένῳ τῆς δυσουρίας νοσήματι καὶ μηδεμιᾶς παρὰ τῶν κατὰ τὴν ἡμέ-ραν ἰατρῶν ἀπολαύων ἰάσεως, ἀλλ᾽ ὀδύναις οὐ φορηταῖς συνεχόμενος, ἀκήκοε καὶ αὐτὸς φωνῆς λεγούσης κατὰ τοὺς ὕπνους· "Ἀδύνατόν σε ὑγείας μεταλαχεῖν, βασιλεῦ, εἰ μὴ τοῦ ἐμοῦ πίῃς ὕδατος." Ὁ δὲ μήτε τὸν φωνήσαντα διαγνοὺς μήτε τὸν τόπον εἰκάσαι καθ᾽ ὃν τὸ ὕδωρ ἐτύγχανε δυνη-θείς, πάλιν δι᾽ ἑτέρας νυκτὸς ἄλλης συνῆκε φωνῆς, τῆς Θεοτόκου ἐπιφανείσης ἀριδηλότερον καὶ οὕτω πως εἰπού-σης τρανότερον· "Πέμψον εἰς τὴν πηγήν μου καὶ λάβε ὕδωρ καὶ πίε καὶ ὑγιάνῃς."

2   Ὁ δὲ ἅμα τῷ τοῦ ὕπνου διαναστῆναι ὕπαρ οὐκ ὄναρ εἶναι τὸ ἀκουτισθὲν στοχασάμενος, καὶ πρὸς τὴν πηγὴν στέλλει καὶ ὕδωρ λαμβάνει. Καὶ ἅμα τῷ σπάσαι τοῦ ὕδα-τος ὑγιάζει τὸ ἀλγεινὸν τοῦ νοσήματος, τῶν πρὸς τὰς φυ-σικὰς ἐκκρίσεις ἐνεργούντων ὀργάνων ἀπειληφότων τὴν πρῴην ἐνέργειαν· ὅθεν καὶ ἀντευχαριστῶν τῇ εὐεργέτιδι καὶ ἀντιδωρούμενος, τὸν μέγαν τοῦτον ναὸν ἐπ᾽ ὀνόματι τῆς Δεσποίνης ἐκ πρώτης κρηπῖδος ἀνήγειρε, τέσσαρσι μόναις ἁψίσι συσφίγξας αὐτὸν ἐκφυῶς καὶ οὕτω τορνώ-σας, ὡς καὶ δοκεῖν ἀπαιωρεῖσθαι εἰς τὸν ἀέρα, παρασκευ-άσας ὡς μικρόν τινα ἐπὶ γῆς πόλον εἰκάζεσθαι τῷ μείζονι καὶ αἰθερίῳ παραβαλλόμενον, εἰ καὶ τῷ χρόνῳ πεπονη-κότα καὶ κατενεχθέντα Βασίλειος ὁ αὐτοκράτωρ ἐκαίνι-σεν, ὡς ἐφεξῆς ὁ λόγος δηλώσει σαφέστερον.

for the same ailment. For he fell victim to the disease called dysuria, that is, difficulty in urination, and obtained no cure from the physicians of his day, but was gripped by unbearable pain. As he slept he also heard a voice saying: "It is impossible for you to recover good health, emperor, unless you drink my water." He did not recognize the speaker, however, and was unable to figure out where the water was, but he again heard on another night a different voice, as the Theotokos appeared to him quite clearly and spoke more plainly, as follows: "Send to my spring and take its water and drink, and you will regain your health."

As soon as he rose from sleep, he concluded that he had 2 heard a truthful vision rather than a mere dream, and he sent to the spring for water. As soon as he drank the water, he cured the pain of the disease, as the organs which produce the natural flow of urine regained their earlier function. Hence in return, as a thank offering and recompense to his benefactress, he raised this great church from its first foundations in the name of our Lady. He bound its four individual arches together in an extraordinary way, making a circular dome that seemed to hang in the air,[4] and thus contrived on earth a small version of the great vault of the heavens. It deteriorated over time, however, and collapsed, and had to be restored by the emperor Basil, as my narrative will reveal more clearly in proper sequence.[5]

4

1 Πλὴν καὶ τοῦτο εἰς προσθήκην νομίζεται θαύματος, ὅτι τοὺς μὲν δυσουριῶντάς φασι τῶν ψυχροτέρων βρωμάτων καὶ πομάτων ἀπεχομένους διὰ τῶν θερμοτέρων τὴν ὑγείαν πορίζεσθαι, ἐνταῦθα δὲ ψυχρῷ ὕδατι, μᾶλλον δὲ πλήρει χάριτος ἁγιάσματι, ὁ αὐτοκράτωρ χρησάμενος ἀπηλλάγη τοῦ ἀρρωστήματος, ἐξ ἐναντίου νομιζομένου φαρμάκου τυχὼν τῆς ἰάσεως.

5

1 Παραπλησίως καὶ Γλυκερία ἡ συγγενὴς Θεοδώρας τῆς βασιλίσσης, πάθει καταληφθεῖσα κρυπτῷ καὶ δυνατῷ φαρμάκων ἁπάντων βοήθειαν ἀποκρούεσθαι, οὐκ ὀλίγα καὶ πρὸς ἰατροὺς καὶ πρὸς οἴκους εὐχῶν ἀναλώσασα, ἐπείπερ δι᾽ ἐμφανείας τῆς Θεοτόκου λαβεῖν παρεκελεύσθη ἀπὸ τοῦ πηλοῦ τῆς πηγῆς καὶ ἐπιχρῖσαι τὸ μέρος καθ᾽ ὃ τὸ κεκρυμμένον ἐνεφώλευε πάθημα, τοῦτο ποιήσασα καὶ τὴν βοήθειαν ἐπισπασαμένη τῆς Θεομήτορος τῷ διαπύρῳ τῆς πίστεως τὸ πάθος ἀπετινάξατο· καὶ πολλὰ δεηθεῖσα τοῦ βασιλέως πρὸς τὸ ταφῆναι εἰς τὸν τῆς πανυμνήτου ναὸν καὶ μὴ συγχωρηθεῖσα εἰς τὸν τῆς ἁγίας Ἄννης σὺν γενεᾷ πάσῃ τέθαπται. Διὸ καὶ πρόσοδοί τινες ἐκ τῶν βασιλικῶν ταμείων ὑπὲρ τῆς τούτων ταφῆς παρὰ τῆς δηλωθείσης

Chapter 4

This can be considered an additional miracle, because   1
they say that people suffering from difficulty in urination
should avoid cold foods and beverages and regain their
health through warm beverages.[6] But in this case the em-
peror, although partaking of cold water, or rather of holy
water full of grace, was delivered from his affliction, obtain-
ing a cure from a contraindicated remedy.

Chapter 5

Similarly, Glykeria, the relative of empress Theodora,[7] was   1
stricken by a hidden disease of a kind that thwarted the ef-
fect of every medicine. After spending considerable sums on
doctors and houses of prayer, she was told in a vision of the
Theotokos to take some mud from the spring and apply it
to the place where the hidden disease lurked. When she
had done this and secured the help of the Mother of God
through her burning faith, she was delivered from the dis-
ease. Although she fervently entreated the emperor to be
buried in the church of the all-praiseworthy one (i.e., the
Virgin), she was not given permission, and so she is buried
with her whole family in the church of Saint Anna.[8] Hence
the aforementioned empress designated an annual stipend
to be given from the imperial treasury for the upkeep of

Αὐγούστης ἐτησίως ἀφωρίσθησαν δίδοσθαι, εἰ καὶ τῇ τοι-
αύτῃ παροχῇ ἐκτομὴν ὁ χρόνος ἐπήνεγκεν, ὥσπερ[5] πολλὰ
τῶν ἀγαθῶν λυμαίνεσθαι εἴωθεν, ὅτε μὴ λαμβάνοι παρὰ
τῶν ἐν ἀρχαῖς τὴν προσήκουσαν ἐκκλησίαις Θεοῦ ἐπιμέ-
λειαν.

6

1 Ἀλλὰ καὶ κατ' αὐτὰς τὰς ἡμέρας τῆς βασιλείας τοῦ ἐν
βασιλεῦσι λάμποντος Ἰουστινιανοῦ, τῶν ἐν περιφανείᾳ τις
καὶ βασιλείοις διαπρεπόντων αὐλαῖς φάρμακόν τι καθαρτι-
κὸν πεπωκὼς ὑγείας χάριν σωματικῆς καὶ μηδεμιᾶς ὠφε-
λείας τυχών, τούτῳ δὲ μᾶλλον γενόμενος τὰ ἔνδον διακαὴς
καὶ δίψει σφοδρῷ συσχεθείς, ὕδατος ἀπεγεύσατο καὶ παρα-
χρῆμα αἷμα τούτῳ διὰ γαστρὸς ἐρρύη συχνόν· καὶ τῶν
ἰατρῶν ἀπειπόντων πρὸς τὴν βοήθειαν τοῦ νοσήματος,
ὅσον οὔπω ἐπιστῆναι αὐτῷ προσεδόκα τὴν τελευτήν· ᾧ
παρὰ τῆς βασιλίδος δηλοῦται ὕδωρ πιεῖν ἀπὸ τῆς ἱερᾶς
πηγῆς, ἐγγύθεν λεγούσης ἔχειν τὰ τῆς ἰάσεως παρα-
δείγματα τῷ καὶ τὴν ἀδελφὴν Γλυκερίαν καὶ τὸν βασιλέα
σύνευνον ἐκεῖθεν σωτηρίας τυχεῖν· ὃς μετὰ τῆς παραπλησί-
ας πίστεως αὐτὸ πεπωκὼς ῥᾷων ἐγένετο, δυνάμεως θείας
τὴν ῥύσιν ἀναστειλάσης τοῦ αἵματος κατὰ τὴν ὥραν αὐτὴν
τῆς τοῦ ἁγιάσματος πόσεως.

2 Οὐδὲν οὖν μοι τοῦτο διαφέρειν τὸ θαῦμα δοκεῖ τῆς
θρυλουμένης γυναικὸς αἱμόρρου τῆς παρὰ τοῦ Κυρίου καὶ

their tombs, even though it was discontinued by time, just as many good things tend to be ruined, if they do not receive the attention due to the churches of God from those in high office.

Chapter 6

During that same period of the reign of Justinian, re- 1 splendent among emperors, a well-known and distinguished personage at the imperial court drank a purgative drug for the sake of his physical well-being. He obtained no benefit at all from it, however, but instead developed a burning sensation in his abdomen and was seized with extreme thirst. As soon as he drank water, he immediately began to hemorrhage blood from his belly, and, since the doctors despaired of alleviating his illness, he expected death to be imminent. The empress suggested that he drink water from the holy spring, saying that proofs of its healing qualities were close at hand, since both her sister[9] Glykeria and her husband, the emperor, had been saved by the spring. When he drank the water with equal faith, his condition improved, as the divine power checked the hemorrhage at the very same time that he drank the holy draught.

This miracle seems to me to differ not at all from that 2 of the celebrated woman with the issue of blood who was

Σωτῆρος ἡμῶν ἰαθείσης. Ἐκείνη μὲν γὰρ τοῦ κρασπέδου αὐτοῦ ἁψαμένη σέσωσται, ὥσπερ ἤλπισε καὶ πεπίστευκεν, οὗτος δὲ τοῦ ἁγιάσματος εἰς κόρον πιὼν καὶ τῆς ῥύσεως ἐρρύσθη τοῦ αἵματος καὶ τῆς συνεχούσης δίψης εὕρετο ἴαμα καὶ τῶν λοιπῶν ὀδυνῶν τῶν ἐκ τοῦ καθαρτικοῦ ἐπελθουσῶν αὐτῷ φαρμάκου ἀπηλλάγη κατὰ τὸ τέλεον.

7

1   Τὸ δὲ καὶ εἰς Εὐδοκίαν τὴν τοῦ Μαυρικίου γυναικαδέλφην γεγονὸς θαῦμα παράδοξον οὐ δίκαιόν ἐστιν ὡς ἐν παρόδῳ εἰπεῖν καὶ τὸ σπουδῆς ἄξιον ποιήσασθαι πάρεργον ἢ μικρά τινα περὶ τούτου βραχυλογῆσαι, ὡς ἂν τούτου κατὰ μέρος ἀκούοντες οἱ τῆς ἐκκλησίας ἐνταῦθα παρατυγχάνοντες τρόφιμοι τήν τε οἰκείαν πίστιν αὐξάνωσι καὶ εἰς ἐπίδοσιν ἀρετῆς ἐπεκτείνωνται καὶ πρὸς πλείονα πόθον τῆς Θεομήτορος διεγείρωνται· κατὰ τὸν μασθὸν τῆς εἰρημένης Εὐδοκίας ἐμφωλεῦσαν τὸ τοῦ καρκίνου πάθος ὅλον αὐτῆς τὸ σῶμα ταῖς ὀδύναις κατεδαπάνα καὶ τὴν καρδίαν νύκτωρ καὶ μεθ’ ἡμέραν ἐτίτρωσκεν· ὅθεν αὐτός τε ὁ τῶν σκήπτρων κρατῶν καὶ ἡ σύνευνος συνήλγουν αὐτῇ, διὰ τὸ συγγενὲς τοῦ πάθους μετέχοντες· κάμπτει γὰρ καὶ τούτους ἀσθένεια συγγενῶν καὶ θανάτου ἀπόφασις εἰς ταπείνωσιν ἕλκει, τὴν τελευταίαν ὀδυρομένους ἡμέραν καὶ διὰ τῶν συγγενικῶν μελῶν ἐπιγινώσκοντας τὴν οἰκείαν ἀσθένειαν.

healed by our Lord and Savior.[10] For she was saved by grasping the hem of his garment, as she had hoped and had faith, while this man, after drinking enough of the holy water, was delivered from the flow of blood, and found a cure for the thirst that gripped him, and was completely delivered from the other pains caused by the cathartic drug.

Chapter 7

As for the amazing miracle which occurred to Eudokia, 1 the sister-in-law of Maurice,[11] it is not right to tell it in a cursory manner, and to treat as insignificant something worthy of zeal, or to write briefly about it. Rather the nurslings of the church who are present here should hear about it in detail, so that they may progress in their own faith and exert themselves for increased virtue and strive for greater love for the Mother of God. The disease of cancer, lurking in the breast of the aforementioned Eudokia, was consuming her entire body with pain and causing damage to her heart night and day. Wherefore the emperor <Maurice> and his wife shared in her pain, suffering from her affliction on account of their close kinship. For the illness of relatives can wear down even such people, and an assertion of imminent death can draw them down into depression, as they lament their last days and recognize their own frailty in the members of their family.

2   Ἀθυμούσῃ τῇ βασιλίσσῃ καὶ διαπονουμένῃ ἐκτόπως
περὶ τῆς ἀδελφῆς ἀωρὶ τῶν νυκτῶν ὡς μία τις τῶν κοσμί-
ων ἐφίσταται γυναικῶν καί φησιν· "Μὴ περὶ τῆς Εὐδοκίας
ἀθύμει, μηδὲ περί τινος βοηθείας καὶ σωτηρίας ἐλπίδος
σωτηρίου κενῆς ἀπασχόλει τὸν νοῦν· εἰ γὰρ εἰς τὸν οἶκόν
μου παραγένηται, τοῦ πάθους ἀπαλλαγήσεται." Ἡ δὲ μὴ
διαγνοῦσα τὸ⁶ ὄνειρον, ἀλλὰ δόξασα γυναῖκά τινα μετρίαν
θεάσασθαι, μίαν τῶν ἐκ τῆς πόλεως τῇ χηρείᾳ πιεζομένων,
πάσας προσεκαλεῖτο καὶ διηγεῖτο τὸν ὄνειρον· διαπορου-
μένων δὲ περὶ τούτου πασῶν καὶ τῆς μὲν εἰς τήνδε τὴν
ἐκκλησίαν ὑποτιθεμένης παραγενέσθαι, τῆς δὲ ἑτέραν
καταλαβεῖν, ὡς οὐδεμία τοῦ ὄντος ἐδυνήθη στοχάσασθαι,
αὖθις ἡ Θεομήτωρ μεθ᾽ ἡμέρας τινὰς τῇ βασιλευούσῃ
ὀπτάνεται καὶ σαφέστερον ἔφησεν· "Οὐκ εἶπόν σοι πρὸς
τὸν ἐμὸν οἶκον ἐκπέμψαι σου τὴν ἀδελφήν;" Ἡ δὲ αἰδοῖ
καὶ φόβῳ πολλῷ ἐπιγνοῦσα τὴν Δέσποιναν ἀπεκρίνατο·
"Τοῦτο μὲν σὺ καλῶς ὦ συμπαθεστάτη ἐπέταξας Δέσποινα,
ἐγὼ δὲ οὐ διέγνων σαφῶς, ὅπου καὶ τυγχάνεις ποιουμένη
τὴν οἴκησιν ἢ ποῖόν σου οἶκον βούλει ταύτην καταλαβεῖν."
Καὶ ἡ ἀληθὴς Δέσποινα τῇ βασιλίδι ἀντέφησεν· "Ἐμοὶ ἔξω
τῆς βασιλευούσης τῶν πόλεων καὶ μονὴ καὶ πηγή, ἐξ ἧς ἡ
νοσοῦσα, εἰ φθάσοι πιεῖν, τὴν ὑγείαν προσλήψεται."

3   Καὶ ἡ Αὐγοῦστα διαναστᾶσα σπουδῇ τὸ κελευσθὲν
ἐποίει καὶ τὸν τόπον τῆς πανάγνου καταλαβεῖν τὴν ἀδελ-
φὴν προετρέπετο· κἀκείνη ἀφικομένη καὶ τὸ κοινὸν ἰα-
τρεῦον προσιεμένη ἁγίασμα καὶ διάβροχον ἐλαίῳ ἁγίῳ
ἐπιτιθεῖσα τῷ τοῦ καρκίνου πάθει πηλόν, ἐν ἡμέραις ὀλί-
γαις τὴν ὑγείαν ἀπολαβοῦσα ὑπέστρεψεν οἴκαδε, καὶ τὴν
Θεοτόκον καὶ τὸν ἐξ αὐτῆς τεχθέντα δοξάζουσα Κύριον.

As the empress was extremely despondent and troubled 2 about her sister, in the dead of night a respectable woman seemed to appear to her and said, "Don't be despondent about Eudokia, and don't occupy your mind with some vain hope of assistance and deliverance. For if she goes to my dwelling place, she will be delivered from her affliction." Since the empress did not realize that this was a dream, but thought that she saw some woman of modest means, one of the women from the city oppressed by widowhood, she summoned them all and related her dream to them. As they were all wondering about it, one woman recommended that she should go to this church, another said she should go to a different one, since none of them was able to guess the real message. Some days later the Mother of God again appeared in a vision to the empress, and said more clearly, "Didn't I tell you to send your sister to my dwelling place?" Recognizing our Lady, she replied, with much shame and fright, "O most compassionate Lady, you gave me good advice, but I did not discern clearly where you live, or to which of your dwellings you wished her to go." And the true Mistress replied to the empress, "Outside the Queen of Cities I have a monastery and spring, and if the sick woman drinks from this spring, she will recover her health."

The Augusta arose and eagerly carried out her instruc- 3 tions, and urged her sister to go to the precinct of the all-pure Virgin. Upon her arrival there, she approached the holy spring that heals everyone, and anointed the cancerous tumor with mud impregnated with holy oil; and within a few days she recovered her health and returned home, glorifying both the Theotokos and the Lord born of her.

8

1 Ἐπὶ τούτοις καὶ βασιλὶς Εἰρήνη, ἔτι Κωνσταντίνῳ
<συμ>βασιλεύουσα⁷ τῷ υἱῷ, χαλεπῷ πάθει αἱμορροίας περι-
πέπτωκε· καὶ μήτε μεταλαμβάνουσα βρώσεως μήτε μετ-
έχουσα πόσεως, ἀλλὰ καὶ τὰς ἰατρῶν φαρμακείας κενὰς καὶ
ἀχρήστους ἀποδεικνύουσα, ἐπεὶ καὶ αὐτοὶ ἀπεῖπον τὴν ἴα-
σιν, ἐπιστῆναι τάχος προσεδόκα τὴν τελευτήν· καὶ διδα-
χθεῖσα παρά τινος τῶν πεπειραμένων τῶν θαυμάτων τῆς
Θεομήτορος ἐκ τοῦ τῆς ἱερᾶς Πηγῆς πιεῖν ἁγιάσματος, τὸν
ναὸν ἀπτέρῳ τάχει κατέλαβε.

2 Καὶ καταλαβοῦσα ἡνίκα μεταλαμβάνειν τοῦ ἁγιάσμα-
τος ἤρξατο, ἀνεστάλη μὲν αὐτῇ τὸ καταρρέον τοῦ αἵμα-
τος, ἡ δὲ ὑγεία αὖθις ἀπεδόθη κατὰ τὸ τέλεον· ὧν χάριν
καὶ πέπλους χρυσοϋφεῖς καὶ περίχρυσα καταπετάσματα,
σωληνωτὰ τῇ συνηθείᾳ καλούμενα, σὺν τῷ ταύτης υἱῷ καὶ
στέφος καὶ τῆς ἀναιμάκτου θυσίας δοχεῖα λίθοις καὶ μαρ-
γαρίταις κεκοσμημένα προσήγαγε· καὶ προσέταξεν ἐν
ἀμφοτέροις τοῖς μέρεσι τοῦ ναοῦ διὰ ψηφίδων ἐκτυπωθῆ-
ναι τὰ τούτων ἀφομοιώματα, προσφέροντα ταῖς χερσὶν
ὅσα καὶ ἀπηρίθμηται ἀναθήματα, εἰς μνήμην διαιωνίζου-
σαν, ὡς ἂν καὶ ἡ τούτων πίστις χαρακτηρίζηται καὶ τὸ
ὑπὲρ τῆς αἱμορροίας θαῦμα διά τε τῆς ἀναστηλώσεως καὶ
τῆς προσαγωγῆς τῶν ἀναθημάτων εἰς τοὺς μετέπειτα χρό-
νους ᾄδηται καὶ ἀνακηρύττηται.

Chapter 8

In addition, the empress Irene, when she was still co-emperor with her son Constantine,[12] contracted a serious disease of hemorrhage. She partook of neither food nor drink, and proved the remedies of the physicians to be ineffectual and useless. Since they themselves had despaired of healing her, she expected her death to be imminent. Then she was told by one of the beneficiaries of the miracles of the Mother of God to drink from the holy water of the sacred Pege, and so she came to the church with utmost speed.

As soon as she arrived and began to drink of the holy water, the flow of her blood stopped and she was again restored to perfect health. Therefore she and her son offered lengths of fabric interwoven with gold and gilded curtains, which are usually called *solenota*,[13] and a crown, and vessels for the bloodless sacrifice of the Eucharist, decorated with precious stones and pearls. She also ordered that their images be portrayed in mosaic on both sides of the church, offering in their hands all the gifts that have been enumerated,[14] for their eternal memory, so that both their faith be expressed and the miracle of the hemorrhage be celebrated and made known to future times through the depiction and through the offering of the gifts.

9

1 Θέκλα δὲ ἡ τοῦ βασιλέως Θεοφίλου θυγάτηρ, ἀφ’ ὅτου
ἡ τῆς ὀρθοδοξίας λαμπρότης συνεργίᾳ τῆς ταύτης μητρὸς
Θεοδώρας εἰς τὸν κόσμον διέλαμψεν, χρονίῳ συμφλεγομέ-
νη καὶ σφοδρῷ πυρετῷ, προσελθοῦσα τῇ τῆς πανυμνήτου
πηγῇ, τὴν κατεμπιπρῶσαν τοῦ πάθους καὶ διακαίουσαν
κάμινον διὰ τοῦ ἁγίου κατέσβεσεν ἁγιάσματος, δυνατωτέ-
ρου ἀναφανέντος παντὸς βοηθήματος ἐπισκιάσει τῆς Θεο-
μήτορος· ὅθεν καὶ ἀντ’ εὐχαριστίας ἡ ταύτης μήτηρ δωρεὰς
χειρὸς βασιλικῆς ἠσφαλισμένας ὑπογραφαῖς (χρυσοβούλ-
λια ταῦτα λέγεται) ἐδωρήσατο τῇ μονῇ καὶ ἄλλας πλείστας
ἐνδείξεις προαιρέσεως φιλοτίμου καὶ ψυχῆς σπευδούσης
κατὰ τὸ δυνατὸν ἀμείβεσθαι[8] χάριτας εἰς ἀεὶ καὶ τελευτῆς
μέχρι διενοεῖτο καὶ διεπράττετο.

10

1 Ἀλλὰ καὶ πρωτοσπαθάριός τις, γενόμενος τὰ ἔνδον
ὑπόπυος καὶ ὅσον ἀναφέρων τῶν ἐγκάτων τὸ πύον καὶ μη-
δεμίαν παρὰ τῶν ἰατρῶν εὑρίσκων βοήθειαν, τῷ ναῷ τῆς
Θεοτόκου προσέδραμεν· ἔνθα καὶ τῇ νόσῳ τρυχόμενος καὶ
τῇ εὐελπιστίᾳ προσκείμενος καὶ διανυκτερεύων ἐπιτεταμέ-
ναις εὐχαῖς, ἐν μιᾷ τῶν νυκτῶν αὐτὴν ἐκείνην τὴν Θεομή-
τορα ὥσπερ ἑώρα κοσμίως βαδίζουσαν, ἐν δεξιᾷ μὲν κατ-
έχουσαν τὸν θεολόγον Γρηγόριον ἐπιφερόμενον ποτήριον

Chapter 9

Ever since the time when the splendor of orthodoxy ɪ
shone once again in the world with the collaboration of her
mother Theodora, Thekla, the daughter of emperor Theo-
philos,[15] was burning up with a chronic and virulent fever.
She went to the spring of the all-praiseworthy Virgin, and
quenched the raging and burning furnace of her affliction
with its holy water, which proved stronger than any other
remedy, because of the overshadowing presence of the
Mother of God. Her mother gave the monastery gifts of
thanksgiving certified with documents with an imperial sig-
nature (these are called chrysobulls), and continually, up to
the time of her death, conceived and carried out many other
demonstrations of generous devotion and gracious favors of
a soul striving always to repay the monastery as best she
could.

Chapter 10

A certain *protospatharios*[16] whose internal organs had sup- ɪ
purated to the point that he was pouring forth pus from
his innards, finding no relief from physicians, went to the
church of the Theotokos. There, although consumed by his
illness, he devoted himself to optimism, and spent the nights
in intense prayer, until one night he saw the Mother of God
walking in decorous fashion, having on her right Gregory
the Theologian,[17] carrying a holy chalice, and on the other

ἱερόν, κατὰ δὲ θάτερον μέρος τὸν ὁμώνυμον τούτῳ καὶ ἀπὸ τῶν θαυμάτων δεξάμενον τὴν ἐπίκλησιν. Οἳ ὁπηνίκα πρὸς τῷ ἀρρωστοῦντι ἐγένοντο, ἔφασαν τῇ Δεσποίνῃ μετὰ σεβασμοῦ τοῦ προσήκοντος· "Ἐπίβλεψον ἐπὶ τὸν νοσοῦντα, ὦ κυρία ἡμῶν καὶ μῆτερ Χριστοῦ τοῦ Θεοῦ, κατὰ καιρὸν πολλῆς τῆς παρὰ σοῦ βοηθείας δεόμενον." Ἡ δὲ τῷ θεολόγῳ ἐπέταξε⁹ λέγουσα· "Ἐπίδος αὐτῷ ἐκ τοῦ ποτηρίου οὗπερ ἐπιφέρῃ πιεῖν." Καὶ τὸ κελευσθὲν ἐκείνου ποιήσαντος, ᾔσθετο παραυτίκα ὁ ἀσθενῶν ὕδατος εἶναι ψυχροῦ καὶ ἡδέος τὴν γεῦσιν, καὶ συνεὶς ἑαυτὸν ὑγιᾶ ἐδόξαζε τὸν Θεόν.

II

ι   Τοῦτο τῶν ἄλλων πάντων παραδοξότερον, τοῦτο παρ' ἀληθείᾳ δικαζούσῃ θαῦμα θαυμάτων ἐπέκεινα. Ἐκ γὰρ χρονίων πληγῶν καὶ σεσημμένων μελῶν καὶ σαρκῶν διαρρεῖν τὰ ἕλκη πάντως ἐπίστασθε καὶ μόλις συνούλωσιν δέχεσθαι τὰ φαινόμενα τῶν τραυμάτων καὶ θεραπείας τυγχάνοντα. Τὸ δὲ καὶ τὰς πληγὰς ἀοράτους εἶναι καὶ τὰ τραύματα χρόνια, ὡς ἀναδίδοσθαι ἕλκη τῶν ὑποκειμένων καὶ διεφθορότων μορίων καὶ μὴ συγχωρεῖν τὸν νοσοῦντα μὴ βρώματος ἀπολαῦσαι, μὴ πόματος, μὴ ἀνενεγκεῖν καὶ σπάσαι τὴν πνοὴν ἐλευθέρως, χαλεπαῖς ὀδύναις κατατεινόμενον καὶ κεντούμενον καὶ ἄλλως ταῖς ἀηδέσι δυσωδίαις ἀπαγορεύοντα καὶ τῆς ζωῆς προτιμῶντα τὸν θάνατον καὶ τί δὴ ἕτερον

226

side the other Gregory who is known as the Wonderworker.[18] When they reached the sick man, they said with appropriate reverence to our Lady, "Our Lady and Mother of Christ our God, look favorably upon this sick man who is in great need of your help right now." She gave instructions to the Theologian, saying, "Give him a drink from the cup you are carrying." When Saint Gregory carried out her bidding, the sick man at once perceived the contents to be water that was cold and sweet to the taste, and realizing that he had recovered his health, he glorified God.

Chapter 11

This latter miracle is more wondrous than all the others, 1 *before Truth that sits in judgment*[19] this is a miracle beyond miracles. For you know that ulcerations from chronic injuries and suppurating limbs and flesh always exude pus, and that the surface of wounds scabs over only with difficulty, even with treatment. But when the injuries are not visible and the wounds are chronic, so as to produce ulcerations of the underlying and putrid parts of the body, they prevent the sick person from taking food or drink, or drawing a deep breath and breathing easily. At that point, wracked and pierced with terrible pain, and exhausted by disgusting foul odors, and preferring death to life, he may say something akin to

λέγοντα ἢ τὰ τοῦ θείου Δαυὶδ λόγια, *ἐμπαγῆναι μὲν αὐτῷ ἀλγηδόνων βέλη, ἐπιστηριχθῆναι δὲ τὴν ἀρρήτοις κρίμασιν ἐπιτεθειμένη χεῖρα* [cf. Psalm 37[38]:2] *τοῦ πλάσαντος,*[10] καὶ *τοὺς μώλωπας μὲν προσόζειν, μή τι δὲ ταῖς σαρξὶν ὑπολειφθῆναι ἴαμα, μηδὲ τοῖς ἐγκάτοις εἰρήνην* [cf. Psalm 37[38]:5 and 3], ὥσπερ τοῖς τοῦ προφήτου *ὀστέοις* τὸ πρότερον, οὕτω ῥᾳδίαν αὐτῷ ἐπενεχθῆναι τὴν ἴασιν, ῥοπῇ μὲν καιροῦ, ὕδατος δὲ πόσει ψυχροῦ, πῶς οὐ θαυμασιώτερον τῶν πώποτε καὶ παραδοξότερον;

2   Ὅμως εἰ μὲν ἄλλος τις τὸ τοιοῦτον εἰργάσατο τῶν εἴτε μαρτυρησάντων ὑπὲρ Χριστοῦ εἴτε ὁσίως καὶ θεοφιλῶς ἐν τῇ σαρκὶ καὶ τῷδε τῷ βίῳ ἀναστραφέντων, εἶχεν ἄν τινα ἔκπληξιν τοῦ σημείου ἡ δύναμις. Ἐπεὶ δὲ ἡ μήτηρ τοῦ Θεοῦ καὶ Σωτῆρος ἡμῶν ἐργάτις τούτου καὶ δημιουργός, οὐδὲν ἕτερον καὶ λέγειν καὶ ἀκούειν λοιπὸν περιλείπεται ἢ ὅτι γέγονε ταῦτα, τὰ ἀφανῆ τῶν μωλώπων ἀφανῶς θεραπευσάσης τῆς ἐπιστήμονος· καὶ ὁ εὐγνώμων ἀκροατὴς καὶ τῇ δυνάμει παρεξετάζων τῆς Θεοτόκου τὸ θαῦμα, καὶ αὐτὸ καθ' αὑτὸ ὑπερμέγεθες λογιζόμενος, μέγα μὲν ὡς πρὸς τὴν ἑτέρων ἰσχύν, μικρὸν δὲ κατὰ τὴν ταύτης ἐνέργειαν νομίσει τε καὶ λογίσεται.

12

1   Ἄξιον δὲ λοιπὸν ἀκοῆς καὶ τὸ περί τινα ἐξαίσιον γενόμενον Θετταλόν· καὶ δεῖ κατὰ μέρος αὐτὸ διηγήσασθαι, ἵν'

the words of the divine David, that *the arrows* of pain *are fixed* in him, and *the hand* of the Creator laid upon him *presses heavily* through his ineffable decisions, and *his bruises are noisome,* and there is no *healing in his flesh,* nor *peace* in his innards, just as *in the bones* of the prophet of old. Thus how is it not more wondrous and miraculous than any previous miracles that he received a cure so easily, in a single moment, from a drink of cold water?

If someone else, either one of those martyred for Christ's 2 sake, or one who lived in a holy and God-loving manner in the flesh and in this life, were to work such a miracle, the power of the miraculous act would cause amazement. But since the Mother of God our Savior was the worker and creator of this miracle, there is nothing left to say and hear than that these things happened, as the Virgin with her specialist knowledge healed the unseen bruises in an invisible manner. And the sensible listener, comparing the miracle with the power of the Theotokos, and considering its enormity, will believe and consider it great compared with the strength of others, but small in relation to her capacity.

Chapter 12

The extraordinary miracle which befell a Thessalian[20] is 1 also worthy of your attention, and I should narrate it in

ἴδητε,[11] πῶς ἐπιμαρτυροῦσα ἡ Θεοτόκος τῇ ἀναστάσει καὶ τοῦτο τὸ φοβερὸν εἰς ἔκπληξιν ᾠκονόμησεν. Ἄνθρωπος γάρ τις, ἐκ τῆς Θετταλίας ὁρμώμενος, κατὰ τὸν ἅπαντα τῆς ζωῆς αὐτοῦ χρόνον ἔργον εὐχῆς καὶ σπουδῆς τιθέμενος εἰς τὸν τῆς Θεοτόκου ναὸν ἀφικέσθαι τὸν ἐν τῇ Πηγῇ καὶ τὰ εἰκότα ἀφοσιώσασθαι καὶ εἰς κόρον τε ἀπολαῦσαι τοῦ ἁγιάσματος, εἴτε δημοσίαις δουλείαις ἢ καὶ ταῖς κατ᾽ οἶκον ἐνασχολούμενος καὶ περιπλεκόμενος περιστάσεσιν, εἴτε καὶ ὄκνῳ τῷ ἐκ δαιμόνων παρακρατούμενος, ὃ καὶ μά- λιστα τίθεμαι, ἡμέραν ἐξ ἡμέρας ἀνεβάλλετο τὴν ὑπόσχε- σιν.

2   Καὶ δήποτε πᾶσαν ἀποσεισάμενος πρόφασιν, ἔτεινε τὸ πτερὸν πρὸς τὴν βασιλεύουσαν· "Ἡ μέλισσα," φασί, "πρὸς τὰ ἄνθη." Καὶ νόσῳ βαρείᾳ κατὰ τὴν θάλασσαν συσχεθεὶς κατὰ τὸν Ἀθύραν ἐξέπνευσεν. Ἐν δὲ τῷ μέλλειν αὐτὸν τε- λευτᾶν ὅρκῳ τοὺς συμπλωτῆρας κατείληφεν, εἰς τὴν δύ- ναμιν τῆς ἐν τῇ Πηγῇ Θεοτόκου τούτους ὀρκῶν, τοῦ μήτε λουτροῖς καθᾶραι τὸ σῶμα, μὴ τὰ νομιζόμενα τῇ ταφῇ εἰς αὐτὸ ἐκτελέσαι πρὸ τοῦ ἀπαγαγεῖν ἐκεῖσε καὶ τρεῖς κάδους τοῦ ἁγιάσματος ἐκχέαι κατὰ τοῦ σώματος· "Τηνικαῦτα γάρ," ἔφη, "καὶ ὁ χῶρος ἐκεῖνος τάφος γενέσθω μοι παρ᾽ ὑμῶν." Οἱ οὖν τῷ ἀνθρώπῳ συμπλέοντες μετὰ τὸ προσορ- μίσαι τὸ πλοῖον τοῖς λιμέσι τῆς πόλεως τὸν νεκρὸν ἄραν- τες τὴν ἐκκλησίαν κατέλαβον· καὶ πρὸς τῇ φιάλῃ αὐτῇ καὶ τῷ εὐκτηρίῳ τοῦ μάρτυρος καταθέμενοι Εὐστρατίου διε- πονοῦντο ὡς ὁ τελευτήσας τούτοις ἐπέσκηψε· καὶ περιδύσαντες τὸ σωμάτιον ἐπέχεον τὸ ἁγίασμα. Καὶ ἐν τῷ καταχεῖσθαι τὸν τρίτον κάδον τοῦ τελευτήσαντος

detail, so that you may see how the Theotokos bears witness to the possibility of resurrection, and brought about this awesome and amazing occurrence. A man who came from Thessaly had prayed and eagerly desired during his entire life to visit the church of the Theotokos at the Pege, and to fulfill his vow in a fitting manner, and to drink his fill of the holy water. But either because he was preoccupied and involved in civic duties or household affairs, or held back by some hesitancy caused by demons (which I think was the real reason), he put off fulfilling his promise from one day to the next.

At some point, however, casting aside every excuse, he 2
spread his wings and hurried off to the Queen of Cities, for "the bee <is attracted by> flowers," as the saying goes.[21] But while at sea he was stricken by a grievous illness and died at Athyras.[22] When he was on the point of death, he made his fellow passengers take an oath, forcing them to swear by the power of the Theotokos at Pege that they would not bathe his body, nor carry out the customary rites for its burial until they had brought his corpse to the spring and poured three buckets of holy water over it. "Then," he said, "you should make that place the site of my tomb." After the boat docked in the city's harbor, the man's fellow passengers took his body to the church. And after setting it down at the *phiale* (i.e., water basin)[23] and the chapel of the martyr Eustratios,[24] they did as the dying man had instructed them. And after removing the clothes from his body, they began to pour the holy water over it. As they poured the third bucket, the dead

ἀνεπήδησεν, εὐαγγελικῶς εἰπεῖν, ὁ νεκρὸς ὡς ἄλλος τις
Λάζαρος, τὸν Θεὸν δοξάζων καὶ <τὴν>¹² τῆς ζωῆς χορηγὸν
Θεομήτορα· ὃς καὶ παραυτίκα εἷς τῶν ἐκεῖ μοναζόντων
γενόμενος καὶ θεοφιλῶς τῇ μοναδικῇ πολιτείᾳ ἐμπρέψας,
ἐν ταύτῃ καὶ τὸν βίον κατέλυσεν.

3 Καὶ οὐκ ἀπιστήσει τις τῷ λεχθέντι. Εἰ γὰρ ἡ σκιὰ Πέ-
τρου καὶ Παύλου καὶ τὰ τούτων σουδάρια, δούλων ὄντων
καὶ μαθητῶν, ἠξιωμένα χάριτος ἡγίαζον τοὺς ἐγγίζοντας
καὶ νεκροὺς ἀνίστων καὶ δαίμονας ἐφυγάδευον, πῶς ἐν
τοῖς τῆς Θεομήτορος ἐνδοιάσει τις, τῶν ὑπ᾽ ὄψιν πραγμά-
των τῇ μαρτυρίᾳ χειραγωγούμενος; Οὐκ ἔστι τοῦτο, οὐκ
ἔστιν· ἀλλὰ μᾶλλον εἴπερ τις ἐξετάσαι καλῶς θελήσει τὸ
γεγονός, ἐπιγνώσεται ὡς ἡ τῆς Θεοτόκου δύναμις τὴν τοῦ
ἀνθρώπου ἀποδεξαμένη πίστιν καὶ τὴν τοῦ δαίμονος ἀνα-
βολὴν μέλλουσα καταργεῖν μεῖζον τὸ θαῦμα εἰργάσατο,
ἵνα καὶ δαίμονες αἰσχυνθῶσιν καὶ πεισθῶσι μὴ πάντα εἶναι
νεανικοὶ καὶ ἀήττητοι μηδὲ παρεμβάλλειν ἀνθρώποις κω-
λύματα, ἔργοις ἐπιχειροῦσι φίλοις Θεῷ, καὶ οἱ ἄνθρωποι
πάλιν κατ᾽ αὐτῶν νεανικώτερον ἀνθοπλίζωνται, τῇ πίστει
νευρούμενοι, καὶ Θεὸς καὶ ἡ τούτου μήτηρ ἐπ᾽ ἀμφοτέροις
δοξάζηται.

man leaped up, as in the gospels, just like a second Lazaros,[25] glorifying God and the Mother of God, who gave him life. He immediately became a monk at the monastery, and distinguished himself in monastic life in a God-loving manner, and there ended his days as a monk.

And let no one disbelieve my words. For if the shadow of Peter and Paul and the head cloths of these men, who were servants and disciples <of Christ>, being deemed worthy of grace, sanctified those who drew near them and raised the dead and put demons to flight,[26] how could one have any doubt in the <miracles> of the Mother of God, especially when he is guided by the evidence of events that happen before his very eyes? This is simply not possible. But rather, if one should wish to look carefully into the matter, he will realize that the power of the Theotokos accepted the man's faith and intended to nullify the delay caused by the demon. Thus it wrought a greater miracle, so that demons might be abashed and persuaded that they are not vigorous and invincible in any way at all, nor can they place obstacles in the path of people who are performing actions pleasing to God, and furthermore so that men again might defend themselves more vigorously against them, strengthened by their faith, and God and his mother might be glorified on both accounts.

13

1 Ἀλλὰ πῶς ἄν τις τὸ προνοητικὸν αὐτῆς ἐπιδείξεται καὶ παραστήσει λόγοις τὰ ὑπὲρ λόγον καινοτομούμενα, μηδένα χρόνον διαλειπούσης τὸν ταύτης ναὸν τεράτων ἀγέραστον, ἀλλ' οἱονεὶ δένδρον ἀειθαλὲς παρασκευαζούσης κατὰ πάντα καιρὸν ὥσπερ ὡραίοις κομᾶν καὶ θάλλειν τοῖς θαύμασιν; Ἐπεὶ γὰρ κατὰ τοὺς καιροὺς ἐκείνους καὶ ὁ μέγας ἐπῆλθε σεισμὸς καὶ πολλὰ μὲν τῶν οἰκοδομημάτων καὶ τεμένη περιωνύμων ναῶν τῷ βιαίῳ κλόνῳ καὶ ἀνατιναγμῷ κατηνέχθησαν, μέλλοντος δὲ μετὰ τῶν ἄλλων καὶ τοῦ ὑπερανεστηκότος ἡμισφαιρίου τῆς μείζονος ἐκκλησίας καταπεσεῖν καὶ πρὸ τοῦ τὸν σεισμὸν ἐπιγενέσθαι, εἷς τις τῶν μοναχῶν ἐκ τῆς ἑσπερινῆς δοξολογίας ἐπανελθὼν καὶ συνήθως ἔχων πρὸ τῶν πυλῶν τοῦ θείου ναοῦ ἐπί τινος κατακλίσεως ξυλίνης διαναπαύεσθαι, ἤδη Κυριακῆς ὑπαυγαζούσης ἡμέρας, ἔδοξεν ὁρᾶν γυναῖκα πορφυρᾶν ἐσθῆτα ἐνδεδυμένην ἐν ταῖς λεγομέναις πύλαις βασιλικαῖς ἱσταμένην καὶ μέχρι τῆς ἄνω φλιᾶς τῷ μεγέθει τοῦ παραστήματος φθάνουσαν, τὰς χεῖρας εἰς προσευχὴν τείνουσαν, εὐνούχων τε πλῆθος ἔνδοθεν τοῦ ναοῦ μετὰ κεραμίων τριῶν τὰς ὑελίνους ἐκείνας τοῦ ἐλαίου ὑποδοχὰς πληροῦντας, εἶθ' οὕτως τῶν πυλῶν μεταβᾶσαν πρὸ τῶν ἀδύτων γενέσθαι καὶ πάλιν προσοχῇ πολλῇ τῆς ὁμοίας εὐχῆς ἔχεσθαι, σὺν ἀγωνίᾳ ταύτην ἐπιτελοῦσαν, ὡς δοκεῖν ἱδρῶτι περιρρεῖσθαι πολλῷ τὴν πέλαγος πλουτοῦσαν χρηστότητος· εἶτα μετακλιθεῖσαν λαλῆσαι τῷ μοναχῷ· "Κάλεσον τάχος τοὺς ἀδελφοὺς καὶ τὸ τῆς συνάξεως σύνθημα δεδωκότες ὕμνον καὶ ᾠδὰς

Chapter 13

And how can one demonstrate her foresight and recount   1
in words events unique beyond description? For she never
left her church unsupplied with miracles at any time, but
took care that it resembled a tree which remains always
green, budding and burgeoning on every occasion with mir-
acles in due season. For in those days the great earthquake
struck,[27] and many of the buildings and precincts of re-
nowned churches were brought down by a powerful quake
and violent tremor, including the upper dome of the larger
church which was about to collapse even before the earth-
quake occurred. One of the monks was then returning from
the evening service and followed his custom of resting on a
wooden bench in front of the doors of the holy church. At
about dawn on Sunday he seemed to see standing at the so-
called royal doors[28] a woman robed in purple, towering as
high as the lintel in the majesty of her stature. She was
stretching out her hands in prayer, and a crowd of eunuchs
inside the church was using three earthenware jugs to fill the
glass vessels with oil. Then she seemed to pass through the
doors so as to be in front of the sanctuary, and fervently con-
tinued the same prayer again with rapt attention, reciting it
with such anguish that she who abounds like an ocean in
kindness seemed to drip with an immense tide of perspira-
tion. She moved from there and said to the monk, "Quick,
call your brothers! Give the signal for assembly, and raise the

ἀναλάβετε, διότι ὀργὴ Κυρίου τὰ ἐνταῦθα μετὰ μικρὸν κα-
ταλήψεται· πλὴν παισὶ καὶ ὅσον ἡλικίας ἀώρου μὴ συγχω-
ρήσητε τὴν εἴσοδον."

2   Καὶ ὁ μονάζων διυπνισθεὶς ἐποίει τὸ προσταττόμενον·
καὶ τοῦ ὄρθρου κατὰ τὸν ἐκ μακρᾶς συνηθείας παρηκο-
λουθηκότα τύπον παρ' αὐτῶν τελουμένου καὶ τοῦ πεντη-
κοστοῦ ψαλμοῦ τῆς ὑμνῳδίας πλησιασάσης, τοῦ "ἀνάστα-
σιν Χριστοῦ θεασάμενοι" ῥήματος ἐν τοῖς τῶν μοναχῶν
στόμασι κειμένου καὶ ᾀδομένου, προσέβαλεν ὁ σεισμός·
καὶ τῶν παρατυχόντων τῷ φόβῳ πρὸς φυγὴν ὁρμησάν-
των—κατέπιπτε γὰρ ὡς δεδήλωται τὸ ὕπερθεν ἡμισφαίρι-
ον—οἰκονομίᾳ παρευθὺ τῆς προστάτιδος αἱ πύλαι τῆς ἐκ-
κλησίας ἀνεῳγμέναι εὑρέθησαν, κεκλεισμέναι πρὸ τούτου
τυγχάνουσαι, ὥστε μηδένα τῶν ἁπάντων βλαβῆναι, μὴ
κοσμικόν, μὴ μονάζοντα, εἰ μὴ δοῦλόν τινα εὐλαβοῦς χει-
ροτέχνου πρὸς βραχὺ πεδηθῆναι τὴν γλῶτταν ἐκ τοῦ ἰδεῖν
καὶ ἀκοῦσαι ἀπόρρητα· φιλῶν γὰρ τὸν αὐτοῦ δεσπότην ὡς
ἔδειξεν, τῶν πυλῶν ἱστάμενος ἔσωθεν, ἡνίκα τὸ καταπεσὸν
ἐπενόησε καταφέρεσθαι πρὸς τὸν αὐτοῦ κύριον, ἔσπευδεν
ἀπελθεῖν, καὶ περιστραφεὶς ὁρᾷ γυναῖκα πρὸς τὰς βασι-
λικὰς ἱσταμένην εἰσόδους καὶ ποιουμένην σὺν δάκρυσι
τὴν εὐχήν, ἣν καὶ φωνῆσαι αὐτῷ γεγωνότερον ἔλεγε·
"Στῆθι, καὶ περαιτέρω μὴ πρόελθε." Ἐκ τῆς τοιαύτης οὖν
φωνῆς καταπεπτωκὼς ἐπὶ τρισὶν ἡμέραις ἔμενεν ἄφωνος·
ὃς μετὰ τὸ τὴν προτέραν ἕξιν τῆς φύσεως παρὰ τῆς συμ-
παθεστάτης λαβεῖν ἐξεῖπεν, ὅσα καὶ εἶπεν καὶ εἶδε καὶ
ἤκουσε.

3   Μετὰ δὲ τὴν συμβᾶσαν καταστροφὴν ἐβουλήθη

hymn and songs, because the wrath of the Lord will soon fall upon this place. But don't let in children and those of tender years."

The monk woke up and did as he was told. While they 2 were finishing the morning service according to the rite which follows long established tradition and were getting ready to sing the fiftieth psalm, with the words "*At the sight of Christ's resurrection*"[29] still on the monks' lips as they sang, the earthquake struck. But when those present bolted into terrified flight (for, as has been mentioned, the dome fell from above), the doors of the church were found to be open by direct dispensation of the Protectress, although they had previously been closed. As a result, no one at all was hurt, neither lay person nor monk, except for the servant of a pious artisan who temporarily lost use of his tongue because he had seen and heard the ineffable. For he loved his master, as he demonstrated. He was standing inside the doors when he realized that the collapsing <portion of the building> was about to fall on his master, and rushed forward toward him; but as he turned around, he saw a woman standing at the royal doors and making tearful supplication. He claimed that she said to him in sonorous tones, "Stop! Don't go any further." Falling down at the sound of this voice, he remained mute for three days. After he regained his previous natural condition by the intervention of the most compassionate <Virgin>, he related her words and what he saw and heard.

After this disaster took place, Basil, the Christ-loving 3

Βασίλειος ὁ φιλόχριστος βασιλεὺς τὴν Ῥωμαϊκὴν τότε δι-
ϊθύνων ἀρχὴν ἐκ βάθρων ἀνατρέψαι τὸ τέμενος καὶ πρὸς
τὸ μεῖζον μετακοσμῆσαι καὶ περιφανέστερον. Κωλυθεὶς δὲ
παρά τινων μεγιστάνων ἐκαίνισε μόνα τὰ καταπεπτωκότα
ἐκ τῶν ἄνωθεν συναπτόντων συνδέσμων τὸ ἡμισφαίριον
δομησάμενος. Καὶ ἡνίκα ἐτέθησαν κλίμακες τοῦ πρὸς
ὕψος ἀναβιβάσαι ἀνάλογον τοὺς μέλλοντας διὰ ψηφίδων
ἀπεικονίσαι τὰ θεῖα ἰνδάλματα, τῆς θείας ἑορτῆς ἀναστη-
λουμένης τῆς καθόδου τοῦ Πνεύματος καὶ δεχομένης τὰ
ποικίλα χρώματα καὶ τὰ τυπώματα, συνέβη τὰς ἀναβά-
θρας καὶ κλίμακας ἐπὶ τὸ μέρος τοῦ ἄμβωνος καταφέρε-
σθαι καὶ τοὺς εἰκονιστὰς καὶ ζωγράφους ἐκείνους διατα-
ραχθέντας τὸν παραστάντα ὀδύρεσθαι κίνδυνον· καὶ δὴ ἐν
τῷ θρήνοις ὥσπερ εἰκὸς τοὺς ἄνδρας συνέχεσθαι καὶ τὸ
"Πάναγνε Θεοτόκε" ἀκροτελεύτιον ἐπιφθέγγεσθαι ὁρᾷ
εἷς ἐξ αὐτῶν ἄνωθεν τὴν Θεοτόκον ἱσταμένην τοῦ ἄμβω-
νος καὶ ὑποδεχομένην τὰς κλίμακας καὶ ὑποβαστάζουσαν
καὶ κατὰ μικρὸν ὑπενδιδοῦσαν τῷ βάρει καὶ καταπεσεῖν μὴ
συγχωροῦσαν αἰφνίδιον.

4   Καὶ ἦν ἰδεῖν θαῦμα γέμον ἐκπλήξεως, πῶς ἄπαντες οἱ
κατενεχθέντες διετηρήθησαν ἀβλαβεῖς, μηδενὸς τῶν ὅλων
πειραθέντος τινὸς δυσχεροῦς ἢ καθ᾽ οἱονδήποτε τῶν
μελῶν ἀναδεξαμένου βλάβην τῷ τηλικούτῳ συμπτώματι.
Εἶδες πρόνοιαν; εἶδες κηδεμονίας ὀξύτητα; εἶδες ὅσον ἔχει
πρὸς τοὺς ἐπικαλουμένους τὸ πρόχειρον; ἔτι γὰρ λαλούν-
των παρῆν καὶ ἠλευθέρου ὀξυρρόπου κινδύνου καὶ ὥρᾳ
βραχείᾳ τοσούτους διέσῳζεν· ὄντως ἀεὶ τῷ τοιούτῳ τεμέ-
νει ἐπιφοιτᾷ καὶ διὰ τοῦτο τοιαῦτα θαυματουργεῖ.

emperor who then ruled over the Roman state,[30] wished to demolish the church from the foundations and rebuild it on a larger scale and in a more remarkable fashion. He was prevented from doing so, however, by certain magnates, and so he restored only the collapsed portion by building the dome above the connecting joints.[31] Scaffolds had been set up so that the men who were going to depict the holy images in mosaic could climb up to the requisite height. When the image of the feast of the descent of the Holy Spirit [i.e., Pentecost] was being set up and was receiving its various colors and outlines, it so happened that the ladders and scaffolding started collapsing in the direction of the ambo. The horrified artists and painters <who were standing on them> started bewailing the impending danger. But then, while the men were, as you can imagine, engaged in lamentations and finally uttered the words, "All-pure Theotokos," one of them saw the Theotokos standing above the ambo and bearing the load of the <falling> scaffolds and supporting them, giving way little by little under their weight and not letting them fall abruptly.

And one could see an amazing miracle, namely how all 4 the men who were brought down <with the scaffolding> remained unharmed, and not a single person experienced anything unpleasant or suffered any injury to any part of his body after such a fall. Do you see her foresight? Do you see the swiftness of her succor? Do you see her ready response to those who call upon her? For she arrived while they were still speaking, and delivered them from their sudden danger, and saved them in an instant. For truly she is always present in this sanctuary and thus works such miracles here.

14

1 Ὁ ῖον δὲ καὶ τοῦτο τῶν λοιπῶν οὐκ ἀπεοικός. Αἱ τῆς πανάγνου καὶ τοῦ ἀρχιστρατήγου Γαβριὴλ εἰκόνες, αἵ κατὰ δεξιὰν τοῦ θυσιαστηρίου παραπεπήγασιν, παρ᾽ ὧν καὶ συνεχεῖς ἰάσεις ἐπιτελοῦνται, ἄνωθεν κατὰ τὴν δεξιὰν ἁψῖδα πρὸ τῆς καταστροφῆς ἐζωγραφημέναι, καταπεσοῦσαι τότε μετὰ τῶν ἄλλων εἰς ἔδαφος, κατ᾽ οὐδὲν συνετρίβησαν, ἀλλὰ παρὰ πάντων βλέπονται σῶοι μέχρι καὶ σήμερον· ἃς Ἑλένη μαγίστρισσα, ἢ Ἀρταυασδίνα ἐπώνυμον, ὡς κλῆρον παρὰ πατέρων τὴν εἰς αὐτὰς πίστιν ἔχουσα, αἰτήσει θερμῇ τῇ πρὸς τὸν τὴν πρόνοιαν τῆς μονῆς ποιούμενον ἔλαβε· καὶ ἐν τῷ ταύτης οἴκῳ ἀπαγαγοῦσα καὶ κατὰ τὸ οἰκεῖον ἀποθεμένη κουβούκλειον, πλῆρες αὐτὸ καὶ φώτων καὶ θυμιαμάτων ἐδείκνυ καὶ ταύταις ἔχαιρε καὶ τελετὰς ἀπεδίδου καὶ δεήσεις προσῆγε.

2 Καί ποτε τῶν νυκτῶν ἐν μιᾷ ὁρᾷ τὴν Θεοτόκον Μαρίαν καλοῦσαν αὐτὴν ἐξ ὀνόματος καὶ λέγουσαν· "Ἑλένη, ἀνάστηθι καὶ ἀπάγαγέ με εἰς τὸν οἶκόν μου· οὐ γάρ μοι τὰ ἐνταῦθα ἀνάπαυσις." Κἀκείνη διαναστᾶσα καὶ φάντασμα εἶναι τὸ θεαθὲν δόξασα καὶ μὴ θείαν τινὰ ἐπιφάνειαν, τὴν πρόσταξιν ἀνεβάλλετο ἢ τάχα καὶ τὸν καιρὸν ὑποκλέπτουσα καὶ μὴ τῶν εἰκόνων χωρισθῆναι σπουδάζουσα· ὁ γὰρ περί τι ἐρωτικῶς διακείμενος οὐκ ἀποστῆναι τούτου ἑκὼν ἀνέχεται, εἰ καὶ τὸν κωλύοντα ἔχει καὶ τοῦ φιλουμένου τὴν διάζευξιν ἐπισπεύδοντα· διὰ τοῦτο καὶ αὖθις ἡ Θεοτόκος ἐπιφανεῖσα κατὰ τοὺς ὕπνους τῇ προλεχθείσῃ ἐνεκελεύετο ἀπειλητικώτερον ἅμα τε καὶ ἦθος ὀργιλώτερον

Chapter 14

The following miracle is no different from the others. 1
The images of the all-holy Virgin and of the archangel Gabriel, which are affixed to the right of the sanctuary (and which effect frequent cures), were depicted before the disaster up above on the right arch.[32] Although they fell to the floor with the others at that time <of the earthquake>, they were not damaged in any way, but can be seen intact by everyone to this very day. The *magistrissa*[33] Helena, surnamed Artavasdina, who had faith in them as an ancestral legacy, took possession of them after making a fervent entreaty to the man in charge of the monastery (i.e., the abbot). Carrying them off to her house and placing them in her own bedchamber, she filled it with lights and incense and rejoiced in these <images> and performed rites and offered up prayers.

But then one night she saw Mary, the Theotokos, calling 2
her by name and saying, "Helena, arise and take me to my home; for there is no rest for me here." When she got up, she thought her vision was a false dream rather than a divine revelation, and delayed <carrying out the Virgin's> command, or rather she tried to gain some time before being separated from the images. For a person who is passionately attached to something does not willingly accept being separated from it, even if someone is trying to discourage <this attachment> and urging him to relinquish his beloved object. Therefore the Theotokos appeared again to the aforementioned woman in her sleep, and gave her orders in a more threatening manner, at the same time displaying a

ὑποφαίνουσα ὡς· "Εἰ μὴ ἀπαγάγῃς με," λέγουσα, "καθά-
περ καὶ πρότερον εἶπόν σοι, εἰς τὸν οἶκόν μου, περὶ τὰ
καίρια λυπηθήσῃ καὶ μέγιστα."

3   Διαπιστησάσης δὲ κἀκείνης τῇ ἐμφανείᾳ καὶ μᾶλλον
τρωθείσης τῷ πόθῳ τῆς Θεομήτορος καὶ ταῖς φωταγωγί-
αις φῶτα προσθείσης καὶ ταῖς λαμπάσι λαμπάδας, κατὰ
τὴν ἑσπέραν τῆς προκαθαρσίμου Κυριακῆς φλὸξ ἔνδοθεν
ἀναφθεῖσα τοῦ κουβουκλείου, ἐν ᾧ αἱ εἰκόνες, ἕως τῶν κε-
ράμων ἀνήπτετο καὶ σὺν ἤχῳ διαιρομένη δόξαν παρεῖχε
πυρπολῆσαι τὸν οἶκον τῆς μαγιστρίσσης ὁλοσχερῶς. Καὶ
τοῦτο γέγονεν ἄν, εἰ μὴ αὐτὴ κατελθοῦσα εἰς τὸ οἰκεῖον
προαύλιον Δάκρυσιν ἐδυσώπει τὴν συμπαθῆ· "Κατάσβε-
σον, Δέσποινα," βοῶσα, "τὴν μέλλουσαν κατεμπρῆσαι
φλόγα τὴν οἰκίαν τῆς παρηκόου οἰκέτιδος καὶ στῆσον
τὴν ὁρμὴν τοῦ πυρός, ἵνα τὴν αὔριον, καθὼς προσέταξας,
προσηκούσῃ μετακομιδῇ παραπέμψω σε εἰς τὸν τῆς ἀνα-
παύσεως[13] οἶκόν σου."

4   Ταῦτα εἰπούσης καὶ βεβαιωσαμένης ὅρκῳ τὴν ὑπόσχε-
σιν, κατεμαράνθη τὸ ἀγριαῖνον ἐκεῖνο τῆς φλογὸς καὶ τῆς
ὁρμῆς ἔληξεν· ἐδυσωπήθη γὰρ τὰ πίστεως ἐκεῖνα γέμοντα
ῥήματα, καὶ τὴν ἀναφθεῖσαν φλόγα δι' ἐπαινουμένην παρ-
ακοὴν ἡ ἀποσταλάξασα τῶν ὀμμάτων δρόσος εὐθέως κατ-
έσβεσεν. Καὶ ἐθεάσατο πᾶς ὁ τότε παρατυχὼν πρᾶγμα
καινὸν καὶ παράδοξον. Μετὰ γὰρ τὴν λαθοῦσαν ὑποχώρη-
σιν τοῦ πυρὸς εὑρέθη σῶον τὸ οἴκημα καὶ ἀβλαβεῖς αἱ
εἰκόνες καὶ αἱ λυχνίαι τεταγμένως καιόμεναι. Ὅθεν δὴ
πρωιαίτερον πᾶσαν τὴν αὐτῆς προσλαβοῦσα συγγένειαν
καὶ ἱερεῖς διαφόρων ἐκκλησιῶν συναθροίσασα, τὴν τῶν

certain anger and saying, "If you do not take me to my home, as I previously asked you, you will suffer great and grievous consequences."

But still distrusting the apparition and, to tell the truth, 3 consumed by her yearning for the Mother of God, Artavasdina kept adding lights upon lights and candles upon candles. And during the evening of the Sunday before Clean Monday[34] fire broke out inside the bedchamber where the images were, and reached as far as the <roof> tiles and, rising up with a roar, gave the impression that it would completely burn down the house of the *magistrissa*. And this would indeed have occurred, if she had not gone into her own forecourt and tearfully implored the compassionate <Mother of God>, crying out, "O Lady, extinguish the flame that is about to burn the home of your disobedient servant, and check the course of the fire, so that tomorrow, as you commanded, I may convey you with appropriate ceremonial translation to your dwelling place of repose."

After she spoke these words and confirmed her vow with 4 a solemn oath, the fierce flame died down and ceased to spread. For she made her entreaty with those words filled with faith, and the tears which dripped from her eyes quickly extinguished the flame that had been kindled on account of her praiseworthy disobedience. And everyone who was there at the time saw a strange and marvelous sight. For after the unseen retreat of the fire the house was found to be unharmed and the images undamaged and the lamps burning in their regular fashion. Therefore very early <the next morning>, taking her whole family and assembling priests from different churches, she arranged a procession for the

εἰρημένων εἰκόνων παραπομπὴν λαμπάσι καὶ ὑμνῳδίαις
ἐποιήσατο καὶ τῷ φίλῳ τόπῳ ταύτας ἀπεκατέστησεν, πη-
ξαμένη καὶ θεῖον νέον θυσιαστήριον· καὶ τούτου χάριν τοῦ
θαύματος ἐτησίως ἀπὸ τοῦ τότε καιροῦ κατὰ τὴν πρώτην
ἡμέραν τῶν νηστειῶν οὐκ ὀλίγον πλῆθος ἀπὸ τῆς πόλεως
ἐξιὸν τὴν μνήμην καινίζει καὶ διὰ τιμῆς ἄγει ὡς ἑορτὴν
πάνδημον.

15

1   Πολλῶν δὲ θαυμάτων αὕτη καὶ πρὸ τούτου καὶ μετὰ
ταῦτα τῆς Θεοτόκου ἀπήλαυσεν. Ἐξ ὧν ἓν ἢ καὶ δύο εἰπόν-
τες τὰ καιριώτερα, τὰ λοιπὰ πιστωσόμεθα. Τῷ γὰρ τῆς δυσ-
ουρίας κατεχομένη νοσήματι καὶ περὶ τῆς ἀναπνοῆς, μή
τί γε περὶ τῆς ζωῆς, ὑπὸ τῶν ὀδυνῶν κινδυνεύουσα, τὸ
σύνηθες καὶ σωτήριον ἐκ τῆς ἱερᾶς ἀρυσαμένη πηγῆς καὶ
διαθερμάνασα καὶ τῷ αὐτῷ λουτρῷ μὲν τοῦ σώματος λύτρῳ
δὲ χρησαμένη τοῦ ἀρρωστήματος, τὰς ὀδύνας ὥσπερ τι
φορτίον οὐκ εὔφορον ἀποθεμένη, τῆς προτέρας ὑγείας
ἐγένετο.

2   Ἀλλὰ καὶ τῶν παίδων αὐτῆς τελευτᾶν μελλόντων, πά-
σης σωτηρίας ἐπιλιπούσης, καὶ εἰς τὸν ἐπιτερπῆ ναὸν φο-
ράδην προσενεχθέντων καὶ τῆς μητρὸς οἷα μητρὸς δεομέ-
νης, ἱκετευούσης, δακρυούσης, τί οὐ ποιούσης ἐλεεινὸν
τοῦ μὴ τὴν τελευταίαν τούτων ἡμέραν ἰδεῖν, αὐτὴν ἐκείνην

above-mentioned images with candles and singing of hymns, and restored them to their beloved place, building also a new holy sanctuary. And on account of this miracle from that time on, every year on the first day of Lent, a large crowd of people goes out of the city and renews the commemoration and celebrates it worthily as a feast day for all the people.

Chapter 15

Both before and after these events Artavasdina was the 1
fortunate recipient of many miracles from the Theotokos. I shall recount one or two of the more important, as proof of the validity of the others. When she was stricken with a urinary ailment, and her life was endangered because she could scarcely breathe on account of the pain, she drew the usual <water> of salvation from the holy spring. After warming it up and using it both to bathe her body and as a release from her illness, she was delivered from her pain as from some intolerable burden, and was restored to her previous health.

Also when her children were at death's door, and every at- 2
tempt to save them failed, they were brought in a litter to the lovely church. And while their mother, as any mother would, entreated, supplicated, wept, and did everything pitiable so as to be spared the sight of their last day, she

ἐν ὀνείρῳ ἑωρακέναι τὴν Θεοτόκον διϊσχυρίζετο λέγου-
σαν· "Τί μου καταβοᾷς, γύναι, μὴ τοῖς παισί σου βραβευ-
ούσης τὴν ἴασιν; εἰ ἔψαλλες τοίνυν ποτὲ τὸ ʽοὐδεὶς προστρέ-
χων ἐπὶ σοὶ κατῃσχυμμένος ἀπὸ σοῦ ἐκπορεύεται,ʼ τὸ πᾶν
κατʼ αὐτὴν τὴν ὥραν εἰπέ." Καὶ ἀποστοματιζούσης αὐτὸ
τῆς ἱκετευούσης καὶ τὸ "λαμβάνειν τὸ δώρημα πρὸς τὸ συμ-
φέρον τῆς αἰτήσεως" τελευταῖον ἐπιφερούσης, ἀκήκοε τῆς
πανάγνου ἀπόφασιν, "Ἐπίγνωθι," λέγουσα, "ὡς τὸ μὴ ζῆν
αὐτοῖς τοῦ περιεῖναι λυσιτελέστερον."

3   Καὶ τελευτησάντων, τὰ τούτων κατέθεντο σώματα ἔξω-
θεν τοῦ θυσιαστηρίου, οὗπερ ἐπήξατο, ἐκείνης τῆς εἰκόνος
ἐν δεξιᾷ, ἣ ταῖς συνεχέσιν ἐπιδημίαις καὶ ἐπισκέψεσιν Ἐπί-
σκεψις ὀνομάζεται. Καὶ μετʼ ὀλίγον καὶ αὐτὴ τὸν βίον
ἀπολιποῦσα κατὰ τὸ δεξιὸν τῆς φιάλης μέρος τῆς εἰσόδου
τοῦ νάρθηκος ὑπὸ γῆν ἐτέθη, τῷ ναῷ ἀναθεῖσα ἀναθή-
ματα κάλλιστα, ἐνδυτὰς χρυσῷ καταστίκτους καὶ σκεύη
πρὸς ὑποδοχὴν τῆς ἀναιμάκτου θυσίας πολύτιμα καὶ ἄλλα
τινά, ὑφʼ ὧν ναὸς ὡραΐζεται.

4   Τοιαύτην εἶχε τὴν πίστιν διάπυρον, οὕτως ἀκαταίσχυν-
τον τὴν ἐλπίδα καὶ γενναῖον τὸ φίλτρον καὶ ἀνδρικὸν ἐν
γυναικείῳ τῷ σώματι πρὸς τὴν πάναγνον· οὕτως αὐτῇ
ἐπείθετο καὶ ἐν ἅπασιν εὐχάριστει καὶ πάντα λυσιτελῶς τὰ
παρʼ αὐτῆς οἰκονομούμενα ᾤετο γίνεσθαι. Καὶ γὰρ κατὰ
τὴν τελευτὴν τῶν παίδων οὐδὲν ἐνεδείξατο ταπεινοῦ καὶ
καταπεπτωκότος φρονήματος, οὐ ῥῆμα προήκατο δύσφη-
μον, ἀλλὰ μᾶλλον εὐδοκιμωτέρα ἐφάνη καὶ γενναιοτέρα
καὶ διὰ τῆσδε τῆς θλίψεως. Καὶ ταῦτα μὲν περὶ ταύτης.

asserted that she saw the Theotokos in a dream saying, "Why are you complaining loudly to me, woman, that I do not grant healing to your children? If you ever chanted <the hymn> '*No one who has recourse to thee goes away from thee in shame,*'[35] then recite the entire <hymn> at this moment." And when the suppliant recited it and uttered the concluding words, "*to receive a reward in proportion to the expediency of the petition,*" she heard the decision of the all-pure <Virgin>, saying, "You must realize that it is better for them to die than to survive."

When they died, their bodies were laid to rest outside 3 the sanctuary which she had built, to the right of that icon <of the Virgin> which is called the Visitation [Episkepsis][36] because of her frequent attendance and visitations. Shortly thereafter Artavasdina too died, and was buried underground at the entrance to the narthex, to the right of the water basin, after dedicating most beautiful offerings to the church, altar cloths studded with gold, and precious Eucharistic vessels and other objects by which the church is embellished.

So ardent was her faith and so confident her hope and so 4 genuine her love (and of a manly nature, even though it was in a female body) for the all-pure <Virgin>. Thus she trusted in her and thanked her in all matters and believed that she arranged everything for the best. For even when her children died, she gave no evidence of a dejected or downcast frame of mind, nor did she utter an abusive word, but indeed seemed even more honorable and noble because of her affliction. But this is enough about this woman.

16

1 Καιρὸς δὲ λοιπὸν καὶ τὰ εἰς ἑτέρους ἀπαριθμήσασθαι. Μοναχή τις ἐνοχλουμένη πονηρῷ πνεύματι, νηστείαις καὶ ταῖς ἄλλαις ἑαυτὴν ἐκδοῦσα σκληραγωγίαις καὶ δάκρυσι τοὔδαφος καταβρέχουσα καὶ τῷ τῆς Θεοτόκου ναῷ προσεδρεύουσα πρὸς τὸ τὸ δαιμόνιον ἀπελάσαι τὸ ταύτην διασπαράττον πικρῶς, ὅτε καὶ πρὸς μικρὸν ἦγεν ἄνεσιν τοῦ μαστίζοντος, διηγεῖτο τοῖς μοναχοῖς ὡς· "Ὅτε ἡ πρεσβεία μετὰ τὸ τέλος τοῦ ὄρθρου ποιήσεται τὴν ὁρμὴν πρὸς τὸν τῆς ἁγίας Ἄννης οἶκον εὐκτήριον, αὐταῖς ὄψεσι τὴν Θεοτόκον ὁρῶ προπορευομένην τοῦ ἱερέως καὶ ἅμα ὑμῖν κατιοῦσαν εἰς τὴν Καταφυγὴν καὶ ἱσταμένην τοῦ Σωτῆρος ἐκ δεξιῶν· καὶ διὰ τοῦτο κἀγὼ κατὰ τὴν τοιαύτην ὥραν ἐκκρέμαμαι, ταύτην βλέπουσα κάτωθεν."

2 Καὶ μετὰ τὸ διηγήσασθαι ταῦτα δι᾽ ἡμερῶν ὀλίγων τῇ δυνάμει τῆς πανάγνου καὶ χάριτι ἀπηλλάγη τοῦ δαίμονος· καὶ τὸν λοιπὸν χρόνον βιώσασα ὡς φίλον Θεῷ, πρὸς Κύριον ἐξεδήμησεν. Ἰδοὺ καὶ δαίμονες πάντως ἐφυγαδεύθησαν καὶ ἐλαύνουσαν ἤσθοντο· καὶ οἱ θεραπευθέντες ταύτην κατεῖδον ἐπιφοιτῶσαν τῇ Καταφυγῇ καὶ τοῖς μοναχοῖς προοδεύουσαν καὶ τοῦ Σωτῆρος παρισταμένην ἐκ δεξιῶν καὶ ἁγιάζουσαν ἅπαντα.

Chapter 16

It is time then to enumerate also the miracles that hap- 1
pened to others. A nun, who was troubled by an evil spirit,
gave herself over to fasting and other forms of discipline,
wept copiously, and regularly attended the church of the
Theotokos in order to expel the demon which was tearing
her apart so relentlessly. When for a time she had a remis-
sion from the demon's attacks, she told the monks, "After
the conclusion of matins, when the procession makes its
way to the chapel of Saint Anna, I see with my own eyes the
Theotokos walking in front of the priest and going down
with you into the Refuge, and standing at the right hand of
the Savior. That is the reason why I go into a trance at that
time, seeing her down there."

A few days after she told this story, she was freed from the 2
demon by the power and grace of the all-holy Virgin. She
lived the rest of her life in a manner pleasing to God, and
departed to the Lord. See how even demons were com-
pletely put to flight, and perceived the Virgin's intervention,
and how those who had been cured saw her visiting the Ref-
uge and walking in front of the monks and standing at the
right hand of the Savior and sanctifying everything.

17

1 Ἐπὶ τούτῳ τοίνυν ἕτερον, ὦ παρόντες, ἀκούσατε. Ἄν-
θρωπός τις ἑορτάζων τὴν τοῦ Εὐαγγελισμοῦ ἑορτὴν μετὰ
τὸ τὴν ἐφ᾽ ἑσπέρας ὑμνολογίαν πληρῶσαι εἰς τὴν ἰδίαν κατ-
εκλίθη στρωμνήν, ἐν ἑτέρᾳ δὲ καὶ ἡ σύζυγος· ἥτις ὡς ἐν
ἐκστάσει γενομένη φρενῶν παρόμοιον ἑώρακε κόρακι διὰ
τοῦ στόματος αὐτῆς πτηνὸν εἰσελθεῖν. Καὶ παραυτίκα
ἐκυλινδεῖτο καὶ ἀφρὸν ἀνίει τοῦ στόματος τῇ ἐπιθέσει τοῦ
δαίμονος. Καὶ διὰ τοῦτο εἰς τὸν τῆς πανυμνήτου ναὸν δι-
εκομίσθη παρὰ τοῦ ἀνδρός, τριάκοντά τε ἡμέρας προσκαρ-
τερήσασα καὶ ἱκανῶς μαστιχθεῖσα—φύσις γὰρ τοιαύτη,
μᾶλλον δὲ προαίρεσις, ταῖς ἀντικειμέναις δυνάμεσιν ἐπηρε-
άζειν τῷ τοῦ Θεοῦ πλάσματι—ὡς καὶ ῥήματά τινα ἀπρεπῆ
ἀποφθέγξασθαι, ὅτε ἡ Θεοτόκος ἐπεκάμφθη τῆς προσελ-
θούσης τὴν γνώμην μεταξὺ δοκιμάσασα, ἡ δαιμονῶσα δρα-
μοῦσα καὶ τὸ ἔλαιον τῆς ἠρτημένης κανδήλας ἐν τῇ Ἐπι-
σκέψει πιοῦσα ἀπήλασεν εὐθέως τὸν δαίμονα.

18

1 Κατὰ δὲ τὸν αὐτὸν καιρὸν συνέβη καὶ τὸν μοναχὸν
Ματθαῖον καὶ οἰκονόμον τῆς τοιαύτης μονῆς, ἄνδρα πλή-
ρη[14] πνεύματος καὶ θεοφιλοῦς βίου ἐπιμελόμενον, παρὰ
τῶν ἀρετῇ φθονούντων καὶ ἀμαυροῦν ἐθελόντων τὴν

Chapter 17

Now, my friends, please listen to another miracle. A man 1
who was celebrating the feast of the Annunciation, after he
had finished singing the evening hymns, went to sleep in his
bed, while his wife slept in another. She apparently went
out of her mind and saw something resembling a crow fly
into her mouth. She immediately began to thrash around
and foam at the mouth at the demon's attack. For this rea-
son she was conveyed by her husband to the church of the
all-praised <Virgin>. She remained for thirty days and was
tormented a great deal—for this is the nature, or rather
intention, of the hostile powers, to treat God's creatures
cruelly—so that she uttered some unseemly words. When
the Theotokos relented toward her suppliant, having in the
meantime tested her thoughts, and the possessed woman
had hastened to drink some oil from the lamp hanging be-
fore the <icon of the> Virgin Episkepsis, the Theotokos im-
mediately expelled the demon.

Chapter 18

At the same time it came to pass that the monk Matthew, 1
who was steward of this monastery, a man filled with the
<holy> spirit and leading a life of love for God, was slandered
to the emperor by persons envious of his virtue and desirous

ταύτης λαμπρότητα πρὸς τὸν κρατοῦντα διαβληθῆναι. Καὶ
ὃς εἰς τὴν ἐν Χρυσοπόλει μονὴν ἐξέπεμψεν ὑπερόριον·
ἰσχύει γὰρ πρὸς βραχὺ ἐνίοτε καὶ ψεῦδος κατὰ τῆς ἀληθεί-
ας, εἰ καὶ μὴ τέλεον ταύτην καταγωνίζεται.

2   Καὶ δὴ τοῦτον ὁ καθηγούμενος τῆς τοιαύτης μονῆς
θεωρῶν ἀναβάσεις ἀρετῶν ἐν τῇ καρδίᾳ διατιθέμενον [cf.
Psalm 83[84]:5] καὶ πρὸς κυβέρνησιν λαοῦ ἐπιστήμονα,
τὴν τῆς οἰκονομίας τῷ ἀνδρὶ φροντίδα ἐπέταξεν· ὃς ἐν τοῖς
λεγομένοις κατηχουμενείοις τῆς ἐκκλησίας ὑπνῶν, καθ᾽
ὃν τόπον ἡ τῆς Θεοτόκου εἰκὼν προσπεπήγει μέχρι μαζῶν
ἐκτετυπωμένη καὶ τροφέα τῆς κτίσεως ὑπομάζιον φέ-
ρουσα, φωνῆς ἐξηχηθείσης ἀκήκοε· "Ματθαῖε, πορεύου
νῦν εἰς τὸν οἶκόν μου· ἐγχειρίσαι γὰρ διακονίαν σοι βού-
λομαι." Καὶ διαταραχθεὶς πρὸς τὴν φωνὴν ὁ ἀνὴρ καὶ ἐν
τῷ ἐκεῖσε ναῷ κατελθὼν σὺν ἀγωνίᾳ ηὔχετο· καὶ πάλιν
φωνῆς ἑτέρας ἀκήκοεν· "Ἄπελθε εἰς τὴν μονήν σου· χρείαν
γὰρ ἐκπληρώσεις τινὰ ἐν τῷ οἴκῳ μου καὶ τοῦτον μετα-
κοσμήσεις πρὸς τὸ σεμνότερον." Καὶ ὁ μονάζων σὺν φόβῳ
ἀπεκρίθη τῇ Θεομήτορι· "Ὑπερορίαν κατακριθεὶς τοῦτο
δέδοικα διαπράξασθαι." Καὶ αὖθις ἀκήκοεν· "Ἐγὼ ὑπὲρ
σοῦ λαλήσω."

3   Καὶ εὐθέως τόν τε καθηγούμενον τῆς μονῆς ἐμφανείας
ἠξίωσε τοῦ τὸν μοναχὸν Ματθαῖον εἰς τὴν οἰκείαν ἐκπέμ-
ψαι μονήν, καὶ τῷ τὰ σκῆπτρα κρατοῦντι Βασιλείῳ τὸν
παραπλήσιον ἐνεφάνισε τρόπον. Οὔπω φθάνει ὁ βασιλεὺς
τὸν ὀφθέντα συμβαλεῖν ὄνειρον διαναστάς, καὶ προφθάνει
ὁ τῆς Χρυσοπόλεως καθηγούμενος παραστὰς τὰ ὅμοια
ἰδεῖν τῷ βασιλεῖ διηγούμενος· καὶ παραυτίκα ὁ ῥηθεὶς

of dimming its brilliance. The emperor sent him into exile at the monastery in Chrysopolis.[37] For falsehood sometimes temporarily overcomes the truth, although in the end it does not prevail over it.

The abbot of that monastery, when he saw that the monk *was making* virtuous *ascents in his heart* and was skilled in the management of people, assigned to the man responsibility for the stewardship of the monastery. Matthew was sleeping in the so-called galleries of the church, in the place where the icon of the Theotokos had been set up, depicted at bust length and holding the Nurturer of the creation at her breast,[38] when he heard a voice saying, "Matthew, go to my house now, for I want you to do a job for me." Thrown into confusion at the voice, the man went down into the church there in anguish and prayed; and again he heard another voice, "Depart for your monastery; for you will fulfill a need in my house and will refurbish it with greater majesty." The monk fearfully answered the Mother of God, "Since I have been sentenced to exile, I am afraid to do this." In return he heard, "I will speak on your behalf."

Immediately she deemed the abbot of the monastery worthy of a vision so that he would send the monk Matthew back to his own monastery, and she appeared in a similar way to Basil who wielded the scepter. Before the emperor had arisen to interpret the dream he had seen, the abbot of Chrysopolis was at his side, telling the emperor that he had seen a similar dream. And immediately the aforementioned

μοναχὸς Ματθαῖος εἰς τὴν ἰδίαν ἐξαπεστάλη μονήν· καὶ
βασιλεῖ γνώριμος ἐντεῦθεν καὶ τοῖς ἐν παλατίῳ γίνεται
καλῶς τε ποιμάνας τὸ λογικὸν τοῦ Χριστοῦ ποίμνιον, εἰς
ἄκραν ἤλασεν ἀρετὴν καὶ ἀγαπητὸς καὶ συνήθης τῷ βασι-
λεῖ Λέοντι χρηματίζει· ὃς αἰδοῖ τῇ πρὸς τοῦτον καὶ κρηπῖδα
τοῦ τεμένους τῆς σεβασμίας Ἄννης κατεβάλετο καὶ κάλ-
λος ἐξηλλαγμένον ἐντέθεικεν καὶ τὸν τοῦ μεγάλου ναοῦ
πρόναον—νάρθηξ τούτῳ ἐπώνυμον—παρὰ τῶν Βουλγά-
ρων ἀχρειωθέντα, τὴν Θρᾳκῶν τότε καταδραμόντων,
ἐκαλλώπισεν καὶ τὴν ἐτύμως λεγομένην Καταφυγήν,
<καταφυγὴν>[15] οὖσαν παντὸς λυπηροῦ, λεπτοτάτων ψηφί-
δων καὶ χρωμάτων συνθέσει καὶ μίξει καὶ κράσει εὐπρεπε-
στέραν εἰργάσατο· ὅθεν ἐν τῷ τότε καιρῷ θαῦμα τοῖς προ-
λαβοῦσιν ἀπετελέσθη κατάλληλον.

19

1   Τῆς γὰρ λεχθείσης Καταφυγῆς ἐπὶ τὸ κρεῖττον ἀμειβο-
μένης καὶ δεχομένης πολλὴν τὴν λαμπρότητα, ὁ ἐπὶ τῆς
κλίμακος κληρικὸς Ἰωάννης τηνικαῦτα ἱστάμενος, ναῷ
τοῦ περιδόξου μάρτυρος Ἀγαθονίκου ὑπηρετούμενος,
ἄνωθεν πεσὼν ἀοράτως ὑπὸ τῆς εἰωθυίας τῆς Θεοτόκου
ἐβαστάχθη δυνάμεως, ὡς αὐτὸς ἐκεῖνος ὁ ταύτην ἑωρακὼς
διήγγειλεν ἅπασιν. Οἱ δέ γε γονεῖς τοῦ ἀνδρὸς τῇ φήμῃ
μαθόντες τὴν τελευτὴν τοῦ παιδὸς καὶ ἕωθεν ἀφικόμενοι

monk Matthew was dispatched to his monastery, and he became henceforth well known to the emperor and those in the palace and shepherded well the spiritual flock of Christ. He rose to the height of virtue and became a beloved and intimate friend of the emperor Leo, who out of respect for him both laid the foundation of the precinct of the venerable Anna[39] and created something extraordinarily beautiful, and embellished the *pronaos* of the great church—it is properly called the narthex—which had been ruined by the Bulgarians, who at that time overran Thrace.[40] He also improved the appearance of what was from its function called the Refuge, being a refuge from all pain, with a combination and mixture and blending of more refined mosaics and colors. And so at that time a miracle was performed congruent with its predecessors.

Chapter 19

While the aforementioned Refuge was being renovated and receiving much decoration, the priest John (who served the church of the glorious martyr Agathonikos),[41] while standing on the scaffolding, fell from on high, but was supported invisibly by the customary power of the Theotokos, as he himself who saw her told everyone. When the man's parents learned of the rumored death of their son, they

κατεβόων τοῦ ἡγουμένου· καὶ παρ᾽ ἐλπίδα ζῶντα τοῦτον
καταλαβόντες καὶ φωνῆς ἐκ τῆς Καταφυγῆς ἀκηκοότες,
"Λάβετε τὸν υἱὸν ὑμῶν ζῶντα," λεγούσης, "καὶ ἄπιτε τὴν
τοῦ Θεοῦ ὑπερένδοξον μητέρα δοξάζοντες," χαίροντες
ὑπενόστησαν.

20

1   Πίστιν τοιγαροῦν ὁ ῥηθεὶς πιστότατος Λέων παρασχὼν
ἀντείληφε χάριν πολλαπλασίονα· αὐτός τε γὰρ ὑπὸ τοῦ τῆς
δυσουρίας νοσήματος πικραῖς ὀδύναις περιβληθεὶς καὶ ἡ
Αὐγοῦστα Θεοφανὼ λάβρῳ καταληφθεῖσα καὶ διακαίοντι
πυρετῷ, ἄμφω τῆς ὑγείας ἔτυχον, ἀπολαύσαντες εἰς κόρον
τοῦ ἁγιάσματος.

21

1   Στέφανός τε ὁ μακαρίτης πατριάρχης καὶ τοῦ τοιούτου
βασιλέως αὐτάδελφος ἀποστήματι τὰ στέρνα ἐνοχληθεὶς
καὶ πιὼν κατὰ τὸν καιρὸν τῆς τῶν τιμίων ξύλων Ὑψώσεως
ἀπὸ τῆς θείας πηγῆς, οὐκ ἠστόχησε τῆς ἐλπίδος καὶ τῆς ἰά-
σεως· καὶ ἀντ᾽ εὐχαριστίας ἃ ἐν ταῖς λειτουργίαις ἱερὰ ἐνε-
δύετο περιβόλαια (φελώνην, στιχάριόν τε καὶ ὠμοφόριον

came at dawn and cried out to the abbot. But they found their son unexpectedly alive, and heard a voice from the Refuge, saying, "Take your son, who is very much alive, and depart, glorifying the exceedingly glorious Mother of God;" and they returned home joyously.

Chapter 20

The aforementioned most faithful Leo[42] received a favor many times greater in return for having shown his faith <in the spring>. For when he was stricken with the bitter pains of difficult urination and the Augusta Theophano[43] was afflicted with a fierce and raging fever, they both were restored to health, after drinking holy water to satiety.

Chapter 21

The patriarch Stephen, of blessed memory, the emperor's brother,[44] was afflicted with an abscess on his chest. After drinking water from the holy spring at the time of the Feast of the Exaltation of the Venerable Cross, he did not fail to attain the healing for which he hoped. As a thank offering he had the holy vestments that he wore for the liturgy (these are called the *phelonion, sticharion,* and *omophorion*)[45]

τὰ τοιαῦτα καλοῦσιν), εἰς ἐνδυτὴν μετεσκεύασεν, ἀσφαλισάμενος τοὺς ἐν τῇ μονῇ ταῦτα κατὰ τὴν τῆς Ὑψώσεως ἑορτὴν εἰς τὸ θυσιαστήριον ἐφαπλοῦν· ὃ καὶ μέχρι τοῦ νῦν διαπράττεται.

22

1 Ἀλλὰ καὶ Ταράσιον τὸν πατρίκιον λάβρῳ κατασχεθέντα ποτὲ πυρετῷ καὶ φρενίτιδι νόσῳ ἐντεῦθεν περιπεσόντα καὶ τῷ δεινῷ ἀπειρηκότα τὰς εἰς σωτηρίαν ἐλπίδας ἡ τούτου μήτηρ πρὸς τὸν ναὸν διεκόμισε· καὶ τῷ πηλῷ καὶ τῷ ἁγιάσματι καὶ σῶμα καὶ κεφαλὴν τοῦ νοσοῦντος ἀλείψασα ἀπέλαβεν ὑγιαίνοντα, τροφῆς μετασχόντα στερεωτέρας καὶ ὕπνου μεταλαχόντα χρηστοῦ καὶ πρὸς τὴν ἰδίαν μετ᾽ εὐφροσύνης οἰκίαν ἐπανελθόντα.

23

1 Ἐξ ἐκείνου καὶ Μαρία ἡ μαγίστρισσα, ἡ τούτου μήτηρ, τὴν πίστιν ὅσην εἰς τὸν τῆς Θεομήτορος κτησαμένη ναὸν καὶ διηνεκῶς αὐτῇ προσεδρεύουσα τοῖς πᾶσι τὰ μεγαλεῖα τῆς Θεομήτορος ἀνεκήρυττε καὶ προετρέπετο τούς γε πειθομένους ἀδιστάκτως εἰς αὐτὸν ἀφικνεῖσθαι καὶ τῆς ἱερᾶς

refashioned into an altar cloth, making sure that the monks in the monastery would spread it over the altar on the Feast of the Exaltation; and this is carried out up to this day.

Chapter 22

The patrician Tarasios was once stricken with a violent fever. As a result he suffered from an inflammation of the brain, and on account of the terrible disease had renounced any hopes of recovery, when his mother brought him to the church. But after she anointed the sick man's body and head with mud and holy water, she took him back in good health, eating solid food and enjoying sound sleep and returning to his own home with rejoicing.

Chapter 23

For this reason, the *magistrissa* Maria, Tarasios's mother, who had such faith in the church of the Mother of God and constantly frequented it, related to all the wondrous deeds of the Mother of God and urged those who listened to her to go to the church without hesitation, and draw a host of

πηγῆς πλήθη παραδόξων θαυμάτων ἀρύεσθαι· καὶ γάρ τι
καὶ περὶ αὐτὴν τοιόνδε συμβέβηκε. Νόσῳ κατεσχέθη βα-
ρυτάτῃ ποτὲ καὶ τὸν ἴδιον ἐλιπάρει ἄνδρα ταύτην εἰς τὸν
ναὸν τῆς Πηγῆς παραπέμψαι· ὡς δὲ τοῦ ποθουμένου ἐπέ-
τυχεν, ἀπείργετο δὲ παρὰ πολλῶν τοῦ μηδὲ ἄκρῳ δακτύλῳ
ἅψασθαι ὕδατος, ἐπείπερ λαθοῦσα, ὅλη γενομένη ἀδιστά-
κτου πίστεως καὶ φρονήματος καὶ χαίρειν εἰποῦσα ταῖς
παρὰ πολλῶν παραινέσεσι, τοῦ ἁγιάσματος ἔπιε, τῇ πόσει
ἅμα τὴν ὑγείαν ἀπείληφεν.

2   Ἀρρωστησάσης δὲ καὶ πάλιν μετὰ καιρὸν καὶ στειλάσης
δύο τῶν αὐτῆς οἰκετῶν, τῶν ἐχόντων ταχεῖαν τὴν πρὸς τὸ
τρέχειν ὀξύτητα, ἀντλῆσαί τε ὅσον τάχος καὶ πρὸς αὐτὴν
διακομίσαι διακελευσαμένης ἁγίασμα, ἐπείπερ οἱ μοναχοὶ
μετὰ τοὺς ἑσπερινοὺς ὕμνους τοῖς ἔξω τὰς θύρας ἀπέκλει-
σαν, ἐπιστάντες οἱ νέοι ἐπὶ τῇ ἔνδον τῆς φιάλεως πύλῃ καὶ
διά τινος ἀποσκοποῦντες ὀπῆς ἐπεβοῶντό τινα τῶν ἔνδο-
θεν τούτοις ὑπανοῖξαι τὴν εἴσοδον. Καὶ ὁρῶσι μὲν οὐδαμῶς
τινα, ἀκούουσι δὲ φωνῆς γυναικείας λεγούσης· "Εἰ βούλε-
σθε εἰσελθεῖν, ἐπὶ τὸ τοῦ ἁγίου μέρος Εὐστρατίου εἰσέλ-
θετε." Ἔστι δὲ καὶ τοῦτο εὐκτήριον ἱδρυμένον κατὰ τὴν
τῆς φιάλεως ἀριστερὰν εἴσοδον. Οἱ δὲ μήτε τὸ εὐκτήριον
ὅπου καὶ εἴη γινώσκοντες μήτε τὴν ἀνεῳγμένην πύλην,
ἐδέοντο προστιθέντες ὅρκον· "Εἰπὲ ἡμῖν, πρὸς τοῦ Θεοῦ,
ὅστις καὶ εἶ, ὁπόθεν δὴ καὶ εἰσέλθωμεν." Καὶ πάλιν ἡ αὐτὴ
φωνὴ τοῖς ἱκετεύουσιν ἀντεφθέγγετο ὡς· "Ἀπὸ τοῦ ἀρι-
στεροῦ μέρους, πάντως εἶπον ὑμῖν, καὶ τοῦ εὐκτηρίου τοῦ
μάρτυρος Εὐστρατίου τὴν εἴσοδον εὕρητε." Οἱ δὲ τῇ πύλῃ
περιτυχόντες ἀνεῳγμένῃ εἰσῆλθον· καὶ ὡς οὐδένα εἰς τὰ

extraordinary miracles from the holy spring. And something similar happened to her, too. She was once stricken with a very serious disease, and begged her husband to send her to the church of the Pege. When she attained her goal, however, many people urged her not to even touch the water with her fingertips,[46] but since indeed she secretly drank from the holy spring, being completely filled with unhesitating faith and determination, and rejecting the advice of many, as soon as she drank the water, she regained her health.

Falling ill again after a time, she sent two of her servants, 2 who were very fast runners, ordering them to draw the holy water as quickly as possible and bring it to her. Since the monks closed the doors to outsiders after the evening hymns, when the young men arrived at the inner door of the water basin, they looked through a hole and shouted for someone inside to open up for them. They saw no one at all, but heard a woman's voice saying, "If you wish to enter, go in from the side of Saint Eustratios."[47] This is a chapel built at the left entrance to the water basin. Since they knew neither where the chapel was nor the open door, they entreated her, adding an oath: "By God, whoever you are, tell us where we can get in." Again the same voice replied to the suppliants, "I already told you, you will find the entrance to the chapel of the martyr Eustratios on the left side." They discovered

τοῦ ναοῦ κατέλαβον προπύλαια, κεκραγέναι καὶ βοᾶν ἐπε-
χείρουν.

3 Καὶ πάλιν τρὶς τῆς προτέρας φωνῆς ἀντιφθεγγομένης
αὐτοῖς ἔνδοθεν τῶν βασιλικῶν πυλῶν ἤκουον, μικρὸν ἐπι-
μεῖναι ὅσον. Καὶ ὁμοῦ τῇ φωνῇ παρεγένετό τις τῶν μο-
ναχῶν τοὺς ἐφεστῶτας ἀνερωτῶν, εἰ ἐπὶ πολλῆς ὥρας ἐπὶ
τοῦ ναοῦ διακαρτεροῖεν· οἱ δὲ κατέθεντο· καὶ ὁ μονάζων
πάλιν ἐπύθετο, τίνος χάριν μὴ εἰσελθεῖν ἀπὸ τῆς αὐλῆς τοῦ
πυλῶνος· "Διότι," ἀντέφησαν, "ἡμῖν γυνὴ διηρμήνευσε τὴν
ἔσωθεν εἴσοδον, ἣν καὶ ὑποδειχθῆναι δεόμεθα." Ὁ δὲ δια-
γνοὺς τὸ παράδοξον, πρὸς τοὺς νέους ἀντέφησεν ὡς· "Οὐ
γυναιξὶ συγκεχωρημένον ἐμφιλοχωρεῖν τοῖς ἐνταῦθα·
ἀλλά μοι ἐπὶ τῆς αὐλῆς ἀναστρεφομένῳ γυναικὸς φωνὴ
ἐπῆλθεν, ὥσπερ δὴ[16] καὶ ὑμῖν, καί με καταλαβεῖν τὴν
ἐκκλησίαν παρώτρυνε τοῦ ἐπιδοῦναι τοῖς ζητοῦσιν ἁγία-
σμα." Ἐπεὶ οὖν ἀναψηλαφήσαντες μὴ κατέλαβον τὴν τοι-
αῦτα λαλήσασαν, ἐξεπλάγησαν. Μαθοῦσα δὲ καὶ τὸ θαυ-
ματουργηθὲν ἡ πιστῶς τοὺς οἰκέτας μαγίστρισσα στείλασα,
ηὐχαρίστει μέχρι τῆς τελευτῆς τῶν τοιούτων θαυμάτων
χάριν καὶ Θεῷ καὶ τῇ Θεομήτορι.

24

1 Πρὸς τούτοις ἐπὶ τῶν καιρῶν τοῦ αὐτοκράτορος Λέον-
τος τοῦ τῶν σωματοφυλάκων αὐτοῦ ἄρχοντος Στυλιανοῦ

the open door and entered but, since they found no one in the narthex of the church, they began to cry out and shout.

And again, for the third time, they heard the earlier voice 3 responding to them from inside the royal doors that they should wait a little. At the same time as the voice one of the monks appeared, asking the men standing there if they had been waiting a long time at the church. They said they hadn't. The monk again inquired why they did not enter by the door of the courtyard. "Because," they replied, "a woman told us about the inner entrance which we ask to be shown." But the monk understood the miraculous occurrence, and replied to the young men, "Women are not permitted to be in this place. But as I was walking in the courtyard, I heard a woman's voice, as you did also, urging me to go to the church to give holy water to those seeking it." Since they did not find the woman who spoke these words, despite investigation, they were astonished. When the *magistrissa* who with faith had sent her servants learned of this marvelous event, until her death she gave thanks to God and the Mother of God on account of such miracles.

Chapter 24

On another occasion, in the time of the emperor Leo, 1 the son of Stylianos, the chief of his bodyguard,[48] developed

τῷ υἱῷ λίθος ἐνέφυ κατὰ τὸ γεννητικὸν μόριον, οὗ τομαῖς καὶ χειρουργίαις οἱ ἰατρεύοντες εὑρεῖν τὴν ἴασιν διετείνοντο. Ἀλλ᾽ ὁ πατὴρ τοῦ φιλτάτου τέκνου ὑπεραλγῶν καὶ ἅμα τῇ δυνάμει τῆς τὸν δυνατὸν ἐν ἰσχύϊ τεκούσης θαρρῶν τὸ σωστικώτατον ἰατρεῖον, τὸν ναόν φημι τῆς Πηγῆς, σὺν τῷ τέκνῳ κατέλαβεν συχνῶς τε πίνειν τοῦ ἁγιάσματος καὶ φόβου ἐκτὸς προτρεπόμενος τὸν νοσοῦντα, τὴν ὑγείαν αὐτῷ προεξένησε, λανθανόντως[17] τοῦ λίθου διαλυθέντος ὑπὸ θείας δυνάμεως καὶ ταῖς φυσικαῖς ἐκκρίσεσι προχωρήσαντος.

25

ɪ   Καὶ Μαρία ἡ οὕτω ἐπονομαζομένη Σχίνιζα κακώσει καὶ διαρροίᾳ κοιλίας ἐνοχλουμένη, ἀπέχεσθαι ὕδατος τὸ παράπαν παρὰ τῶν ἰατρευόντων τῇ ὑπερβολῇ τοῦ δεινοῦ κελευσθεῖσα τελευτᾶν ἔμελλεν· ἡ κατὰ τοὺς ὕπνους ὁρᾷ γυναῖκά τινα ἐν σχήματι εὐπρεπεῖ εἰς λόγους ἐλθοῦσαν αὐτῇ καὶ ὥσπερ ἐπικαμπτομένην τῆς καμνούσης τῇ νόσῳ ἀνερωτᾶν ἐξεταστικώτερον· "Ποία, γύναι, σοι νόσος; οὐ δύνῃ ὕδωρ πιεῖν;" Ἡ δὲ ἀπεκρίνατο· "Δυνατόν μοι τοῦτο, ἀλλὰ παρὰ τῶν ἰατρῶν ἀπηγορευμένον." Καὶ ἡ κοσμία ἐκείνη καὶ πολὺ τὸ χάριεν ἔχουσα ὑπετίθει τὸ τοῦ νοσήματος ἴαμα· "Λάβε," εἰποῦσα, "ἀπὸ τῆς πηγῆς μου ὕδωρ καὶ πίε καὶ τὰς ἐναντίας ἀπόρριψεις ἐλπίδας." Καὶ ἔωθεν ὕδωρ ἐκεῖθεν μετακομίσασα καὶ πιοῦσα παραχρῆμα τῆς νόσου ἀνήνεγκε.

a stone in his genitals. The doctors urged him to undergo a surgical operation in order to be cured. But the father, who was exceedingly distressed about his dearest child, having confidence in the power of the Virgin who gave birth to the One who is powerful (i.e., Christ), went with his son to the surest place of healing, I mean the church of the Pege; and urging his sick child to drink often of the holy water without fear, brought about the restoration of his health, as the stone was invisibly dissolved by divine power and passed through his urethra with his natural excretions.

Chapter 25

Maria, surnamed Schiniza, was afflicted with pain in her abdomen and diarrhea. After being instructed by her physicians to abstain completely from water because of her terrible disease, she was on the point of death. In her sleep she saw a woman of dignified appearance coming to speak to her, and, as if moved to pity by the sick woman's disease, she asked Maria a question: "My good woman, what is wrong with you? Are you unable to drink water?" She answered, "I can, but the doctors forbid it." And that elegant and graceful woman suggested a remedy for her ailment: "Take water from my spring and drink it, and you will set aside their negative expectations." So at dawn she had water fetched from there, and as soon as she drank it she recovered from her illness.

26

I Καὶ ἡ Αὐγοῦστα Ζωὴ φεύγουσα τὸν τῆς ἀτεκνίας ὀνει-
δισμὸν καὶ περὶ γέννησιν τέκνων ἀγωνιῶσα ὑπόμνησιν
ἔλαβε περὶ τῶν τῆς πανάγνου θαυμάτων, καὶ πλέγμα τι ἐκ
μετάξης ἰσόμηκες τῆς εἰκόνος τῆς Θεομήτορος, τῆς ἐν δε-
ξιᾷ τοῦ Σωτῆρος εἰς τὴν Καταφυγήν, διαμετρήσασα καὶ
περιζωσαμένη τοῦτο, τῇ προμηθείᾳ ταύτης Κωνσταντῖνον
τὸν ἀοίδιμον βασιλέα συνέλαβεν· εἶθ᾿ οὕτως πυρετῷ φλο-
γώδει καταληφθεῖσα, τῷ ἐκεῖσε πηλῷ καὶ τῷ ἁγιάσματι τὴν
ὑγείαν ἐπραγματεύσατο. Ἐφάνη οὖν καὶ ἀπαιδείας δεσμὰ ἡ
Θεοτόκος εὐχερῶς διαλύουσα καὶ ἀπὸ γαστρὸς ἠτεκνωμέ-
νης παῖδας ἐπισήμους παράγουσα· τί γὰρ ἐν γῇ βασιλέως
ἐπισημότερον;

27

I Λοιπὸν εἴπωμεν ἐφεξῆς καὶ τὰ περὶ τὸν βασιλέα Ῥω-
μανὸν τὸν πάλαι συμβάντα καὶ εἰς τοὺς παῖδας αὐτοῦ· οὐ
μικρὰν γὰρ πίστιν καὶ οὗτος ἐπιδειξάμενος εἰς τὸν τῆς παν-
υμνήτου ναόν, μειζόνων κατὰ πολὺ πλῆθος ἀπείρων τῶν
ἀμοιβῶν ἔτυχεν. Αὐτὸς μὲν γὰρ νόσῳ ληφθεὶς σφοδροῦ πυ-
ρετοῦ καὶ βρωμάτων ἀποστροφῇ, τῶν ὀρεκτικῶν δυνάμε-
ων ἀποκαμουσῶν πρὸς τὴν οἰκείαν ἐνέργειαν, οὐ μόνον
τούτων ἀπηλλάγη τῷ κοινῷ φαρμάκῳ, τῷ ἁγιάσματι,
ἀλλὰ καὶ γαστρὸς ἐποχῆς καὶ πάλιν ἀμέτρου φορᾶς· ὃ καὶ

Chapter 26

The Augusta Zoe, who was seeking to avoid the shame   1
of childlessness and anxiously hoping for the birth of chil-
dren,[49] learned about the miracles of the all-pure Virgin.
Measuring out a skein of silk equal in length to the icon of
the Mother of God which is on the right <of the image> of
the Savior in the Refuge, and wrapping it around her loins,
through the providence <of the Virgin> she conceived the
celebrated emperor Constantine.[50] Later, when she was
stricken with a raging fever, she recovered her health
through the mud and holy water from the shrine. Thus the
Theotokos was revealed to loosen easily the bonds of steril-
ity, bringing forth notable children from a barren womb. For
what on earth is more notable than an emperor?

Chapter 27

Let us speak next about the miracles that occurred to the   1
emperor Romanos of old[51] and his children. For after he
demonstrated great faith in the church of the all-hymned
Virgin, he received greater rewards, boundless in number.
After being taken ill with a high fever and aversion to food,
since his digestive powers lost their normal function, not
only was he relieved of these symptoms by the universal
remedy of the holy water, but was also cured of a blockage in
his stomach and then of severe diarrhea. This surpasses all

θαυμάτων πάντων ἐπέκεινα καὶ παραδόξων παραδοξότε-
ρον, διάφορον δὲ τῇ δυνάμει· ἐπεχομένην τε τὴν γαστέρα
ἀκωλύτως τὴν οἰκείαν ἐκπληροῦν ἐνέργειαν παρεσκεύαζεν
καὶ φερομένην οὐ κατὰ φύσιν συνεῖλε καὶ συνέσφιγγεν.

28

1 Ἑλένη δὲ βασιλὶς ἡ τούτου θυγάτηρ καὶ Στέφανος βασι-
λεὺς ὁ υἱὸς καὶ Ἄννα ἡ αὐτοῦ σύμβιος τῇ μὲν ἐν παραπλη-
σίοις, τῇ δὲ καὶ ἐν διαλλάττουσι νοσήμασιν ἐπικουρίας τῆς
αὐτῆς ἔτυχον, ἡμιτριταϊκῶν περιόδων ἀπαλλαγέντες καὶ
γαστρὸς ἐπὶ πολὺ φερομένης καὶ παθημάτων ἑτέρων ἀδή-
λων δυσδιάγνωστον ἐχόντων καὶ τὸ ἄλγημα καὶ τὸ ἴαμα
καὶ χαλεπὰς ἐμποιούντων ὀδύνας καὶ τῇ ἀφανείᾳ καὶ τῇ
ἀπορίᾳ τῆς ἰατρείας καὶ τῆς ἀπαλλαγῆς τῇ ἀνελπιστίᾳ, τὸ
χαλεπώτερον· ὅθεν ὁ δηλωθεὶς Ῥωμανὸς πείρᾳ γνοὺς τὴν
δραστικὴν ἐνέργειαν τῆς θείας πηγῆς, καθ᾽ ὅλον τὸν βίον
ὁσημέραι τοῦ ταύτης μετελάμβανεν ἁγιάσματος.

29

1 Γαβριὴλ τε ὁ κοιτωνίτης ὑπὲρ τοῦ ἰδίου ἀνεψιοῦ τοῦ
παρὰ τῶν Βουλγάρων κατασχεθέντος λυπούμενος καὶ

miracles and is more marvelous than marvels, but superior in power. For when his stomach was blocked, the holy water made it fulfill its proper function without impediment, and when it was excreting abnormally, the water checked and constricted <the diarrhea>.

Chapter 28

The empress Helena, who was Romanos's daughter, and his son, emperor Stephen, and Anna his wife[52] received the same assistance in both similar and differing afflictions. For they were healed of episodes of semitertian fevers[53] and dysentery and other indeterminate afflictions of which both the symptoms and the remedies were difficult to diagnose, and which caused horrible suffering by means of their hidden nature, the inadequacy of medical treatment, and what was worst, their despair of finding relief from their illness. Wherefore the aforementioned Romanos, after learning through experience of the efficacy of the divine spring, used to drink its holy water daily all his life.

Chapter 29

The chamberlain Gabriel, who was grieving and distressed on account of his nephew who was being held by the

διαπονούμενος, χάριν τῆς τούτου λυτρώσεως εὐαγγέλιον
κατεσκεύασε· καὶ ἔωθεν ἐν ἡμέρᾳ Κυριακῇ ἐν τῷ ναῷ ἀνέ-
θετο· καὶ περὶ δυσμὰς ἡλίου τῆς αὐτῆς ἡμέρας ἐπανῆκεν
αὐτῷ τῆς αἰχμαλωσίας ὁ ἀνεψιός, λέγων ὅτι· "Ἕως τὰ τεί-
χη τῆς βασιλευούσης κατεῖδον, ἐν τῇ ἀλλοδαπῇ διατρίβειν
ἐδόκουν. Ἐπιγνοὺς δὲ τὸ γεγονὸς ἐδόξασα τὴν ἐκ τῆς δου-
λείας λυτρωσαμένην με." Ὁ καὶ αὐτὸς ἐκεῖνος ὁ κοιτωνίτης
οὐκ ἐπαύσατο ὑπερθαυμάζων, τὴν ταχεῖαν ἀντίληψιν τῆς
Θεομήτορος διηγούμενος ἅπασι.

30

1   Καί τις μοναχὸς τοὔνομα Ἰωάννης, ᾧ Πέπερις ἡ ἐπίκλη-
σις, τοῖς ἐνδοτέροις μέρεσι τῆς Χαλδίας οἰκῶν, ἀρρωστή-
σας, ἐπεὶ οἱ ἰατροὶ ἀπειρήκεσαν πρὸς τὸ βίαιον αὐτοῦ τοῦ
νοσήματος, εἰς νοῦν ἔλαβε τὴν ἐκκλησίαν τὴν ἐν τῇ Πηγῇ·
καὶ δάκρυσιν ἐπεβοᾶτο τὴν Θεομήτορα· "Πάναγνε Θεοτό-
κε," λέγων, "ἡ ἐν τῇ Πηγῇ κατοικοῦσα, τῷ κατακειμένῳ ἐπὶ
κλίνης ὀδύνης βοήθει μοι." Καὶ παραυτίκα ἐφάνη τις τούτῳ
ὑπνώσαντι λέγουσα· "Ὀδύνη σύ, μοναχέ; καὶ τίνος χάριν
βοᾷς καὶ ταύτας τὰς ἀνακλήσεις ποιῇ;" Ὁ δέ φησιν· "Ἐπι-
θυμίᾳ, Δέσποινα, τῆς ζωῆς." Καὶ πάλιν πρὸς τοῦτον ἡ Θεο-
τόκος ἐφθέγξατο· "Καί τί μοι παράσχῃς ἀντάξιον, πολὺν
ἀναδεξαμένη πόνον καὶ διανυσάσῃ τὴν ἐκ τῆς Πηγῆς μέχρι
τῶν ἐνταῦθα ὁδόν;" Κἀκεῖνος ἀντέφησεν ὡς· "Οὐκ εὐπορία

Bulgarians, commissioned a gospel book for the sake of his deliverance. And at dawn on a Sunday he dedicated it to the church <at the spring>. Around sunset of the same day his nephew returned from captivity, saying, "Until I saw the walls of the Queen of Cities, I thought I was staying in a foreign land. Recognizing what was happening, I glorified the Virgin who has delivered me from captivity." And that chamberlain did not cease to marvel exceedingly, as he narrated to all the swift succor of the Mother of God.

Chapter 30

A monk named John, surnamed Peperis, who lived in the   1
interior of Chaldia,[54] fell ill. When the doctors despaired of his recovery because of the severity of the illness, he thought of the church at the Pege. And he tearfully implored the Mother of God, saying, "All-pure Theotokos, you who dwell at the Pege, help me as I lie on my bed of pain." Straightaway she appeared to him in his sleep, saying, "Are you in pain, monk? Why are you crying out and calling upon me?" He replied, "My Lady, it is out of my desire to live." Again the Theotokos said to him, "What will you offer me in recompense for having exerted so much effort to travel here from the Pege?" He replied, "I have no resources except

μοι εἰ μὴ νομισμάτων τριῶν." Ἡ δὲ εἰποῦσα ὡς· "Καὶ ταῦτα δεκτά μοι καὶ οὐκ ἀπόβλητα," ἥψατο τότε αὐτοῦ καὶ τὴν νόσον ἀπήλασεν· καὶ ὃς ἰαθεὶς καὶ πιστεύσας τῷ νυκτερινῷ ῥήματι καὶ μηδὲν κακουργήσας πρὸς τὴν ὑπόσχεσιν σὺν τοῖς τρισὶν ἐκείνοις νομίσμασιν ἀπάρας οἴκοθεν κατέλαβε τὴν μονήν· καὶ τὸ τῆς Θεομήτορος εἰς βοήθειαν πρόχειρον ἀνεκήρυττεν καὶ ὅπως αὐτὴν οὐκ ἔφθασεν ἐπικαλεσάμενος καὶ βοηθὸν ἑτοιμοτάτην εὕρετο.

2   Καὶ μετά τινα χρόνον τοῦ φοιτητοῦ αὐτοῦ ταῖς πρὸς θάνατον ἀπαγούσαις ὀδύναις καὶ νόσοις ἀπαγορεύσαντος, ἐπεὶ οὐδεμία σωτηρίας ἐλπὶς αὐτῷ ὑπελείπετο, τῷ διδασκάλῳ διαπορουμένῳ καὶ δυσχεραίνοντι εἷς πόρος τῶν περιστάντων ἀπόρων ἐφαίνετο, ἡ χορηγὸς τῆς ὑγείας καὶ μήτηρ τῆς ἁπάντων ζωῆς· πρὸς ἣν καὶ τὸν νοῦν ἔτεινε καὶ τῷ μαθητῇ ἔφησεν· "Βούλει, τέκνον, εἰς ὑγείαν ἐπανελθεῖν;" Καὶ ὅς, "Ναί, πάτερ," ἔφησε· "καὶ ὑπόσχου τι," ὁ διδάσκαλος ἔφη, "τῇ Θεοτόκῳ τῇ κατοικούσῃ ἐν τῇ Πηγῇ· καὶ ἀναρρωσθήσῃ εὐθύς." Καὶ ὁ ἀσθενῶν· "Πέντε ταύτῃ," ἔφη, "νομίσματα δίδωμι, εἴ γε ἀναρρωσθῶ, ὥσπερ ἔλεξας." Καὶ ὁ μοναχὸς Ἰωάννης προσπεσὼν ἐν τῇ ἐκκλησίᾳ ἐδεῖτο τῆς Θεοτόκου συντετριμμένῃ καρδίᾳ ὑπὲρ τοῦ φοιτητοῦ· καὶ ἐξελθὼν τὸν νοσοῦντα ἐπήρετο· "Ἐθεάσω, τέκνον, τινά;" Ὁ δέ, "Οὐδένα," ἔφησεν, "εἶδον, πλὴν φωνῆς λεγούσης ἀκήκοα ὅτι· 'γράψον καὶ σφράγισον.'" Καὶ ὁ γηραιὸς πρὸς αὐτόν· "Ἐμοὶ δέ, τέκνον, ἡ Θεοτόκος ἐλάλησεν ὡς· 'Σπεῦσον, ἄπελθε πρὸς τὸν σὸν φοιτητήν.'" καὶ κατ' αὐτὴν τὴν ὥραν ὑγιὴς γεγονὼς[18] τὰ μεγαλεῖα τῆς Θεομήτορος ἐμεγάλυνεν· ἐξ ἐκείνου οὖν μέχρι καὶ σήμερον πέμπονται

for three gold coins." After she said, "These are acceptable to me and I will not reject them," she touched him and drove away his illness. Once he was healed, he believed in the nocturnal message <of the Virgin>, and did not fail to keep his promise, but left his homeland and came to the monastery <at Pege>. Here he proclaimed the ready assistance of the Mother of God and how, as soon as he called upon her, he found her a most ready helper.

Sometime later, when his disciple was in despair because 2 he was dying of a painful illness, since he had no other hope of deliverance, his perplexed and distressed master felt that he had only one recourse in such difficult circumstances, namely she who restores health and is the Mother of life for all. So turning his mind to her, he said to his disciple, "My child, do you wish to be restored to health?" When he replied, "Yes, father," his teacher said, "Then promise something to the Theotokos who dwells at the Pege, and you will recover immediately." The sick man said, "If I recover, I will give her five gold coins, just as you have said." The monk John, prostrating himself in the church, with contrite heart entreated the Theotokos on behalf of his disciple. When he came out, he asked the sick man, "My child, have you seen anyone?" And he said, "I have seen no one, but I heard a voice saying, 'Write your signature and affix your seal.'" The old man said to him, "My child, the Theotokos said to me, 'Hurry and go to your disciple.'" And at that very hour he recovered his health, and magnified the greatness of the Mother of God. From that time up to the present day the

παρὰ τῶν μοναχῶν ἐξ ἄκρας Χαλδίας τὰ πέντε νομίσματα
εἰς τὸν ἐν τῇ Πηγῇ ναὸν πρὸς ἀνάμνησιν τοῦ δηλωθέντος
θαύματος ἀνεπίληστον.

3   Εἶδες κηδεμονίαν καὶ πρόνοιαν; πῶς οὐδὲν ἕτερον παρ᾿
ἡμῶν εἰ μὴ μόνον πίστιν ἡ Θεοτόκος ἐπιζητεῖ; ἡνίκα γὰρ
ἀμφοτέρων, τοῦ διδασκάλου <καὶ>¹⁹ τοῦ φοιτητοῦ, τὴν
προθυμίαν ἐπέγνω καὶ τὴν προαίρεσιν ἐδοκίμασεν, τῶν
παρ᾿ αὐτῆς παραχρῆμα ἠξίωσε τούτους τῶν δυσχερῶν
ἀπαλλάξασα· θάλασσαν τὸν ἑαυτῆς ναὸν ἀγαθῶν ἀλλ
οὐχὶ πηγὴν εἰκότως ἄν τις καλέσειεν· ὥσπερ γὰρ οὐκ ἐκεί-
νης ἡ ψάμμος ἀριθμητή, οὕτως οὐδὲ τῶν ἐν τῇ θείᾳ Πηγῇ
τελουμένων ἀριθμῷ τὸ πλῆθος ὑποβάλλεσθαι δύναται.

31

1   Ἰωάννης γάρ τις πρωτοσπαθάριος τὸν τῆς Θεοτόκου
ναὸν κατέλαβεν ἡμιθνὴς τῶν νόσων ταῖς ἐπιθέσεσι· καὶ ἐν
τῷ αὐτὸν κατακεῖσθαι ἐν τῷ ναῷ ἀφυπνώσας κατεῖδεν, ὡς
ἔφη, τὴν Θεομήτορα ἐπιτρέπουσαν τῷ μάρτυρι Παντελεή-
μονι· "Ἴδε, τί ἔχει ὁ ἀσθενῶν;" (ἵνα καὶ τῶν θείων ἐκείνων
ῥημάτων, ὡς λέξεως εἶχον, ἐπιμνησθῶ). Καὶ ὁ μάρτυς· "Τὰ
ἔνδον, ὦ Δέσποινα, πάσχει δεινῶς." Καὶ αὖθις ἡ Θεοτόκος
ἔφη τῷ μάρτυρι· "Θεραπείας τοῦτον ἀξίωσον." Καὶ σὺν τῷ
λόγῳ διυπνισθεὶς τελείως ἀπελαθεῖσαν ἔγνω τὴν νόσον,
καὶ τὴν ἰατρεύσασαν φωναῖς εὐχαριστηρίοις ἠμείβετο.

five gold coins are sent by the monks from furthest Chaldia to the church at the Pege as an unforgettable reminder of the miracle I have just narrated.

Do you observe her protection and providence, and how 3 the Theotokos seeks nothing from us except faith? For she acknowledged the zeal and approved the intention of both men, of teacher and disciple, and immediately deemed them worthy, as she delivered them from difficult circumstances. One might appropriately call her church a sea of blessings, not a mere spring. For just as the sand of the sea cannot be counted, so it is impossible to enumerate the multitude of miracles at the divine Pege.

Chapter 31

A certain John, a *protospatharios*,[55] who was half dead from 1 the attacks of his diseases, came to the church of the Theotokos. While he was lying down asleep in the church, he saw, as he said, the Mother of God instructing the martyr Panteleimon,[56] "See what is wrong with the sick man" (so that we may record that divine utterance, word for word). And the martyr said, "He is suffering from terrible internal problems, my Lady." Again the Theotokos said to the martyr, "This one is worth curing." After being awakened from sleep by those words, he experienced a complete remission of his disease, and he repaid the Virgin who had healed him with cries of thanksgiving.

32

1 Ἀλλὰ καὶ Θεόφιλός τις πρωτοσπαθάριος μακρᾷ καὶ δυσαπαλλάκτῳ νόσῳ καμὼν τοῖς διακονουμένοις ἐπέτρεψεν ἀπαγαγεῖν αὐτὸν εἰς τὸν τῆς Δεσποίνης ναόν· καὶ "εἴπερ," ἔφη, "ἐκλίπω τὸν βίον ἐκεῖ, ἐκεῖ καὶ τὸ σῶμα κατάθετε." Πληροῦσιν ἐκεῖνοι τὸ προσταχθὲν καὶ τὸν δεσπότην διακομίζουσιν, ἔνθα καὶ προσετάχθησαν· καὶ ὃς κατὰ τοὺς ὕπνους ἐν μιᾷ τῶν νυκτῶν ἐν τῇ Καταφυγῇ ἐδόκει ἑστάναι καὶ ὁρᾶν γυναῖκά τινα ἐκ τοῦ ἁγίου ἐπιδοῦσαν νάματος πᾶσι τοῖς προσιοῦσιν· αὐτῷ δὲ προσελθόντι οὐκ ἐπένευσεν τὴν ἐπίδοσιν. Ὡς οὖν οὐδὲν ἤνυτεν πολλάκις πειρώμενος, ὅρκῳ πείθειν αὐτὴν διαναβαλλομένην ἐσπούδαζεν, τὸ φρικτὸν προφέρων τοῦ Θεοῦ ὄνομα. Ἡ δὲ τὴν πίστιν ὡς ἔοικεν τοῦ ἀνδρὸς τῇ ἀναβολῇ ὑποτρέφουσα ἀπεκρίνατο ὡς· "Βράδιον ἐλθόντι οὐ δικαιῶ παραχρῆμα πιεῖν ἐπιδοῦναί σοι." Καὶ τί δεῖ λέγειν λοιπόν; εὐαριθμήτων διελθουσῶν ἡμερῶν, ὁ ἀνίατα ἰάθη νοσῶν καὶ ποσὶν ἰδίοις τὴν πρὸς τὸν οἶκον ἐβάδισεν.

33

1 Καιρὸς δὲ λοιπὸν καὶ τὸ γεγονὸς εἴς τινα μοναχὸν τῆς αὐτῆς μονῆς κατὰ πάροδον διηγήσασθαι καὶ παραστῆσαι, ὅπως τε τῶν ἐξ ἀλλοδαπῶν χωρῶν καταλαμβανόντων ἱκετῶν αὐτῆς οὐκ ἀφροντιστεῖ καὶ τῶν ἐγγυτάτω καὶ ταύτῃ

Chapter 32

A *protospatharios* named Theophilos, who was suffering 1
from a prolonged and intractable disease, asked his care-
givers to take him to the church of our Lady. And he said,
"If I should die there, there you should bury my body." His
attendants carried out his instructions and brought their
master to the place where they had been instructed to go.
One night, while asleep, he seemed to be standing in the
Refuge, where he saw a woman distributing water from the
holy spring to all who approached. But when he drew near,
she did not assent to give him any. When he continued to
be unsuccessful, although he made many attempts, he tried
to persuade with an oath the woman who was putting him
off, pronouncing the awesome name of God. But she, ap-
parently nurturing the man's faith through the delay, re-
sponded, "Since you put off coming here, I've decided it's
not right to give you a drink right away." And what should I
say then? After a few days passed, the man with the incur-
able disease was healed and returned home, walking on his
own two feet.

Chapter 33

It is now time to describe in a cursory manner what hap- 1
pened to a monk of the same monastery <of the spring>,
and to narrate how, although the Virgin did not neglect sup-
pliants arriving from foreign lands, she defended especially

ὑπηρετουμένων τὰ μάλιστα ὑπερμαχεῖ, ὡς ἔστιν ἐντεῦθεν
ἰδεῖν. Ὁ μοναχὸς ἐκεῖνος Μελέτιος, εἷς τυγχάνων τῶν τῆς
μονῆς καὶ ἐν τοῖς ταύτης διατρίβων ἀγροῖς, διεβλήθη πρὸς
τὸν κρατοῦντα ἐπί τισιν ἀτοπήμασι παρὰ ἀνθρώπων ἐπι-
σκοτεῖν ἐθελόντων τῷ τῆς ἀληθείας φωτί· καὶ ὃς μετάπεμ-
πτον ὡς αὐτὸν γενέσθαι δεσμώτην διεκελεύσατο. Καὶ ὁ
μοναχὸς παρά τινι πανδοχείῳ ποιησάμενος τὴν καταγω-
γήν, ἐπεὶ σιδήρῳ τοὺς πόδας ἠσφάλιστο, οὐδὲν μαλακὸν
ἐνδιδόντος οὐδέ τι δεικνύντος φιλάνθρωπον τοῦ παραπέμ-
ποντος τὸν μονάζοντα (μανδάτορας τοὺς ὑπηρετουμέ-
νους ἐν τούτοις καλοῦμεν), εἰς ἀνάμνησιν ἦλθε τῆς Θεομή-
τορος καὶ δάκρυσιν ταύτην ἐπεβοᾶτο· "Πάναγνε Θεοτόκε,"
λέγων, "ἣ κατοικεῖς μὲν ἐν πόλῳ, διέρχῃ δὲ καὶ τὴν γῆν,
ἁπάντων δὲ πανταχοῦ προνοεῖς τῷ τῆς προνοίας διήκοντι,
βοήθει μοι τῷ οἰκέτῃ σου· κἀγὼ γὰρ τῆς σῆς ποίμνης πρό-
βατον ἕν· καὶ ὥσπερ ἀξίαν κρίνεις καταγωγὴν τὸ τῆς σῆς
πηγῆς τέμενος, οὕτω φροντίζεις καὶ τῶν ὑπ᾽ αὐτήν, μάλι-
στα δὲ ἐν καιρῷ πειρασμοῦ."

2   Καὶ εὐθὺς ὁρᾷ γυναῖκα κατὰ τὴν νύκταν ἐκείνην πορ-
φυρᾶν περιβεβλημένην ἐσθῆτα μεθ᾽ ἑτέρων δύο ἐρυθρὰς
τὸ χρῶμα ἐνδεδυμένων περιβολάς· καὶ πλησιέστερον ἀφ-
ικομένην τὴν πρότερον ὁραθεῖσαν παραθαρσύνειν τὸν
δεσμώτην ἐκεῖνον καὶ πυνθάνεσθαι, τίς καὶ εἴη συμφορά,
καὶ κατὰ τῶν δεσμῶν σημειώσεις ἐπιβάλλειν σταυροῦ· καὶ
τὸ ἐντεῦθεν ἄνετος ὁ μοναχὸς εὑρεθεὶς ἐπὶ τὴν μεγάλην
τοῦ Θεοῦ ἐκκλησίαν κατέφυγε καὶ τῆς τε διαβολῆς ἐλευ-
θερωθεὶς καὶ οἴκτου παρὰ τοῦ κρατοῦντος τυχὼν ἔχαιρε
διπλῇ, ἐπί τε τῷ συκοφαντίας ἀπαλλαγῆναι καὶ τοιαύτης
βοηθείας ταχείας ἀξιωθῆναι παρὰ τῆς Θεομήτορος.

those from close by who were devoted to her, as one can see from what follows. That monk, named Meletios, who was one of those from the monastery who worked in its fields, was slandered to the emperor for certain offenses by men who wished to obscure the light of truth, and the emperor ordered that he be brought to him in fetters. When the monk, who was spending the night in an inn,[57] had his feet secured in irons—for the man who was escorting the monk (we call such functionaries *mandatores*[58]) did not treat him gently, nor show him a shred of humanity—he called to mind the Mother of God and invoked her with tears, saying, "All-pure Theotokos, you who dwell in the heavens, but also traverse the earth, caring for everyone everywhere through your pervasive providence, help me, your servant, for I am a sheep of your flock. And just as you deem the precincts of your spring to be a worthy dwelling place, thus you care for those under its protection, especially in a time of trial."

Immediately that night he saw a woman garbed in a purple robe with two other people wearing red garments. And the woman he had seen first drew nearer to encourage the prisoner and to ask what his problem was, and to make the sign of the cross over his fetters. Finding himself set free from them, the monk took refuge in the Great Church of God[59] and was cleared of the slanderous charges against him. After receiving mercy from the emperor, he rejoiced on two accounts, that he was delivered from the false charges against him and that he was deemed worthy of such swift succor by the Mother of God.

34

1 Εἴπωμεν δὲ καὶ τὰς ἐπὶ τῶν καθ᾽ ἡμᾶς χρόνων γεγονυίας ἰάσεις πρός τινας τῶν ἐπὶ περιφανείᾳ συγκλητικῶν καὶ ὅπως μετὰ πίστεως ἀδιστάκτου τῷ ταύτης προσιόντες τεμένει οὐχ ἡμάρτανον τοῦ σκοποῦ οὐδέ γε τῶν ἐλπισθέντων κενοὶ ἐπανήεσαν. Καὶ γὰρ ὁ κατὰ τὸν Κουρκούαν μάγιστρος Ἰωάννης ὁ κατοιχόμενος, ᾧ καὶ ἡ τῶν στρατιωτικῶν ταγμάτων ἐν τῇ ἕῳ ἐπιστεύθη ἀρχή, καὶ ἅμα τούτῳ Μαρία ἡ σύζυγος κοιλιακῷ παραπεπτωκότες νοσήματι καὶ τὴν δύναμιν ἐπιγνόντες τῆς ἐπηρείας ἐλάττονα, ἀνωδύνῳ φαρμάκῳ τῷ ἁγιάσματι τὴν ἄσχετον ἐπέσχον φορὰν τῆς γαστρός, πεδηθείσης αὐτῆς ὥσπερ φυγάδος ἱμάντι τῷ ἐπισχετικῷ νάματι.

35

1 Παραπλησίως τούτοις καὶ Ῥωμανὸς ὁ τούτων υἱὸς λοιμικοῦ πάθους καὶ διακαεστάτου φλέγοντος πυρετοῦ πολλάκις ἀπαλλαγεὶς τὴν δεποτάτων ἀνεπλήρου χρείαν ἐν τῷ τῆς Θεοτόκου ναῷ, τῶν γεννητόρων βουληθέντων τοῦτο· καὶ οὐ διέλιπε μέχρι τοῦ ἀφικέσθαι εἰς ἄνδρα ἐν τῷ τῆς λειτουργίας καιρῷ τῆς ἱερᾶς θυσίας προπορευόμενος.

Chapter 34

Let us now describe the cures which happened in our own   1
time to certain distinguished senators, and how, when they
went to her sanctuary with unhesitating faith, they neither
failed to achieve their goal, nor did they return home de-
ceived of their hopes. For the late *magistros* John Kourkouas,
to whom was entrusted the command of the armies in the
east,[60] together with his wife Maria, fell victim to an abdom-
inal ailment, and realizing that the power of its assault was
weaker <than that of the holy spring>, they stopped the in-
cessant diarrhea with the remedy of the holy water that al-
leviates pain, as it was held back by the restraining spring
water, just like a fugitive held on a leash.

Chapter 35

Their son Romanos was cured in much the same way as   1
were his parents. After being delivered several times from a
pestilential illness and a raging and burning fever, at the wish
of his parents he carried out the duties of an attendant[59] in
the church of the Theotokos. And up to the time that he
reached manhood, he constantly led the procession[61] at the
time of the liturgy of the holy Eucharist.

36

1 Ἀλλὰ καὶ Θεοφύλακτος μάγιστρος τὰς ἐπελθούσας αὐτῷ διαφόρους νόσους φυγάδας τῇ αὐτῇ μάστιγι τοῦ ἁγιάσματος ἔδειξε, τὰς ἐξ ἰατρῶν βοηθείας ἀπεγνωκώς· καὶ σὺν τούτῳ ἡ σύζυγος, περιωδυνίᾳ κοιλίας κινδυνεύουσα, τοῦ κοινοῦ μεταλαβοῦσα καὶ φίλου τοῖς κάμνουσιν ἁγιά- σματος, εἰς τὴν προτέραν ἐπανῆλθεν ὑγείαν.

37

1 Ταὐτὸν καὶ τῷ πατρικίῳ Θεοφυλάκτῳ—Ἀβάστακτος τούτῳ ἐπώνυμον—τῆς γαστρὸς συνήντησε νόσημα καὶ παραπλήσιον ἐπηνέχθη τὸ ἴαμα παρὰ τῆς χωρησάσης ἐν γαστρὶ τὸν ἀχώρητον. Ἓν μὲν οὖν τοῦτο τοιοῦτον· ἕτερον δ᾽ ἀκούσατε.

38

1 Περὶ τὴν ζωὴν ὑπό τινος κινδυνεύων πάθους καὶ τὸν περὶ ψυχῆς τρέχων ἔπνει τὰ τελευταῖα, κατὰ τὸν ναὸν τῆς Πηγῆς ἄφωνος κείμενος· καὶ καθ᾽ ὃν καιρὸν ἔμελλεν ὑπαναγνωσθῆναι τὰ θεῖα τοῦ Εὐαγγελίου λόγια, τοῦ

Chapter 36

The various diseases that afflicted the *magistros* Theophy- 1
laktos were also driven away by the scourge of the holy
water, after he had despaired of assistance from physicians.
Together with him, his wife, whose life was endangered by
terrible pains in her abdomen, drank of the holy water which
is a universal friend for the ailing, and was restored to her
previous good health.

Chapter 37

The patrician Theophylaktos, whose surname was Abas- 1
taktos,[62] was stricken with the same abdominal ailment and
received a very similar cure from the Virgin who contained
the uncontainable Christ in her womb. This was one such
miracle that occurred to him; now hear another one.

Chapter 38

When his life was threatened by an ailment, he was on 1
the point of death[63] and breathing his last as he lay in the
church of the Pege, unable to speak. At the time that the di-
vine words of the Gospel were to be read, as the assembled

περιεστηκότος ὄχλου τό· "Δόξα σοι," ἀναβοήσαντος, "Κύριε," παντάπασιν ἀφεῖναι τὴν ψυχὴν ἔδοξεν, ὡς καὶ τὴν σύμβιον παροῦσαν τελευταίαις αὐτὸν οἰμωγαῖς καὶ θρηνήμασιν ἀποδύρεσθαι καί· "Ὁ κύριός μου τέθνηκεν" ἀναφθέγξασθαι. Καί πως τῶν παρατυχόντων παρηγορούντων καὶ τὴν συμφορὰν ἀνθρώπινον οὖσαν παραινούντων μετρίως ὑπενεγκεῖν, παρ' ἐλπίδα ὁ πατρίκιος ἀνανεύσας ἁγίασμα ἐπεζήτησεν· οὗ καὶ γευσάμενος παραχρῆμα ἰάθη καὶ σὺν ἡδονῇ ὅσῃ πρὸς τὴν οἰκίαν ὑπέστρεψεν, τὰ εἰκότα εὐχαριστήσας τῇ Θεομήτορι. Τῆς δὲ αὐτῆς προμηθείας ἐφ' ὁμοίαις ταῖς περιστάσεσι καὶ ἡ σύζυγος τούτου ἠξίωται, καὶ περιόντος ἐκείνου καὶ τελευτήσαντος.

39

Περιττὸν δὲ λοιπὸν διελθεῖν καὶ περὶ τοῦ διαρραγέντος καὶ ἰαθέντος ἀποστήματος πατρικίῳ τινὶ ἐκ τῆς ἰσχύος τοῦ ἁγιάσματος καὶ τοῦ ἐπὶ τοῖς πρώτοις τῶν σωματοφυλάκων ἠριθμημένου Ἰωάννου· ὃς χαλεπῶς τὴν ἔξοδον τῶν οὔρων νοσῶν καὶ εἰς τὴν ὄντως Καταφυγὴν καταπεφευγώς, τῇ πίστει κατάλληλον εὗρε τὴν ἴασιν· ἀλλὰ προσήκει τέως ἔνια τῶν ἀπείρων ἐξ ἐπιδρομῆς εἰπόντα θαυμάτων, μείζω τῶν ἄλλων τυγχάνοντα καὶ παραδοξότερα, καταπαῦσαι τὸν λόγον.

congregation cried out, "Glory to thee, O Lord," Theophylaktos seemed to give up the ghost completely, so that his wife, who was present, mourned him with final wailing and lamentations, saying, "My husband has died." As those present consoled her and urged her to endure with equanimity his death, which is our human misfortune, the patrician revived unexpectedly and asked for holy water. After drinking it, he was immediately cured, and with great joy returned home, giving the appropriate thanks to the Mother of God. His wife was also deemed worthy of the same providential intervention in similar circumstances, both during his lifetime and after his death.

Chapter 39

It is superfluous then for me to rehearse the details about the patrician whose abscess burst and was healed by the power of the holy water, and John, one of the leaders of the bodyguards. The latter experienced difficulty in urination and took refuge at the shrine which is truly named the Refuge, where he found a cure concomitant with his faith. But now I should relate in summary fashion some of her boundless miracles which are greater and more wondrous than the others, and then bring my narrative to a close.

40

1 Τὸν πρωτοσπαθάριον Νικόλαον τὸν ἐπὶ τοῦ βασιλικοῦ τῆς σακέλλης ταμείου ποτέ (τοῦ Μεθοδίου καλεῖται· οἱ πλείους οἶδ᾽ ὅτι τὸν ἄνδρα γινώσκετε), οὐ πολὺς χρόνος λόγος ἀξιωθῆναι τῆς πανάγνου χάριτος οὐ μικρᾶς· τούτῳ γὰρ υἱὸς Εὐθύμιος ἦν τὴν ἡλικίαν νέος, ἐλπὶς γονεῦσιν ἡδεῖα ὁρώμενος <καὶ>[20] εὐφροσύνη καὶ διὰ ταῦτα τὸ πατρικὸν φίλτρον ἐπισπᾶσθαι δυνάμενος. Τούτῳ λίθος κατὰ τὴν κύστιν ἐνέφυ καὶ προεξένει (τί γὰρ δεῖ περιπλέκειν;) ἄωρον θάνατον.

2 Ἐπεὶ δὲ ὁ τῆς νόσου καιρὸς αὐτῷ παρετείνετο καὶ πᾶς ὁ ὑπηρετούμενος ταλαιπωρῶν κατετείνετο καὶ οἱ γονεῖς οὐκ εἶχον ὅτι καὶ γένωνται, τὸν γηροτρόφον, τὸν κληρονόμον ἀνακαλούμενοι καὶ τὴν ψυχὴν ἧπερ ἐκεῖνος ταῖς ἀλγηδόσι νυττόμενοι, τέχνη μὲν ἐξητόει καὶ χεὶρ ἰατρῶν καὶ πᾶν φάρμακον ἄχρηστον κατεφαίνετο καὶ τέμενος ἅπαν θεῖον ἀπέκλειε τούτῳ τὴν ἴασιν, διακομίζεται εἰς τὸν τῆς Θεοτόκου ναόν· καὶ καθ᾽ ὃν καιρὸν αἱ συνεχεῖς ὀδύναι καὶ δριμεῖαι προσέβαλλον, οὐ συγχωροῦσαι καθῆσθαι, οὐκ ἀνακλίνεσθαι, τὸν τῆς ἐκκλησίας ἐπιμελόμενον καθικέτευεν ἐπιδοῦναι τῷ νοσοῦντι σκεῦος πλῆρες τοῦ τὰ πάντα δυνατοῦ ἁγιάσματος· καὶ ὃς ἐδίδου· ὁ δὲ πίστει πιὼν παραχρῆμα ἐν οὐροδόχῳ ἀγγείῳ τὸν λίθον ἐξέκρινεν ἕλκει συμπεφυρμένον καὶ αἵματι· καὶ μετὰ ταῦτα τῷ τῶν ἰλλουστρίων τιμηθεὶς ἀξιώματι περιιὼν ἀνακηρύττει τὸ τῆς συμφορᾶς εὐεργέτημα.

Chapter 40

As for the *protospatharios* Nicholas, who was once in charge of the imperial treasury (he was called the son of Methodios, I am sure that most of you know the man), it is said that it is not a long time since he was deemed worthy of a very great favor by the all-pure Virgin. He had a young son named Euthymios, who was considered by his parents as their sweet hope and joy, and for this reason was the object of paternal affection. A stone developed in his bladder, and threatened the child with an untimely death (for why should I gloss over the reality?).

When his illness became prolonged, everyone who was looking after him was tormented with worry and his parents were at their wit's end, invoking the one who would feed them when they were old and who would be their heir, and they were pierced to the soul just as the child was pierced by pain. When the skill and ministrations of physicians were ineffective, and every remedy proved useless, and every divine precinct failed to provide healing, the child was brought to the church of the Theotokos \<of the spring\>. Since by this time constant sharp pains were assailing him, permitting him neither to sit nor to lie down, the father begged the sacristan of the church to give the sick child a cup full of the all-powerful holy water. He gave him the water, and as soon as the child drank it with faith, he excreted the stone, covered with pus and blood, into a chamber pot. And afterward he was honored with the title of *illoustrios,* and went around proclaiming the Virgin's beneficent cure of his affliction.

287

41

1 Ἐφ᾽ ἅπασι τούτοις καὶ Στέφανος ὁ Κατζάτωρ, μὴ δυ-
νατῶς ἔχων ἐπηρείᾳ τῆς τοῦ ἰσχίου νόσου καὶ τῇ τῆς κοτύ-
λης παρέσει τὰ εἰωθότα μεταχειρίζεσθαι, ἰατροῖς προσελ-
θὼν καὶ χρήματα ἀναλώσας καὶ μή τινα σωτηρίαν εὑρὼν
ἐδυσχέραινεν, ἠθύμει, *τὴν ψυχήν,* κατὰ τὸν ἐν τῇ Νινευῇ
προφήτην, *ἀπελέγετο* [Jonah 3:8]· ἀφέμενος δὲ τῶν πολλῶν
τῷ τῆς Παρθένου προσῆλθε ναῷ· καὶ ἀωρὶ νυκτὸς ὑπνώτ-
των ἐδόκει ὁρᾶν Καλοκύριν τινὰ ἰατρὸν ἀνερωτῶντα
τοῦτον περὶ τοῦ πάθους καὶ τὸν τρόπον διερμηνεύοντα τῆς
ἰάσεως ὡς· "Ἄπελθε εἰς τὸν τῆς Θεοτόκου ναὸν τὸν ἔξω τῆς
πόλεως καὶ ἔσῃ ὑγιὴς πιὼν ἐκ τοῦ ἁγιάσματος."

2 Καὶ δόξας μετὰ τὸ διυπνισθῆναι ὁ ἀρρωστῶν περὶ τοῦ
ἐν τῷ Μαδάρῳ ἁγιάσματος εἶναι τὸν ὄνειρον, διεμελέτα
πῶς ἂν ἐκεῖσε ἀφίκηται. Καὶ μόλις ποτὲ εἰς νοῦν βαλόμε-
νος τὸν ἐν τῇ Πηγῇ τῆς Θεοτόκου ναόν, κατέλαβε τοῦτον
σπουδῇ· καὶ τοῦ ἁγιάσματος ἀπορροφήσας συχνὸν τὴν
ὑγείαν προσέλαβε· καὶ τὸ εἶναι δοῦλος τῆς Θεοτόκου διὰ
γραφῆς πιστωσάμενος, νῦν καὶ πρῶτος τῶν ἀδελφῶν τῆς
πρεσβείας ἐστίν, ἀπηλλαγμένος τῆς νόσου καὶ μετερχόμε-
νος τὰ κατὰ συνήθειαν.

Chapter 41

To all these beneficiaries of miracles let me add Stephen   1
Katzator,[64] who because of problems with his hip joint and
weakening of the socket was unable to move normally. Al-
though he spent money on visits to physicians, he found no
relief, and was distressed and despondent and *despaired of
his life,* like Jonah, the prophet at Nineveh. Leaving aside the
many <physicians?>, he went to the church of the Virgin.[65]
At dead of night, as he was sleeping, he seemed to see a phy-
sician named Kalokyris, asking him about his affliction and
instructing him on the method of his healing: "Go to the
church of the Theotokos outside the city, and you will re-
cover your health when you drink the holy water."

Upon awaking the sick man thought that his dream was   2
about the holy spring at Madaron,[66] and he wondered how
he could get there. But then he remembered the church of
the Theotokos at Pege, and hurried there. And after gulping
down much holy water, he recovered his health. After mak-
ing a written declaration that he would become a servant
of the Theotokos, he is now the first of the "brethren of the
procession,"[67] healed of his affliction and pursuing a normal
life.

42

1 Τοσαῦτα καὶ τοιαῦτα τῆς ἐμῆς Δεσποίνης τυγχάνουσι τὰ
θαύματα, πᾶσαν ἰσχὺν ἀνθρωπίνην καὶ διάνοιαν ὑπερβαί-
νοντα, ἃ κατὰ καιροὺς μὲν ἐνήργηται, τῇ δὲ περιφανείᾳ
τῶν ἰαθέντων περιᾳδόμενα ἔχει τὸ γνώριμον. Τὰ δέ γε εἰς
τοὺς ἀγνῶτας καὶ ἀφανείᾳ τοῦ βίου σεσιγημένους καὶ ἀπὸ
τόπων διεστηκότων ἀφικνουμένους καθ᾽ ἑκάστην τελού-
μενα ποῖος μὲν ἀνθρώπινος καταλήψεται νοῦς, ποία δὲ
γλῶσσα τρανώσει καὶ διὰ στόματος ἀγάγει²¹ καὶ παραστή-
σει τὰ μήτε λόγῳ ῥητὰ διὰ μέγεθος, μήτε πάλιν ἀριθμητὰ
διὰ πλήθους ὑπερβολήν; δικτύῳ γὰρ κατασχεῖν πειράσεται
ἄνεμον· καὶ ψάμμον θαλάσσης καὶ οὐρανοῦ ἀστέρας καὶ
γένη καὶ πλήθη ἀριθμῆσαι φυτῶν πρότερον δυνηθῇ ἢ τὰ
τῆς Θεομήτορος διελθεῖν.

2 Οὐ μόνον γὰρ πάμπληθες ὧν ἂν εἴποι τις ὑπερέχουσιν,
ἀλλὰ καὶ εἰς παραδοξοποιΐαν ἀπὸ τῶν ἐναντίων θαυμάζον-
ται· καὶ "ὡς ἐμεγαλύνθη, Κύριε, τὰ ἔργα σου" [Psalm 91[92]:5]
ἐνταῦθα μακρῷ εἰπεῖν οἰκειότερον καὶ τὸ· "Πάντα δυνατὰ
τοῖς πιστεύουσι" [Mark 9:23]. Πῶς γὰρ οὐ φρικτὸν καὶ
πλῆρες ἐκπλήξεως τὸ ἀνθρώπους δυσουριῶντας ψυχρῷ
ὑγιάζεσθαι ὕδατι καὶ διαλύεσθαι πόρους δυσώδεις καὶ
ὀδύνας οὐ φορητὰς καταπαύεσθαι; καὶ τόσῳ μάλιστα θαυ-
μαστόν, ὅσῳπερ καὶ τοῖς θερμοτέροις καὶ βοηθήμασι καὶ
ἀντλήμασι πᾶς τις γινώσκει τοὺς τῶν ἰατρῶν παῖδας
πρὸς τοιαῦτα πάθη ἀνταγωνίζεσθαι, οὐχὶ τοῖς ψυχροτέ-
ροις καὶ πλήττουσι· τὸ δὲ καὶ νεκροὺς ἀναστῆσαι καὶ πάθη

Chapter 42

Of such number and character are the miracles of my 1
Lady, surpassing all human power and understanding, which
have been accomplished over time, and which are well
known because they have been made famous by the distin-
guished positions of those who were healed. As for the mira-
cles which were effected on a daily basis for unknown per-
sons, who are passed over in silence on account of the
obscurity of their lives, and for those who come from dis-
tant lands, what human mind can comprehend them, what
tongue can describe and give utterance to and depict mira-
cles which cannot be expressed in words on account of their
magnitude, nor enumerated on account of their multitude?
For one might as well try *to catch the wind in a net,*[68] and one
could more easily count the sand of the sea and the stars of
the heaven and the types and multitudes of plants than de-
scribe the miracles of the Mother of God.

For not only is there a whole multitude of them which 2
one might say are surpassing in nature, but they are a source
of wonderment because of their miracle working by con-
traindicated methods. Here it is by far more appropriate to
say, *"How have thy works been magnified, O Lord,"* and *"All is
possible for those who have faith."* For how is it not awesome
and astonishing that cold water can cure people with urinary
problems, and open up malodorous orifices, and relieve un-
bearable pains? This is especially amazing since everyone
knows that physicians combat such maladies rather with
warm remedies and liquids, not with cold water which causes
a shock to the system. As for the raising of the dead, and the

ἐνδομυχοῦντα καὶ αὐτοὺς τοὺς νοσοῦντας λανθάνοντα,
οἷα δὴ καί τινα τυγχάνουσιν, εὐχερῶς ὑγιάσαι καὶ δαίμο-
νας ἀπελάσαι καὶ ἀβλαβεῖς συντηρῆσαι ἀφ᾽ ὕψους κατεν-
εχθέντας πολλούς, ὥστε τοὺς ἐν τῷ ναῷ καταληφθέντας
ὑπὸ τοῦ σεισμοῦ τῇ τῶν κλιμάκων περιωπῇ, ταῦτα καὶ
θαυμάτων θαυμασιώτερα καὶ δυνατὰ μόνῃ τῇ τὸν ἰσχυρὸν
τεκούσῃ Δεσπότην καὶ Κύριον.

3   Ὄντως λειμὼν καὶ παράδεισος ὁ ταύτης ναός, ἔγκαρπα
καὶ πολυειδῆ *παρὰ τὰς διεξόδους τῶν ὑδάτων* [Psalm 1:3]
αὐτῆς κεκτημένος φυτά, οὐχὶ καρπὸν αὔξοντά τε καὶ τρέ-
φοντα τὸν τρέφοντα σώματα, ἀλλ᾽ ἑτερογενῆ καὶ εὔκαρπα,
ψυχὰς ἀθανάτου ἐμπιπλῶντα χρηστότητος· ἐμπίπλαται
γάρ πως ἡδονῆς καὶ διαχεῖται πάντως[22] ἑτέρου ψυχὴ καὶ
πρὸς ἀρετὴν ἐπιδίδωσιν, ὅταν ἴδῃ τινὰ τῇ δυνάμει τῆς
Θεομήτορος ἐλευθερούμενον δαίμονος καί τινος ἄλλου
νοσήματος· ἐπεὶ καὶ οἰκέται τοὺς συνδούλους μετὰ δου-
λείας βαρύτητα πρὸς ἐλευθερίαν ἀναγομένους βλέποντες
παρὰ τῶν κυρίων ἢ κατά τινα τρόπον εὐεργετουμένους,
οὐ μόνον τῆς ἀπαλλαγῆς ἕνεκα τῶν δεινῶν χαίρουσιν,
ἀλλὰ καὶ τῇ τῶν δεσποτῶν εὐνοίᾳ μᾶλλον ἐμφύονται,
ἐλπίδων χρηστοτέρων γινόμενοι καὶ τῆς ἐκείνων ἑαυτοὺς
προμηθείας ἀνάπτοντες· καὶ οὐχ οὗτοι μόνοι διὰ τὸ κηδε-
μονικὸν καὶ φιλάνθρωπον προσκαρτεροῦσιν αὐτοῖς καὶ
ἐμμένουσιν, ἀλλὰ καὶ ἑτέροις τῆς καρτερίας καὶ προσελεύ-
σεως παρέχουσιν ὑποδείγματα, ὡς ἔνεστιν ἐνταυθοῖ κατ-
ιδεῖν· θεραπευομένων γὰρ εὐχερῶς τῶν προσερχομένων
τῷ ταύτης ναῷ ἀπὸ τῆς βασιλίδος τῶν πόλεων, οὐκ ἀνέ-
χεταί τις καταλειφθῆναι ἐξ ἁπάσης χώρας καὶ πόλεως μὴ

ready healing of maladies which lurk deep within the body,
such as they may be, which escape the attention even of
those who are afflicted, and the expulsion of demons and
the preservation from injury of many people who have fallen
from a high place, such as those caught in the church by the
earthquake at the top of the scaffolding,[69] these are even
more marvelous than miracles, and possible only for the one
who gave birth to our mighty Master and Lord.

Truly her church is a meadow and paradisiacal garden, 3
with varied and fruitful plants growing *at the outlets of the
spring waters,* plants that do not produce and support the
<material> fruit that nourishes bodies, but beautiful plants
of another kind, which fill the soul with immortal goodness.
For a person's soul is filled with pleasure and good humor
and increases in virtue, when it sees someone delivered by
the power of the Mother of God from demons and other
diseases. When servants see their fellow slaves being freed
by their masters after a grievous period of servitude or bene-
fited in some other way, not only do they rejoice on account
of their deliverance from a terrible fate, but they cling even
more to the goodwill of their masters, getting their hopes
up and attaching themselves to their providential care. And
these servants not only persevere alongside them and abide
with them on account of their masters' concern and com-
passion, but they also provide to others examples of their
fortitude and access, as it is possible to observe in this case.
For although those who come to her church from the Queen
of Cities are readily healed, there is no one from any land

πρὸς τοῦτον φοιτῆσαι καὶ τυχεῖν ἐκείνων ὧν καὶ διὰ
σπουδῆς τίθεται.

4   Ἐπεὶ οὖν καὶ βασιλεῖς καὶ ἄρχοντες καὶ ἰδιῶται καὶ πέ-
νητες καὶ παλαιοὶ καὶ νέοι[23] καὶ στρατεύσιμος ἡλικία καὶ
ἄχρηστος τῶν τῆς Θεοτόκου θαυμάτων ἠξίωνται καὶ οἱ
μὲν τραυμάτων καὶ νοσημάτων, οἱ δὲ δαιμονίων καὶ πει-
ρασμῶν καὶ ἀνθρώπων ἐπιτιθεμένων ἐρρύσθησαν, οἱ δὲ
διεσώθησαν παρ᾽ ἐλπίδα ἀφύκτων <νόσων>[24] καὶ πρὸ
ὀφθαλμῶν ἐχουσῶν τὸν θάνατον, προσδράμωμεν οὖν καὶ
ἡμεῖς τῷ ταύτης τεμένει καὶ τοῦ σωστικοῦ μετάσχωμεν
ἁγιάσματος, ἵνα τῇ ἐπισκιαζούσῃ τούτῳ δυνάμει τῆς Θεο-
μήτορος καὶ σωματικῶν ἀλγηδόνων ῥυσθῶμεν καὶ νοση-
μάτων καὶ τῶν ἐπιτιθεμένων ἡμῖν πειρατηρίων καὶ περι-
στάσεων λυτρωθείημεν, διαφύγωμεν δὲ καὶ τὰ ἐκεῖθεν
δικαιωτήρια καὶ πρὸς τὸ ἄνω θυσιαστήριον ἀπαντήσωμεν
καὶ καθαροὶ ὀφθῶμεν τῷ καθαρῷ καὶ τῷ ἀκραιφνεστάτῳ
ἐλλαμφθῶμεν φωτί.

5   Οἴδαμεν γάρ, ὦ φωτὸς δοχεῖον, Θεοῦ χωρίον, ἰαμάτων
πηγή, νοσούντων καταφυγή, ἰατρεῖον κοινόν, χειμαζομέ-
νων λιμήν, καταπιπτόντων ἀναστάσεως χείρ, καταπονου-
μένων μεγάλη ῥοπή, ἐπιλελησμένων ἀνάκλησις, ἀθυμούν-
των παράκλησις, πολεμουμένων σκέπη, βέλεσι διαβολῆς
βαλλομένων τεῖχος, πενομένων ἀκένωτε θησαυρέ, ὡς ταῖς
σαῖς πρεσβείαις φυλαττόμενοί τε καὶ βοηθούμενοι τῶν μὲν
ἀγαθῶν τύχωμεν, τὰ δὲ λυποῦντα διαφευξόμεθα καὶ τὸ
ἄχθος τῶν καθελκόντων ἡμᾶς ἀποσκευασάμενοί τε καὶ
ἀπορρίψαντες καθ᾽ ὅσον ἐστὶν ἐφικτὸν θεασόμεθα τῶν
παραπετασμάτων καὶ προκαλυμμάτων χωρὶς τὸν σὸν υἱὸν

and city who is unable to come to it and attain those miracles which he fervently desires.

Since then emperors and officials and private persons and 4 poor people, and the old and the young and those of military age and those unfit for military service were deemed worthy of the miracles of the Theotokos, some being delivered from demons and tribulations and assailants, and others being saved unexpectedly from intractable <illnesses> which threatened imminent death, let us hasten to her sanctuary and partake of the holy water which brings deliverance. Thus we may be saved from physical suffering through the power of the Mother of God that overshadows the holy water, and we may be delivered from illnesses and the tribulations and crises that assail us, and we may avoid the resulting tribunals and present ourselves at the celestial sanctuary, and be seen as pure by the pure one, and be illumined by the purest light.

For we know, O container of light, dwelling place of God, 5 fount of healing miracles, refuge of the ailing, universal place of healing, harbor for the storm-tossed, hand that raises up the fallen, great supporter of the oppressed, restorer of those who are forgotten, consoler of the despondent, protector of those who wage battle, bulwark against the missiles of slander, inexhaustible storehouse for those in need, we know that, protected and assisted by your intercessions, we shall receive blessings on the one hand, and avoid grievous afflictions on the other. We are also assured that, by ridding ourselves of and casting aside the burden of oppressive cares to the best of our ability, we will see unscreened and

καὶ Θεόν, τὸ ἄχρονον φῶς, σὺν τῷ ἀνάρχῳ Πατρὶ καὶ τῷ ζωοποιῷ Πνεύματι, τὴν θείαν Τριάδα καὶ ὑπερούσιον, ᾗ πρέπει τιμὴ καὶ προσκύνησις νῦν καὶ ἀεὶ καὶ εἰς τοὺς αἰῶνας τῶν αἰώνων, ἀμήν.

unveiled your Son and God, the eternal light, together with his Father who has no beginning, and the life-giving Spirit, the divine Trinity which is beyond all being, to which is due honor and veneration, now and always and unto the ages of ages, amen.

MIRACLES OF
GREGORY PALAMAS

I

Ἦν τις τῶν εὐλαβῶν καὶ σπουδαίων τῷ κλήρῳ τῆς κατὰ Θεσσαλονίκην ἐκκλησίας ἄνωθεν ἐγκατειλεγμένος, τῇ τοῦ πρεσβυτέρου τετιμημένος ἀξίᾳ καὶ τὴν ὀρφανοτρόφου ταύτῃ τάξιν ἀποπληρῶν. Τούτῳ παιδίον ἦν θῆλυ τοῖς τοῦ γάμου μὲν οὔπω δεσμοῖς ὑποβεβλημένον, νόσῳ δὲ χαλεπῇ παρειμένον ἅπαν τοῦ σώματος μέλος καὶ τρεῖς ὅλους ἐνιαυτοὺς ἐπὶ τῆς οἰκίας κλινοπετὲς κατακείμενον. Τῆς δέ γε τῆς Θεομήτορος πανηγύρεως ἐφεστώσης ἣν ἔθος ἡμῖν ἐπιτελεῖν ἐπὶ τῷ ταύτης σεπτῷ γενεθλίῳ, ὀγδόης ἱσταμένης δηλαδὴ Γορπιαίου, τοὺς τῆς ἱερουργίας κοινωνοὺς καὶ συμπρεσβυτέρους ὁ προρρηθεὶς ἀξιοῖ πρεσβύτερος εὐχὴν ἱερὰν ἐπὶ τῶν μεγάλων κοινῇ μυστηρίων πρός γε τὸν τῶν μυστηρίων θέσθαι Θεὸν καὶ Δεσπότην, ὅπως ἂν αὐτοῖς γνώριμα γένοιτο διά τινος ἐκεῖθεν σημείου τὰ κατὰ τὸν ἐλαυνόμενον κακῶς ἐκεῖθεν ἀρχιερέα, οἵαν τὴν τάξιν τε καὶ τὴν παρρησίαν πρὸς αὐτὸν ἔχει, εἰς ἔλεγχον μέν φησι καὶ αἰσχύνην τῶν ἑκοντὶ κακουργούντων, βεβαίωσιν δὲ τῶν ὑπ' ἀγνοίας ἀμφιβαλλόντων καὶ περιτρεπομένων.

Chapter 1

A pious and earnest man, chosen by heaven above as a   1
member of the clergy of the church of Thessalonike, had
been honored with the rank of priest and held the position
of guardian of the orphans in this city.[1] He had an unmar-
ried daughter, whose entire body was paralyzed with a terri-
ble disease and who had lain bedridden at home for three
whole years. When the feast day of the Mother of God ar-
rived, which we customarily celebrate on her revered birth-
day, that is on the eighth of Gorpiaios [September], the
aforementioned priest asked the participants in the liturgy
and his fellow priests to say a holy prayer during the com-
munal celebration of the Eucharistic mysteries to the God
and Lord of those mysteries. They were to request that God
inform them through some sign about the status of their
archbishop Palamas who had been wickedly driven away
from there [Thessalonike],[2] namely what sort of standing
and access Palamas had with regard to him, so as to refute
and shame those who had willingly committed this wicked-
ness, and to reassure those who were beset with doubts and
upset on account of their ignorance.

2   Καὶ οἱ μὲν εἴχοντο τῆς ὑπὲρ τούτων εὐχῆς ἐνταῦθα τε-
λοῦντες τὰ μυστικά, συνηύχετο δὲ κἀκεῖνος αὐτοῖς, τὴν
παρειμένην καὶ κλινοπετῆ τοῖς λογισμοῖς προτιθεὶς παῖδα
καὶ τὴν ἐκείνης θεραπείαν ἀντ᾽ ἄλλου τινὸς τῶν σημείων
αἰτῶν. Θεὸς δ᾽ ἐκεῖ τὸν οἰκεῖον δοξάζων θεράποντα ὑπὲρ
οὗ καὶ τὰ τῆς εὐχῆς καὶ τῆς δεήσεως αὐτοῖς ἐτελεῖτο, ἀν-
ίστησί τε τῆς κλίνης ἀθρόον τὴν κόρην καὶ βαδίζειν ἀπταί-
στως καὶ περιτρέχειν σὺν τοῖς ἐρρωμένοις ποιεῖ τὴν οἰκίαν
(ὦ τῶν καινῶν σου, Χριστέ, θαυμασίων!) ὡς καὶ θάμβους
καὶ ἐκστάσεως πληροῦν τοὺς ὁρῶντας. Ταῦτα καὶ τοῖς ἱε-
ρεῦσι γνωσθέντα, τῶν μυστικῶν τελουμένων ἔτι, ἀνυμνεῖν
τε Θεὸν καὶ θαυμάζειν ἐποίει καὶ λόγου πέρα καὶ διανοίας
καὶ μάλιστα τοῖς τὸ τῆς παιδὸς συνειδόσι βαρὺ καὶ χρό-
νιον πάθος, καὶ τὸν ἐκείνου θεράποντα Θεοῦ τε θαυμαστὸν
ἀρχιερέα καὶ τῶν ἀποστόλων ἐνάμιλλον αὐτούς τε καλῶς
εἰδέναι καὶ τοῖς ἄλλοις μετὰ παρρησίας κηρύττειν. [. . .]

2

1   Ἐδόξαζε δὲ καὶ Θεὸς ἄνωθεν αὐτόν, αὖθις θαυματουρ-
γῶν δι᾽ αὐτοῦ τὰ παράδοξα, ἐδόξαζε δὲ οὕτως. Παιδίον ἦν
ἄρρεν τῷ προρρηθέντι πρεσβυτέρῳ τε καὶ ὀρφανοτρόφῳ.
Τούτῳ νόσος ἢ καὶ δαιμονική τις ἐνέργεια λέγειν οὐκ ἔχω,
σεληναίαν πως ταύτην φασίν, οὐχ ὥσπερ καὶ τοῖς ἄλλοις
κατὰ κύκλον σελήνης, ἀλλὰ κατὰ κύκλον ἡλίου μᾶλλον
ἀθρόα τις ἐπεπήδα καὶ τὰ χείριστα διετίθει.

As the celebrants of the mysteries said their prayer for 2 these signs, the priest prayed together with them, adding in his thoughts his paralyzed and bedridden daughter and asking for her cure in lieu of any other sign. And so God, glorifying there his own servant Palamas on whose behalf they were saying the prayer and making intercession, immediately caused the girl to arise from her bed and walk without stumbling and run around the house together with those who were healthy (O, your wondrous marvels, Christ!), so that the onlookers were filled with amazement and astonishment. This news was conveyed to the priests while the mysteries were still being celebrated, causing them to sing hymns to God and marvel beyond word and thought, especially those who knew how serious and lengthy the girl's illness had been. This also made them realize that his servant was both a marvelous archbishop of God and equal to the apostles and made them proclaim this to the others with conviction.

*   *   *

Chapter 2

And God glorified Palamas from heaven above, once 1 again performing miracles through him, and he glorified him in this way. The aforementioned priest and guardian of orphans had a son who suffered from either a disease or demonic activity, I know not which, so that he was moonstruck,[3] as people say. But unlike most victims, the affliction attacked him and was at its worst not in accordance with the phases of the moon, but according to the solar cycle.

2 Ὡς οὖν ἱερουργεῖν καιρὸς ἦν ἤδη τὸν μέγαν, ὃ δὴ καὶ
εἰπὼν ἔφθην, τῶν δὲ μελλόντων συλλειτουργεῖν πρεσβυ-
τέρων εἷς καὶ ὁ τοῦ παιδὸς ἦν πατήρ, πρόσεισι μετὰ μεγά-
λης τῆς πίστεως τῷ μεγάλῳ, τῆς ζωοποιοῦ θυσίας ἀξιῶν
αὐτὸν δι' αὐτοῦ μεταδοῦναι τῷ νοσοῦντι παιδί. Τοῦ δὲ
κατανενευκότος,[1] τῆς ὥρας ἤδη καλούσης, ἄγει τὸν παῖδα
φέρων ὁ πατὴρ ἐν χεροῖν. Μεταδίδωσιν αὐτῷ τῆς ἀναιμά-
κτου θυσίας ὁ τοῦ Θεοῦ ἀρχιερεὺς κατὰ τὴν ἐπαγγελίαν
καὶ ἡ ἐτήσιος ἐκείνη νόσος σύν γε τῷ ἀφανῶς ἐνεργοῦντι
παρευθὺ δραπετεύει καὶ ὁ παῖς ἐλεύθερος ἤδη χρόνον
συχνὸν ἐξ ἐκείνου Θεὸν ἀνυμνῶν καὶ τὸν ἐκείνου θερά-
ποντα δι' ἑαυτοῦ πᾶσιν ἀνακηρύττων.

3

1 Φροντιστήριόν ἐστι μοναζουσῶν μέγα καὶ πολυάνθρω-
πον ἐν Θεσσαλονίκῃ, Βασιλικὸν καὶ δι' αὐτὸ τοῦτ', οἶμαι,
καλούμενον· ὑπερέχει καὶ γὰρ ἐκεῖ πάντων ὁμοῦ τῶν τοιού-
των. Ἐν τούτῳ μοναχή τις τῶν εὐλαβῶν ἦν καὶ κοσμίων,
Ἐλεοδώρα τὴν κλῆσιν. Αὕτη μοχθηροῦ τινος καὶ νοσώδους
χυμοῦ καταρρεύσαντος ἄνωθεν πονήρως εἶχε τοῦ εὐωνύ-
μου τῆς κεφαλῆς μέρους, τοῦ δὲ ρεύματος μάλιστα τῷ
ὀφθαλμῷ ἐνοχλοῦντος κἀκεῖ τὸ τῆς ὀδύνης συνάγοντος
πλεῖστον, ἀφόρητον μὲν ἦν καὶ κατ' αὐτὸ τοῦτο τὸ πάθος
καὶ οἷον μηδὲ παραβεβλῆσθαι· προσῆν δ' ὑποψία καὶ τῶν

When it was time for Palamas to celebrate the liturgy, one   2
of the priests who was going to concelebrate with him, the
child's father, as I have already said, approached the great
man with great faith, asking him to give some of the life-
giving sacrifice [i.e., Eucharistic bread] in person to the sick
child. When Palamas assented, since the hour was at hand,
the father brought him his son, carrying him in his arms.
The archpriest of God gave him a portion of the bloodless
sacrifice, as he had promised, and that annually recurring
disease immediately disappeared together with its unseen
cause. The child, who has now been free from this affliction
for a long time, himself sings God's praises and extols his
servant Palamas to everyone.

Chapter 3

There is in Thessalonike a large and populous nunnery   1
which is an imperial monastery and for this reason, in my
opinion, is called Basilikon[4]; for it even surpasses all the
nunneries there put together. In it resided a pious and mod-
est nun, named Eleodora. She suffered from a grievous
and noxious discharge which ran down from above, from
on top of her head on the left side. This fluid afflicted her
eye in particular and concentrated most of the pain there,
so that her suffering in this area was unbearable and quite
unparalleled. There was also concern that even worse

ἔτι μεγίστων, μὴ καὶ τῆς φυσικῆς ἕδρας ὁ ὀφθαλμὸς ἐκκρου-
σθεὶς δηλαδὴ φθάσῃ τῷ σφοδρῷ τῆς ὀδύνης.

2   Ἰατρῶν μὲν οὖν τῶν τε ἡμεδαπῶν καὶ τῶν ἐπηλύδων
ὁμοίως ἀπηλέγχετο πᾶσα τέχνη τῷ μεγέθει τοῦ πάθους,
ἡμερῶν δ᾽ ἐφεξῆς τετταράκοντα διαγενομένων λήγει τὰ
τῆς ὀδύνης ἀθρόα, μηδενὸς ἔξωθεν ἐπιγεγονότος. Καὶ
ὑμὴν αὐτίκα λεπτὸς ἐπιπεσὼν ἐπικαλύπτει τὴν κόρην καὶ
ἡ ὁρατικὴ δύναμις κατ᾽ αὐτόν φημι τοῦτον ἐξ ἐκείνου τὴν
πάσχουσαν ἀπολείπει, οὐ μᾶλλον ἀλγοῦσαν δι᾽ αὐτὸ τοῦτο,
τὸ τὸν ὀφθαλμόν φημι τὸ παράπαν ἀπεσβηκέναι, ὅσον τὸ
τῆς ἀναγνώσεως ἀποστερεῖσθαι τοῦ πλείστου.

3   Τοῦ δ᾽ ἐνιαυτοῦ μετὰ τὴν πληγὴν ταύτην ὄντος περὶ τὰ
τέλη καὶ μηνὸς ἤδη Γορπιαίου ἐνισταμένου, ἐτελεῖτο μὲν
ἐκεῖ τῇ Θεομήτορι λαμπρῶς ἡ τελετὴ τῶν αὐτῆς γενε-
θλίων, παρῆν δὲ καὶ ὁ διδάσκαλος παννύχιος συνεορτά-
ζων τῇ ποίμνῃ. Τῶν δι᾽ ἑσπερινῶν αὐτοῖς ὕμνων ἰόντων
πρὸς τέλος, ἅπτεται διδασκαλικοῦ λόγου καὶ ὁμιλίας πρὸς
τοὺς παρόντας. Πάντων δ᾽ ἐξηρτημένων, ὡς ἔθος, τῆς δι-
δασκαλίας καὶ τῶν ἱερῶν σειρήνων ἐκείνου, ἐπεὶ καὶ ἡ τὸν
ὀφθαλμὸν πάσχουσα μοναχὴ σὺν ταῖς ἄλλαις αὐτοῦ που
παρισταμένη, τοῦ νέκταρος τῶν λόγων ἐκείνου μετέσχε,
θάμβους μὲν καὶ κατανύξεως τὴν ψυχήν, δακρύων δ᾽ ὑπο-
πλησθεῖσα τοὺς ὀφθαλμούς, μεγάλας ἀπεδίδου Θεῷ τὰς
εὐχαριστίας, ὅτι τε τὸν τοιοῦτον φιλανθρώπως παρελθεῖν
εἰς μέσους ἐκείνους πεποίηκε καὶ ὅτι καὶ αὐτὴ κατηξίωται
τῶν τοιούτων ἐν μετοχῇ γεγονέναι· οὐ μὴν ἀλλὰ καὶ τῶν
κατ᾽ αὐτοῦ χρωμένων ἔστιν ὧν Βυζαντίων ἀκολάστως τῇ
γλώττῃ καὶ τὰ τοῦδε διασύρειν ἐπιχειρούντων, ἄνοιαν

<developments> would result in the eye being forced out of
its socket on account of the extreme pain.

All the skill of physicians, both local and foreign, was con- 2
founded by the severity of the affliction, but after forty days
had passed the pain suddenly ceased, with no external inter-
vention. However, a thin membrane then appeared and cov-
ered the pupil, and as a result of this the afflicted woman
lost her ability to see in this very eye; however, she did not
suffer so much for this reason, I mean, that she had com-
pletely lost the sight in her eye, as on account of the fact
that she was thus largely deprived of the ability to read.

After this affliction, when the year came to an end[5] and 3
the month of Gorpiaios [September] was just beginning, the
feast day of the birth of the Mother of God was being splen-
didly celebrated,[6] and the teacher [Palamas] was present
<at the convent>, celebrating all night long with his flock.
When they had concluded the vesper hymns, he began a di-
dactic sermon and homily to the congregation. Everyone,
as usual, was enraptured by his teaching and the charms of
his holy eloquence, and the nun with the eye problem, who
was somewhere there in attendance with the other <nuns>,
drank in the nectar of his words, and her soul filled with
wonder and contrition. Her eyes filled with tears, and she
gave great thanks to God, because out of his love for man-
kind he caused such a man to come into their midst, and be-
cause she was deemed worthy to hear such words. Moreover,
she condemned the utmost folly and rashness and reckless-
ness and impiety of certain people in Constantinople who
were attacking him with unbridled tongues and trying to

ἐσχάτην καὶ θράσος καὶ τόλμαν καταγινώσκουσα καὶ δυσ-
σέβειαν, χεῖρας ἱκεσίους σὺν πολλοῖς γε τοῖς δάκρυσι πρὸς
Θεὸν ἐκίνει, ὡς ἂν ταῖς εὐχαῖς αὐτοῦ καὶ τῇ πρὸς αὐτὸν
παρρησίᾳ, καὶ τοῦ συνέχοντος πάθους ἀπαλλαγείη καὶ τὸν
ὀφθαλμὸν ἐνεργὸν ὡς τὸ πρότερον ἀπολάβοι.

4   Οὕτω τῆς νυκτὸς αὐτῇ διαγεγονυίας καὶ μεθ᾽ οὕτω
λαμπρῶν τῶν ἐλπίδων (οὐδὲ γὰρ δισταγμοῦ τι προσῆν,
φησίν, οὐδ᾽ ἀμφιβολίας), ἐπεὶ καὶ ἡ τῆς ἱερᾶς τελετῆς καὶ
τῶν μυστικῶν παρῆν ὥρα, ὧν ὑπηρέτης τε καὶ τελειωτὴς
ὁ ἀρχιερεὺς ἦν, πρόσεισι καὶ αὐτὴ κατὰ τὴν αἱμορροοῦσαν
πάλαι Χριστῷ, λαθοῦσα καθ᾽ ὅσον οἷόν τε καὶ τῆς ἱερα-
τικῆς ἠρέμα στολῆς ἁψαμένη τῆς τοῦ μεγάλου, κἀκείνην
ἐπιβαλοῦσα τῷ πάσχοντι μέλει τὴν ἐκεῖθεν ἐξελθοῦσαν
ἐπισπᾶται δύναμιν θαυμαστῶς καὶ τὴν θεραπείαν. Καὶ ἦν
μὲν ἀφανὴς ἔτι τέως, τῆς δὲ νυκτὸς ἐπιούσης ὑπνοῖ σὺν
πολλοῖς τοῖς δάκρυσι καὶ ταῖς ἱκεσίαις. Καὶ τῇ μετ᾽ ἐκείνην
ἡμέρᾳ (τῶν ὑπερφυῶν σου, Δέσποτα, καὶ καινῶν ἔργων!)
τηλαυγῶς ἐξανίσταται καθορῶσα, καθαρόν τε καὶ ὑγιᾶ
τὸν ὀφθαλμὸν κεκτημένη καθάπαξ, ὡς μηδὲ δοκεῖν αὐτὸν
ἀπεσβηκέναι ποτὲ καὶ τῆς κατὰ φύσιν ἐνεργείας κἂν πρὸς
ὀλίγον ἐπιλελῆσθαι.
[. . .]

slander him,[7] and with many tears she raised her hands in supplication to God, asking that, through Palamas's prayers and as a result of his access to God, she might be delivered from the illness that afflicted her and recover the use of her eye that she had previously enjoyed.

She spent the night in such splendid hopes, for, as she said, she had no hesitation or doubt. When it was time for the holy celebration and the Eucharistic mysteries, at which the archbishop was the officiant and celebrant, just as the woman with the issue of blood did with Christ of old,[8] so also Eleodora approached Palamas surreptitiously and gently touched the great man's holy vestment. Placing it on her afflicted part she drew out its healing power in a miraculous way. For a while the healing was not apparent, but when night came, she fell asleep with many tears and entreaties, and the next day (O Lord, your supernatural and wondrous works!) she arose with clear vision, having suddenly regained a clear and healthy eye, so that it did not seem to have ever gone blind and lost its natural faculties even for a short while. 4

*   *   *

4

1 Μοναχός τις καὶ γὰρ τὴν ἀξίαν πρεσβύτερος, τὴν κλῆσιν Πορφύριος, τῷ τοῦ Ὑπομιμνήσκοντος ἐνοικῶν σεμνείῳ καὶ θύων ἐν τούτῳ τὰ μυστικά, οὗτος εὐλαβής τε καὶ συνετὸς ὢν καὶ τῷ ἁγίῳ συνήθης ἦν καὶ πυκνὰ πρὸς αὐτὸν ἐφοίτα καὶ τῶν ποτίμων τῆς γλώττης αὐτοῦ μετεῖχε ῥευμάτων ἡδέως. Τῆς δὲ δεσποτικῆς Μεταμορφώσεώς ποτε τελουμένης αὐτοῖς, ὡς ἔθος, καθ᾽ ἣν ἄρα καὶ τὸν Πορφύριον καὶ διανυκτερεύειν σὺν τοῖς λοιποῖς μοναχοῖς ἔδει καὶ ἱερατικῶς ἐξυπηρετεῖσθαι, ἀθρόον ὀδύνη τις αὐτῷ κατὰ τὴν εὐώνυμον πλευρὰν προσβαλοῦσα, καὶ τῆς ἱερᾶς ὑπηρεσίας καὶ τῆς ἀγρυπνίας ὁμοῦ καὶ τῆς ἐν τῷ ναῷ στάσεως ἐκεῖνον ἀπεῖρξε,[2] μᾶλλον δὲ τὴν μὲν ἱερὰν ἀφείλετο τελετὴν καὶ τὴν ἐν τῷ ναῷ προσεδρείαν, τῇ δ᾽ ἀγρυπνίᾳ καὶ προσέθηκε πλεῖστον, ὡς μηδὲ συγχωρεῖν ἐπὶ κλίνης ἀνακεῖσθαι τελείως τῷ σφοδρῷ καὶ ἀκμαίῳ τοῦ πάθους.

2 Ἡ νὺξ ἐκείνη παρῄει καὶ τὰ τῆς ὀδύνης οὐδοτιοῦν ἐνεδίδου· ἐπεὶ δ᾽ ὁ τῶν μυστηρίων καιρὸς προσιὼν τὸν ἀρχιερέα τοῦ Θεοῦ πρὸς ἱερουργίαν ἐκάλει, καὶ ὁ Πορφύριος ὡς εἶχεν εὐθὺς τῷ τοῦ σεμνείου παρεπόμενος προεστῶτι, εἰς τοὺς ὑπ᾽ ἐκεῖνον ἐπισκόπους τελοῦντι καὶ συνιερουργεῖν προσκεκλημένῳ συνήθως, τῆς τε μυστικῆς ἱερουργίας ἐπόπτης γίνεται καὶ ἀκροατής, ἑστὼς αὐτοῦ που παρὰ τῷ ἱερῷ θυσιαστηρίῳ, καὶ τῶν μυστικῶν τελεσθέντων πρόσεισιν εὐθὺς τῷ ἁγίῳ, τήν τε πιέζουσαν ὀδυνηρῶς ἀπαγγέλλων ὀδύνην καὶ τὴν θεραπείαν ὡς τάχιστα διὰ τῆς αὐτοῦ χειρός τε καὶ τῆς εὐχῆς ἐξαιτῶν.

Chapter 4

A monk called Porphyrios, who was also a priest in rank,   1
resided in the monastery of the Hypomimneskon[9] and there
celebrated the mysteries of the Eucharist. He was both pi-
ous and intelligent, and being a friend of the holy man Pala-
mas, often used to visit him to drink in the refreshing words
that flowed sweetly from his tongue. Once, when they were
celebrating the feast of the Transfiguration of the Lord,[10] as
was customary, and Porphyrios had to keep nocturnal vigil
during this with the other monks and perform his priestly
duties, he felt a sudden pain in his left side that prevented
him from carrying out either his holy ministry or his vigil,
and even from standing in the church. In fact it not only
put a stop to his sacred celebration and attendance in the
church, but also added greatly to his wakeful vigil, since the
extreme and violent pain did not permit him to lie down in
his bed.

That night passed without any easing at all of the pain.   2
But when it was time for the mysteries and for the arch-
bishop of God to attend the divine celebration, Porphyrios,
too, as best he could immediately followed behind the ab-
bot of the monastery, who was reckoned among Palamas's
suffragan bishops and was customarily invited to concele-
brate with them. Porphyrios stood somewhere near the holy
altar, where he could observe and hear the mystical celebra-
tion. When the mysteries were concluded, he immediately
approached the holy man, told him about the pain which
was hurting him so badly, and begged for healing as soon as
possible through <the blessing of> his hand and his prayer.

3   Ὁ δὲ πρῶτα μὲν ἀνεβάλλετο καὶ τὴν ἀξίωσιν εὐλαβῶς διωθεῖτο, μηδὲ δεδυνῆσθαι διενεργεῖν αὐτὸς τὰ τοιαῦτα λέγων, μὴ τοιαύτας τὸν Πορφύριον ἔχειν τὰς ὑπολήψεις περὶ αὐτοῦ ἀξιῶν· ὡς δ' ἐκεῖνος ἐπέκειτο μᾶλλον τὴν ἱερὰν ἐπιζητῶν τῆς χειρὸς ἐκείνου σφραγίδα καὶ τὴν εὐχήν, τῇ τοῦ πάσχοντος ὁ μέγας εἴξας ἀνάγκῃ, τοὺς μὲν ὀφθαλμοὺς πρὸς Χριστόν, τὴν δὲ χεῖρα τῇ τοῦ πρεσβυτέρου πλευρᾷ σταυρικῶς ἐπιθείς, τὰ τοῦ θείου καὶ ἱεροῦ μέλους ἐκείνου περιπαθῶς ἔλεγε· "Σταυρούμενος, Δέσποτα, τοῖς μὲν ἥλοις τὴν ἀρὰν τὴν καθ' ἡμῶν ἐξήλειψας, τῇ δὲ λόγχῃ νυττόμενος τὴν πλευράν, Ἀδὰμ τὸ χειρόγραφον διαρρήξας, τὸν κόσμον ἠλευθέρωσας." Εἶτα καὶ τὸ τοῦ κορυφαίου τῶν ἀποστόλων ἐκεῖνο πρὸς τὸν παράλυτον ἐπειπὼν[3] τό, "Ἰᾶταί σε Ἰησοῦς ὁ Χριστός" [Acts of the Apostles 9:34], τῆς πικρᾶς ἐκείνης ὀδύνης οὐ σχολῇ καὶ κατὰ μικρόν, ἀλλὰ τελείως εὐθὺς ἀπαλλάττει τὸν πάσχοντα ὡς καὶ πρὸς τὴν οἰκίαν τε καὶ τὸ φροντιστήριον ὅλον ὑγιᾶ τε καὶ ἐρρωμένον παραδόξως ἐπανελθεῖν.

5

1   "Ἡμέραι μετὰ τοῦτο παρῆλθον τινές," ὁ αὐτὸς Πορφύριος ἔλεγε, "καὶ νόσος ἐπιγίγνεταί μοι τῷ σώματί τις, ἣ καὶ προσταλαιπωρήσας ἡμέρας συχνάς, ὅτε καὶ πρὸς παρακμήν τε καὶ ἀπαλλαγὴν ταύτης ἔβλεπον ἤδη, τότε δὴ καὶ σφοδροτάτης καθ' ὑπερβολὴν ἐκείνης πειρῶμαι. Τὸ

At first Palamas hesitated and piously rejected his re- 3
quest, saying that he did not have the power to do such
things, and begging Porphyrios not to have such preconcep-
tions about him. But when Porphyrios continued to press
him, begging for the holy blessing of his hand and his prayer,
the great man yielded to the insistence of the afflicted man.
Raising his eyes to Christ, and placing his hand on the
priest's side in the sign of the cross, he recited fervently the
words of that divine and holy hymn, "*Lord, by being crucified
with the nails you wiped away the curse against us, and by being
pierced in the side by the lance, you broke the bond of Adam and
freed the world.*"[11] Then he repeated the words of Peter, the
chief of the apostles, to the paralytic, "*Jesus Christ heals thee*,"
and relieved the suffering man of that sharp pain, not gradu-
ally and slowly, but immediately and completely, so that he
returned to his cell and his monastery in perfect health, mi-
raculously made well again.

Chapter 5

"A few days afterward," said the same Porphyrios, "ill- 1
ness afflicted my body, and continued to trouble it for many
days. Then, just as I was expecting its abatement and de-
parture, it attacked me even more violently. For all the

γὰρ ἐνοχλοῦν ἅπαν τῆς ὕλης, ὥσπερ ἐπίτηδες ἀθρόον κατὰ
τοῦ λάρυγγος ῥεῦσαν, ὡσανεί τινα παιδιὰν ἐδείκνυ τὰ
πρόσθεν· τόν τε γὰρ φυσικὸν τῆς τροφῆς ἀπέκλεισε πόρον,
ὡς μηδὲ ὕδατος γοῦν ἐφ᾽ ὅλαις ἡμέραις ὀκτὼ μηδὲ βραχύ
τι τὸ παράπαν προσέσθαι, καὶ χαλεπὸν τὸν δι᾽ ἀγχόνης
ἠπείλει θάνατον.

2   "Ἐπεὶ δὲ πᾶσα μὲν ἐκινεῖτο πρὸς θεραπείαν ἐπίνοια,
πᾶσα δ᾽ ὡσαύτως ἀργὸς ἦν, πρὸς τὸν συνήθη καὶ αὖθις
ἰατρὸν καταφεύγω, Γρηγόριον δηλαδὴ τὸν μέγαν, καὶ τὴν
νόσον ἄνωθεν ἐξαγγείλας καὶ τὸ κατασκῆψαν τῷ λάρυγγι
θανατηφόρον κακὸν τελευταῖον προσθείς, πείθω πολλὰ
δεηθεὶς μετ᾽ εὐχῆς ἱερᾶς ἐπιθεῖναι τὴν χεῖρα τῷ πάσχοντι
μέλει, ἣν δὴ καὶ σταυρικῶς ἐπιθείς, τὸ θεῖον ἐκεῖνο πρὸς
Χριστὸν τοῦ σοφοῦ μελῴδημα σὺν δάκρυσιν ἐπιλέγει, τό·
'Παθῶν ἀμέτοχος σὺ διέμεινας, Λόγε Θεοῦ, σαρκὶ προσομι-
λήσας[4] τοῖς πάθεσιν, ἀλλὰ λύεις τῶν παθῶν τὸν ἄνθρωπον.'
ὃ καὶ διελθὼν μέχρι τέλους, "Ἄπειθι,' φησί, 'πρὸς σεαυτόν
τε καὶ τὸν οἰκίσκον, πρὸς Θεοῦ μόνου τῶν τε ψυχικῶν
ὁμοῦ καὶ σωματικῶν παθῶν τὴν ἴασιν ἐξαιτούμενος, ἐπειδή
γε καὶ ἐκείνῳ δυνατὰ ταυτὶ πάντα [cf. Mark 10:27] μόνῳ.'
Καὶ ταῦτα μὲν ὁ τοῦ Θεοῦ ἄνθρωπος.

3   "Ἐγὼ δ᾽ ἐκεῖθεν ἐπανιών," ὁ Πορφύριος ἔλεγεν αὖθις,
"οὐ τῆς ἀγχόνης μόνον ἐκείνης ἐλεύθερον θαυμαστῶς
εἶχον τὸν λάρυγγα, ἀλλὰ καὶ πρὸς τροφῆς ὄρεξιν εὐθὺς
ἐκινούμην καὶ τὴν κοινὴν εἰσιὼν τῶν ἀδελφῶν τράπε-
ζαν—ἦν γὰρ ἤδη καὶ ὥρα ἡ τοῦ ἀρίστου—αὐτὰ ταῦτα καὶ
αὐτός (ὢ τοῦ θαύματος!) ἐσιτούμην ἀθρόον ἅπερ καὶ πάν-
τες, ὁ μηδὲ ὕδατος μεταλαβεῖν δυνάμενος πρὸ βραχέος, ὁ
δήπου καὶ φθάσας ἔφην."

troublesome matter suddenly flowed into my throat as though on purpose, and made my previous suffering seem like child's play; for it closed off the natural passageway for food, so that for eight whole days I couldn't even swallow water or the smallest morsel, and it threatened me with a cruel death through choking.

"When every method of healing had been attempted, but all proved equally useless, I sought refuge again with my friend the physician, that is the great Gregory. I told him about my earlier illness, adding the recent potentially fatal malady which had attacked my throat, and, after many fervent entreaties, I persuaded him to lay his hand on the afflicted part with a holy prayer. He did so, making the sign of the cross on it with his hand, and tearfully uttered that divine hymn of the wise one to Christ, '*You remained impervious to suffering, O Word of God, you experienced suffering in the flesh, but you free man from suffering.*'[12] After he sang it through to the end, he said, 'Go away by yourself to your cell, and ask God alone for healing of your spiritual and physical sufferings, since for him alone are *all* these things *possible.*' So spoke the man of God. 2

"But," Porphyrios continued, "upon my return from there, I not only found that my throat was miraculously free from that choking strangulation, but I immediately developed an appetite for food and went to the common table of the brethren—for it was already meal time—and (What a miracle!) I was immediately able to eat the same food as everyone else, I who shortly before had not even been able to drink water, as I have just described." 3

6

1 Μοναχὴ δέ τις φροντιστήριον ἀρετῆς, τὸ τῆς θαυ-
μαστῆς φημι Θεοδώρας κεκτημένη σεμνεῖον, θῆλυ παιδίον
μεθ᾽ ἑαυτῆς ἔσχε· βρέφος μὲν ἐκτεθὲν μητρικῶς τε καὶ φι-
λανθρώπως ἀνελομένη καὶ τροφῆς καὶ παντοδαπῆς ἀξιώ-
σασα τῆς ἐπιμελείας, ὡς καὶ ἡλικίας ἤδη παιδικῆς ἧφθαι καὶ
πρὸς ὑπηρεσίαν δεξιῶς ἔχειν δύνασθαι καὶ περὶ τοῦ μέλλον-
τος ἐλπίδας ἀγαθὰς τῇ δεσποίνῃ διδόναι, δι᾽ ἃ δήπου καὶ
παρ᾽ ἐκείνης προσείληπτο, τῶν δ᾽ ἐναντίων ἐπηρείᾳ πονη-
ροῦ τινος δαίμονος αἴσχιστα πειρωμένη.

2 Τὰ γὰρ τῆς γαστρὸς φυσικὰ περιττώματα τῇ παιδὶ κι-
νούμενα παρὰ φύσιν, τά τε στρώματα καὶ τοὺς χιτωνίσκους
καὶ αὐτὴν δὲ ταύτην ὑπνοῦσαν νυκτὸς ἐπὶ τῆς εὐνῆς τὰ
αἴσχιστα διετίθει καὶ δεινὰ πάσχειν τὴν κυρίαν ἐποίει, τὴν
μὲν βρεφικὴν ἡλικίαν ἀποθεμένην ὁρῶσαν πάλαι, τἀκεί-
νης ἀηδῆ δὲ καὶ φορτικὰ μηδόλως ἀποβαλοῦσαν, ὡς καὶ
τὴν εὔνοιαν αὐτὴν καὶ τὸ φίλτρον κατὰ μικρὸν ἀπολείπειν
τὸ πρὸς τὴν παῖδα καὶ πρὸς διάστασιν ἤδη καὶ χωρισμὸν
ἀφορᾶν.

3 Ἀλλ᾽ ἐφίσταται τοῖς πάσχουσιν αὐτόκλητος ὁ Σωτήρ,
καὶ τῇ μὲν τὸ σῶμα, τῇ δὲ τὴν ψυχὴν ἐξιᾶται, μᾶλλον δ᾽
εἰπεῖν ἀκριβῶς, καὶ ἀμφοτέρας θεραπεύει κατ᾽ ἄμφω καὶ
κατ᾽ ἄμφω νοσούσας. Ὡς γὰρ τοῦ φροντιστηρίου συνή-
θως ἔνδον ἦν ὁ μέγας ἀρχιερεύς, ἀγγέλλεται μὲν αὐτῷ
παρ᾽ ἐκείνων καὶ ταῦτα, προσπίπτουσι δ᾽ ἅμα τοῖς ἐκείνου
ποσί, πίστει θερμῇ καὶ δάκρυσι τὴν θεραπείαν αἰτοῦσαι· ὁ
δὲ καὶ φιλανθρώποις ἐνιδὼν ὄμμασι, καὶ λόγοις πολὺ τὸ

Chapter 6

A nun who had acquired a monastery of virtue,[13] I mean the convent of the wondrous Theodora,[14] had with her a female child. She had taken charge of an exposed infant in a maternal and compassionate manner, and had provided her with food and all sorts of care, so that the girl had already reached childhood and could offer her services in a capable manner and was full of future promise for her mistress. For these reasons the nun had taken in the child, but due to the mischief of a wicked demon she experienced quite the opposite <of her hopes> in a most unpleasant manner.

For the child had abnormal bowel movements, which soiled her bedding and nightclothes and the child herself while she slept at night in bed. This was very unpleasant and caused terrible problems for her mistress, seeing that the girl had long since stopped being a baby, but had in no way rid herself of a baby's unpleasant and burdensome ways. As a result the nun gradually lost her goodwill and love for the child, and was beginning to think about parting and separation from her.

But the Savior comes unbidden to those who are suffering, and he healed the body of the one and the soul of the other, or rather, more accurately, cured them both who were ailing in both respects. For when the great bishop was making one of his customary visits to the convent, they told him about their situation, and they prostrated themselves at his feet, seeking healing with fervent faith and tears. Palamas looked upon them with compassion, and, after giving them

ἡδύ τε καὶ φιλάνθρωπον ἔχουσι πατρικῶς ταύτας ψυχαγω-
γήσας, εἶτα καὶ χεῖρα τῇ κεφαλῇ τῆς παιδὸς ἐπιθεὶς καὶ
Θεὸν ἀνυμνήσας καὶ ἐπευξάμενος, ὑγιᾶ παρευθὺ τὴν
πάσχουσαν ἀποδείκνυσιν.

7

1   Ἀνήρ τις, Παλάτης τὴν κλῆσιν, τὸν τρόπον ἐπιεικής,
χρυσοστίκτης τὴν τέχνην, χρυσῷ τὴν καινουργηθεῖσαν ἱε-
ρατικὴν στολὴν ἐπεκαλλώπιζε τῷ μεγάλῳ, ὃ δὴ καὶ πρόφα-
σιν ὡσανεὶ τῆς πρὸς ἐκεῖνον ἐπιδημίας καὶ τῆς μελλούσης
εὐεργεσίας ὁ μέγας πεποιημένος, αὐτόκλητος ἐφίσταται
τῷ οἴκῳ ἐκείνου σύν γε τοῖς ὁμοτέχνοις ἐργαζομένου· τῷ δὲ
ἄρα παιδίον ἦν ἄρρεν, πέντε μὲν ἤδη γεγονὸς ἔτη, πέντε δ'
ἐπὶ δέκα μησὶν ὅλοις αἱμορροίᾳ κατειργασμένον, ὡς καὶ
τὴν κατὰ φύσιν ὄψιν ἤδη σχεδὸν ἀπολιπεῖν αὐτὸ καὶ τὸ
εἶδος καὶ τῇ φωνῇ μόνῃ τὸ περιεῖναι καὶ ζῆν πιστοῦσθαι.
2   Τοῦτο κατιδὼν ἐπὶ τῆς οἰκίας ὁ μέγας, ὁ μὲν πυνθάνε-
ται φιλανθρώπως τὴν τοῦ πάθους αἰτίαν, ὁ δὲ πατὴρ τῶν
σπλάγχνων εὐθὺς ἡττηθεὶς καὶ δάκρυσι καὶ ῥήμασι γοε-
ροῖς τὴν συμφορὰν ἐξαγγέλλει καὶ τὸν ἡμιθνῆτα παῖδα
ταῖν χεροῖν ἄρας εὐθέως ταῖς παλάμαις ὑποτίθησι τοῦ
ἀρχιερέως, "Ἐλέησόν μου τὸν υἱόν" [Matthew 17:15], κατὰ
τὸν ἐν εὐαγγελίοις πρὸς Χριστὸν ἄντικρυς καὶ αὐτὸς λέ-
γων, πᾶσι μὲν ἰατροῖς σχεδὸν καὶ πάσαις ἐπινοίαις ὑπὲρ

spiritual guidance in a paternal manner with very sweet and compassionate words, then placed his hand on the child's head, glorified God, and prayed, immediately restoring the afflicted child to health.

Chapter 7

A man named Palates, of honest character and a gold embroiderer by trade, was adding the gold work to the priestly vestment which had been refurbished for the great man. Making this an excuse for his visit to Palates and for his imminent benefaction, Palamas arrived unbidden at Palates's house while he was working with his fellow artisans. Palates had a son, who was now five years old, but had been afflicted with a bloody discharge for fifteen whole months, so that he had almost lost his natural appearance and physique, and only his voice provided evidence that he was still alive.

When the great man saw this child at the house, he inquired with compassion about the cause of the illness. The father, who was immediately overwhelmed by emotion, related his misfortune with tears and words of woe. Immediately taking his half-dead child in his arms, Palates placed him in the bishop's hands,[15] saying, "*Have mercy on my son,*" using the words that the man in the gospels addressed openly to Christ. Palates related that he had resorted to almost every doctor and every treatment on the child's behalf,

αὐτοῦ χρησαμένου, μηδὲν δέ τι πλέον ἠνυκότος ἐς δεῦρο, ὡς καὶ αὐτὰς ἤδη τὰς ἐλπίδας ἀποβαλεῖν.

3 Ὁ δὲ πρῶτα μὲν τῷ τοῦ θείου σταυροῦ σημείῳ τὸν νοσοῦντα σφραγίζει, τῇ δὲ κεφαλῇ τὴν ἰδίαν ἐπιθεὶς χεῖρα καὶ μυστικὴν ὑποψιθυρίσας εὐχὴν πρὸς Θεὸν μετὰ τρίτην εὐθὺς ὑγιᾶ τε καὶ ἐρρωμένον ἀποδίδωσι τοῖς τεκοῦσιν, ὡς καὶ μόνον ὁρώμενον μετὰ τοῦτο καὶ βαδίσματι καὶ κινήματι καὶ παιδικοῖς ἅλμασι πᾶσιν ἐξαισίως ἀνακηρύττειν τὸ θαῦμα.
[. . .]

8

1 Τρίτος μὲν οὖν ἐνιαυτὸς ἦν μετὰ τὴν τελευταίαν ἐκείνην ἐκ Βυζαντίου κάθοδον παριὼν τῷ μεγάλῳ, καθ᾽ ὃν δήπουθεν χρόνον καὶ τὸ πρὸς τὸν ἀπὸ γῆς καὶ κοιλίας φωνήσαντα φιλόσοφον καὶ μοναστὴν δῆθεν, Νικηφόρον ἐκεῖνον τὸν ἔσχατον καὶ τολμηρὸν ὑβριστὴν τῆς θεότητος, καὶ τῶν αὐτῆς θεολόγων παλαιῶν τέ φημι καὶ νέων, θαυμαστῶς καὶ ἀξίως ἑαυτοῦ τε καὶ τῶν περὶ θεότητος αὐτοῦ λόγων ἐξεδόθη τῷ μεγάλῳ τῷδε βιβλίον ἐν τέσσαρσι λόγοις ὑπὸ τοῦ τῆς καθόλου νῦν ἐκκλησίας κρατοῦντος ἐπ᾽ ἐκεῖνα παρακληθέντι καὶ τελευταῖον οἱονεὶ τοῦτον ἱερὸν ἆθλον διηνυκότι, καὶ τῶν οἰκείων ἀγώνων ὥσπερ συμπλήρωσιν.

but up to that time had had no success, so that he had now given up all hope.

First of all Palamas made the sign of the holy cross over 3 the ailing child, and then placed his hand on his head and whispered a secret prayer to God. After the third prayer he gave him back to his parents, immediately restored to good health, so that just the sight of him walking and moving and jumping about in childish fashion proclaimed the miracle to all in an extraordinary way.

*　　*　　*

II. Final Illness and Death of Palamas

Chapter 8

During the third year after the great man's final visit to 1 Constantinople,[16] he published a book in four chapters against Nikephoros <Gregoras>,[17] a purported philosopher and monk who spoke *out of the earth and the belly*,[18] that ultimate and brazen blasphemer of divinity and of its theologians both old and new. This book <was written> in wondrous fashion, worthy of himself and of his discourses on divinity, at the invitation of the man who now rules the universal church,[19] and Palamas accomplished this as a final holy deed, the culmination, as it were, of his own struggles <for divine truth>.

2   Τοῦ τετάρτου δ᾽ ἐπιβεβηκὼς ἔτους ἤδη νόσῳ βαρείᾳ
περιπίπτει τῶν σπλάγχνων, ἥτις αὐτὸν μετὰ βραχὺ καὶ τῆς
ζωῆς ὑπεξάγει. Ἀλλ᾽ ἐκεῖνος καὶ ταύτης ἀνώτερος ὤν, τῇ
τε πρὸς Θεὸν νεύσει καὶ τῇ λαμπρᾷ τοῦ ποιμνίου στοργῇ·
ἐφίλει τε γὰρ ἀξίως καὶ ἀντεφιλεῖτο θαυμαστῶς ὑπ᾽ ἐκεί-
νου, καθὰ δὴ καὶ φθάσας εἰρήκειν, τὰ θεῖα καὶ ὑψηλὰ
συνήθως ἐκτελῶν οὐκ ἀνῄει, διδάσκων, ἱερουργῶν ταῖς
ἱεραῖς τελεταῖς τῶν θείων μυστηρίων, ἐμπομπεύων τε καὶ
πανηγυρίζων καὶ διὰ πάντων τὸν ἑαυτοῦ καταρτίζων λαὸν
καὶ καθαγιάζων.

3   Ἀλλ᾽ ἐπεὶ κἀκεῖνον ἄνθρωπον πεφυκότα καὶ τῆς φύσεως
ἐχρῆν ἡττηθῆναί ποτε, ἵνα μὴ καὶ θεία τις δόξῃ φύσις ὑπο-
κρινομένη τὴν ἀνθρωπείαν, ἡττᾶται μόλις τῆς νόσου καὶ
κλινοπετὴς ὢν καὶ πρὸς τὴν ἔξοδον βλέπων, χρῆται καὶ
αὖθις τὰ τελευταῖα τῇ θαυμαστῇ γλώττῃ· περὶ πειρασμῶν
τε καὶ καρτερίας πρὸς τοὺς συνόντας φιλοσοφεῖ θαυ-
μαστῶς, ἔκ τε τῶν θείων γραφῶν καὶ λογισμῶν καὶ ἀπο-
δείξεων ἀναγκαίων πολυτρόπως ὑποδεικνὺς τὸ ἐξ αὐτῶν
κέρδος, καὶ τοὺς περὶ ζωῆς καὶ θανάτου καὶ ψυχῆς προσ-
τίθησι λόγους, καὶ οὕτω τὴν ἐκδημίαν ἐπὶ πᾶσι προλέγει,
μυηθεὶς ἄνωθεν καὶ μυήσας, ὡς καὶ τὴν ἡμέραν αὐτὴν
ἐκείνην πολλαῖς πρότερον ἡμέραις προαγγεῖλαι τοῖς φί-
λοις, μετὰ τὴν τοῦ Χρυσορρήμονος αὐτίκα θείαν τελετὴν
καὶ τὴν κοίμησιν οὖσαν, ὃς δήπου καὶ πρὸς ἑαυτὸν ὡς ὁμό-
τροπόν τε καὶ προσφιλῆ καὶ σύνοικον φθάσας ἐκάλει τὸν
μέγαν· οὕτω καὶ γὰρ ὁ προρρηθείς μοι πρὸς αὐτὸν κατὰ
τοὺς ὕπνους ἐδήλου θεῖος χρησμός.

Already by the start of the fourth year[20] he was afflicted ₂
by a serious abdominal illness, which was soon to end his
life. But he rose above even this affliction, in his inclination
toward God and his splendid affection for his flock. For he
loved this flock in a worthy fashion and was marvelously
loved by it in return, as I have already said. He continued to
perform his divine and lofty duties in his customary fashion,
teaching, performing the holy rites of the divine mysteries,
leading processions, and celebrating feast days, and in every
way instructing and sanctifying his own people.

But since even he was human and must necessarily at ₃
some point surrender to nature, so that he would not seem
to be some divine nature pretending to be human, he did
<in the end> succumb to his illness, if only with difficulty.
Even while he was bedridden and contemplating his depar-
ture from this life, he once again made use of his wondrous
tongue for the final time. He spoke to those present in a
wondrous way about temptations and endurance, demon-
strating the profit from these with a wide variety of exam-
ples from the holy scriptures, his own thoughts, and persua-
sive arguments. He added as well words about life and death
and the soul,[21] and thus foretold to all his departure, having
been initiated into this secret by heaven and initiating them.
He thus even announced the very day <of his death> to his
friends many days in advance, <stating> that it would occur
immediately after the holy feast day and anniversary of the
death of the golden-tongued <John Chrysostom>,[22] who
had evidently summoned the great man to himself as one
who shared his propensities and was a dear and close associ-
ate. And so the divine prediction I mentioned above was re-
vealed to him in his sleep.

9

1 Ἔκειτο τοίνυν ὁ τοῦ Θεοῦ ἀρχιερεὺς ἤδη τὰ τελευταῖα
πνέων, πρὸς οὐρανόν τε καὶ τὰ οὐράνια ἐπειγόμενος, καὶ
οὐδέν τι τὸ παράπαν ἄλλο, πλὴν τῆς ἀπαγούσης ἐκεῖσε με-
λετῶν τε καὶ φανταζόμενος· οὐ μὴν ἀλλὰ καὶ γλώττῃ τοῦτ᾽
αὐτὸ συνεχῶς ὑποψιθυρίζων καὶ τοῖς συνοῦσι κἀντεῦθεν
παραδεικνύς, ὅποι δὴ καὶ τὴν τελευταίαν ταυτηνὶ στέλλε-
ται. Ὡς γὰρ οἱ παρόντες τῇ καλῇ γλώττῃ, καθάπερ ἔφην,
ὑποψιθυριζούσῃ τὰ τελευταῖα προσέσχον, οὐδενὸς ἄλλου
πυκνὰ προϊόντος εἶχον ἀκούειν ἐκεῖθεν, εἰ μὴ τοῦ θαυμα-
στοῦ καὶ θείου γε ὄντος ἐκείνου, λέξεσιν αὐταῖς οὑτωσί πως
συντεθειμένου, "τὰ ἐπουράνια εἰς τὰ ἐπουράνια," καὶ τοῦτο
πυκνῶς καὶ πολλάκις, ὥσπερ ἐν περιόδῳ τινὶ καὶ στροφῇ
κύκλου, ἕως ἡ ἐνοικοῦσα τῇ οὐρανίᾳ ψυχῇ θεία καὶ ὑπερου-
ράνιος χάρις τοῦ καταλειφθέντος χοὸς καὶ τῆς συμφυοῦς
αὐτὴν διαλύσασα συζυγίας (τὴν καὶ διαθέσει καὶ πράξει πά-
λαι θαυμαστῶς ἐκείνων ἀπερρωγυῖαν), διὰ τῶν οὐρανίων
ἀγγέλων εἰς οὐρανὸν ἀξίως μετέστησε καὶ τὰ ἐπουράνια·
τρία μὲν ἔτη καὶ ἑξήκοντα τὰ πάντα συγγεγονυῖαν τῷ συμ-
φύτῳ σαρκίῳ, δυοκαίδεκα δ᾽ ἐκ τούτων αὐτῶν κατὰ τὴν τῆς
ἐκκλησίας θαυμαστὴν προστασίαν ἐκείνῳ συνδιηγωνισμέ-
νην πρὸς τῷ ἡμίσει.

Chapter 9

Thus the archpriest of God was *lying in bed,* already *breath-*   1
ing his last,[23] hastening toward heaven and heavenly things,
while meditating upon and contemplating nothing at all ex-
cept the path that leads in that direction. But his tongue was
constantly whispering to those in attendance the revelation
of his destination on this final day. For as those present lis-
tened to his beautiful tongue whispering his last words, as
I have said, they could hear nothing else emerge from his
mouth except for this wondrous and divine phrase, com-
posed of these words, "the heavenly for the heavenly," a
phrase he repeated over and over again, like a wheel turning
round and round, until the divine and heavenly grace dwell-
ing within his heavenly soul separated it from its natural
union with the dust left behind (a soul which had already
long dissociated itself in wondrous fashion from those
things through its disposition and deeds), and worthily
transported it by means of the heavenly angels to heaven
and heavenly things. His soul had coexisted with its kindred
flesh for sixty-three years in all, contending for twelve and a
half of them in his marvelous administration of the church
of Thessalonike.

10

1 Ἐπισημαίνει γε μὴν καὶ τοῖς ἐκτὸς ἐξαισίως ἡ παντουρ-
γὸς αὕτη τοῦ πνεύματος χάρις κἀκεῖνα, φωτὶ μὲν περιλάμ-
ψασα τὸ τὸν νεκρὸν ἔχον ἐκείνου δωμάτιον ἅμα τῇ ἐξόδῳ
τῆς ψυχῆς ξένῳ, καταλάμψασα δὲ καὶ τὰ ἐκείνου πρόσωπα
καὶ καινῶς ἀλλοιώσασα τῷ περιόντι τῆς αἴγλης, καίτοι γε
καὶ προεκτετηκότα καὶ πρὸ νεκρώσεως καὶ τὸ πλεῖστον
προαπονεκρωθέντα, ὡς μηδὲν ἀποδεῖν καὶ ταῦτα τῆς τοῦ
μεγάλου Στεφάνου λαμπρᾶς καὶ θεοειδοῦς θέας ἐκείνης,
ὁπηνίκα φημὶ περὶ Θεοῦ δημηγοροῦντος ἐν μέσῳ τῷ συνε-
δρίῳ τῶν Ἰουδαίων. "Ἀτενίσαντες," φησίν, "εἶδον τὸ πρόσω-
πον αὐτοῦ, ὡσεὶ πρόσωπον ἀγγέλου"· τοῦ γὰρ αὐτοῦ πνεύμα-
τος καὶ τῆς αὐτῆς ἐνεργείας ταῦτα κἀκεῖνα, κἂν οἱ σκοτεινοὶ
περὶ τὸ φῶς καὶ περὶ τὴν σοφίαν ἀπαίδευτοι, τούτοις τε κἀκεί-
νοις πλήττωνται καὶ ἀντιλέγωσι πάλιν, τὰ μὲν τὸ παράπαν
οὐδ᾽ εἶναι, τὰ δὲ κακῶς τε καὶ ἀναξίως εἶναι τοῦ πνεύματος
φανταζόμενοι καὶ δι᾽ ἑκατέρων ἀναιροῦντες ἑκάτερα.

2 Ἀλλ᾽ ἡ μὲν φανεῖσα κατ᾽ οἶκον ἐκείνη λαμπρότης, τῆς
ψυχῆς δηλαδὴ τοῦ σώματος ἀπιούσης, δύο τῶν τῆς ἐκκλη-
σίας θεατὰς ἔσχε λογάδων, ἱερωσύνης τε ἀξιώματι καὶ
ἀρετῇ παντοδαπῇ κεκοσμημένους (ὧν ἅτερος δήπου καὶ
τοῦ σεμνοῦ τῶν μοναχῶν ἐστι καταλόγου), οἳ καὶ μηνυταὶ
γεγόνασιν ὕστερον τοῖς ἄλλοις τῶν ὑπερφυῶς ὁραθέντων.
Τῆς δὲ περὶ τὴν ὄψιν ὑπερφυοῦς αἴγλης μάρτυρες ἅπαν
γένος καὶ ἡλικία σχεδὸν πᾶσα καὶ ἁπλῶς ὅσους ἡ ἐκφορὰ
καὶ ἡ κατάθεσις τοῦ ἱεροῦ ἐκείνου νεκροῦ τότε πρὸς

Chapter 10

The all-accomplishing grace of the Spirit provided an ex- 1
traordinary indication of his death even to those outside,
for it lit up with a curious light the room which contained
his dead body, at the very moment of the departure of his
soul. The light also shone upon his face and changed its ap-
pearance in an unprecedented way with the radiance that
surrounded it, although his face had already wasted away
even before his death and had become largely lifeless. As a
result it was just like the brilliant and divine appearance of
the great Stephen, I mean when he was speaking about God
in the midst of the council of Jews. For it is written, *gazing at
him, they saw that his face was like the face of an angel.*[24] For both
these <apparitions of light> were <manifestations> of the
same spirit and the same energy, even if *those who are in the
dark concerning the light and are untutored in wisdom*[25] take of-
fense at both of these incidents, and once more object to
them, imagining that the former never happened at all,
while the latter happened as a result of evil and in a way un-
worthy of the spirit, thus rejecting both.

But that brilliant light which appeared in the room, that 2
is, as the soul departed from the body, was witnessed by two
senior churchmen, adorned with priestly rank and every
sort of virtue (one of them belonged to the venerable com-
pany of monks), and they later gave evidence to the others
concerning the supernatural sights they had witnessed. All
kinds of people of almost every age were witnesses to that
supernatural radiance surrounding his face and, in short, so
was everyone attracted by the funerary procession and

ἑαυτὴν συνεκάλει—συνεκάλει δὲ ἄρα πᾶσαν ὁμοῦ τὴν
πόλιν, ὡς καὶ τὸν ἱερὸν οἶκον ὅλον τά τ᾽ ἔνδον τά τ᾽ ἔξω
στενοχωρεῖσθαι τοῖς πλήθεσιν. Ἡ δὴ καὶ ἀχώριστος ἐκεί-
νου διαμεμένηκε τὸ παράπαν, ὥσπερ τῆς ἱερᾶς ψυχῆς,
οὕτω δὲ καὶ τῶν ὀστῶν καὶ τῆς κόνεως ἀδιαστάτου τῆς
συνοίκου τοῦ πνεύματος χάριτος εἰσάπαν διαμενούσης καὶ
θείου φωτὸς οἶκον καὶ θαυμάτων πηγὴν καὶ βρύσιν ἱερῶν
χαρισμάτων καὶ κοινὸν καὶ ἀδάπανον ἰατρεῖον, τὸν ἱερὸν
ἐκείνου τάφον ἐργαζομένης.

3   Ἃ δήπου καὶ ὁ λόγος ἡμῖν κατὰ τὴν ἐπαγγελίαν ἀπὸ
μέρους ἤδη δηλώσει (οὔτε γὰρ ἐκείνοις ἑξῆς ἐπεξελθεῖν τῷ
παρόντι λόγῳ σκοπὸς ὁμοῦ πᾶσι· πῶς γάρ;) καὶ αὐτὰ δὲ
ταῦτα συντετμημένως, καθ᾽ ὅσον οἷόν τε, καὶ περιβολῆς
δίχα πάσης προθήσει καὶ λογικῆς αὐξήσεως, τὸ μῆκος
ὁμοῦ καὶ τὸν κόρον ἐκφεύγων.

II

1   Μοναχός τις τῶν ἱερᾶσθαι λαχόντων ἔν τινι τῶν κατὰ
Θεσσαλονίκην φροντιστηρίων ἀσκούμενος νόσῳ περι-
πίπτει δεινῇ καὶ ἡ νόσος ἄλγος τῆς κεφαλῆς ἦν, οὕτω δή τοι
σφοδρόν, ὡς καὶ θάνατον εὐθὺς ἀπειλεῖν. Ἀλλὰ τὸν μὲν
θάνατον διαφεύγει, τό γε νῦν ἔχον, ἰατρικαῖς ἐπιμελείαις ὡς
ἔδοξε, τὴν ὀδύνην δὲ τῆς κεφαλῆς οὐδαμῶς, ἀλλὰ κατὰ

burial of that holy corpse. The funeral attracted practically the whole city, so that the entire holy building, both inside and out, was crowded with the multitudes. Indeed that glow remained absolutely inseparable from his body as well as from his holy soul, while the grace of the indwelling spirit remained forever inseparable from his bones and dust. This rendered his holy tomb an abode of divine light and a fount of miracles, a spring of holy graces, and a free hospital for all.

As I promised, my narrative will now describe these mira- 3 cles in part (for it is not the goal of the present account to go through them all together in sequence; for how could that be possible?); it will set these down as briefly as possible, without any amplification and wordiness, thus avoiding both excessive length and a surfeit of words.

III. The Posthumous Miracles of Palamas

Chapter 11

An ordained monk, who led an ascetic life in one of the 1 monasteries of Thessalonike, was afflicted by a terrible illness, a headache so severe that it threatened imminent death. Although as a result of medical intervention he escaped death for the time being, as it seemed, the pain in his

MIRACLE TALES FROM BYZANTIUM

περίοδον ἐπιοῦσα, πρῶτα μὲν ἑκάστου μηνὸς ἅπαξ, εἶτα τοῦ χρόνου προϊόντος καὶ δὶς κατὰ μῆνα καὶ τρὶς καὶ πολλάκις καὶ πυκνότερον ἅμα καὶ ἀκμαιότερον κάκιστα τὸν ἄνθρωπον διετίθει. Ἕβδομος ἐνιαυτὸς ἐν τούτοις παρῄει καὶ τὸ πάθος αἰεὶ προκόπτον ἐπὶ τὸ χεῖρον καὶ μαίνεσθαι τὸν πάσχοντα καὶ ἀναισθητεῖν ἐποίει δοκεῖν τοῖς συνοῦσι, τῷ τῆς βοῆς ἀλλοκότῳ τε καὶ ἀήθει, καὶ τὸν θάνατον σφοδρότερον αὖθις ἠπείλει, πάσης περιφρονοῦν ἰατρικῆς ἐπιστήμης καὶ φαρμακείας.

2   Τί τὸ ἐντεῦθεν; Ἀπαγορεύει μὲν ὁ μοναχὸς τὴν ἐνταῦθα ζωήν, τῆς δὲ μελλούσης γεγονὼς μόνης τῇ διανοίᾳ καὶ πρὸς τὴν ἔξοδον ὡς ἤδη κατὰ κεφαλῆς ἐπιοῦσαν βλέπων, τ' ἄλλα τε τῆς μεταμελείας καὶ τῆς πρὸς Θεὸν ἐπιστροφῆς μετὰ στεναγμῶν τε καὶ ὀδυρμῶν ἐφθέγγετο ῥήματα, καὶ τὴν ψυχὴν καὶ τὴν ἐκείνης σωτηρίαν ἀνεκαλεῖτο καὶ ταλανίζων ἑαυτὸν ἅμα τῆς τε παρελθούσης ἀμελείας τοῦ βίου καὶ τῶν σφαλμάτων καὶ ὅτι μηδὲ τελευτῶν ἔχει τὸν συναλγοῦντα καὶ συμπονούμενον περὶ τὴν δυνατὴν τέως τῆς ψυχῆς θεραπείαν.

3   Εἶτα καὶ τοῦ μεγάλου μνησθεὶς ἐπὶ τούτοις καὶ τῆς ἁγιότητος καὶ τῆς μεγάλης ποιμαντικῆς καὶ ἐπιστασίας ἐκείνου (ἦν γὰρ καὶ τῶν γνωρίμων τε καὶ συνήθων) καὶ ὅτι μηδὲ τὴν τελευταίαν πρὸς Θεὸν ἐκδημοῦντι τῷ μακαρίῳ παρῆν· "εἰ⁵ γὰρ ἄν," φησί, "καὶ τῶν ἐξοδίων αὐτοῦ ῥημάτων καὶ τῶν ἱερῶν εὐχῶν μετασχὼν τότε, ταύτας ἀντὶ φυλακτηρίου παντὸς καὶ ἀμυντηρίων ὅπλων νυνὶ προϊστάμην."

330

head did not go away, but returned periodically, first once a month, then as time passed two and three times and many times a month, and even more often and more severely, causing the man terrible distress. Seven years passed in this way and the continually worsening malady made the afflicted monk seem crazy and dim-witted to his companions on account of his strange and weird cries; once again the affliction was threatening death, even more ominously, since it defied all medical knowledge and drugs.

What happened next? The monk despaired of his life 2 here on earth and focused his mind only on the future life. Anticipating his departure as though it were already imminent, he kept uttering words of repentance and penitence to God with groans and lamentations. He also kept calling to mind the salvation of his soul, castigating himself both for his previous indifference toward his life and for his sins, <with the regret> that not even on his deathbed did he have anyone to share his pain and to assist him with the healing of his soul that was still possible even at this late date.

Then being reminded in these circumstances of the great 3 Palamas and his holiness and his great pastoral concern (for he was one of Palamas's acquaintances and friends) and that he had not been present on that last day when the blessed man departed to God, he said, "If I had then shared in his dying words and his holy prayers, I would deploy them now in lieu of any amulet and protective weapons."

4   Ταῦτ᾽ ἐπειπὼν ὁ πρεσβύτερος καὶ ἑαυτὸν οἷον ἀπο-
κλαυσάμενος ὑπὲρ τούτων, τὸ τελευταῖον κατάγεται καὶ
εἰς ὕπνον, καὶ ὁ ὕπνος ὄψιν εὐθὺς ἐπιφέρει τοιάνδε. "Ἐδό-
κουν," φησί, "κατὰ τὸν τοῦ θαυμαστοῦ Δημητρίου νεὼν
ἔνδον ἑστηκὼς τῶν ἀδύτων, τὸν μέγαν βλέπειν ἀρχιερέα
τῇ θείᾳ τε παρεστηκότα τραπέζῃ καὶ συνήθως ἱερουρ-
γοῦντα τὰ μυστικά, ᾧ δὴ καὶ προσπεσὼν εὐχῆς ἱερᾶς ἀξι-
ωθῆναι παρ᾽ αὐτοῦ περιπαθῶς ἐπεζήτουν. Ὁ δὲ πρῶτα μὲν
οὐδ᾽ ἐπεστράφθαι πρὸς τὴν αἴτησιν ὅλως ἐδόκει, ἀλλὰ τῶν
μυστηρίων μᾶλλον καὶ τῆς ἱερᾶς ἐξηρτῆσθαι τραπέζης
κἀκείνοις προσέχειν τὸν νοῦν· μικρὸν δέ τι διαλιπὼν ἐπι-
στρέφει καὶ πρός με, καὶ τῷ ἐπισκηνίῳ τὴν δεξιὰν ἐπιθείς,
ἔνθα δὴ καὶ τὸ πᾶν ἐδόκει τότε συνδραμεῖν τῆς ὀδύνης,
τὸν τοῦ θείου σταυροῦ τύπον ἐγχαράττει μοι τοῖς δακτύ-
λοις, τῶν δ᾽ εὐθὺς ἔλαιόν τι καινῶς ἐκρυὲν τὰ πρόσωπα
καταχρίειν ἐδόκει."

5   Καὶ ταῦτα μὲν ὅ τε⁶ ὕπνος καὶ ἡ ἱερὰ ὄψις ἐκείνη· ὁ δ᾽
εὐθέως ἐξαναστὰς καὶ τοῦ θανάτου καὶ τῆς ὀδύνης καὶ τῶν
λυπηρῶν ἐκείνων ὁμοῦ πάντων ἀθρόον καὶ ὑπὲρ πάσας
ἐλπίδας ἀπαλλαγείς, ὡς μηδὲ ἴχνος ἐκείνων μηδοτιοῦν
ἐλλελεῖφθαι, Θεῷ καὶ τῷ ἐκείνου θεράποντι μεγάλας ἀνω-
μολόγει τὰς χάριτας.

After saying these words and bemoaning his fate as a re- 4
sult, the priest finally fell asleep, and his sleep immediately
brought him this vision. "I seemed," he said, "to be standing
inside the sanctuary in the church of the wondrous Dem-
etrios,[26] and saw the great bishop standing next to the holy
altar and performing the holy liturgy, as was his wont, and I
fell down before him and begged fervently to be deemed
worthy of his holy blessing. At first he did not even seem to
turn around at all at my request, but rather to concentrate
on the mysteries and the holy altar and to focus his mind on
them. But after a little while he paused and turned toward
me, and placing his right hand on my brows, just where all
the pain seemed to be concentrated at that moment, with
his fingers he traced the sign of the cross on me, and seemed
to anoint my face directly with oil that flowed in a curious
fashion from his fingers."

This was the holy vision he had while he was asleep; and 5
arising at once, suddenly and beyond all hope delivered from
death and pain and all his afflictions, of which there was now
no trace at all, he acknowledged his great gratitude to God
and his servant Palamas.

12

1   Ἄλλος τις τῶν τῆς πόλεως οἰκητόρων οὐ τῶν ἀσήμων,
ἀλλὰ καὶ τῶν εὐπατριδῶν τε καὶ ἐπισήμων ὡς μάλιστα, γυ-
ναικί τε καὶ τέκνοις συζῶν, καὶ οἰκίας ἐπιμελώμενος, ὀδύνῃ
χρονίᾳ κάτοχος ἦν· κωλικὴν φασι ταύτην ἰατρῶν παῖδες.
Αὕτη τῷ χρόνῳ συναυξηθεῖσα, μεθόδοις ἰατρικαῖς καὶ φαρ-
μακείαις οὐκέτι τὸ παράπαν ὑπεῖκε, καθὰ δὴ καὶ πρόσθεν,
ἀλλ᾽ ἠλέγχετο πάνθ᾽ ὁμοῦ τῷ σφοδρῷ τῆς ὀδύνης, τῶν φυ-
σικῶν ἐμφραγέντων πόρων καθάπαξ καὶ τοῖς περιττώμασι
τῆς γαστρὸς μηδεμιᾷ τινι μηχανῇ τὴν ἔξοδον συγχωρούν-
των, ὡς καὶ τῶν ἰατρῶν τοὺς δοκίμους τότε παρόντας, ὕλην
τινὰ μοχθηρὰν λέγειν εἰς ἑαυτὴν συστᾶσαν καὶ συμπαγεῖ-
σαν εἰς λίθου μεταβαλεῖν φύσιν κἀκεῖνον τὸν τῆς φυσικῆς
ἐκκρίσεως ἀποφράττειν πόρον.

2   Ἕκτη μὲν οὖν ἤδη παρῄει, τ᾽ ἀνδρὶ δεινῶς ὑπὸ τῆς ὀδύ-
νης στροβουμένῳ τὰ ἔνδον καὶ αὐτό γε τὸ ζῆν πρὸς ἑσπέ-
ραν ταύτης ἀπαγορεύοντι. Τῶν δὲ προσηκόντων καθ᾽
αἷμα καὶ τῶν ἄλλως καθ᾽ ἑταιρείαν οἰκείων τε καὶ συνήθων
παρακαθημένων τε καὶ συμπασχόντων, ὡς ἔθος ἐν τοῖς
τοιούτοις, καὶ τὸν θεῖον ἐν τούτοις εἰς μέσον Γρηγόριον
παρηχούντων τῷ λόγῳ καὶ τὴν ἐνεργοῦσαν δι᾽ αὐτοῦ με-
γάλην τῶν θαυμάτων ἐνέργειαν καὶ ὅτι τῷ ἐκείνου πολλοὶ
προσιόντες τάφῳ χαλεπῶν ἀρρωστημάτων καὶ χρονίων
παθῶν ἀθρόον ἐξάντεις ὁρῶνται, καὶ ὁ πάσχων ἐν αἰσθή-
σει τῶν λαλουμένων αὐτίκα γενόμενος καὶ δάκρυσι καὶ
ῥήμασιν ἐλεεινοῖς τὸν ἅγιον εἰς οἶκτον ἐξεκαλεῖτο, "Ἰσχύ-
εις, ἄνθρωπε τοῦ Θεοῦ," λέγων, "ἅτε δὴ καὶ Χριστοῦ

Chapter 12

Another man, not one of the insignificant inhabitants of   1
the city, but wellborn and notable, who lived with his wife
and children and looked after his household affairs, was af-
flicted with chronic pain, termed colic by physicians. This
grew worse over time, and no longer responded to medical
treatment and drugs, as it had before. The man was almost
completely overcome by the severity of the pain, since his
natural orifices were totally blocked and did not afford any
means of exit at all for the excrement of his belly. The expe-
rienced doctors who were then in attendance said that some
noxious matter had compacted and solidified and turned
into stone, thus blocking the passage for normal defecation.

By the sixth day the man was terribly wracked by abdom-   2
inal pain, and by the evening he despaired of life itself. His
blood relatives and his other close friends and acquaintances
were sitting <at his bedside> and providing sympathy, as was
customary under such circumstances. As they were talking,
they introduced into their conversation the divine Greg-
ory and the great efficacy of the miracles worked by him,
and the way in which many people who approached his
tomb were suddenly healed of serious illnesses and chronic
afflictions. The ailing man immediately became aware of
what they were saying, and tearfully invoked the saint's com-
passion with piteous words, saying, "O man of God, even

μιμητὴς ἀκριβέστατος, εἰ καὶ μὴ πάρειμι καὶ αὐτὸς νῦν
κατὰ τοὺς ἄλλους τῷ σῷ τάφῳ, καὶ τῆς νόσου καὶ τῆς
ὥρας εἰργούσης, καὶ ἐπισκέψασθαι καὶ θεραπεῦσαι καὶ τῆς
πικρᾶς ὀδύνης ἀπαλλάξαι καὶ τοῦ προσδοκωμένου θανά-
του."

3   Ταῦτα καὶ τὰ τοιαῦτα μεταξὺ λέγων εἰς ὕπνον ἐτράπη
καὶ Γρηγόριος εὐθὺς ὁ μέγας παρῆν ἐν σχήματι πρεσβυτέ-
ρου καὶ μοναχοῦ τινος τῶν οἰκείων (ὁμωνύμως δηλαδὴ
Γρηγορίου καὶ αὐτοῦ καλουμένου), καὶ τῶν συνόντων αὐτῷ
πάλαι, μοναχόν τε καὶ διάκονον ἕνα τινὰ παρεπόμενον
ἔχων, οἳ δὴ καὶ αὐτῷ, φημί, τῷ πάσχοντι συνήθεις ἐτύγχα-
νον ὄντες. Τοῦ τοίνυν Γρηγορίου φιλικῶς αὐτὸν ἐρομέ-
νου· "Τί ποτε ἄρα τὸ λυποῦν καὶ τίς ἡ τοῦ θορύβου καὶ τῆς
τοσῆσδε ταραχῆς καὶ τῆς ἀνάγκης αἰτία;." "Οὐχ ὁρᾷς
μέ," φησίν ὁ πάσχων, "ὀδύνῃ συνεχόμενον πικροτάτῃ, καὶ
τῆς μὲν ζωῆς ἀφαιρούμενον ὑπὸ ταύτης ἀθρόον, τὰ δὲ
φίλτατα, φεῦ!, ἔρημα καταλείποντα πάσης ἡστινοσοῦν
προστασίας;" "Ἀλλὰ μὴ δέδιθι," φησίν, "ὦ οὗτος, τὰ τοι-
αῦτα τό γε νῦν εἶναι· ἕξει καὶ γάρ σοι καλῶς τε καὶ κατ᾽
εὐχὴν μετὰ μικρὸν πάντα, τοῖς ὀδυνωμένοις μορίοις τοῦ
παρόντος ἐπιβληθέντος."

4   Εἶπε, καὶ τμῆμά τι τῆς αὐτῷ πάλαι καινουργηθείσης
ἱερᾶς στολῆς, ἥπερ ἔφην, τοῦ κόλπου δόξας ἐξενεγκεῖν,
σταυροῖς ἐννέα χρυσοῖς ἐντετυπωμένον, ἐπιτίθησι τῷ
πάσχοντι μέρει· ὁ δ᾽ ἄρα διάκονος, ὁ παρεπόμενος τούτῳ,
σταυρὸν καὶ αὐτὸς ἀπὸ κηροῦ δόξας φέρειν τοῖς τοῦ πά-
σχοντος ἐπιτίθησιν ὀπισθίοις τῷ ὑπερκειμένῳ τῆς ἕδρας
ὀστῷ προσφύσας (ἱερὸν τοῦτό φασιν ἰατρῶν παῖδες). Καὶ

though I myself am not physically present like the others at your tomb, prevented by my illness and the <lateness of the> hour, inasmuch as you are a most precise imitator of Christ, you have the power to visit me and heal me and relieve me from my bitter pain and impending death."

Saying these and similar words, he fell asleep, and imme- 3 diately the great Gregory appeared in the guise of one of his own priests and monks (who was also himself called Greg- ory), accompanied by one of his old associates, a monk and deacon; both men were, as I say, acquaintances of the ailing man. Gregory then asked him in a friendly manner, "What is wrong with you and what is the cause of this commotion and so much agitation and urgency?" The ailing man replied, "Don't you see that I am in the grip of most terrible pain, and that it is killing me, while my loved ones are, alas, be- ing left bereft of any protection whatsoever?" Gregory said, "My good man, do not fear such a fate for now; for soon all will go well for you and in accordance with your prayer, once you place this upon the painful parts."

With these words he seemed to extract from the folds of 4 his garment a piece of the holy vestment that had previously been refurbished for him, as I have described,[27] marked with nine gold crosses, and he placed it on the afflicted area. The deacon who was attending him seemed to be carrying a cross of wax, which he placed on the rear end of the af- flicted man, bringing it into contact with the bone that lies above the anus (called the *os sacrum* by physicians). And after

ὁ μὲν ταῦθ᾽ οὕτω θαυμαστῶς ἐνεργήσας πνεύματι θείῳ
τοῦ πάσχοντος ἐξ ὀφθαλμῶν ἦν, ὁ δ᾽ αὐτίκα τῶν ὕπνων
αὐτὸν ὑπανέντων, νύττεται τὴν γαστέρα καὶ τῆς νοσο-
ποιοῦ θαυμαστῶς κενωθείσης ὕλης, ὡς καὶ τοὺς παρόντας
καταπλήττειν πάντας τῇ θέᾳ, τό τε πάθος εὐθὺς δραπε-
τεύει καὶ ὁ πάσχων ἐλεύθερος οὐ τοῦ προσδοκηθέντος
μόνον θανάτου καὶ τῆς χρονίας ἐκείνης ὀδύνης καθάπαξ,
ἀλλὰ καὶ εὐσθενής τις καὶ ῥωμαλέος ἐπὶ τὸν τάφον ἰὼν
τοῦ μεγάλου, δι᾽ ἑαυτοῦ τε λαμπρᾷ τῇ φωνῇ τὸ τοῦ θαύ-
ματος ὑπερφυὲς πᾶσιν ἀνακηρύττων καὶ Θεῷ καὶ τῷ ἐκεί-
νου θεράποντι θύων τὰ χαριστήρια.

13

1   Ὁ τῆς κατὰ Θεσσαλονίκην ἐκκλησίας τῶν ἱερῶν ᾀσμά-
των τε καὶ μελῶν ἔξαρχος καὶ τοῦ χοροῦ τῶν ᾀδόντων
ἀρχηγός τε καὶ κορυφαῖος (δομέστικον ἡ συνήθεια τοῦτόν
φησιν)—ἐπίσημος δ᾽ ἐν τοῖς τοιούτοις ἐκεῖνος καὶ χρόνῳ
καὶ πείρᾳ καὶ φύσει καὶ τέχνῃ καὶ παντὶ τῷ συντελοῦντι
πρὸς ταῦτα, καὶ διδάσκαλος χρηματίζων τῶν ὄντων καὶ
κατὰ πάντων τὸ πρεσβεῖον φερόμενος—, οὗτος τοιγαροῦν
νόσῳ τινὶ συσχεθείς, ἐξ ὕλης μοχθηρᾶς τινος καὶ δριμείας
ἐχούσῃ τὰς ἀφορμάς, ἐνιαυτὸν ὅλον σχεδὸν ἀκίνητος ἐπὶ
σκίμποδος κατακείμενος ἦν.

2   Τῇ δ᾽ ἀντιπιπτούσῃ ψυχρᾷ διαίτῃ καὶ δὴ καὶ ταῖς ἄλλαις
ἐπιμελείαις[7] τῶν ἰατρῶν, τοῦ μὲν δαπανηθέντος τῆς ὕλης,

performing these wonders through the divine spirit, he disappeared from the view of the suffering man. Waking immediately from his sleep, he experienced a sharp pain in his belly and the pernicious matter was wondrously evacuated, so that all those present were astonished at the sight. The afflicted man's suffering immediately departed, and he was not only delivered once and for all from the death he had anticipated and from that chronic pain, but, proceeding with good strength and vigor to the tomb of the great Palamas, he himself proclaimed to all with a loud voice the extraordinary miracle, and offered up thanksgiving to God and his servant.

Chapter 13

The leader of holy songs and chants in the church of Thessalonike and the director and master of the choir of singers (who is usually called *domestikos*) was distinguished in all such <endeavors> and in age and experience and nature and skill and everything that contributes to these assets, being both their teacher and holding the first place of honor among them.[28] This man was afflicted with an ailment which had its origins in some noxious and acrid matter, and he had lain immobile on his bed for almost an entire year.

As a result of the cold diet prescribed as an antidote, and the other ministrations of physicians, part of the matter was

τοῦ δ᾽ ἀλλοιωθέντος κατὰ μικρόν, τὸ καταλειφθὲν ἐκείνης ἀκατέργαστόν τε καὶ ἄπεπτον ἐλαυνόμενον ὡσανεὶ καταφεύγει πρὸς τὰ τοῦ σώματος πέρατα, καὶ παρεῖντο δεινῶς τὸ λοιπόν αἵ τε χεῖρες ὁμοῦ καὶ οἱ πόδες τῷ κορυφαίῳ τῶν μελῳδῶν. Ἡμέραι παρῆλθον ἐξ ἐκείνου συχναὶ καὶ τῆς νοσώδους ἐλαυνομένης ὕλης κἀκεῖθεν, τὰ μὲν ἄλλα μέρη καὶ μόρια τοῦ πάθους καθαρῶς ἀπαλλάττεται, τοῖς δέ γε τρισὶ καὶ πρώτοις δακτύλοις τῆς δεξιᾶς, τῷ τε ἀντίχειρί φημι καὶ τοῖς μετ᾽ ἐκεῖνον, τῆς νοσώδους ἐκείνης ὕλης μέρος τι παραμεῖναν καὶ προσφυέν, ἀργοὺς καὶ νεκροὺς ἐκείνους πρὸς πᾶσαν ἡντινοῦν ἐνέργειαν ἀπειργάσατο.

3   Χρόνος παρῄει συχνὸς καὶ τὸ πάθος οὐδοτιοῦν ἐνεδίδου, ἀλλ᾽ οἱ μὲν οὕτως ἐπ᾽ ὀρθίῳ τῷ σχήματι μένοντες ἦσαν, ἀκλινεῖς τε καὶ ἄκαμπτοι καὶ πρὸς πᾶσαν φυσικὴν ἀκίνητοι κίνησιν, τῷ δὲ δεινὸν μέντοι καὶ σφόδρα δεινὸν ἐδόκει καὶ ἄλλως, οὕτω γε παρ᾽ ἐλπίδας νεκρὰν ὁρῶντι τὴν χεῖρα· ἤδη γὰρ ἀπεῖπε τὴν θεραπείαν καὶ ἰατρικὴ πᾶσα τέχνη καὶ μέθοδος· ἐλύπει δ᾽ οὐχ ἧττον, εἰ μὴ καὶ μᾶλλον αὐτόν, τὸ μηδὲ τῇ τέχνῃ δύνασθαι χρῆσθαι, καθὰ δὴ καὶ τὸ πρότερον, μηδὲ γράφειν μηδ᾽ ἐκδιδόναι τὰ μέλη τῇ παρέσει τῆς δεξιᾶς. Ὅθεν καὶ πάσης ἀνθρωπίνης τέχνης καὶ βοηθείας καὶ χειρουργίας καὶ φαρμάκων καταγνοὺς ὁμοῦ πάντων ὁ ἀσθενῶν, ἐπὶ τὴν θείαν ἀμέσως καταφεύγει πρυτανείαν καὶ τὴν ἀληθινὴν ἐκεῖθεν αἰτεῖται βοήθειαν, πρέσβεις ἰσχυροὺς πρὸς Χριστὸν καὶ μεσίτας τοὺς ἐκείνου θεράποντας προβαλλόμενος.

4   Νὺξ μετὰ τὴν ἱκεσίαν ἐκείνην παρῆν καὶ Γρηγόριος εὐθὺς ἀντὶ πάντων τε καὶ πρὸ πάντων αὐτῷ κατὰ τοὺς

consumed and part gradually transformed, while the remainder that was left unprocessed and undigested took refuge, as if chased away, in the extremities of the body, and the choir director's arms and legs were terribly weakened. Many days later the pestilential matter receded from his limbs, but while the other parts and members of his body were entirely delivered from their suffering, a portion of that pestilential matter remained and attached itself to the first three fingers of his right hand, I mean his thumb and the successive fingers, rendering them useless and lifeless for any activity whatsoever.

Much time passed and the affliction did not get any better, but his fingers remained straight, unbending and rigid, incapable of any physical movement, while the sight of his hand in this hopelessly lifeless state seemed especially terrible to him; for by now all medical skill and treatment despaired of his cure. It grieved him no less, or rather more, that he could not exercise his musical talent as before, nor could he write or disseminate melodies on account of the paralysis of his right hand. Wherefore the afflicted man, rejecting all human skill and assistance and surgical operations and all drugs, appealed directly to the divine magistrate and sought true assistance there, presenting his servants (i.e., the saints) as strong representatives and mediators with Christ. 3

After his supplication night fell and, instead of all <the saints> and ahead of all of them, the great Gregory appeared 4

ὕπνους ὁ μέγας παρῆν, τὴν μετὰ μικρὸν ἐσομένην θείαν ἐπισκοπὴν καὶ θεραπείαν θαυμαστῶς εὐαγγελιζόμενος· ἐδόκει καὶ γὰρ ὁ κάμνων, παρὰ τὸν μέγαν τῆς τοῦ Θεοῦ Σοφίας διατρίβων νεὼν ἐν τοῖς δεξιοῖς αὐτοῦ που μέρεσιν, ἐντυχεῖν καὶ τῷ μεγάλῳ τῷδε ἀρχιερεῖ, ἵνα δὴ καὶ ἡ σορὸς αὐτῷ ἵδρυται. Καὶ ὁ μὲν ἐδόκει πατρικῶς καὶ γνησίως τὴν κεφαλὴν αὐτῷ καταψῶν τὰ ἥδιστά τε καὶ εὐκταιότατα προσλαλεῖν, "Ἄπιθι," λέγων, "ὁ τῶν μελῳδῶν ἔξαρχος, ἀπό γε τοῦ νῦν καὶ καλῶς εἰς τὸ ἑξῆς ἔσται σοι."

5   Ὁ δὲ τῆς ἡμέρας ἤδη τὸ ἑῷον ὑπολαμπούσης διανα- στάς, ἄπεισι δρομαῖος εἰς τὸν νεών, τὴν ἱερὰν τοῦ μεγάλου καταλαμβάνει σορόν, προσπίπτει, δάκρυσι μεταμελείας ὁμοῦ καὶ ἱκεσίας ἐκείνην ἱκανῶς λούει· νῦν μὲν τὴν ἁμαρ- τίαν ἐξαγγέλλων καὶ τὴν πάλαι κατ᾽ αὐτοῦ τῆς γλώττης προπέτειαν—ἔφθασε καὶ γὰρ ὡς αὐτὸς ἔλεγεν, εἰς ἐκεῖνον τὰ τοιαῦτα ἡμαρτηκώς—νῦν δ᾽ αὖ τὴν συγγνώμην ἐξαιτῶν καὶ τὴν θεραπείαν τοῦ πάθους καὶ τῷ τῆς σοροῦ λίθῳ πυκνὰ παρατρίβων τὴν δεξιάν.

6   Καὶ ταῦτα δεηθεὶς ἐφ᾽ ἱκανὸν καὶ εἰπών, ἐπεὶ καὶ τῆς οἴκαδε φερούσης ἐγίγνετο πάλιν καὶ πρὸς ἑαυτὸν ἐπανήει (τῆς θαυμαστῆς σου καὶ ὑπερφυοῦς περὶ τὸν Γρηγόριον, Χριστέ, χάριτος!), καὶ ἡ χεὶρ αὐτῷ κατὰ φύσιν ἐνεργὸς ἦν καὶ οἱ νεκροὶ καὶ ἀκίνητοι δάκτυλοι πρίν, ζῶντες ἀθρόον καὶ κινούμενοι καθωρῶντο καὶ τὰ οἰκεῖα ἄπαντα προσ- φυῶς πράττοντες. Τὴν γὰρ οἰκίαν εὐθὺς εἰσιὼν καὶ τῆς γραφίδος ἁψάμενος καὶ γράφων ὑγιῶς τε καὶ ἀπταίστως ὡρᾶτο καὶ τὴν χεῖρα πρὸς τὰ μέλη, καθὰ δὴ καὶ πρῴην, εὐρύθμως κινῶν, καὶ Θεὸν ἀνακηρύττων σωτῆρα λαμπρᾷ τῇ φωνῇ καὶ τὸν ἐκείνου μέγαν θεράποντα.

to him in his sleep, proclaiming marvelously the divine visitation and healing that would soon occur. For the afflicted man dreamed that he was in the great church of the Wisdom of God [Hagia Sophia in Thessalonike] and encountered this great archbishop somewhere on its right side, where his sarcophagus is installed. Touching his head in a paternal and sincere manner Gregory seemed to address the sweetest and most welcome words to him, saying, "Depart, O choirmaster, and from now on and in the future you will be well."

Since day was already dawning, he arose, and went running to the church and arrived at the great man's holy sarcophagus. He prostrated himself and bathed it abundantly with tears of repentance and supplication, now confessing his sin and the earlier rashness of his tongue against him— for, as he himself said, he had previously offended against him in such a manner—, now begging his forgiveness and the healing of his affliction and rubbing his right hand over and over on the stone of the sarcophagus. 5

After making these entreaties and speaking for a long time, when he again took the road home, he returned to his former healthy state (O Christ, how marvelous and extraordinary is your favor toward Gregory!), and his hand began to function normally, and his previously lifeless and immobile fingers could be seen suddenly restored to life and movement and ably performing all their proper functions. For as soon as he entered his house and grasped a pen, he was able to write normally and faultlessly, and to move his hand rhythmically to the chants as formerly, and he could be seen proclaiming in a loud voice God his savior and his great servant [Palamas]. 6

14

1   Ἀνήρ τις τῶν ἁλουργίδας ἱστουργούντων βασιλικὰς ὑπό τινος ἀφανοῦς συμπεσούσης αἰτίας τὴν φυσικὴν τῶν τῆς γαστρὸς περιττωμάτων ἐπὶ μακρὸν ἐπέχεται κένωσιν· ἀνορεξία τροφῶν ἐπὶ τούτῳ καὶ πόσεως ἐφ᾽ ἡμέραις συχναῖς καὶ ὁ πάσχων ἐν περιστάσει πάντων ὁμοῦ τῶν πρὸς τὸ ζῆν ἀναγκαίων ἤδη στερούμενος. Καὶ δὴ πρόσεισι τινὶ τῶν βασιλικῶν ἰατρῶν θεραπείαν τινὰ παρ᾽ αὐτοῦ καὶ τῆς τέχνης αἰτῶν· φάρμακον ἐκεῖνος ὀρέγει σκευάσας πρός γε τὴν τῆς γαστρὸς κένωσιν. Ὁ πάσχων παρ᾽ ἐκείνου λαβών, κρείττονι πάντως προνοίᾳ παρὰ τὴν τοῦ ἰατροῦ γνώμην ἐκεῖνο προσφέρεται. Ὁ μὲν γὰρ τοῦ παντὸς ἐκέλευε πίνειν, ὁ δ᾽ ἐπ᾽ οἴκου γενόμενος, μὴ τοῦ παντός, ἀλλὰ τοῦ ἡμίσεος δεῖν εἶναι πίνειν μᾶλλον ἔλεγε τέως, καὶ οὕτω διάπειραν ἐκείνου λαβόντα καὶ πρὸς τὰ πρόσω χωρεῖν. Χρῆται τοιγαροῦν τῷ ἡμίσει, τὸ δὲ τῆς κενώσεως αὐτόθεν ἀρξάμενον, οὕτω τοι δραστικὸν καὶ ἀκάθεκτον ὤφθη, ὡς καὶ τῶν σαρκῶν μετ᾽ ὀλίγον τοῦ πάσχοντος ἅψασθαι καὶ δυσεντερίας πάθει περιβαλεῖν.

2   Ὁ μὲν οὖν εἴτ᾽ ἀμαθίᾳ εἴτε καὶ λήθῃ τὸ φάρμακον ἐκεῖνο κεράσας ἰατρός, αἰσθόμενος τοῦ κακοῦ παντοδαπός τις ἦν, τοῖς ἐναντίοις τῶν φαρμάκων ἐπισχεῖν τὴν κένωσιν μηχανώμενος· ἡ δ᾽ οὐχ ὑπεῖκε, κρείττων ἁπάσης μηχανῆς ὁρωμένη καὶ θάνατον τὸ τελευταῖον ἀπειλοῦσα τῷ πάσχοντι. Ὅθεν καὶ τῆς ἐκεῖθεν ἀπογνοὺς βοηθείας ἁπάσης, πρὸς Θεὸν δι᾽ εὐχῆς καταφεύγει καὶ τὸν ἐκείνου μέγαν θεράποντα, "Οἶδά σε," λέγων, "ἄνθρωπε τοῦ Θεοῦ, καὶ

Chapter 14

For some obscure reason a weaver of imperial purple cloth   1
was for a long time unable to empty his bowels in a normal
fashion. As a result the afflicted man lost his appetite for
food and drink for many days, and, already deprived of all
the necessities for life, fell into a critical condition. He thus
went to one of the imperial physicians, seeking some cure
from him and his art. The doctor prepared a drug and of-
fered it to him for the purging of his bowels, but the patient,
taking this remedy from him, partook of it with far better
counsel than that of the doctor. For the latter had instructed
him to drink all of it, but the patient, upon returning home,
decided he should not drink all of it, but rather half, and
thus, after making trial of it, proceed further. Therefore
he used half of the drug, and as soon as it began its purga-
tive action it was seen to take drastic and uncontrollable ef-
fect, so that it soon affected the patient's flesh and caused
dysentery.

When the physician who had mixed the drug, either in   2
ignorance or negligence, learned about the problem, he did
everything he could to check the purging with the antidotes
for the drugs. But the purging did not cease, proving stron-
ger than any treatment and finally threatening the patient
with death. So, despairing of any assistance at all from that
quarter, the weaver resorted through prayer to God and his
great servant [Palamas], saying, "O man of God, I know that

παρόντα τῷ βίῳ καὶ μεταστάντα, πλεῖστά τινα καὶ μέγιστα δυνάμενον ἐν Χριστῷ. Γενοῦ τοιγαροῦν ἐν τῇ ὥρᾳ ταύτῃ κἀμοὶ βοηθὸς καὶ τῶν ἐπικειμένων τούτων κινδύνων καὶ τοῦ πικροῦ θανάτου τῇ σῇ μεσιτείᾳ ἐξάρπασον."

3   Ὑπνοῖ μετὰ τὰ ῥήματα ταῦτα καὶ τὴν εὐχὴν ὁ νοσῶν καὶ τὸν ἐξυπηρετούμενον πάλαι τῷ ἀρχιερεῖ μοναχὸν ἐν τοῖς ὕπνοις ὁρᾷ, τοιάδε πρὸς αὐτὸν λέγοντα· "Τὸν τοῦ ἀρχιερέως οἶκον," φησίν, "ὦ οὗτος, καταλαβών, τὴν ἱερὰν ἐπωμίδα ἐκείνου τοῖς σοῖς ἐπίθες νεφροῖς καὶ οὐχ ἁμαρτήσεις γε τοῦ σκοποῦ." Ἐδόκει μὲν οὖν ὁ πάσχων ἔτι τῷ ὕπνῳ κάτοχος ὤν, εἰς τὸν τοῦ ἀρχιερέως οἶκον καὶ ἀπιέναι καὶ τὸ ἱερὸν ἐκεῖνο ῥάκος ζητεῖν κατὰ τὰ προστεταγμένα, καὶ ἐπειδὴ μὴ τὸ ζητούμενον ἔσχε, πρὸς τὸν προστεταχότα μοναχὸν αὖθις ἐπανελθεῖν, ἐκεῖ δόξαντα παραμένειν ἔτι καὶ τὴν ἀποτυχίαν εἰπεῖν.

4   Τὸν δὲ λαβόμενον αὐτοῦ τῆς χειρὸς οὐκέτι μὲν εἰς τὸν οἶκον ἐκεῖνον, εἰς δὲ τὸν αὐτοῦ τάφον μᾶλλον ἀπαγαγεῖν, κἀκεῖ τὴν ἱερὰν ἐπωμίδα μετὰ χεῖρας λαβόντα τοῖς τοῦ νοσοῦντος νεφροῖς ἐπιθεῖναι. Καὶ ὁ μὲν ᾤχετο ἀπιὼν εὐθὺς μετ᾽ ἐκεῖνα, τὸν δ᾽ ὕπνον αὐτίκα καὶ ὁ νοσῶν ἀποτιναξάμενος καὶ τὸν μὲν οἰκίσκον τοῦ ἀρχιερέως ἔκ γε τῶν ὁραθέντων κρίνας εἶναι τὸν τάφον, τὸν δ᾽ ἐπικείμενον ἴσως λίθον διὰ τῆς ἱερᾶς ἐπωμίδος δηλοῦσθαι, ἔτι τῷ πάθει κάτοχος ὤν, παρὰ τὴν ἱεράν τε σορὸν ἔρχεται καὶ τοὺς νεφροὺς παρατρίψας τῷ λίθῳ καὶ θανάτου καὶ νόσου κρείττων εὐθὺς ἐκεῖθεν ἐπάνεισιν.

both during your lifetime and after your death you have been able to perform many great deeds in Christ. Therefore help me, too, in this hour, and through your intercession deliver me from my impending perils and bitter death."

After these words and this prayer the ailing man fell 3 asleep, and in his sleep saw the monk who used to serve the archbishop in the old days saying the following words to him: "My good man, go to the archbishop's house and place his holy scapular on your kidneys and you will not fail to attain your goal." The afflicted man, still fast asleep, dreamed that he went to the archbishop's house and asked for that holy vestment as he had been instructed. Since he did not obtain that which he sought, he returned again to the monk who had given him these instructions, who seemed to still be there, and told him about his failure.

Taking his hand, the monk did not lead him back again to 4 Palamas's house, but rather to his tomb, and there took the holy scapular in his hands, and placed it on the sick man's kidneys. The monk went away immediately afterward, but the sick man then woke up and realized from his vision that what was meant by "the archbishop's dwelling" was his tomb, and that perhaps "the holy scapular" referred to the stone lid. And so, while still in the grip of that disease, he came to the holy sarcophagus and, after rubbing his kidneys on the stone, immediately returned from there, having prevailed over death and disease.[29]

15

1 Ἐξιᾶται καὶ ἰατρὸν ὁ μέγας οὗτος ἰατρὸς τῶν ψυχῶν ὁμοῦ καὶ σωμάτων. Ὁ μὲν γὰρ ἐπὶ χρόνον κατέκειτο πλεῖστον παντοδαποῖς προσπαλαίων νοσήμασιν, ὡς ἐκ μὲν τῆς χρονίας κατακλίσεως τὴν σάρκα πληγάς, σκωλήκων δὲ πλῆθος ἀνασχεῖν τὰς πληγάς. Ἐνόσει δ᾽ οὐκ αὐτὸς μόνος, ἀλλὰ καὶ ἡ ὁμόζυγος ὁμοῦ καὶ τὰ φίλτατα· καὶ ὁ τοῦ ἰατροῦ οἶκος οὐκ ἰατρεῖον, καθάπερ ἔδει, ἀλλὰ νοσούντων μᾶλλον ἦν καταγώγιον.

2 Ἀλλ᾽ ἐφίσταται τούτοις καὶ μάλα φιλανθρώπως αὐτό-κλητος ὁ κοινὸς ἰατρός, ὁ θεῖος, φημί, Γρηγόριος· ἐφίστα-ται δὲ πῶς; Ἐδόκει τῇ θυγατρὶ τούτων ὑπνούσῃ τὸν μέγαν ἐπὶ τῆς οἰκίας ὁρᾶν· ἐδόκει δὲ καὶ αὐτὴν ἐκείνῳ προσ-πίπτουσαν ὑπὲρ θεραπείας τοῦ οἰκείου πατρὸς ἱκετεύειν, τὸν δὲ μέγαν εὐμενῶς τῇ προκλήσει προσσχόντα,[8] τὴν λε-κάνην ἐνεχθῆναι οἱ κελεῦσαι, ἐν ᾗ τὰ τοῦ ἱεροῦ νιπτῆρος ἐτησίως αὐτῷ τελεῖν ἔθος, ἧς δὴ καὶ προκομισθείσης ὑφ᾽ ἑνός τινος τῶν ἱερῶν διακόνων ὕδατος πλήρους ἁγίου, τὸν ἱεράρχην ἐπιτάττειν τῷ διακόνῳ χεῖρας ἅμα καὶ πόδας ἀπορρύπτειν τοῦ νοσοῦντος τῷ ὕδατι, καὶ τὸν μὲν τὰ προστεταγμένα θᾶττον ἢ λόγος ποιεῖν, τὸν δ᾽ αὐτίκα πρὸς τὴν κατὰ φύσιν ἕξιν καὶ τὴν ὑγείαν νιψάμενον ἐπανέρχε-σθαι.

3 Ταῦτα θαυμαστῶς οὕτως ὁρώσῃ τῇ παιδὶ καὶ περὶ τῆς μητρὸς ὡσαύτως ἐπῄει δεῖσθαι καὶ τὴν ὑγείαν κἀκείνης ἐξαιτεῖσθαι τοῦ διδασκάλου, ἀλλ᾽ ἐῴκει φωνῆς ἐκεῖθεν ἀκούειν, τοῖς μὲν παροῦσιν ἀρκεῖσθαι τό γε νῦν εἶναι

Chapter 15

This great physician of souls and bodies also cured a phy- 1
sician. For a physician was bedridden for a very long time,
contending with all sorts of illnesses, so that as a result of his
long confinement in bed his flesh developed sores, and a
multitude of worms emerged from the sores. And not only
he was ill, but also his wife and children, and the physician's
house was not a place of healing, as it should have been, but
rather a hospice for the sick.

But the universal physician, I mean the divine Gregory, 2
appeared to them spontaneously out of his compassion. And
what was the manner of his visitation? While their daughter
was sleeping, she dreamed that she saw the great man in
their house; and she seemed to prostrate herself before him
to beg for her father's healing. The great man, graciously
heeding her supplication, ordered that he be brought the
basin with which he customarily celebrated each year the
Holy Washing of the feet;[30] and when one of the holy dea-
cons brought it to him full of holy water, the hierarch or-
dered the deacon to cleanse the sick man's arms and legs
thoroughly with the water. The deacon carried out the in-
structions more quickly than speech can recount, and the
sick man returned to his normal condition and state of
health immediately after being washed.

When the astonished girl saw these events, she decided 3
to make supplication also on behalf of her mother and to
implore the teacher for her health as well, but she seemed to
hear his voice saying that she should be satisfied with the
present miracle for now, but should hope that soon <the

λεγούσης, μετὰ μικρὸν δ᾽ ὡσαύτως ἥξειν ἐλπίζειν κἀκεῖνα·
τί τὸ ἐντεῦθεν; Ἐξαγγέλλει τοῖς γονεῦσιν ἡ κόρη μετὰ
τοὺς ὕπνους τὰ ὁραθέντα, ὁ πατὴρ αὐτίκα διακούσας εἰς
βαλανεῖον ἄγειν κελεύει, τοὺς ἰχῶρας ἅμα τοῖς σκώληξι
λουσάμενος ἀποτίθεται.

4   Εἶτ᾽ ἐκεῖθεν ἀπάρας, ἐπὶ τὴν ἱερὰν τοῦ μεγάλου σορὸν
ἔρχεται καὶ δυοῖν ἡμερῶν διαγενομένων αἰφνίδιον νύττε-
ται τὴν γαστέρα καὶ πρὸς ἔκκρισιν τῶν περιττωμάτων χω-
ρεῖ συχναῖς πρότερον εἰργομένων ἡμέραις τῆς κατὰ φύσιν
ἐξόδου, καὶ παρὰ τὴν οἰκίαν ἐλθὼν τοσαύτην τῶν ἔνδον
ὑφίσταται κένωσιν, ὡς καὶ τοὺς ὁμοτέχνους ἰδόντας, διὰ
τοῦτ᾽ αὐτῷ καὶ αὖθις ἀπαγορεῦσαι τὸ ζῆν, τὴν φυσικὴν
ἀπολιπεῖν ἂν αὐτὸν οἰηθέντας καὶ ζωτικὴν δύναμιν μετ᾽
ὀλίγον τῇ τῆς νόσου μακρᾷ τηκεδόνι καὶ τῇ ἐκεῖθεν ἀδυ-
ναμίᾳ τῆς μεγάλης ταυτησὶ καὶ ἀθρόας κενώσεως προστε-
θείσης.

5   Ἀλλ᾽ ἐκεῖνος τῆς νοσοποιοῦ κενωθείσης οὕτως αὐτῷ
θαυμαστῶς ὕλης τῷ τοῦ ἁγίου νιπτῆρι καὶ τοῖς καινοῖς
ἐκείνοις λουτροῖς τῶν χειρῶν ἅμα καὶ τῶν ποδῶν ἀνώ-
τερος ἦν αὐτίκα τῆς νόσου, οὐ τὴν προσοῦσαν οὐκ ἀπο-
βαλὼν ἰσχὺν μόνον, ἀλλὰ καὶ τὴν μὴ παροῦσαν ὡς μάλι-
στα προσλαβών, ὡς καὶ ἵππον παρ᾽ ἐλπίδας εὐχερῶς
ἀναβαίνειν ἔχειν καὶ τὴν πόλιν περιϊὼν ὡς καὶ πρότερον
χρῆσθαι τῇ τέχνῃ καὶ πολλοὺς θεραπεύειν, ἀλλ᾽ οὐχὶ πρὸς
τοῖς ἄλλοις καὶ τὴν γυναῖκα· ταύτῃ γὰρ καὶ ἀπαγορεύει τὸ
ζῆν μᾶλλον, ἰσχυροτέραν πολλῷ τῆς τέχνης τὴν ἐκείνης
νόσον εὑρών. Ἀλλ᾽ ὁ κοινὸς ἰατρὸς καὶ πατὴρ οὐκ ἐψεύ-
σατο τὴν ἐπαγγελίαν, ἀλλ᾽ ἰᾶται μετ᾽ ἐκεῖνον καὶ ταύτην

second miracle> she was seeking would come to pass as well. And what happened then? After her sleep the girl told her parents about her vision, and as soon as her father heard this, he ordered them to take him to a bathhouse, and after bathing he got rid of the secretions <from his sores> together with the worms.

Then, departing from there, he went to the great man's holy sarcophagus, and two days later he was suddenly stricken with pain in his belly and proceeded to defecate the excrement which for many days had been prevented from its normal evacuation. Upon his return home he underwent such a purging of his bowels that at the sight his fellow doctors once again despaired of his life, thinking that he would soon lose his natural and vital powers as a result of the long debilitation of his illness and the resulting weakness, with the addition of this great and sudden purging. 4

But as soon as the pestilential matter was thus miraculously evacuated, thanks to the washbasin of the holy man, the doctor recovered from his illness through that wondrous bathing of his arms and legs. Not only did he not lose what strength remained to him, but he acquired considerable strength that he did not formerly possess, so that quite unexpectedly he was able to mount a horse easily and, journeying around the city as before, to practice his profession and heal many people. His wife, however, was not among them, but rather he despaired of her life, finding her disease to be far mightier than his skill. The universal physician and father did not break his promise, however, but healed this woman after her husband, and thus worthily giving 5

καὶ τὰ πρεσβεῖα τῇ κεφαλῇ κατ᾿ ἀξίαν διδούς, καὶ τὸ σῶμα
πᾶν ὁμοῦ διασώζων, ἵν᾿ ἄρτιος ᾖ ὁ τοῦ Θεοῦ ἄνθρωπος [2
Timothy 3:17] κἀνταῦθα, κατὰ τὸ εἰρημένον.

16

1 Γυνή τις τῶν εὐπατριδῶν καὶ κοσμίων νόσῳ περιπίπτει
μακρᾷ τινι καὶ βαρείᾳ, μεθ᾿ ἣν καὶ ῥεῦμα χυμοῦ τινος πονη-
ροῦ κατὰ τῆς δεξιᾶς ῥεῦσαν ξηρὰν ὅλην αὐτὴν καὶ ἀργὸν
ἀπεργάζεται, μᾶλλον δ᾿ οὐκ ἀργός τε καὶ ἄπρακτος ἡ χεὶρ
μόνον (ἦν γὰρ ἂν τῶν ἐσχάτων κακῶν καὶ τοῦτο), ἀλλὰ καὶ
ἄχθος ἐτώσιον ἦν τῇ πασχούσῃ, οὐ κάτω που καὶ καθ᾿ ἑαυτὴν
ἠωρημένη, ἀλλ᾿ εἰς ὀρθήν πως ἐκτεταμένη πλαγίως, ἄκαμ-
πτος, ἀκλινὴς πρὸς πᾶσαν κίνησιν ὁμοῦ καὶ μετάβασιν·
αἰσχρά τις προσιδεῖν καὶ παντὶ τῷ σώματι πολεμία.

2 Παῖδες μὲν οὖν ἰατρῶν τοῖς θερμοτέροις τε καὶ δραστι-
κοῖς τῶν φαρμάκων τὴν οὕτω κατεψυγμένην ἀναζωπυρεῖν
καὶ θεραπεύειν ἐκέλευον χεῖρα, ἡ δὲ τούτοις οὐδ᾿ ὀλίγα
διδοῦσα, μύροις καὶ λειψάνοις μᾶλλον ἁγίων καὶ τοῖς
ἐκεῖθεν ἱεροῖς ἐλαίοις πυκνὰ περιχρίουσα ἦν τὴν πάσχου-
σαν χεῖρα, καὶ τὴν ἐκεῖθεν βοήθειαν καὶ τὴν θεραπείαν
ἐκδεχομένη. Ἐπεὶ δὲ καὶ τῶν συχνῶν καθ᾿ ἑκάστην ἤκουε
θαυμάτων τοῦ θαυμαστοῦ Γρηγορίου, πρῶτα μὲν οὐδὲ πι-
στεύειν ἠξίου τοῖς λεγομένοις· οὐ μόνον οὐ τὴν προσήκου-
σαν ἔχουσα πάλαι δόξαν περὶ αὐτοῦ, ἀλλὰ καὶ τῇ γλώττῃ

precedence of honor to the woman's head,[31] at the same time preserved all her body, *so that the person of God may be complete* here too, as scripture has it.

Chapter 16

A wellborn and modest woman was afflicted with a 1
lengthy and serious disease, after which a discharge of some pernicious fluid flowing through her right arm rendered it withered and useless. I should rather say that not only was the arm useless and inoperative (for this would have been one of the worst afflictions), but it was also a *worthless burden*[32] to the afflicted woman, not hanging down somewhere by her side, but stretched upright and sideways,[33] rigid, unbending, and with no movement and mobility at all; it was a shameful sight and out of alignment with her entire body.

As a result the doctors gave recommendations for reviv- 2
ing and healing her paralyzed arm with the more intensive and drastic of their medications, but she did not give a fig for them. Rather she preferred to anoint her afflicted arm frequently with the perfumed ointments and relics of saints and the holy oils <that emanated> therefrom, expecting assistance and healing from them. When she heard on a daily basis about the marvelous Gregory's many miracles, at first she could not believe the reports; for not only did she not have a proper opinion of him previously, but she had used

κακῶς κατ᾽ ἐκείνου χρωμένη,[9] οἷα τὰ τῶν κενοδόξων του-
τωνὶ γυναίων καὶ εὐριπίστων καὶ κούφων, ὁποίας δὴ πλεί-
στας καὶ ἡ Κωνσταντίνου παρ᾽ ἡμῖν μάλιστα τρέφει μετὰ
τῆς ὀνομαζομένης εὐγενείας καὶ τὴν κενοφωνίαν καὶ τοὺς
μερισμοὺς καὶ τὰ σχίσματα καὶ τὴν τῆς γλώττης περι-
ποιουμένας ἀκολασίαν, καὶ φατρίαν τινὰ περὶ ἑαυτὰς καὶ
φήμην καὶ αἰσχρὸν ὄνομα φιλοτιμουμένας κεκτῆσθαι· ἀλλ᾽
αἱ μὲν προφανῶς διὰ ταῦτα· διατὶ καὶ γὰρ ἕτερον; ἡ δὲ
καὶ δι᾽ ἁπλότητα γυναικείαν ἴσως καὶ ἀμαθίαν, εἴπερ καὶ
τούτοις δοίημεν ὅλως χώραν τε καὶ συγγνώμην ἐν τοῖς
τοιούτοις, καὶ ταῦτα διδασκάλων παρόντων τοσούτων καὶ
τηλικούτων.

3   Πρῶτα μὲν οὖν ἐξ ἀπιστίας, καθάπερ ἔφην, οὐδὲ προσ-
έχειν τοῖς περὶ τοῦ μεγάλου θρυλλουμένοις ὅλως ἠξίου
τὸν νοῦν· ἐπεὶ δ᾽ ἡ μὲν τῶν θαυμάτων ἐνέργεια πᾶσαν
περιϊοῦσα τὴν πόλιν πυκνὰ περιεκτύπει καὶ ταύτης τὰ
ὦτα, τὸ δὲ τῆς δεξιᾶς πάθος οἴκοθεν αὐτὴν ἤπειγε νύκτωρ
καὶ μεθ᾽ ἡμέραν, θεραπεία δ᾽ οὐδ᾽ ἡτισοῦν οὐδαμόθεν ἦν
φαινομένη, συνελαύνεται καὶ ἄκουσα παρὰ τῆς ἀνάγκης
καὶ καταφεύγει σὺν τοῖς ἄλλοις καὶ αὐτὴ πρὸς τὸν μέγαν,
πειράζουσα μᾶλλον ἢ πιστεύουσα τοῖς ἐκείνου· ἢ γὰρ μὴ
δεδυνῆσθαι ἢ καὶ δυνάμενον τὰ τοιαῦτα πορίζειν, μὴ βε-
βουλῆσθαι διδόναι τοῖς κατ᾽ ἐκείνην διακειμένοις πᾶσαν
ἔλεγεν εἶναι ἀνάγκην, ὅπερ καὶ δίκαιον ἄντικρυς ἦν ἂν καὶ
τοῦ σῴζοντος λόγου. Ἀλλ᾽ ὁ τοῦ Χριστοῦ μαθητής, τοῦ
*τὸν ἥλιον ἀνατέλλοντος ἐπὶ πονηροὺς καὶ ἀγαθοὺς καὶ βρέ-
χοντος ἐπὶ δικαίους καὶ ἀδίκους* [Matthew 5:45], κατὰ
Χριστὸν κἀνταῦθα καὶ αὐτὸς ἐλεῶν ἦν.

her tongue maliciously against him, as do these vainglorious and unstable and flighty women. For there are, indeed, many women of this sort nurtured by Constantinople in our days, who, together with their so-called nobility, are concerned with idle gossip and divisions and schisms, and licentious language, and strive to obtain a certain factional rivalry among themselves, and fame, and a bad name.[34] They obviously <do this, i.e., criticize Palamas> for these reasons. For why do it for any other? But this woman <acted thus> perhaps out of feminine naiveté and ignorance, if we should make allowance for these reasons and <offer> forgiveness in such matters, when there are now so many and such great teachers available.

At first, as I have said, due to her lack of faith she did not think it worthwhile to pay attention to the reports about the great man; but when stories about the working of his miracles circulating throughout the entire city often reached her ears, and the affliction of her right arm disturbed her of its own accord night and day, and there was no apparent cure anywhere, she was involuntarily driven by necessity, and together with the others she, too, sought refuge with the great man, more as someone who was testing his powers than as someone who believed in them. For she said that it was inevitable that either he would not be able to furnish such miracles, or, even if he had the ability, would not wish to provide them to those with a <skeptical> attitude such as hers, which even if it were just would be contrary to the saving Word. But the disciple of Christ [i.e., Palamas], *Who makes the sun to rise on the wicked and on the good, and sends rain on the just and on the unjust,* was merciful in this case, too, like Christ himself.

4   Διὸ καὶ προσιούσῃ τῇ γυναικὶ καὶ δυσωπούσῃ μετὰ τῆς
τῶν λογισμῶν ἐκείνων, ἥπερ ἔφην, ἀμφιβολίας, καὶ τὴν
χεῖρα προστριβούσῃ τῷ ἐπικειμένῳ λίθῳ τῷ τάφῳ, πρῶτα
μὲν τοὺς ἤδη νεκρούς τε καὶ ἀκινήτους ἰᾶται δακτύλους,
ὡς καὶ δύνασθαι κινεῖν καὶ συνάπτειν καὶ σταυροῦ σχημα-
τίζειν δι᾿ αὐτῶν τύπον, ἔτι παροῦσα δηλαδὴ τῷ θείῳ νεῷ,
καὶ ταῖς σεπταῖς εἰκόσιν, ὡς ἔθος, τὴν προσκύνησιν ἀπο-
νέμειν· εἶτα καὶ οἴκαδε γενομένη μετὰ τρίτην εὐθὺς καὶ
ὅλην τὴν δεξιὰν θεραπεύει νυκτὸς ἐπιγενομένης, καὶ ὑγιής
τε καὶ ἐνεργὸς ἡ χεὶρ ἐξ ἐκείνου τῇ γυναικὶ κατὰ φύσιν (ὦ
Θεοῦ θαυμασίων!) ἰαθείσῃ καὶ τὸ τῆς ψυχῆς χαλεπὸν ὁμοῦ
πάθος καὶ τὴν πονηρὰν ἀπιστίαν πολλῷ τῶν κατὰ σῶμα
παθῶν οὖσαν χαλεπωτέραν, καὶ Θεὸν ἀνυμνούσῃ καὶ τὸν
αὐτοῦ λαμπρῶς ἀνακηρυττούσῃ θεράποντα, ἧς δὴ καὶ
τοὺς ἀπιστοῦντας τούτους ὡσαύτως ἔτι κατακούειν ἔδει
τέως καὶ πείθεσθαι.

17

1   Χήρᾳ τινὶ γυναικὶ γηραιᾷ τε καὶ πένητι, ῥεῦμα νοσῶδες
ἄνωθεν ἐξ ὤμου τῆς εὐωνύμου χειρὸς καταρρεῖ καὶ ταύτην
ἀργὸν ἀπεργάζεται. Ἦν οὖν διπλοῦν τὸ πάθος τῇ γυναικὶ
καὶ διὰ ταῦτα δὴ καὶ ἀφόρητον· τὰ μὲν γὰρ πρῶτα, καθά-
περ ἐκ μικρῶν τινων ἠργμένον[10] ἀρχῶν, τῆς τε συνήθους
ἠλακάτης οὐκ ἀπεῖργε τέως καὶ τὰς ὀδύνας ἔτι φορητὰς

356

And so, when the woman approached and entreated him 4
with those skeptical thoughts, as I have said, and rubbed her
arm on the stone lying upon the tomb, first he healed those
lifeless and immobile fingers, so that she could move them
and close them together and make the sign of the cross with
them, and, while she was still present in the divine church,
venerate the holy icons, as was her custom. Then, when af-
ter three days she returned home, straightaway he healed
her entire right arm at night, and the woman's arm was made
healthy and its natural function restored by him (O, miracles
of God!). This woman was also healed both of the serious ill-
ness of her soul and her wicked lack of faith (which is much
more serious than physical illness); and she was singing
God's praise and loudly proclaiming his servant, a woman to
whom those who still lack faith should now pay heed and
believe in like manner.

Chapter 17

A poor elderly widow had a pernicious discharge that ran 1
down her left arm from the upper part of her shoulder and
rendered it useless. The woman's affliction was twofold, and
thus unbearable. At first, as it began in a minor way, it did
not prevent her from using the distaff as usual, and the pain

ἐπάγειν ἐδόκει. Τοῦ χρόνου δ᾽ αὐτῇ προϊόντος, τῶν τε χειρῶν ἀφαιρεῖται τοὔργον καθάπαξ καὶ σὺν αὐτῷ τὰς τῆς ζωῆς ἀφορμὰς καὶ τὴν ὀδύνην χαλεπήν τινα καὶ ἀφόρητον ἐμποιεῖ.

2   Πλεῖστα μὲν οὖν ἰατρικὴ πρὸς ἀποτροπὴν εἰσενεγκοῦσα τοῦ ῥεύματος, ὡς καὶ καυτῆρι τὸ τελευταῖον κατὰ τοῦ ὤμου, καθαπερεί τινος ἀρχῆς καὶ πηγῆς πεφηνότος ἐκείνου χρήσασθαι, ἤνυσε πλέον οὐδέν, εἰ μὴ τὸ καὶ ταῖς ἀλγηδόσιν ἐντεῦθεν προσθεῖναι καὶ σφοδρότερον τὸ κατὰ τὴν χεῖρα πάθος ἐργάσασθαι. Οὕτω ταλαιπωρουμένης τῆς ἀθλίας ἐπὶ μακρόν, δεινά τε ποιούσης καὶ πλείσταις ὁμοῦ καὶ μεγίσταις ταῖς βοαῖς συγκαλουμένης τὰς γείτονας, οἶκτον ἐκεῖναι τῆς πασχούσης λαβοῦσαι, ἐπεὶ μηδαμῶς εἶχον ἄλλως ἀμύνειν, παρὰ τὴν τοῦ μεγάλου σορὸν σύν γε τοῖς ἄλλοις σπουδῇ καὶ αὐτὴν βαδίζειν ἐκέλευον καὶ παρ᾽ ἐκείνου μόνου τὴν θεραπείαν αἰτεῖν.

3   Πείθεται ταῖς καλαῖς ἐκείναις συμβούλοις ἡ πάσχουσα καὶ τῷ ἱερῷ προσελθοῦσα τάφῳ καὶ πλεῖστα δεηθεῖσα καὶ εὐξαμένη, τῆς νυκτὸς ἤδη προσελαυνούσης, ἐπ᾽ οἴκου καὶ αὖθις χωρεῖ. Καὶ τὴν μὲν ἡ στρωμνὴ καὶ τοὔδαφος εἶχε συνήθως ταῖς προλαβούσαις ὀδύναις ὡσαύτως κάτοχον, ὁ δὲ μέγας ἰατρὸς τῶν νοσούντων ἀστείως πως τῆς θεραπείας ἀρξάμενος, οὐκ εὐθὺς ἀφαιρεῖται τὴν ὀδύνην ἐκεῖθεν, καίτοι γε δυνατὸν ὄν, ἀλλ᾽ ἠρέμα πως καὶ κατὰ μικρὸν ἐκείνην ἐξάγων, ὡς ἂν ἐναργεστέραν καὶ τῇ πασχούσῃ μᾶλλον παρέχῃ τὴν αἴσθησιν, τὸ μὲν νῦν εἶναι τέως τοῦ τε ὤμου καὶ τοῦ βραχίονος ἀπελαύνει, συγχωρεῖ δ᾽ ἔτι τὴν περὶ τὸν ἀγκῶνα καὶ τὸν πῆχυν διατριβήν.

still seemed tolerable. But as time passed, the affliction took away any possibility of working with her hands and thus her means of earning a living, as well as causing her severe and unbearable pain.

The art of medicine applied many treatments to get rid 2 of the discharge, so that finally a cauterizing iron was used on her shoulder, as this appeared to be the origin and source <of the discharge>, but it accomplished nothing more than to add to her pains and to worsen the suffering in her arm. After the poor woman suffered in this way for a long time, being in a terrible state and calling upon the neighbor women with many loud cries, they took pity on the afflicted woman. Since they could not help in any other way, they urged her to go to the sarcophagus of the great man [Palamas] along with the other <pilgrims>, and to seek healing from him alone.

Persuaded by those good counselors the afflicted woman 3 went to the holy tomb, and, after making many prayers and supplications, she returned home again, since night was already approaching. As the woman lay on her mattress on the floor, in the grip of her previous pain as usual, the great physician of the afflicted began his healing in a somewhat teasing manner, and did not relieve her pain right away, even though he could have. Rather, drawing it out slowly and gradually, so that he might provide the afflicted woman with a clearer perception <of the healing process>, for the time being he drove it away from her shoulder and upper arm, but allowed it to persist in her elbow and forearm.

4 Ἀλλ᾽ ἡ γυνὴ τοῦ μὲν οὐδὲ συνεῖσα τὸ παράπαν οὐδοτιοῦν, σφοδροτέρας δ᾽ ὡς εἰκὸς τῆς καταδρομῆς αἰσθομένη τοῦ πάθους, συνελαθέντος εἰς τὸ στενόν, καὶ καταβοᾶν ἐπεχείρει τοῦ ἰατροῦ καὶ κακῶς κατ᾽ ἐκείνου χρῆσθαι τῇ γλώττῃ (καθάπερ ἐπὶ τῶν αἰσθητῶς ἰατρευομένων τε καὶ χειρουργουμένων οἱ τῆς θεραπείας τέως ἀναίσθητοι), ὡς ἂν αἰτιωτάτου γεγονότος αὐτῇ τῆς ὀδύνης ταύτης τῆς χείρονος. Ἀλλ᾽ αἱ συνήθεις καὶ αὖθις ἐκεῖναι συνιοῦσαι καὶ γείτονες ἐκεῖσε καὶ πάλιν συνεβούλευον ἀπιέναι καὶ τὸ λοιπὸν τῆς θεραπείας ἐπιζητεῖν.

5 Καὶ ἡ μὲν ἀπήει καὶ αὖθις καὶ τῇ θαυματουργῷ τοῦ μεγάλου σορῷ μετ᾽ ὀδύνης προσέπιπτε ταὐτὰ τοῖς προτέροις οἷον ἐπεγκαλοῦσα καὶ ὑπ᾽ ὀδόντα τὸν γογγυσμὸν ἐκείνῳ προφέρουσα, ὁ δὲ καὶ τὸ λεῖπον ἐπάγει φιλανθρώπως αὐτίκα καὶ παντελῆ τὴν θεραπείαν ἐκεῖ τῇ γυναικὶ δίδωσιν, οὐ καθ᾽ ὕπνους οὐδὲ λόγοις, ὥσπερ δὴ καὶ τοῖς ἄλλοις ἐπὶ πολύ, ἀλλ᾽ ἐγρηγορυίᾳ[11] καὶ πράγμασιν αὐτοῖς ἐναργῶς, ἐξ ἄκρων δακτύλων ὡσανεί τινα μίτον λεπτὸν τὴν ὀδύνην καὶ τὴν χρονίαν ἐκείνην νόσον ἑλκύειν ἔξω δοκῶν ἐπὶ ὥραν συχνήν. Ἡ δὲ γυνὴ τὴν οἰκίαν ἐκεῖθεν καταλαβοῦσα οὐκ ἀνώδυνος μόνον καὶ ἀπαθής, ἀλλὰ καὶ πρὸς πᾶν ὁτιοῦν ἔργον ἐπιτηδείαν κατὰ φύσιν κεκτημένη τὴν χεῖρα καὶ ἐνεργόν, Θεὸν εὐχαρίστῳ γλώττῃ διὰ παντὸς μεγαλύνει καὶ τὸν ἐκείνου θεράποντα.

The woman did not understand the saint's <tactics> at 4
all, but apparently feeling the even more intense assault of
the affliction as it was concentrated into a narrow area, be-
gan to cry out against the physician [Palamas] and abuse him
with her tongue (just as those who do not feel themselves
being cured <abuse> those who offer them medical treat-
ment and perform surgery in a concrete manner), as if he
were completely responsible for the worsening of her pain.
But her female acquaintances and neighbors gathered once
more and advised her to go back again to the shrine to seek
the rest of the cure.

So she went again and painfully prostrated herself at the 5
miracle-working sarcophagus of the great Palamas, making
the same reproaches as before and grumbling at him under
her breath. He then compassionately provided the remain-
der <of the healing> and cured the woman completely, not
in her sleep or through his words, as often happened with
the other <pilgrims>, but while she was awake and fully
aware of what was happening, as he seemed to draw out the
pain and that lengthy affliction like a fine thread from the
tips of her fingers[35] over a long period of time. And so the
woman returned home, not only free from pain and suf-
fering, but in possession of a normal arm that was functional
and capable of every sort of work, and she glorified God and
his servant for everything with a thankful tongue.

18

1   Καὶ μοναζούσαις δυσί, τῇ μὲν ἐξώρῳ τὴν ἡλικίαν καὶ
ἤδη πρεσβύτιδι, τῇ δὲ κατ᾽ αὐτὴν ἀκμαζούσῃ, ἐπίχυσιν
ὀφθαλμῶν καὶ ἀκοῆς βλάβην παθούσαις, ἐπειδὴ τῷ τάφῳ
καὶ ἄμφω τοῦ μεγάλου προσῆλθον λύσιν ἑκατέρα τοῦ πά-
θους αἰτοῦσαι, τῇ μὲν τὸ δύσκωφον εὐμενῶς, τῇ δὲ γηραιᾷ
τῶν ὀφθαλμῶν θεραπεύει τὴν πήρωσιν, ὡς τὴν μὲν τὴν
προτέραν ἀπολαβεῖν ὁρατικὴν τῶν ὀφθαλμῶν ἕξιν τε καὶ
ἐνέργειαν, τὴν δὲ τὴν κατὰ φύσιν τῆς ἀκοῆς ἐντελῆ δύ-
ναμιν, καὶ ἅμα τὸν εὐεργέτην καὶ ἰατρὸν ἀνυμνεῖν, οὕτως
ὀξέως τε καὶ τρανῶς ἀπολαβούσας τὴν τῶν ὡσανεὶ νεκρω-
θέντων τουτωνὶ πρώτων καὶ ἀναγκαιοτάτων αἰσθητηρίων
οἷον ἀνάπλασίν τε καὶ ἀναβίωσιν.

19

1   Οὐδὲ τῶν ἡμετέρων Θρᾳκῶν εὐεργετῶν ὁ μέγας ἀπ-
έσχετο, ἀλλὰ καὶ τούτους φιλανθρώπως συναριθμεῖ τοῖς
οἰκείοις τε καὶ αὐτόχθοσι, τὸν πολιοῦχόν τε καὶ σωτῆρα τῆς
μεγάλης τῷ ὄντι Θεσσαλονίκης, Δημήτριόν φημι τὸν ἐν
μάρτυσι καὶ θαυματοποιοῖς μέγαν, καὶ αὐτὸς θαυμαστῶς
ἐκμιμούμενος.

2   Ἀνὴρ καὶ γάρ τις Ὀρεστιάδος μὲν τῆς πόλεως ἄποικος
ὤν (ἣν Ἀδριανὸς ἐπισκευασάμενος ὕστερον, τὴν ἐπωνυ-
μίαν ἐξ ἑαυτοῦ φέρων δέδωκε), πολιᾷ δὲ καὶ συνέσει καὶ

Chapter 18

There were two nuns, one advanced in age and already el-   1
derly, the other in the prime of life, one of whom suffered
from cataract of the eyes, the other from loss of hearing.
When they both went to the great man's tomb, each seeking
release from her affliction, he graciously healed the younger
nun's hearing problem, and also cured the elderly woman's
blindness, so that the latter recovered her sight and the use
of her eyes, the former her full natural hearing. Together
they sang the praises of their benefactor and physician, be-
cause they had thus received sharply and clearly the restora-
tion and revival of those primary and most essential sense
organs which had become deadened as it were.

Chapter 19

Nor did the great Palamas refrain from benefiting our   1
own Thracians, but compassionately included them among
his own local people, wondrously imitating the defender and
true savior of the great city of Thessalonike, I mean Dem-
etrios, that great martyr and wonderworker.[36]

For a certain émigré from the city of Orestias (which   2
Hadrian later restored and gave it his own name [Adriano-
ple]), who was distinguished by his gray hair, wisdom, and

σεμνότητι βίου κεκοσμημένος καὶ τῶν πολιτῶν Θεσσαλο-
νίκης τυγχάνων ἤδη καὶ αὐτὸς εἷς, ἣν μὲν ὑπ' εὐλαβείας
καὶ τοῦ περὶ τὰ κάλλιστα φίλτρου καὶ ζήλου καὶ πρὶν
ἐπιβῆναι τὸν μέγαν τῆς αὐτοῦ ἐκκλησίας καὶ φίλος κἀκ
μόνης ἀκοῆς τῶν καλῶν ἐκείνου, καὶ ζήλου πνέων ὑπὲρ
τῆς κατ' αὐτὸν ἀληθείας ἀδικουμένης καὶ τοὺς στασιαστὰς
ἐκείνους ὑπὲρ αὐτῶν τούτων ἐλέγχων συνεχῶς δημοσίᾳ
καὶ τὴν τοῦ ἀρχιερέως προσονειδίζων ἐκείνοις ἀθέτησιν,
ὡς καὶ τὸ σμῆνος ἐκεῖνο πολλάκις τουτοισὶ διεγείρειν καὶ
τὸν ἐκείνων ἐξάρχοντα δεινὰ μελετᾶν ποιεῖν κατ' αὐτοῦ
καὶ λογίζεσθαι, ἃ κἂν εἰς τέλος προήνεγκε, μὴ τοῦ Θεοῦ
τὴν τυραννίδα καὶ τὴν στάσιν ἐκείνην ἄνωθεν παύσαν-
τος.

3   Ἐπεὶ δὲ καὶ τῆς πόλεως ὁ ἀρχιερεὺς ἐπέβη καὶ ἡ ἐκκλη-
σία τὸν ἑαυτῆς νυμφίον ἀπέλαβε, συνίσταται μὲν αὐτῷ
παρὰ τῶν συνήθων εἰς φιλίαν καὶ ὁ πρὶν ἰδεῖν φίλος οὐδὲν
ἧττον αὐτοῦ τε καὶ τῆς ἀληθείας οὑτοσί, καθὰ δὴ καὶ
προὔφην. Καὶ τῶν τούτου ποτιμωτάτων ναμάτων τῆς δι-
δασκαλίας γευσάμενος, ἑάλω τε κατάκρας τῷ ἔρωτι καὶ
μᾶλλον συνεδέθη τῷ φίλτρῳ καὶ τὴν ψυχὴν ἀχώριστος ἦν,
οὐ μὴν ἀλλὰ καὶ τοῦ πρὸς τοὺς στασιαστὰς ἐκείνου λαμ-
προῦ ζήλου καὶ τῆς ὑπὲρ ἀληθείας ἐνστάσεως τοῦ ἀνδρὸς
διακούσας, πρὸς τοῖς ἄλλοις ὁ μέγας ἐπαινεῖ[12] τε τὰ εἰκότα
καὶ τοιαύτην ἐπάγει τὴν εὐχὴν ἐπὶ τέλει.

4   "Τὸν ὑπὲρ ἀληθείας καὶ τοῦ καλοῦ σὸν ἀξιόλογον
ζῆλον, ὦ φίλος, καὶ τὴν μεγάλην τῆς ψυχῆς ἔνστασιν,
Θεὸς ἀμειβόμενος ἔσται μόνος ἀξίως· ἡ γὰρ παρ' ἡμῶν

dignified lifestyle and who was already a citizen of Thessalonike, was a supporter <of Palamas> even before he ascended the throne of the Church, prompted by his piety and his love and zeal for the good, simply from hearing about Palamas's good deeds. This man zealously defended Palamas's view of the truth which was under attack, and continually reproached those dissidents in public on account of this, rebuking them for their rejection of the archbishop. As a result he often provoked that faction and their leader[37] to devise and conceive terrible plots against him [Palamas's émigré supporter], which he would have brought to fruition, if God in heaven had not brought an end to that tyranny and civil strife.

But when the archbishop entered the city and the Church 3 received its bridegroom,[38] the émigré from Adrianople was introduced to Palamas by acquaintances and became friends with him, being a man who, even before laying eyes upon him, was already a friend of Palamas and his true doctrine, as I have already said. Once he tasted the sweetest waters of Palamas's teaching, however, he was totally captivated with love and was bound by affection and became spiritually inseparable from him. When the great Palamas heard, among other things, about the man's splendid zeal against the rebels and his resistance on behalf of the true doctrine, he praised him in fitting manner and added this blessing at the end.

"My friend, God alone will reward you worthily for your 4 worthy zeal on behalf of the truth and the good and for your great spiritual resolve. For whatever your reward might be

ἀμοιβὴ ὁποία ποτ᾽ ἂν ᾖ, σμικρά τις ἔσται καὶ οὐκ ἀνάλο-
γος, τῆς ἀνθρωπείας φύσεως καὶ δυνάμεως οὖσα." Καὶ
ταῦτα μὲν τότε καὶ οὐδὲ πόρρω θείας τινὸς ἐπιπνοίας τε
καὶ προρρήσεως, ὡς τὰ ἑξῆς τοῦ λόγου δηλώσει.

5   Χρόνου δὲ συχνοῦ μεταξὺ διαγεγονότος ὁ καλὸς οὑτοσὶ
φίλος πάθει περιπίπτει τοιῷδε· τύλοι τὸν ἀριθμὸν ὁμοῦ
τέτταρες κατὰ τὴν εὐώνυμον ἀναδίδονται τούτῳ παλάμην
ἀθρόοι, μέγιστοι μὲν τὸν ὄγκον, σκληροὶ δέ τινες καὶ ἀντί-
τυποι τὴν διάθεσιν καὶ τραχεῖς καὶ ἀκανθώδεις τὰ τῆς
προσβολῆς ἄκρα, ὡς μήτε πρὸς ἑαυτὴν κατὰ φύσιν εἰς
πυγμὴν ἐᾶν συνάγεσθαι τὴν παλάμην, καὶ πρὸς ἁφὴν ἀν-
επιτηδείαν αὐτῷ τε τούτῳ πεφηνέναι καὶ τῷ καθάπαξ ἀνω-
μάλῳ καὶ τραχεῖ καὶ ἀκανθώδει τῶν τύλων, καθάπερ ἔφην·
ἦν δὲ πρὸς τούτοις καὶ ἄλλως αἰσχρόν τι καὶ δυσειδὲς
τοῦτο καὶ ἀκοσμία τῷ παντὶ σώματι. Ἐνιαυτὸς ὄγδοος ἐν
τούτοις παρῄει καὶ θεραπείας ἐλπίς τις ἦν οὐδαμοῦ.

6   Τῶν δὲ κατὰ τὴν τοῦ μεγάλου σορὸν τελουμένων θαυ-
μάτων αὐτόπτης τε καὶ αὐτήκοος γιγνόμενος καθ᾽ ἑκά-
στην, πρόσεισι καὶ αὐτὸς σὺν τοῖς ἄλλοις τῷ τάφῳ καὶ
προσκυνήσας ἵστατο, τὴν μὲν πάσχουσαν ἐπιτιθεὶς χεῖρα
καὶ παρατρίβων τῷ λίθῳ, πρὸς δὲ τὸν θεῖον ὡσανεὶ ζῶντα
βλέπειν δοκῶν Γρηγόριον διὰ τῆς εἰκόνος, καὶ τοιάδε φι-
λικῷ τινι καὶ ἀστείῳ τῷ ἤθει μετὰ πολλῆς τῆς εὐνοίας ὑπο-
ψιθυρίζων τε καὶ δεόμενος· "Νῦν τῆς πρὸς Θεὸν παρρη-
σίας τρανώτερόν τε καὶ καθαρώτερον ἀπολαύων, ὦ φίλε
Χριστοῦ γνήσιε σύ, ῥᾷστα τοῖς δεομένοις τὰς αἰτήσεις
ἰσχύεις διδόναι, προϊστάμενος καὶ πρεσβεύων ὑπὲρ τού-
των ἀμέσως. Καιρὸς τοιγαροῦν καὶ ὑπὲρ ἐμοῦ καὶ τοῦ τῆς

from me, it would be small and disproportionate, since it would emanate from human nature and ability." His words at that time were actually not far removed from divine inspiration and prophecy, as the next part of my narrative will demonstrate.

After much time passed, this good friend of Palamas fell 5 victim to the following affliction: four calluses suddenly appeared simultaneously on the palm of his left hand; they were very large in size, and were really hard and resistant and rough and sharp at the tips, so that they prevented the hand from closing naturally into a fist, and caused it to lose its sense of touch because of the unevenness, roughness and sharpness of the calluses, as I have said. In addition the affliction was shameful and ugly and a blemish upon the entire body. Eight years passed by like this and there was no hope at all of a cure.

But when the man both witnessed and heard about the 6 miracles performed on a daily basis at the great one's sarcophagus, he himself also approached the tomb with the other pilgrims, and after prostrating himself, stood there, placing his afflicted hand on the stone and rubbing it. <As he gazed> at the icon of Palamas, he seemed to see the divine Gregory as if he were alive, and with much good will he made the following whispered supplication in a friendly and jesting manner: "O true friend of Christ, now that you enjoy clearer and purer access to God, you can easily grant the requests of those who petition you, since you stand before <God> and can intercede directly on their behalf. It is thus

χειρὸς τοῦδε πάθους, τῇ πρὸς Θεὸν ταύτῃ χρήσασθαί σε
παρρησίᾳ καὶ τῇ δυνάμει καὶ τὸν Θεὸν ἵλεων ἀπεργάσα-
σθαι κἀμοὶ καὶ σωτῆρα, μνησθέντα κατὰ καιρὸν τῶν σαυ-
τοῦ λόγων καὶ τῆς ἐπαγγελίας ἐκείνης, ἣν πρὸς ἡμᾶς τοὺς
ἀναξίους ἐποιοῦ τότε τῷ βίῳ καὶ τῇ σαρκὶ περιὼν ἔτι,
'Θεός,' λέγων, 'ἀξίως ἀμείψεταί σου τὸν ὑπὲρ ἀληθείας καὶ
τοῦ καλοῦ ζῆλόν τε καὶ τὴν ἔνστασιν.'"

7   Ταῦτα χαριέντως πως, ὅπερ ἔφην, καὶ οἷον ὑπομειδιῶσι
τοῖς χείλεσι τῷ περιόντι τοῦ πόθου τε καὶ τῆς πίστεως δεο-
μένῳ τ' ἀνδρί, τῶν τις προσεδρευόντων ἐκεῖ θεραπείας
χάριν ἐξ ἀλλοδαπῆς ἥκων (μοναχὸς τὴν τάξιν, βάρβαρος
μὲν τὴν φωνὴν καὶ τὸ ἦθος, ἀγαθὸς δέ τις μάλα καὶ σπου-
δαῖος τὸν τρόπον), τὸν ὀφθαλμὸν ἐπιβαλὼν ἐκείνῳ καὶ τὸ
ἦθος καὶ τὸν τῆς εὐχῆς ὑποπτεύσας τρόπον, ὡς οὐ καλῶς
δῆθεν οὐδὲ μετὰ σπουδῆς γεγενημένον[13] καὶ κατανύξεως,
πρῶτα μὲν ἤρετο τὸν ἄνθρωπον, τί ποτε ἄρα καὶ πάσχει.
Ὡς δὲ τὸ πάθος ἐκεῖνος τὴν χεῖρα προτείνας ὑπέδειξεν·
"Εἶθ' οὕτω κάκιστα νοσῶν," ὁ μοναχὸς αὖθις ἔφη, "καὶ τὰ
αἴσχιστα πάσχων, οὐ δάκρυσι καὶ κοπετοῖς τὴν πρὸς τὸν
ἅγιον ἱκεσίαν συνείρεις, ἀλλ' οὕτως ἀκκιζόμενός τε καὶ
θρυπτόμενος τούτῳ προσέρχῃ καὶ ὡσανεὶ παίζων;" Ὁ δ'
ὑπολαβών, "Οἶδε," φησί, "πάτερ, οὗτος," τὸν ἅγιον ὑποδεί-
ξας, "μεθ' οἵων ἐγὼ τῶν λογισμῶν καὶ τῆς διανοίας τε καὶ
τῆς διαθέσεως τὴν παρ' αὐτοῦ βοήθειαν καὶ τὴν θεραπείαν
αἰτοῦμαι."

8   "Ταῦτ' εἰπών," φησὶν ὁ ἀνήρ, "πρὸς ἐκεῖνον, οἴκαδε ἐπαν-
ήκω καὶ τῆς νυκτὸς προσαγούσης, τρέπομαι πρὸς ὕπνον,
συνήθως τῇ[14] τοῦ μεγάλου συνὼν μνήμῃ καὶ τῇ πρὸς

time for you to use this access to God and his power on be-
half of me and my afflicted hand, and to make God merci-
ful and a savior to me as well, remembering your words and
the promise you once made to my unworthy self back then,
while you were still alive in the flesh, saying, 'God will wor-
thily reward your zeal and resistance on behalf of the truth
and the good.'"

As the man made this supplication rather humorously, as   7
I have said, and with a smile on his lips as a result of his
yearning and faith, one of the pilgrims there, who had come
from a foreign land for the sake of a cure (a monk in rank,
and a foreigner in language and customs, but a good man
with a zealous disposition), was staring at him. Because he
was suspicious of the man's character and the way he was
praying, surmising that he was not there for a good reason
nor with zeal and contrition, the monk first asked him what
was wrong with him. When the man held out his hand to
display his affliction, the monk then said, "When you are
thus grievously afflicted and suffering so shamefully, why
don't you address your supplication to the saint with tears
and lamentations, instead of approaching him like this, af-
fecting indifference and giving yourself airs, as if you were
mocking him?" He replied, "Father, this man" (pointing to
the <icon of the> saint) "knows with what thoughts and
attitude and disposition I am really seeking his help and
healing."

"After saying these words to the monk," the man related,   8
"I returned home, and when night came I fell asleep, think-
ing about the great man as usual and supplicating him in my

αὐτὸν ἱκεσίᾳ τῆς διανοίας. Ἐπεὶ δὲ τῆς νυκτὸς πρὸς ὄρθρον
ἰούσης ὁ καιρὸς εἴς τε τὸν ἱερὸν νεὼν καὶ τοὺς θείους
ὕμνους ἐκάλει συνήθως, ἐξανίσταμαι τῆς στρωμνῆς καὶ
τὴν παιδίσκην ὕδωρ αἰτήσας, ἐφ' ᾧ τῇ δεξιᾷ τέως ἀπονίψαι
τὰ πρόσωπα· ἡ γὰρ ἑτέρα πάλαι πρὸς ταῦτ' ἦν ἀργός, ὃ δή
που καὶ φθάσας ὁ λόγος ἔφη. Ἐπεὶ μεταξὺ νιπτόμενος καὶ
τῆς λαιᾶς ἡψάμην, ὡς ἔθος, εὑρίσκω τὸ μὲν πάθος ἐκεῖνο
(τῶν καινῶν σου, Χριστέ, θαυμάτων!) τῆς χειρὸς δραπε-
τεῦσαν ἀθρόον, ὡς μηδ' ἴχνος αὐτοῦ παραμεῖναι, τὴν δὲ
παλάμην ἀκωλύτως τε κινουμένην καὶ εἰς πυγμὴν κατὰ
φύσιν συναγομένην. Ταῦτα κατανοήσας φῶτά τε παρὰ τῆς
παιδίσκης εὐθέως αἰτῶ καὶ τὴν ὁμόζυγον ἐμαυτοῦ καλέ-
σας καὶ αὐτῇ τε καὶ τοῖς συνοῦσιν ὑποδείξας τὸ θαῦμα,
Θεὸν ἀνυμνοῦντες μετ' ἐκπλήξεως ἦμεν καὶ τὸν μέγαν
ἐκείνου θεράποντα."

9   Τί τὸ ἑξῆς; Πρόσεισι μὲν ὁ ἀνὴρ τῇ τοῦ ἁγίου καὶ αὖθις
σορῷ, τὴν τῆς μεγάλης ταύτης εὐεργεσίας εὐχαριστίαν
ἀποδιδοὺς μετὰ τοῦ προτέρου σχήματος καὶ τοῦ χαρίεν-
τος ἤθους, ὁ δέ γε προρρηθεὶς μοναχὸς ἐνιδὼν καὶ αὖθις,
καὶ αὖθις ὀνειδίζων ὡσαύτως ἦν, καὶ τὴν διάχυσιν, ὡς
ᾤετο, καὶ τὴν περιφρόνησιν ἐγκαλῶν. Ὁ δ' ὑφαπλώσας
εὐθέως τὴν ἰαθεῖσαν χεῖρα καὶ σιωπῶν ἀνακηρύττει τὸ
θαῦμα, ἣν κατιδόντι τῷ μοναχῷ καὶ ἐκπλήττεσθαι καὶ
κροτεῖν καὶ φωνῇ διαπρυσίῳ Θεὸν ἐποίει δοξάζειν καὶ τὸν
αὐτοῦ μεγαλύνειν θεράποντα. Εἶτα καὶ τῇ τοῦ ἁγίου
προσσχὼν εἰκόνι, "Ἐγὼ μέν," ἔλεγεν, "ἄνθρωπε τοῦ Θεοῦ,
μετ' ἀμφιβόλων τινῶν τῶν λογισμῶν ἐς δεῦρο προσεδρεύ-
ων τῷ σῷ θείῳ τάφῳ καὶ διὰ ταῦτ' ἄρα καὶ τῆς αἰτήσεως,

mind. Then, as night turned to dawn, when it was my usual time to go to the holy church and the divine hymns, I got up from my mattress and asked the maidservant for water with which to wash my face with my right hand; for the other hand had long been useless for this, as my narrative has previously recounted. When I touched my left hand during my ablutions, as was my custom, I discovered (how amazing are your miracles, O Christ!) that the affliction had suddenly departed from my hand, so that no trace remained, and I could move my hand without any impediment and could clench it into a fist as normal. When I realized this, I immediately asked the maidservant for a light, and, after calling my wife and showing the miracle to her and the other people present, we began to sing the praises of God and his great servant with astonishment."

What happened then? The man went again to the saint's 9 sarcophagus, and gave thanks for this great benefaction with the same attitude and jovial manner as before. The aforementioned monk, observing this again, rebuked him again in the same way, criticizing what he thought was his mocking and contemptuous attitude. The man immediately stretched out his healed hand, silently proclaiming the miracle. When the monk saw it, he was astounded and clapped his hands and glorified God with a loud voice and magnified his servant. Then, approaching the saint's icon, the monk said, "O man of God, up to now I have been venerating your divine tomb with some skeptical thoughts, and for this

ὡς ἔοικε, καὶ τῆς θεραπείας ἀποτυγχάνων, ἤδη καὶ πρὸς τοὺς οἰκείους ὑποστρέφειν διενοούμην. Ἀλλὰ νῦν οὐκ ἀφέξομαί σου καὶ τῶν σῶν χαρισμάτων (οὐ μὰ τοὺς ὑπὲρ ἀρετῆς σοὺς ἀγῶνας καὶ τὰ μεγάλα ταυτὶ θαύματα!), ἀλλ᾽ ἐνταῦθα δὴ καὶ παραμενῶ καὶ προσδιατρίψω, ἕως ἂν καὶ αὐτὸς διὰ σοῦ καὶ τῆς σῆς δηλαδὴ μεσιτείας παρὰ Θεοῦ τῶν αὐτῶν ἐπιτύχω."

10 Καὶ οὐχ ἥμαρτέ γε τοῦ σκοποῦ, καλῶς οὑτωσὶ καὶ κρίνας καὶ δεηθείς, ἀλλὰ καὶ τυγχάνει μάλα ταχέως καὶ τὴν θεραπείαν κομισάμενος ὡς ἐπόθει σπουδῇ πρὸς τοὺς οἰκείους ἐπάνεισι. Καὶ δῆλον ἐκεῖθεν· "Ἐξ ἐκείνου," καὶ γὰρ φησὶν ὁ πρότερος ἰαθεὶς ἐκεῖνος τὴν χεῖρα, "καθ᾽ ἑκάστην τῷ τοῦ μεγάλου προσιόντι μοι τάφῳ καὶ προσκυνοῦντι καὶ τὴν κατὰ χρέος εὐχαριστίαν ἀποδιδόντι, ὁ μοναχὸς ἐκεῖνος οὐδαμῶς ὦπται· δῆλον ὡς καὶ τῆς θεραπείας τυχὼν καὶ πορευθεὶς πρὸς τοὺς φίλους· πῶς γὰρ ἄν," φησί, "μὴ τοῦ ζητουμένου τυχὼν ἐκείνων ἐξέστη καὶ οὕτω ταχέως, ὁ χθὲς ὀμωμοκὼς οὑτωσὶ μηδαμῶς ἀποστῆναι, πρὶν ἢ τῆς εὐχῆς τε καὶ τοῦ ζητουμένου τυχεῖν;"

20

1 Ἀλλὰ τῆς μὲν ἰδίας Θεσσαλονίκης τε καὶ τῶν αὐτοχθόνων ἢ καὶ τῆς περιχώρου, καὶ δὴ καὶ τῶν ἐπηλύδων, οὕτω θαυμαστῶς ὁ θαυμαστὸς Γρηγόριος καὶ ἰατρός ἐστι καὶ

reason, as it seems, having failed to receive a cure, I had already decided to return home. But now I will not leave you or your gifts of grace (no indeed, <I swear this> by your struggles on behalf of virtue and these great miracles!), but I will remain here and continue my devotions until I myself achieve the same <miraculous results> through you and your intercession with God."

And the monk did not fail to achieve his goal after coming to this good decision and making entreaty, but rather quickly gained the cure he desired and returned to his home with zeal. This is clear from the following. For that first man, whose hand was healed, said, "From that time on, although I go to the tomb of the great one every day and venerate it and render the thanks that are due, I have not seen that monk at all; so it is clear that he obtained healing and returned to his friends. For," he said, "why would a man, who yesterday swore that he would certainly not leave before achieving his prayer and his desired goal, thus quickly depart without obtaining his goal?" 10

Chapter 20

Since the wondrous Gregory is, in this wondrous way, the physician and savior and protector in moments of need of Thessalonike itself and of its native inhabitants and of its 1

σωτὴρ καὶ κηδεμὼν ἐν τῷ καλοῦντι τῆς χρείας, τῶν δ᾽ ὑπερ-
ορίων ὡς ἀγνώτων τε καὶ μακρὰν ὄντων ἐρραστονευμένως
πως ἴσχει καὶ κατολιγωρεῖ; πολλοῦ γε καὶ δεῖ. Ἀλλὰ μίαν
οὖσαν εἰδὼς τὴν ἀπανταχοῦ γῆς Χριστοῦ ἐκκλησίαν, ἧς
αὐτὸς καὶ περιὼν ἔτι τῷ βίῳ πάσης ὁμοτίμως προέστη καὶ
τὴν ψυχὴν κατ᾽ ἐκείνου δηλαδὴ μίμησιν ὑπὲρ ἐκείνης εὐψύ-
χως τέθεικε, κἀκεῖ τοῖς καλοῦσιν αὐτὸν ὡσαύτως καὶ σωτὴρ
καὶ ῥύστης καὶ ἰατρὸς ἀνιάτων παθῶν ὁρᾶται γιγνόμενος.

2   Καὶ μάρτυρες ἀψευδεῖς τοῦ λόγου Θετταλοὶ καὶ Ἰλλυ-
ριοὶ καὶ οἱ ἐκεῖθεν τὰ τοῦ μεγάλου θαυμαστῶς διακομίζον-
τές τε καὶ διηγούμενοι θαύματα—καὶ τί χρὴ λέγειν;—ὅπου
γε καὶ εἰκόνας ἐκεῖ γράφουσι τούτου καὶ πυκνὰ τὴν αὐτοῦ
πανηγυρίζουσι μνήμην σὺν μεγάλῃ τῇ πίστει καὶ τῷ τῆς
ψυχῆς περιφανεῖ πόθῳ. Καὶ νεὼς σπεύδουσιν ἀνεγείρειν,
ὡς ἑνί τινι τῶν ἀποστόλων τε καὶ πατέρων, καὶ κήρυκα
τῆς εὐσεβείας καὶ προστάτην τῆς ἐκκλησίας καὶ διδάσκα-
λον καὶ φύλακα τῶν ὀρθῶν ταύτης δογμάτων μετὰ πολ-
λοῦ γε τοῦ θαύματος ἀνακηρύττουσι τὸν μέγαν ἐκεῖ πάν-
τες, ἐξ ἀντιρρόπου χωροῦντες ὡσανεὶ τῇ τούτου πατρίδι,
καὶ Σαμαρείτας μιμούμενοι καλῶς τοὺς ἀλλογενεῖς καὶ
μικροὺς ἐκείνους καὶ τὴν πιστὴν Χαναναίαν καὶ ὅσοι τοῦ
κατ᾽ αὐτοὺς καταλόγου τὴν μεγάλην Ἰερουσαλὴμ παρευ-
δοκιμοῦντες[15] τῇ πρὸς Χριστὸν πίστει καὶ τὸν τῦφον καὶ
τὸ κενὸν φύσημα καὶ τὸν φθόνον τῶν ἐν αὐτῇ Γραμμα-
τέων καὶ Φαρισαίων.

3   Καὶ δέδοικα, σφόδρα δέδοικα, μὴ καὶ πρὸς αὐτὴν ταύ-
την ἐκεῖνά που τὰ τοῦ Δεσπότου φρικτῶς ἐπ᾽ ἐσχάτων
ῥηθείη· Ἰερουσαλὴμ Ἰερουσαλήμ, ἡ ἀποκτενοῦσα τοὺς

environs, as well as of newcomers, will he somehow disregard and neglect those who live elsewhere because they are unknown to him and live far away? By no means. But since he knows that the Church of Christ is one everywhere on earth, and he championed it in its entirety with equal respect while he was still alive, and courageously laid down his life for its sake in imitation of Christ, there too [i.e., outside of Thessalonike] he is also viewed in the same way as a savior and deliverer and healer of incurable afflictions for those who call upon him.

The Thessalians and Illyrians and the people from those 2 parts are true witnesses to these words, for they bring back and narrate the great man's miracles in a wondrous way— why need I say this?—and they paint his icons there and frequently celebrate his memory with great faith and clear spiritual desire. They also strive to erect churches, as if for one of the apostles and fathers, and with great wonder everyone there proclaims the great man as a herald of piety, champion of the Church, and teacher and guardian of its correct doctrines, proceeding in the same way as in this man's native land and imitating in commendable fashion the foreign Samaritans[39] and those little ones[40] and the faithful Canaanite woman[41] and whoever of the same sort surpassed in his faith in Christ the great Jerusalem, as well as the arrogance, the vain conceit, and the envy of the scribes and Pharisees in that city.[42]

And I fear, I fear exceedingly, that those words of the 3 Lord may be addressed to terrible effect at the end <of time> to this <city, i.e., Thessalonike>, too: *"Jerusalem, Jerusalem,*

προφήτας καὶ λιθοβολοῦσα τοὺς ἀπεσταλμένους πρὸς σέ"
[Matthew 23:37], καὶ ὅτι· "Πολλοὶ ἥξουσιν ἐξ ἀνατολῶν καὶ
δυσμῶν, καὶ ἀνακλιθήσονται μετὰ Ἀβραὰμ καὶ Ἰσαάκ, οἱ δὲ
υἱοὶ τῆς βασιλείας ἐκβληθήσονται ἔξω" [Matthew 8:11–12].
Δι' ἃ δή που καὶ ὁ τοῦ Χριστοῦ μιμητὴς οὗτος τοῖς οὕτω
λαμπρῶς πιστεύουσιν ὀξέως ἐφίσταται καὶ πληροῖ τὰς
αἰτήσεις, καθὰ δὴ καὶ φθάσαντες ἔφημεν, ἐξ ὧν καὶ ἡμᾶς
ἀναγκαῖον ἑνός τινος ἢ δυοῖν ἀρτίως μνησθῆναι.

21

1 Γυναικί τινι τῶν εὐπατριδῶν καὶ κοσμίων, Ζωῆ τοὔνομα,
δριμεῖά τις ὀδύνη προσγίνεται κατὰ τῶν ἐγκάτων, οὕτω τοι
σφοδρῶς ἐκεῖνα πιέζουσα καὶ στροβοῦσα, ὡς καὶ ὀχετοὺς
αἱμάτων ἐκεῖθεν κάτω καθ' ἑκάστην προχεῖσθαι. Πέμπτος
ἐνιαυτὸς ἦν οὕτω βαρύτατα πασχούσῃ τῇ γυναικὶ καὶ φάρ-
μακον ἦν οὐδαμοῦ τῆς νόσου καὶ ἰατρῶν ἐξηλέγχετο πᾶσα
τέχνη, πλεῖστα μὲν ἐπιτηδεύουσα καθ' ἑκάστην, ἀνύουσα
δὲ τὸ παράπαν οὐδέν, ὡς καὶ τὸ ζῆν ἀπαγορεῦσαι τῇ κει-
μένῃ καθάπαξ. Οὐκ ἂν δὲ καὶ πρὸς τοσοῦτον ἀντέσχε διά-
στημα χρόνου διὰ παντὸς οὕτω δαπανωμένη τὴν σάρκα,
μὴ σώματος εὐσθενοῦς τε καὶ ῥωμαλέου τυχοῦσα καὶ πρὸς
τροφὴν ἐρρωμένας ἔχουσα τὰς ὀρέξεις, κἀντεῦθεν τῆς φύ-
σεως ἰσχυούσης πρὸς τὸν τοσόνδε τοῦ νοσήματος παρα-
βάλλεσθαι πόλεμον, ἀλλ' ἡττᾶται κατ' ὀλίγον, τῷ μήκει τοῦ

which kills the prophets and stones those who are sent to you," and
*"many will come from east and west and recline with Abraham
and Isaac, while the sons of the kingdom will be cast out."* For
these reasons this imitator of Christ swiftly appears to those
who believe in him so fervently and fulfills their petitions,
just as we have said above, and we should mention one or
two of these instances specifically.[43]

Chapter 21

A wellborn and modest woman named Zoe[44] suffered an
acute pain in her abdomen, which exerted pressure on it
and caused terrible distress, so that streams of blood flowed
down from there every day. For five years the woman suf-
fered grievously like this, and there was no drug at all that
would relieve her illness, and all the skill of physicians was to
no avail. Although they tried every method of treatment on
a daily basis, they accomplished nothing at all, so that they
totally despaired of their patient's life. Since her flesh was
constantly wasting away, she would not have survived for
such a long time, if she had not possessed a strong and vigor-
ous body and had a healthy appetite for food. Her constitu-
tion was thus strong enough to fight such a battle against
the disease, but she was gradually defeated, worn out by the

χρόνου κατεργασθεῖσα καὶ κλινοπετὴς ἦν καὶ ἀκίνητος
σχεδὸν ἐξ ἐκείνου ἐνιαυτοὺς ὅλους δύο πρὸς τοῖς πέντε τοῖς
προλαβοῦσι.

2   Τῆς δὲ φήμης τῶν τοῦ μεγάλου Γρηγορίου θαυμάτων
ὁσημέραι λαμπρῶς αἱρομένης, ὅσα τέ φημι παρ' ἐκείνοις
καὶ ὅσα παρὰ τῇ μεγάλῃ Θεσσαλονίκῃ παραδόξως τε-
λεῖται· ἐπεὶ καὶ ἡ νοσοῦσα τῶν λαλουμένων ἦν ἐν αἰσθή-
σει, πρὸς τὴν ἐνεργοῦσαν ἐν ἐκείνῳ θείαν δύναμιν πιστῶς
καταφεύγει, καὶ τοὺς πρεσβυτέρους προσκαλεσαμένη τῆς
ἐκκλησίας [cf. James 5:14], κατὰ θείους δηλονότι χρησμούς,
πρῶτα μὲν εὐχὴν ἱερὰν ἐλαίου κοινῇ τελέσαι παρασκευά-
ζει, εἶτ' ἐπὶ τέλει ταύτης καὶ πρὸς τὸν θεῖον Γρηγόριον
εὐχήν τε καὶ δέησιν ὑπὲρ αὐτῆς θέσθαι, ἧς δὴ καὶ τελου-
μένης ὑπὸ τῶν πρεσβυτέρων συνήθως, ἐπεὶ μὴ καὶ αὐτὴ
συνίστασθαι καὶ συνᾴδειν εἶχε τὰ θεῖα τοῖς ὑπὲρ αὐτῆς
εὐχομένοις καὶ ψάλλουσι, κλινοπετής τε καὶ ἀκίνητος
οὖσα, κἀκεῖθεν ἐδεῖτο κειμένη θερμῶς τοῦ ἁγίου καὶ τὴν
παρ' ἐκείνου πιστῶς ἐξεκαλεῖτο χάριν καὶ τὴν βοήθειαν.

3   Καί (ὦ τῶν παραδόξων σῶν ἔργων, Χριστέ, καὶ θαυμά-
των!) ἡ χρόνον ἤδη τοσοῦτον ἐκδαπανωμένη τὰς σάρκας
καὶ παρειμένη τις καὶ σχεδὸν ἀκίνητος γεγονυῖα, οὐ μεθ'
ἡμέραν, οὐ μετὰ μικρᾶς τινος ὥρας διάστημα, ἀλλ' εὐθὺς
ἐκείνων ἔτ' εὐχομένων τε καὶ ψαλλόντων ἀθρόα τῆς κλί-
νης ἐξανίσταται, πάντων ὁρώντων, εὐσθενής, ἐρρωμένη
τὸ σῶμα, μηδ' ἴχνος ἐν ἑαυτῇ σχεδὸν τοῦ χρονίου πάθους
ἐκείνου καὶ τῆς νοσερᾶς ἕξεως φέρουσα, ὡς καὶ τοὺς
ὁρῶντας ἅμα καὶ τοὺς ἀκούοντας ὑπερφυῶς καταπλήττειν
ἔχειν τὸ θαῦμα καὶ μηδὲν ἔλαττον τοῦτ' ἔχειν ἐκείνου τοῦ

protracted duration of the affliction, and from that time on she was bedridden and almost immobile for two entire years in addition to the five previous ones.

Meanwhile the fame of the great Gregory's miracles was   2 increasing daily in splendid fashion, I mean his miracles among the people <in Kastoria> as well as those he performed in wondrous manner in great Thessalonike. When the sick woman became aware of what was being said about the miracles, she sought refuge with faith in the divine power that operated in Palamas. After *summoning the priests of the church,* in the divine words of scripture, she first asked them to celebrate publicly a holy prayer of anointment with oil,[45] and then, at the end of this, to pray to the divine Gregory and make supplication on her behalf. When the priests performed the sacrament of unction in their customary manner, she was unable to attend and sing the divine words with the people who were praying and chanting on her behalf, since she was bedridden and immobile; but, while she was lying there in bed, she fervently entreated the holy man and with faith begged for his favor and assistance.

And (O Christ, how extraordinary are your works and   3 miracles!) the woman whose flesh had already been wasting away for such a long time, and who was paralyzed and almost unable to move, suddenly leaped out of her bed, strong and vigorous in body, in the sight of all, not after one day, nor after a short time had elapsed, but immediately, while they were still praying and singing. And she bore almost no trace of that lengthy affliction and illness, so that the miracle astonished both those who witnessed it and those who heard about it, and they considered it not inferior to the one

παρ' αὐτοῦ Χριστοῦ περὶ τὸν παράλυτον τὸ πρὶν ὑπερ-
φυῶς διενεργηθέντος, εἴτε τὸν ἐν Καπερναοὺμ λέγει τις,
εἴτε τὸν ἐν τῇ προβατικῇ κολυμβήθρᾳ, πλὴν ὅσον, ἐκεῖ μὲν
αὐτὸς δι' αὐτοῦ,[16] ἐνταῦθα δὲ διὰ Γρηγορίου τοῦ μαθητοῦ
καὶ φίλου τῆς κλίνης τε καὶ τοῦ χρονίου πάθους ἀθρόον
ὡσαύτως τὴν νοσοῦσαν ἀνίστη.

22

1 Ἐντεῦθεν οἱ θεοφιλέστεροί τε καὶ προὔχοντες τῶν ἐκεῖ,
καὶ μάλιστα τῶν ἐς ἱέρεας τελούντων εἰς ταὐτὸ συνιόντες,
εἰκόνα τε ἱερὰν ἱστῶσι τῷ Γρηγορίῳ, καθὰ δὴ καὶ φθάσας
εἰρήκειν, ἑορτήν τε λαμπρὰν καὶ πάνδημον ἄγουσι τῆς
αὐτοῦ τελειώσεως τὴν ἡμέραν, καὶ νεὼν αὐτῷ οἷα δὴ καὶ
Χριστοῦ λαμπρῷ μαθητῇ σπεύδουσιν ἀνεγείρειν. Οὐ συν-
όδους μεγίστας καὶ κοινάς τινας ἀναμείναντες ψήφους
ὥστ' ἐκεῖνον ἀνακηρύξαι, οἷς καὶ χρόνος καὶ ὄκνος καὶ
μέλησις καὶ πλεῖστά τινα τῶν ἀνθρωπίνων ἔστιν ὅτε προσ-
ίσταται, ἀλλὰ τῇ ἄνωθεν ψήφῳ τε καὶ ἀνακηρύξει καὶ τῇ
λαμπρᾷ καὶ ἀναμφιβόλῳ τῶν πραγμάτων ὄψει καὶ πίστει
καλῶς ἀρκεσθέντες.

previously performed by Christ himself in supernatural manner with regard to the paralytic, whether one means the one in Capernaum,[46] or the one in the Sheep Pool,[47] except in those cases it was Christ himself who performed them by himself, while in this case it was through Gregory, his disciple and friend, that he raised the sick woman suddenly from her bed and lengthy affliction in a similar way.

Chapter 22

For this reason the more devout citizens and civic lead- 1 ers there [in Kastoria], and especially the priests, assembled and set up a holy icon to Gregory, as I have just said, and celebrated a splendid citywide feast on the anniversary of his death, and hastened to erect a church to him as a splendid disciple of Christ. And they did not wait for great synods and universal votes to proclaim him a saint (for such <decisions> are sometimes encumbered by time and hesitation and delay and many human factors), but were rightly satisfied with the heavenly decision and proclamation <of his sanctity>, and with the splendid and unambiguous sight of and faith in these miracles.

23

1 Μοναχός τις τῆς αὐτῆς ὁρμώμενος πόλεως, τὸν τρόπον ἐπιεικής, πολιὸς τὴν τρίχα, τὴν κλῆσιν Ἐφραίμ, ἐν τῇ κατὰ Θεσσαλονίκην ἐκκλησίᾳ πρὸ βραχέος γενόμενος, τοιάδε τινὰ δημοσίᾳ στὰς περὶ ἑαυτοῦ διηγήσατο. "Ἐμοί," φησί, "κατά τινα χρείαν ἐν Θετταλίᾳ πρὸ δύο τούτων ἐνιαυτῶν γενομένῳ, ἐν τῷ ὑποστρέφειν ἐκεῖθεν τοιοῦτό τι συμβέβηκε. Σμικρᾶς μοι τινος ἐμπαρείσης ἀκάνθης τῷ δεξιῷ ποδὶ κατὰ τὴν ὁδόν, ἐφ᾽ ἡμέρας τινὰς ἦν ἐκεῖνον ἀλγῶν. Εἶτ᾽ ἐκεῖθεν, οὐκ οἶδ᾽ ὅπως, ἡ ὀδύνη μεταπεσοῦσα πᾶσα πρὸς τὸν εὐώνυμον ἀφόρητος ἦν· ἀπεῖργε γὰρ ἤδη πρὸς τοῖς ἄλλοις κατὰ μικρὸν καὶ τροφῆς καὶ ὕπνου.

2 "Ἡμερῶν δ᾽ ἐν τούτοις παρελθουσῶν οὐκ ὀλίγων φλεγμαίνει μὲν ὁ ποῦς καὶ ἀσκοῦ δίκην ἐξογκοῦται, εἶτα καὶ εἰς ὀπὰς τοῦ οἰδήματος διατρηθέντος πλείους ἢ τετταράκοντα, ὧν καὶ τὰς οὐλὰς πάρεστιν ὁρᾶν δήπουθεν τῷ λόγῳ προσμαρτυρούσας μοι, ἕλκη πανταχόθεν ἐξέρρει, καθάπερ ἀπὸ πηγῆς τινος τοῦ ποδός. Ἐνιαυτὸς πρὸς τῷ ἡμίσει παρῄει καὶ τὰ τῆς φλεγμονῆς οὐκ ἐνεδίδου καὶ ἰατρεία μὲν ἀργὸς πρὸς τὸ πάθος πᾶσα καὶ κενὰ πάντα ὁμοῦ φάρμακα, ἐγὼ δ᾽ ἀπογινώσκων ἐμαυτοῦ διὰ ταῦτα καὶ τὴν κατώδυνον ἐκείνην ζωὴν πολλάκις ἀπολεγόμενος.

3 "Τὸ δὲ μετὰ τοῦτο τί; Ἀκούω καὶ αὐτὸς παρά τε τῶν αὐτοχθόνων, καὶ δὴ καὶ τῶν ἐκ Θεσσαλονίκης ἰόντων, τὰ τοῦ θαυμαστοῦ Γρηγορίου πλεῖστα καὶ ἐξαίσια θαύματα, πιστεύω τοῖς ἀκουσθεῖσι μάλα τρανῶς, στύλον ἐκεῖνον ἀνακηρύττω τῆς ἐκκλησίας καὶ διδάσκαλον εὐσεβείας καὶ

Chapter 23

There was a monk named Ephraim from the same city 1
[Kastoria], an honest and gray-haired man, who had recently
gone to the church <of Hagia Sophia> in Thessalonike.
Standing in public he told the following story about himself.
"I went to Thessaly two years ago on some business, and as I
was returning from there the following incident occurred.
During my journey a small thorn pierced my right foot, and
caused pain for several days. But then, I have no idea how, all
the pain transferred to my left foot and became unbearable;
for addition to everything else it soon kept me from eating
and sleeping.

"After many days passed the foot became infected and 2
swelled up like a wineskin, and then as the swelling was
punctured by more than forty openings (whose scars can be
seen, attesting to my narrative), pus began to flow all over
the place from my foot as if from a spring. A year and a half
passed and the infection did not get better. All medical in-
tervention proved helpless to cure the problem and all med-
icines were likewise useless, so that I despaired of myself for
this reason and frequently renounced my painful existence.

"But what happened next? I heard from some local peo- 3
ple [e.g., from Kastoria] and from some people who came
from Thessalonike about the numerous and extraordinary
miracles of the wondrous Gregory. I clearly believed these
reports, and proclaimed him a pillar of the Church , a teacher

πάσης ἁγιωσύνης καὶ ἀρετῆς καταγώγιον, καὶ πρὸς τού-
τοις σημείων τε καὶ θαυμάτων θείων ἐργάτην καὶ ἀποστο-
λικῆς ἰσχύος τε καὶ χάριτος ἔμπλεων. Εἶτα καὶ θερμῶς
ὑπὲρ ἐμαυτοῦ αὐτὸς[17] δεηθεὶς καὶ τοῦ πάθους καὶ κλινοπε-
τής, καθ᾽ ὅσον οἷός τε ἦν, ἐπευξάμενος καὶ τὴν τοῦ ποδὸς
μετὰ θερμῶν δακρύων ὑγείαν αἰτήσας, ὡς ἂν καὶ αὐτὸς
ἐρρωμένως ἔχων καὶ βαδίζειν ἀπταίστως δυνάμενος, εἰς
Θεσσαλονίκην τε τὴν αὐτοῦ παραγένωμαι, καὶ τὸν ἱερὸν
προσκυνήσας ἐκείνου τάφον κῆρυξ ἐνταῦθα τῶν μεγάλων
γένωμαι θαυμασίων, ὧν ἐν ἡμῖν Χριστὸς διὰ τῆς αὐτοῦ
προστασίας ἐργάζεται.

4   "Ταῦτα καὶ τὰ τοιαῦτα μετὰ πολλῆς τῆς κατανύξεως
δεηθείς, ἐπεὶ καὶ νὺξ ἤδη καὶ ὕπνου καιρὸς ἦν, εἰς ὕπνον
καὶ αὐτὸς μετὰ τὴν εὐχὴν ταύτην τρέπομαι. Καὶ ἰδοὺ μο-
ναχός τις τὰ συνήθη τοῖς ἀρχιερεῦσι περικείμενος σύμ-
βολα, τὸν ἐπὶ κεφαλῆς λέγω σταυρὸν καὶ τὴν ἐπωμίδα τὴν
ἱεράν, εἰσιὼν τὸν οἰκίσκον ἐδόκει τε προσαγορεύειν ἡμᾶς
καὶ παρακαθίσας διερωτᾶν ὅπως ἔχοιμι. Ἐμοῦ δὲ τὸν τοῦ
ποδὸς ὑποδείξαντος ὄγκον καὶ τὰς πληγὰς καὶ τὰς ἐκεῖθεν
ἐξῆς προσθέντος ὀδύνας καὶ τὴν μακρὰν ταλαιπωρίαν
ἐκείνην, ἐκεῖνος εὐθὺς ἀμφοτέραις λαβόμενος τοῦ ποδός,
καὶ ὥσπερ τὸ οἴδημα καταστέλλων καὶ τὸ ἕλκος συνωθῶν
πρὸς τὰ ἔξω, 'Ἀλλὰ μηκέτι λυποῦ,' φησίν, 'οὐκέτι καὶ γὰρ
ἀνιαρὸν ἔχεις οὐδοτιοῦν.' Καὶ ὁ μὲν ταῦτα φιλανθρώπως
εἰπών τε καὶ πράξας ἀπῄει, ἐμὲ δ᾽ εἶχεν ἄρ᾽ εὐθέως μετὰ τὴν
ὄψιν ὕπνος ἡδύς τε καὶ μαλακὸς καὶ οἷος οὐδέπω πρότε-
ρον.

of piety, and dwelling place of all holiness and virtue, and moreover a worker of signs and divine miracles, filled with apostolic strength and grace. Then I fervently made supplication on behalf of myself and my affliction and, even though I was bedridden, I prayed as best I could, and begged with warm tears for my foot to be healed, so that I might recover and be able to walk without difficulty and go to his Thessalonike, and by venerating his tomb might become a herald here of the great wonders which Christ worked in me through his protection.

"After I had made these and similar supplications with   4
much contrition, I fell asleep after my prayer, since night had already fallen and it was time for bed. And behold, a monk, wearing the insignia customary for archbishops, I mean the cross on his head and the holy scapular, seemed to enter my room and address me, and sitting down beside me asked how I was. When I showed him my swollen foot and the ulcers and mentioned as well the resulting pain and my prolonged misery, he immediately took my foot in both hands and, as if reducing the swelling and forcing out the pus, said, 'Don't worry any more, for you no longer have anything wrong with you.' After these compassionate words and deeds he departed, and following the vision I was immediately embraced by a sweet and gentle sleep such as never before.

5 "Ἐπεὶ δὲ καὶ ἡ νὺξ περὶ ὄρθρον ἦν καὶ τὰ τῆς ἑωθινῆς
εὐχῆς τε καὶ ψαλμῳδίας ἐτελεῖτο τοῖς μοναχοῖς, ἄπειμι δὴ
καὶ αὐτὸς παρὰ τὸν νεὼν βακτηρίᾳ τινὶ στηριζόμενος,
θαῦμα τοῖς ὁρῶσιν ἀθρόον καὶ οἷον οὐδ᾽ ἄν τις αὐτῶν
προσεδόκησεν· ἐπεὶ δὲ καὶ πρὸς τῶν μοναχῶν ἐρωτώμε-
νος, τὸ θαῦμα καὶ τὴν τῆς καινῆς θεραπείας ἐξεῖπον αἰτίαν,
καὶ μᾶλλον ἐκπλήττεσθαι καὶ θαυμάζειν ἐκείνους ἐποίουν
ἀκούοντας.

6 "Ἡμέραι παρῆλθον ὀκτὼ μετὰ τοῦτο καὶ πρὸς τὴν ἀρ-
χαίαν ὑγείαν καὶ τὴν ἕξιν ἐπανιὼν καθαρῶς, παρὰ τὸν
θεῖον ἐκεῖνον νεὼν ἔρχομαι, ἔνθα δὴ καὶ ἡ τοῦ θαυμαστοῦ
Γρηγορίου εἰκὼν ἱερῶς ἵδρυται, καὶ προσκυνήσας καὶ
προσπεσὼν καὶ τὴν ὀφειλομένην ἀποδεδωκὼς εὐχαριστίαν
εἰς τὸ φροντιστήριον αὖθις καὶ τοὺς ἡμετέρους ἐπάνειμι.
Ἐπεὶ δὲ καὶ τὴν εὐχὴν ἔδει καὶ τὰς συνθήκας τὰς πρὸς τὸν
καινὸν ἰατρὸν ἐκπληροῦν, 'Ὁ μὲν καιρός,' πρὸς ἐμαυτὸν
ἔλεγον, 'ἤδη περὶ τὰς χειμερίους τροπὰς καὶ διὰ τοῦτο καὶ
προσάντης τις εἰς ὁδοιπορίαν καὶ δύσκολος, καὶ μάλιστα
γέρουσι κατ᾽ ἐμέ· διὸ τὴν μὲν εἰς Θεσσαλονίκην ἀπάγου-
σαν ἐατέον, τό γε νῦν εἶναι, τοῦ καιροῦ μὴ διδόντος,
καθάπερ ἔφην. Ἔξεστι δὲ καὶ ἄλλως τὴν πρὸς τὸν μέγαν
ὑπόσχεσιν διαθέσθαι καὶ οὕτω γε τὰς συνθήκας μὴ παρα-
βῆναι· συγκαλέσω καὶ γὰρ τοὺς πρεσβυτέρους τῆς ἐκκλησίας
[cf. James 5:14], καὶ δὴ καὶ τοὺς ὁμοταγεῖς μοναχούς, καὶ
κοινὴν ἐκτελέσαντες ἑορτὴν τῷ μεγάλῳ καὶ τὰ εἰκότα
πανηγυρίσαντες, οὕτω καὶ Θεῷ τὸ χρέος καὶ τῷ ἐκείνου
θεράποντι τὴν ὀφειλομένην εὐχαριστίαν ἅμα καὶ τὴν τιμὴν
ἀποδώσομεν.'"

"When the night turned to dawn, and the monks were 5
saying their matins prayers and performing their psalmody,
I myself also went to the church <of my monastery>, sup-
porting myself with a cane, which was a sudden marvel to
those who saw me and one that none of them had antici-
pated. When the monks questioned me, I explained the
miracle and the source of the extraordinary healing, and
filled my listeners with even greater astonishment and
amazement.

"Eight days later, after I had clearly returned to my previ- 6
ous health and condition, I went to that divine church <in
Kastoria> where the icon of the wondrous Gregory is in-
stalled in a holy fashion. After venerating it and prostrating
myself and rendering the obligatory thanks, I returned again
to the monastery and my brethren. But when I should have
fulfilled my prayer and vows to the wondrous physician, I
said to myself, 'It is already wintertime and therefore an un-
favorable and difficult season for a journey, especially for an
old man like myself; therefore I must renounce my trip to
Thessalonike for the present, since the weather is not favor-
able, as I have said. I can fulfill my promise to the great Pala-
mas in a different way and thus not break my vows; for *I will
summon the priests of the church,* as well as the monks of the
same rank, and after celebrating a general feast day for the
great one, and having a proper *panegyris* [festival for a saint],
I will thus fulfill my debt to God and at the same time <ren-
der> the obligatory thanksgiving and honor to his servant.'"

7   Ὁ μὲν οὖν Ἐφραὶμ ταῦτα καὶ καθ᾽ ἑαυτὸν λογισάμενος
καὶ πρὸς τοὺς συνόντας εἰπών, τὰ τῆς ἑορτῆς ἔβλεπεν ἤδη,
καὶ τοῖς ὑπηρέταις μάλα πλουσίως τε καὶ λαμπρῶς παρα-
σκευάζειν ἐκέλευεν, ἀλλ᾽ οὐ συνεδόκει καὶ τῷ τῆς πανηγύ-
ρεως αἰτίῳ ταυτί· οὐδ᾽ ἐν ἐκείνοις ἐβούλετο μόνοις περι-
γραφῆναι τὸ θαῦμα καὶ περαιτέρω μὴ προελθεῖν, ἀλλ᾽
ὁδεῦσαι μᾶλλον καὶ κηρυχθῆναι καὶ τοῖς πόρρω τὴν χάριν,
ἵνα καὶ διὰ τούτων, ὥσπερ δὴ καὶ τῶν ἄλλων, Θεὸς παντα-
χοῦ δοξάζηται.

8   Καὶ ὁ τρόπος οἷος. Οὔπω τῆς ἡμέρας ἐκείνης πρὸς τέ-
λος ἰούσης φρίκη τε μεγίστη καὶ πυρετῷ λάβρῳ[17] κάτοχος
ὁ μοναχὸς γίνεται. Ὄγκος τε τοῦ ποδὸς ἐπὶ τούτοις καὶ
ὀδύναι, καθάπερ ἐξ ἄλλης ἀρχῆς κατ᾽ οὐδὲν τῶν προτέρων
ἐλάττους, καὶ ὁ πάσχων αὐτίκα τοῦ τῆς πληγῆς αἰτίου
συνεὶς ἡμαρτηκέναι τε περὶ τὸν μέγαν διωμολόγει, τὰς
πρὸς αὐτὸν συνθήκας ἐξ ἀπροσεξίας ψευσάμενος, καὶ
πλείσταις ἱκετείαις τὴν συγγνώμην αὖθις ᾐτεῖτο καὶ ταχί-
στην τὴν τῶν ὑπεσχημένων ἐκπλήρωσιν ἐπηγγέλλετο· οἷς
δή που καὶ ἡ ῥῶσις ἐξαισίως ἐπηκολούθει καὶ τὸ δεινὸν
αὖθις αὐθημερὸν διελύετο.

9   Καὶ βραχύ τι διαλιπών, οὕτως ἐρρωμένως καὶ τοῦ πο-
δὸς καὶ παντὸς ὁ Ἐφραὶμ ἔσχε τοῦ σώματος, ὡς καὶ ποσὶ
τοῖς ἑαυτοῦ χρώμενος παρὰ τὴν τοῦ μεγάλου πόλιν ἐλθεῖν,
τὴν ἱεράν τε προσκυνῆσαι σορὸν καὶ τὰ ἥδιστα περιπτύ-
ξασθαι καὶ οὕτως ἐπ᾽ ἐκκλησίας, καθὰ δὴ καὶ προὔφην,
οἷον ἐνθουσιῶν, ἀνακηρύξαι τὰ τοῦ μεγάλου μέγιστα θαύ-
ματα.

After Ephraim thought over these matters and spoke to 7
his colleagues, he made preparations for the feast day, and
told the servants to make lavish and splendid arrangements.
This did not, however, meet with the approval of the one
who was the cause of the festival [Palamas]; for he did not
wish knowledge of the miracle to be limited to the citizens
<of Kastoria> alone and not travel further afield, but rather
that the grace should spread and be proclaimed also to those
living far away, so that through these people, as well as
through the others, God might be glorified everywhere.

The manner <of Palamas's intervention> was as follows: 8
that day had not yet come to an end when the monk was
gripped by great fear and high fever, and in addition his foot
swelled up and the pain was as severe as before, as if starting
all over again. The afflicted monk, understanding who was
responsible for his suffering, confessed that he had sinned
with regard to the great Palamas, and that as a result of his
negligence he had repudiated his vows to him, and he again
begged the saint's forgiveness with many supplications and
promised the speediest fulfillment of his vows. Recovery
followed in wondrous fashion and his affliction disappeared
again the very same day.

After a short interval Ephraim's foot and entire body re- 9
covered to such an extent that he could use his own feet to
go to the great man's city, to venerate and embrace his holy
sarcophagus most sweetly, and thus, as if divinely inspired,
proclaim in the church <of Hagia Sophia> the very great
miracles of the great man, as I have already related.

24

1   Τὰ δὲ περὶ τὸν ἐκ Βερροίας Τζυμισχὴν τοῦ μεγάλου παραλιπόντες τῷ λόγῳ καινὰ θαύματα, πῶς οὐχὶ μετὰ τοῦ λόγου καὶ τὸ τῆς ἐκκλησίας κοινὸν ζημιώσομεν; ὅσῳ καὶ πολέμιος ταύτης ἐκεῖνος ἄνωθεν ὤν, καὶ φίλος καὶ μαθητὴς γέγονε δι᾽ αὐτά φημι ταῦτα καὶ καλῶς οὕτω καὶ γνησίως πρὸς αὐτὴν ἔχων τὸ τελευταῖον πρὸς Θεὸν ἄπεισι. Λεγέσθω τοιγαροῦν ἐν ἐπιτόμῳ κἀκεῖνα καὶ ὑπ᾽ ὄψιν οἷον ἀγέσθω καὶ πιστοῖς ὁμοῦ καὶ ἀπίστοις, καὶ μάλιστα τούτοις.

2   Ἐκεῖνος τοιγαροῦν τῶν εὖ γεγονότων καὶ συνετῶν ὤν, περὶ ἓν τοῦτο κακῶς τε καὶ ἀναξίως ὦπται περὶ αὐτοῦ βουλευσάμενος. Ἀκινδύνῳ καὶ γὰρ τῷ κάκιστ᾽ ἀπολουμένῳ πάλαι μαθητεύσας ἐν τῇ πατρίδι Βερροίᾳ, καὶ μικρὰ μέν τινα τῶν τῆς γραμματικῆς προτελείων ὑπ᾽ αὐτοῦ διδαχθείς, τὴν δὲ τῶν αἱρέσεων πονηράν τε καὶ βορβορώδη κύλικα πᾶσαν ἐς ὕστερον παρ᾽ αὐτοῦ ἐκπιών, ἄλλος Ἀκίνδυνος τὴν δυσσέβειαν ἄντικρυς ἦν.

3   Πλεῖστα μὲν καὶ μέγιστα παρά τε τοῦ θαυμαστοῦ Γρηγορίου περιόντος ἔτι τῷ βίῳ κατὰ Θεσσαλονίκην, καὶ δὴ καὶ κατὰ τὴν Κωνσταντίνου παρ᾽ ἡμῶν τε καὶ τῶν ἐνταῦθα πατέρων τε καὶ διδασκάλων, περὶ θείας ἐνεργείας καὶ χάριτος πολλάκις ἀκηκοώς, ἀναίσθητος δ᾽ ἐπὶ μακρὸν τῶν ἱερῶν ἐκείνων διαγεγονὼς λόγων καὶ τὴν ἔνστασιν καὶ τὴν ἔριν καὶ τὸ ψεῦδος ἑκοντὶ κατὰ τῆς ἀληθείας αἰεὶ προϊσχόμενος, ὡς καὶ γράφειν καὶ λογογραφεῖν δῆθεν κατὰ τῆς εὐσεβείας, μὴ εἰδώς, ἀποστολικῶς εἰπεῖν, καὶ αὐτὸς

Chapter 24

If I were to omit from my narrative the unprecedented   1
miracles of the great Palamas with regard to Tzimiskes from
Berrhoia,[48] how would I not do harm both to the narrative
and the community of the Church? For to the same extent
that Tzimiskes was originally an opponent of the Church, to
such a degree he became its friend and disciple on account
of these miracles, and in the end departed to God, being
genuinely and well disposed toward it. Let me then relate
that story briefly, so that it may become known to believers
and nonbelievers alike, especially the latter.

Tzimiskes then, although he was wellborn and intelligent,   2
was known to have plotted wickedly and unworthily with
regard to this one matter. For some time ago in his native
city of Berrhoia he had studied with Akindynos[49] (who came
to a miserable end), and had been instructed by him in some
of the basic elements of Greek language and literature; later,
however, after also drinking deeply from the wicked and
murky cup of heresies, he became a downright second Akin-
dynos in his impiety.

For although Tzimiskes had often heard many great   3
teachings about the divine energy and grace[50] from the won-
drous Gregory when the latter was still alive and living in
Thessalonike, and he also heard these teachings in Constan-
tinople from me and the fathers and teachers here, he grad-
ually ceased to appreciate those holy words, and of his own
accord was always promoting resistance and discord and
falsehood against the true doctrine. As a result, like his own
teacher [i.e., Akindynos] he began to write and compose
treatises against piety, since he himself did not understand,

κατὰ τὸν οἰκεῖον μυσταγωγόν, "*μήτε ἃ λέγει, μήτε περὶ τί-νων διαβεβαιοῦται*" [1 Timothy 1:7]. Ἔμελλε δὲ ἄρα καὶ τοῦτον ἡ θεία δεξιὰ μεταπλάττειν ἔσχατον τοῖς μεγάλοις τουτοισὶ θαύμασι Γρηγορίου καὶ ταῖς σωματικαῖς εὐεργε-σίαις θαυμαστῶς συνθεραπεύειν καὶ τὴν ψυχήν· ἔσχε γὰρ οὕτω.

25

1 Παιδίον ἄρρεν ἦν τῷ ἀνδρί. Τούτῳ νόσος τις προσβα-λοῦσα πρὸς θάνατον ἤπειγεν. Ἔκειτο τοιγαροῦν παρὰ πάν-των ἀπαγορευθείσης αὐτῷ τῆς ζωῆς, πνέον ἤδη τὰ λοίσθια. Ὁ μέντοι πατὴρ ὑπὸ τῆς λύπης ὥσπερ καταποθείς, ὑπεχώ-ρει μὲν καὶ αὐτήν πως τὴν τοῦ παιδὸς ἀποτρεπόμενος θέαν καὶ τὸ προσορᾶν αὐτὸν τῆς ψυχῆς χωριζόμενον, καθ' ἑαυτὸν δὲ καθεσθεὶς αὐτοῦ που καὶ τοῖς μὲν γόνασι τὴν ἑαυτοῦ δεξιάν, τῇ δεξιᾷ δ' αὖθις τὴν κεφαλὴν ἐπιθείς, ὁποῖα δὴ τὰ τῶν πενθούντων ἤθη καὶ σχήματα, νῦν ἔλεγεν ὑπο-ψιθυρίζων καθ' ἑαυτόν· "Εἰ θαυμάτων ἦν ἀληθῶς ἐργάτης, ὥς φασιν, ὁ Γρηγόριος καὶ τὰ τοιαῦτα πορίζειν δυνάμενος, ἔδειξεν ἂν τοῦτο καὶ ἐφ' ἡμῖν, τοῦ θανάτου τε καὶ τῆς νόσου διασώσας τὸν υἱὸν κινδυνεύοντα."

2 Ταῦτα σὺν σφοδρᾷ τινι λογιζομένῳ τῇ λύπῃ καὶ πειρά-ζοντι μᾶλλον ἢ δεομένῳ, καὶ ὕπνος τις ὑπὸ πολλῆς τῆς ἀδημονίας εὐθὺς ἐπιγίνεται. Καὶ ὁ ὕπνος τὸν θεῖον αὐτῷ παρεδείκνυ Γρηγόριον (ὢ τοῦ καινοῦ θαύματος!), τὴν ἱερὰν

in the words of the apostle, *"either what he was saying nor the things about which he made assertions."* But the right hand <of God> would in the end bring about a change of heart through these great miracles of Gregory, and wondrously heal his soul as well through his benefactions to his body. This is what happened.

Chapter 25

Tzimiskes had a son who was afflicted by a life-threatening 1 disease. The boy was lying in bed, breathing his last, and everyone had given him up for dead. The father, as if consumed by grief, withdrew, avoiding the very sight of the child and seeing him being separated from his soul. He sat somewhere by himself, placing his right arm on his knees and his head in his right hand, in the posture of mourners, and said the following words to himself under his breath: "If, as they say, Gregory was truly a worker of miracles and could provide such healing, he would show this in our case, too, saving my son who is at great peril from death and disease."

While he was mulling over these thoughts in his profound 2 grief, and testing the saint rather than supplicating him, he fell fast asleep as a result of his great distress. And his sleep revealed to him the divine Gregory (O, what an

τε στολὴν περιβεβλημένον καὶ φιλανθρώπως πρὸς τὸν
μηδ᾽ εὐξάμενον μηδὲ πιστεύσαντα τέως οὑτωσὶ λέγοντα·
"Ἥκομεν, ὡς ὁρᾷς, ἐπειδή γε αὐτὸς ἡμᾶς κέκληκας." Ὁ
δ᾽ εὐθέως τὸν βραχὺν ἐκεῖνον ἐκτιναξάμενος ὕπνον καὶ
παρὰ τὸ κινδυνεῦον ἤδη παιδίον γενόμενος, οὐ τοῦ προσ-
δοκηθέντος θανάτου μόνον, ἀλλὰ καὶ τῆς βαρείας ἐκείνης
νόσου τῇ τοῦ ἐπιστάντος θείᾳ δυνάμει παραδόξως εὗρεν
ἀνώτερον.

3   Τοῦτο παραδόξως οὑτωσὶ γεγονὸς τῇ μὲν ἐκκλησίᾳ
προσάγει τὸν ἄνδρα, τὸν ὀρθὸν τῆς εὐσεβείας ἀσπασάμε-
νον λόγον, καὶ φίλον αὐτῆς τε καὶ Γρηγορίου τοῦ μεγάλου
προστάτου ταύτης ἀντ᾽ ἐχθροῦ χρηματίσαντα, κατὰ δὲ
τῶν ἐναντίων ὁπλίζει καὶ περιφανῆ τῆς Βαρλαάμ τε καὶ
Ἀκινδύνου πονηρᾶς πλάνης πολέμιον εὐθὺς ἀναδείκνυσιν.
Ὅθεν καὶ τῷ πυρὶ παραδοὺς τὰ κατὰ τῆς ὀρθῆς δόξης καὶ
δὴ καὶ τῶν ταύτης προμάχων πάνθ᾽ ὁμοῦ βιβλία τε καὶ
συγγράμματα, τὴν ὑγιᾶ πίστιν ἀπταίστως ὁμολογεῖ καὶ
ταύτῃ μετὰ χρόνον τῶν ἐνταῦθα λυθεὶς πρὸς Θεὸν καλῶς
συναπέρχεται.

26

1   Χρόνος οὐ συχνός τις παρῄει μετὰ τὴν τελευτὴν τοῦ
ἀνδρὸς καὶ νόσῳ βαρείᾳ τὸ προρρηθὲν παιδίον αὖθις κάτ-
οχον γεγονὸς ἔκειτο προσδοκῶν καὶ πάλιν ὁμοίως τὸν θά-
νατον. Καὶ ἐπεὶ πᾶσα μὲν περιῄρητο ἀνθρωπεία[19] ἐλπίς,

unprecedented miracle!), wearing his holy vestment and say-
ing compassionately to the one who had neither prayed to
him nor believed in him, "As you see, I have come, since you
summoned me." Immediately Tzimiskes roused himself
from his short nap, and going to the child whose life was in
danger, was amazed to discover that his visitor's divine
power had delivered the boy not only from expected death,
but also from his serious illness.

This amazing event reconciled Tzimiskes to the Church,   3
for he embraced the correct doctrine of piety and became a
friend instead of an enemy of the Church and of Gregory
her great protector. The miracle also armed him against his
opponents, and revealed him as a distinguished antagonist
of the wicked heresy of Barlaam[51] and Akindynos. Thus,
after consigning to the flames all his books and treatises
against correct doctrine and especially against its defenders
[i.e., Palamas and his supporters], he confessed sound belief
without error; and some time later, after being released from
his earthly <bonds>, he departed to God still in this pious
belief.

Chapter 26

A short time after Tzimiskes's death his previously men-   1
tioned child was again afflicted with a serious illness, and as
before again lay in bed expecting to die. Since all human
hope had vanished and there was no recourse elsewhere, his

βοήθεια δ᾽ ἦν οὐδαμοῦ, πρὸς τὸν συνήθη καὶ πάλιν ἰατρὸν
ἡ μήτηρ δι᾽ εὐχῆς καταφεύγει καὶ τὴν ἐκεῖθεν ἐξαιτεῖ περι-
παθῶς θείαν βοήθειαν. Καὶ ὃς αὐτίκα παρῆν, οὐδὲν ἀναδυ-
είς, οὐδ᾽ ἀναβαλόμενος· καὶ ὑπνούσῃ τῇ γυναικὶ παραστάς,
"Θάρρει," φησί, "γύναι· οὐ γὰρ ἀποθανεῖταί σου τὸ παιδί-
ον." Καὶ ὁ λόγος ἦν ἔργον εὐθύς· καὶ μετὰ τοῦ προσδοκη-
θέντος θανάτου καὶ ἡ νόσος εὐθέως ἀπῆν καὶ πρὸς ὑγείαν ὁ
νοσῶν ἐπανήρχετο.

27

1   Προσκείσθω καὶ τρίτον ἐφεξῆς τοῦ μεγάλου θαῦμα
κατὰ τὸν οἶκον τούτου δὴ τοῦ Τζυμισχῆ γεγονός, ἵν᾽ ἔχοι-
μεν ἔτι κρεῖττον εἰδέναι, πῶς ὁ τοῦ Χριστοῦ μιμητὴς καὶ
φίλους ἤδη γεγονότας τοὺς πρὶν πολεμίους πλουσίως ἄγαν
ἀμείβεται. Νόσος ἐπιγίγνεται τῇ ἀδελφῇ τῆς αὐτοῦ γυ-
ναικὸς καὶ ἡ νόσος φοβερῶς ἠπείλει τὸν θάνατον.

2   Τῶν γοῦν ἀνθρωπίνων ἀπογνοῦσα πάντων ἡ ἀδελφὴ
ἐπὶ τὴν θείαν μόνην δεῖν ἔγνω καταφεύγειν βοήθειαν καὶ
δὴ νυκτῶν ἀωρὶ τῆς οἰκίας ὡς ἔτυχεν ἐξιοῦσα μόνη, τῷ
τῆς ἀδελφῆς δηλαδὴ φίλτρῳ καὶ τῷ περιόντι τοῦ πάθους,
ὥσπερ μεθύουσα, μέσην τὴν μεγίστην πόλιν διῄει, ὡς καὶ
τοῖς ἐντυγχάνουσι καθ᾽ ὁδὸν μαινομένης τινὸς καὶ ἐξεστη-
κυίας δόξαν παρέχειν. Ἡ δ᾽ ἀπῄει παρὰ τὸ σεπτὸν ἐκεῖνο
τῶν μοναστῶν φροντιστήριον—ὃ Χώραν προσαγορεύου-
σιν ἄνωθεν, εἴτε τὴν τῶν ζώντων χώραν, δηλαδὴ τὸν

mother again resorted to prayer to their customary physician [Palamas] and desperately sought divine assistance from him. He came at once, with no hesitation or delay at all; and, appearing to the sleeping woman, he said, "Have courage, my good woman, for your child is not going to die." His words were immediately effected, and the disease departed at once together with the threat of death, and the sick child was restored to health.

Chapter 27

Let me add in sequence a third miracle by the great man 1
for Tzimiskes's family, so that we may better understand how that imitator of Christ amply rewarded his former enemies who had become his friends. The sister of Tzimiskes's wife was afflicted with an illness that threatened a terrible death.

Despairing of all human assistance, the ailing woman's 2
sister realized she had to seek refuge in divine assistance alone. Going out of her house alone late at night, just as she was, out of her love for her sister and due to the gravity of the illness, she traveled across the middle of the greatest city [Constantinople][52] as if she were drunk, so that she resembled a raving lunatic to those she met on the street. She went to that venerable monastery of monks—which they call Chora[53] from the old days, either because it is the place [*chora*] of the living, that is Christ, or the container [lit.

Χριστόν, εἴτε τὴν τοῦ ἀχωρήτου χώραν αὐτοῦ τούτου, φημί, τὴν Παρθένον ἅμα καὶ Θεομήτορα—καὶ πλεῖστα τοῦ Χριστοῦ δεηθεῖσα καὶ σὺν δάκρυσι πολλοῖς ὑπερευξαμένη τῆς ἀδελφῆς, εἰς τὸν οἶκον ὑποστρέφει καὶ αὖθις.

3   Ἐπεὶ δ' ὁ θάνατος κατὰ μικρὸν προσελαύνων ἀναμφιβόλως ἐπήει τῇ γυναικί, τὸν Γρηγόριον ἡ ἀδελφὴ καὶ πάλιν ἐκάλει καὶ τὴν σὺν αὐτῷ τε καὶ δι' αὐτοῦ τὴν μεγάλην τοῦ Χριστοῦ δύναμιν. Ὁ δ' αὐτίκα παρῆν ἑπόμενος τῷ Χριστῷ καὶ τῇ γυναικὶ παραστὰς εἰς ὕπνον ἤδη τραπείσῃ, "Ἥκομέν σοι," φησίν, "ὡς ὁρᾷς, ἐπειδή γε καὶ ἡμᾶς ἐκάλεσας φθάσασα· πλὴν ἔσο κἀκεῖνο," φησίν, "εἰδυῖα, ὡς οὐ τεθνήξεται τό γε νῦν ἔχον ἡ σὴ ἀδελφή." Τῆς δὲ γυναικὸς πυθομένης· "Τίς δ' ἄρ' ἔστιν οὗτος ᾧπερ δὴ καὶ ἀκολουθεῖς αὐτός;" "Ὁ κοινός ἐστι τῶν ἀπάντων Δεσπότης Χριστός," ὁ ἱερὸς ὑποφθάσας ἔφη Γρηγόριος, "ὁ τὸ φροντιστήριον ἐκεῖνο τῆς Χώρας οἰκῶν." Ταῦτα καθ' ὕπνους ἡ γυνὴ μυηθεῖσα, διανίσταται μὲν θαύματος πλήρης, πράγματα δ' ἑξῆς τοὺς μυστικοὺς ἐκείνους καὶ θείους ἰδοῦσα λόγους, Χριστόν τε σὺν τῇ ἀδελφῇ μεγαλύνει καὶ τὸν ἐκείνου μέγαν ἀνακηρύττει θεράποντα.

28

1   Ἑνὸς ἔτι τῶν[20] κατὰ τὸν μέγαν τουτονὶ θαυμάτων μνησθεὶς καὶ οἱονεί τινα χρυσῆν ἐπιθεὶς κορωνίδα τοῦτο τοῖς

"place"] of the one who cannot be contained,[54] I mean the Virgin and Mother of God. After making many supplications to Christ and praying on behalf of her sister with many tears, she returned again to her house.

As death gradually approached and was unquestionably assailing the woman, her sister again called on Gregory and together with him and through him on the great power of Christ. He came at once, following behind Christ, and appeared to the woman who had already fallen asleep. "As you see," he said, "we have come to you, since you summoned us, but be assured that your sister will not die for the time being." When the woman inquired, "Who is this person whom you are following?", the holy Gregory responded, "Our common Lord of all, Christ, who dwells in that monastery of the Chora." When the woman learned this in her sleep, she arose full of wonder, and having witnessed the realization of those mystical and divine words, together with her sister she magnified Christ and proclaimed his great servant.

Chapter 28

Calling to mind one more of the miracles of this great Palamas, and as it were *placing a final golden flourish*[55] on the

φθάσασι καταπαύσω τὸν λόγον, τῶν πλείστων παραχωρή-
σας τοῖς ἡμετέροις τούτοις σοφοῖς, θαυμαστῶς ἄνωθεν
ἐξηγουμένοις τε καὶ λογογραφοῦσι ταυτὶ καὶ πρὸ τῶν
ἄλλων μάλιστά τ᾽ ἀδελφῷ, περιουσίᾳ λόγου τε καὶ σοφίας
ὑψηλῶς ἐκεῖνα συγγραφομένῳ, παρ᾽ οὗ καὶ ἡμεῖς τὰ προρ-
ρηθέντα δεδεγμένοι, καθ᾽ ὅσον οἷόν τε τῷ λόγῳ συνήψα-
μεν, ὡς ἂν μὴ καὶ παραλυπεῖν τινας δόξαιμεν, ἀτελῆ πως
τοῦτον καταλιμπάνοντες· ἔχει δὲ οὕτω.

2   Τῶν κατὰ τὴν θαυμαστὴν Λαύραν Ἀθανασίου τοῦ πάνυ
τις μοναστῶν, ἧς δὲ καὶ προλαβόντες ἤδη πολλάκις ἐμνή-
σθημεν, ἀνὴρ τῶν τὸν πάντη μοναδικόν τε καὶ ἡσύχιον
ἑλομένων βίον καὶ πλὴν ἑνός τινος ἢ δυοῖν τοῖς πᾶσι
σχεδὸν τὸ παράπαν ἀθέατός τε καὶ ἀνομίλητος, πολύς τις
ἦν νύκτωρ καὶ μεθ᾽ ἡμέραν δεόμενος τοῦ Θεοῦ ἀποκα-
λυφθῆναι οἱ τὰ κατὰ τὸν θεῖον Γρηγόριον, οἷά τε λῆξις ἔχει
δηλαδὴ τοῦτον καὶ τίσι τῶν κατ᾽ αὐτὸν εὐηρεστηκότων
Θεῷ νῦν ἐκεῖ σύνεστι.

3   Ταῦτ᾽ ἐπὶ πολὺ δεομένῳ, τοιάδε τις ὄψις ἐφίσταται μιᾷ
τῶν νυκτῶν. Ἐδόκει τῇ μεγάλῃ τοῦ Κωνσταντίνου πόλει
παρών, ἑστηκέναι μὲν ἔνδον τοῦ θαυμαστοῦ τῆς μεγάλης
τοῦ Θεοῦ Σοφίας νεώ (καὶ ταῦτα μηδ᾽ ἐπιδημήσας ἐκεῖ
τὸ παράπαν μηδ᾽ ὀφθαλμοῖς ἐκεῖνον ποτὲ θεασάμενος),
σύνοδον δ᾽ ἱερῶν πατέρων μέσον προκαθημένην ὁρῶν
τοῦ νεώ, Ἀθανάσιος ἦσαν ὁ μέγας, Βασίλειός τε ὁμοῦ καὶ
Γρηγόριος καὶ Ἰωάννης ὁ τὴν γλῶτταν χρυσοῦς, ὁ Νύσ-
σης τε Γρηγόριος αὖθις καὶ Κύριλλος ὁ σοφὸς καὶ σὺν
τούτοις καὶ μετὰ τούτους ἡ λοιπὴ τῶν θεολόγων ἁγίων
πληθύς.

previous miracle tales, I shall bring my narrative to an end. However, so that I may not seem to disappoint anyone by leaving this narrative somehow incomplete, I shall leave the majority of them to these wise men of ours who have previously recounted and narrated these miracles in marvelous fashion, and above all to that brother [i.e., monk] who has written them so sublimely with plentiful words and wisdom,[56] and from whom I received the above-mentioned miracle accounts and wove them into a narrative as best I could. The story goes as follows.

A monk at the wondrous Lavra monastery of the famous 2 Athanasios, which I have already often mentioned, [57] one of those men who have chosen a completely solitary and tranquil lifestyle, a man who almost never saw or spoke with anyone at all, with the exception of one or two individuals, was entreating God by night and day to reveal to him the fate of the divine Gregory, that is, his lot <in the afterlife> and with which of those God-pleasing men like himself he now spent his time.

After he made this supplication for a long time, one night 3 the following vision appeared to him. He seemed to be in the great city of Constantine [Constantinople], and to be standing inside the wondrous church of the great Wisdom of God [Hagia Sophia] (and this happened even though he had never been there nor seen it with his own eyes). He saw a synod of holy fathers sitting in the church, including Athanasios the Great and likewise Basil and Gregory and John the golden-tongued, and Gregory of Nyssa and Cyril the wise,[58] and seated together with them and behind them the whole crowd of the other holy theologians.

4 Τούτοις τοιγαροῦν διαλεγομένοις ὁ βλέπων προσέχειν
σπεύδων τὸν νοῦν, τῶν μὲν προκειμένων ἐκείνοις λόγων
τε καὶ τῆς ὑποθέσεως μαθεῖν ἔσχε τι πλέον οὐδέν· ἐπεὶ δὲ
καὶ πρὸς τέλος ἐδόκουν εἶναι τῶν λόγων καὶ συμπεραίνειν
τούτοις ἦν ἀναγκαῖον, ὡς ἔθος, ἀποφάσει τινί, τότε δὴ καὶ
ὁ μοναχὸς κοινῇ τῶν προκαθημένων ἐκείνων πάντων λε-
γόντων ἤκουεν· "Ἀδύνατον εἶναι τὸ κῦρος παρ' ἡμῶν ἐπ-
ενεχθῆναι καὶ τοῖς δεδογμένοις τοὺς παρόντας ἐπιψηφί-
σασθαι, ἢν μὴ καὶ Γρηγόριος ὁ Θεσσαλονίκης δηλαδὴ
πρόεδρος τῇ συνόδῳ καὶ τῇ ψήφῳ παρῇ."

5 Καὶ δὴ τῶν τις ὑπηρετῶν εὐθὺς ἀποστέλλεται πρὸς
τὴν ἱερὰν ἐκεῖνον μετακαλέσασθαι σύνοδον, ὁ δ' ἀπιὼν
πρὸς ἐκεῖνον ὑποστρέφει μετὰ μικρόν, ἀδύνατον εἰρηκὼς
εἶναι προσιέναι τινὰ νῦν τούτῳ καὶ διαλέγεσθαι, παρ'
αὐτὸν ἑστῶτι τὸν βασιλικὸν θρόνον καὶ μόνον μόνῳ προσ-
λαλοῦντα τῷ βασιλεῖ. Οἱ δ' ἀπιέναι καὶ πάλιν ὡσαύτως
ἐκέλευον, προσμένειν τε τὸ τῆς βασιλικῆς ὁμιλίας πέρας
καὶ οὕτως ἐντυχόντα τῷ Γρηγορίῳ τὰ παρ' αὐτῶν ἐξειπεῖν.
Ἄπεισι καὶ αὖθις ἐκεῖνος καὶ παραμείνας κατὰ τὰ προσ-
ταχθέντα καὶ καιροῦ λαβόμενος τοῦ προσήκοντος, πάντ'
ἐκεῖνα τῷ Γρηγορίῳ μηνύει καὶ ὡς "Ἀδύνατον ἐπικυρω-
θῆναι τῇ συνόδῳ τὰ δεδογμένα," φησί, "σοῦ γε αὐτοῦ μὴ
παρόντος."

6 Ταῦτ' ἐκεῖνος μαθὼν ἔρχεται πρὸς τὴν σύνοδον, οἱ δὲ
προσιόντα τοῦτον ἰδόντες καὶ ὑπανίστανται[21] πάντες καὶ
φιλοφρόνως πως ἂν εἴποις ὑποδεξάμενοι μέσον αὐτῶν, τῇ
κορυφαίᾳ καὶ ὁμοτίμῳ καὶ σεπτῇ τῶν θεολόγων τριάδι φέ-
ροντες συγκαθίζουσι καὶ οὕτω τὴν μελετωμένην ἐκείνην

As they were engaged in discussion, the monk who had 4
the vision tried to focus his mind on this, but could learn
nothing more of the questions and the matter they were dis-
cussing. But when they seemed to have come to the end of
their discussion and they had to reach a decision by vote, as
usual, then the monk heard all those people sitting there
saying together: "We cannot confirm the decision nor can
those who are here vote upon it, unless Gregory, the primate
of Thessalonike, is at the synod and present for the vote."

One of the servants was immediately sent to summon 5
him to the holy synod. He went to Palamas but returned a
little later, saying that at present no one could approach him
and speak with him, since he was standing beside the impe-
rial throne and speaking with the emperor alone. They told
the messenger to go off again and await the end of Gregory's
conversation with the emperor, and so meet with Gregory
and give him their message. The messenger went away again,
and, waiting as he had been instructed, seized the appropri-
ate moment to deliver the full message to Gregory, that "the
decision cannot be confirmed by the synod if you are not
present."

When he learned this, Gregory came to the synod and, as 6
they saw him approaching, all arose and welcomed him into
their midst in what you might describe as a friendly manner.
They then brought him in and seated him together with
the supreme and equally honored and revered triad of the-
ologians [Basil, Gregory of Nazianzus and John Chrysos-
tom]. Thus they delivered their vote on the matter under

ψῆφον καὶ τὸ κῦρος τοῖς δεδογμένοις ἐπάγουσιν ἢ τὰ προ-
ψηφισθέντα τε καὶ προκυρωθέντα μᾶλλον τοῖς αὑτῶν τε
κἀκείνου λόγοις (εἰς δόξαν αὐτοῦ τε καὶ τῆς Χριστοῦ
κοινῆς ἐκκλησίας), δι᾽ ἑαυτῶν καὶ νῦν ἐκφαίνουσι κάλλι-
στα.

7   Λόγοι καὶ γὰρ πάντων ὁμοῦ τῶν θεολόγων πρὸς τὸν
Γρηγόριον ἦσαν ἐκεῖνα μεθ᾽ ἱερᾶς τινος εὐχαριστίας καὶ
εὐφροσύνης ἀπορρήτου καὶ τέρψεως, ὅτι τὰ κατὰ διαφό-
ρους αἰτίας καὶ χρόνους ὑπ᾽ ἐκείνων δηλαδὴ θεολογηθέν-
τα πάντ᾽ εἰς ἓν αὐτὸς συνειλοχὼς νῦν ἐπ᾽ ἐσχάτων θείᾳ
δυνάμει καὶ χάριτι, καὶ συνῆψε καλῶς καὶ ἐπεξειργάσατο,
καὶ τὸ κράτος αὐτοῖς δι᾽ ἑαυτοῦ δεδωκὼς θείῳ πνεύματι
τάς τε καινὰς αἱρέσεις ἐξαισίως τούτοις ἐτρέψατο καὶ τοὺς
ἑαυτοῦ λόγους οἱονεί τι συμπέρασμα καὶ ἀνάπτυξιν ἱερὰν
τῶν ἱερῶν ἐκείνων λόγων εἰργάσατο. "Ταῦτα," φησί, "καὶ
πάντες ὁμοῦ καὶ ἀνὰ μέρος τῶν θεολόγων ἕκαστος μετὰ
πλείστης ὅσης τῆς θυμηδίας δόξαντες ἐφ᾽ ἱκανὸν εἰπεῖν
πρὸς Γρηγόριον ἐξανέστησάν τε σὺν αὐτῷ τῆς καθέδρας
καὶ τὸν ἱερὸν ἐκεῖνον διέλυσαν σύλλογον." Τοιαῦτα καὶ τὰ
μετὰ τὴν πρὸς Θεὸν ἐκδημίαν καὶ μακαρίαν ὄντως ἐκείνην
λῆξιν μεγάλα καὶ ὑπερφυᾶ τοῦ μεγάλου καὶ θαυμαστοῦ
Γρηγορίου τῷ ὄντι θαύματα.

discussion and confirmation of their deliberations, or rather what had previously been voted upon and confirmed by their and his [Palamas's] words (to his glory and that of the universal Church of Christ), and that they were now themselves expressing them [Palamite teachings] in the finest way.

For all the theologians together expressed to Gregory 7 their holy thanksgiving and ineffable joy and delight that he had now finally synthesized through divine power and grace all their divine teachings with regard to various causations and periods of time, and had both combined them in fine fashion and reworked them. And having attributed the authority to the theologians of his own accord, by means of the Holy Spirit he both vanquished the new heresies through these <theologians> in extraordinary manner, and made his own writings into a summation and holy explication of their holy words. "And," the monk said, "as everyone together and each of the theologians individually appeared to have spoken these words to Gregory at length and with great joy, they arose from their seats along with him, and adjourned that holy assembly." Such were the great and extraordinary miracles of the truly great and marvelous Gregory after his departure to God and truly blessed death.

Abbreviations

AASS = *Acta Sanctorum* (Paris and Brussels, 1863–1940)

ATh = *Acts of Paul and Thekla*

BHG = F. Halkin, ed. *Bibliotheca Hagiographica Graeca,* 3rd ed. (Brussels, 1969)

CPG = E. Leutsch, F. G. Schneidewin, eds. *Corpus Paroemiographorum Graecorum,* 2 vols. (Göttingen, 1839)

CJ = *Codex Justinianus*

CTh = *Codex Theodosianus*

Lampe = G. W. H. Lampe, ed. *A Patristic Greek Lexicon* (Oxford, 1961)

LM = *Life and Miracles of Thekla*

LSJ = H. G. Liddell, R. Scott, and H. S. Jones, eds. *A Greek-English Lexicon,* 9th ed. with supplement (Oxford, 1968)

OCD = S. Hornblower and A. Spawforth, eds. *Oxford Classical Dictionary,* 3rd ed. (Oxford, 1996)

ODB = A. Kazhdan et al., eds. *Oxford Dictionary of Byzantium,* 3 vols. (New York, N.Y., 1991)

PG = J. P. Migne, ed. *Patrologiae cursus completus: Series Graeca* (Paris, 1857–1866)

PLP = E. Trapp, ed. *Prosopographisches Lexikon der Palaiologenzeit,* 12 vols. (Vienna, 1976–1996)

PLRE = A. H. M. Jones et al., eds. *Prosopography of the Later Roman Empire,* 3 vols. (Cambridge, 1971–1992)

Note on the Texts

MIRACLES OF SAINT THEKLA

As noted in the Introduction, the Greek text presented in this volume is based, with his gracious consent, on Gilbert Dagron's edition in the *Subsidia Hagiographica* series. I have made a few changes to his punctuation and corrected minor typographical errors in the Greek text at various points.

In Byzantium, the *Life* (*BHG* 1717) circulated separately from the *Miracles* (*BHG* 1718), but the *Miracles* are never found without the *Life*. The two texts obviously belong together, though the *Life* offered a story familiar from the *ATh*, which itself often appears in manuscripts of the *LM*, in either its pre-Metaphrastic (*BHG* 1710) or post-Metaphrastic (*BHG* 1719) versions. The *Miracles* survive in three manuscripts (V, M, A) and in some folios of a palimpsest (U).

V = Vaticanus gr. 1667; 10th century.
M = Mosquensis synod. 26; 11th century.
A = Atheniensis 2095; 12th century.
U = Vaticanus gr. 1853; 10th century.

For a complete description of these manuscripts, see Dagron, *Vie et Miracles*, 140–51. While no other manuscripts or

fragments of the *Miracles* have been discovered since the publication of Dagron's text, a manuscript (10th–11th century) of the *Life* came to light among the new finds at St. Catherine's Monastery, Sinai: see Nikolopoulos, *New Finds of Sinai,* M180.

On the two texts in this appendix, see Dagron, *Vie et Miracles,* 413–15. They exist together in certain manuscripts (see *BHG* 1718m) but, in terms of Thekla traditions, they are independent from one another and from the *LM*. The first text of the two is identifiable with *BHG* 1716 and concerns the etiology of the sacred "Myrsineon" myrtle grove, which appears here and there in the *Miracles* (e.g., *Mir.* 23.2). This text became part of Byzantine *florilegia* defending the veneration of icons and is also summarized by Patriarch Nikephoros I, who calls the text the "Epistle from Basil of Seleukeia to Emperor Leo." The second text is similar to the longer ending of the *ATh*—also in the Metaphrastic version—which places her on the Kalameon-Rhodion mountain and has her disappear into a cleft in the rock. On this longer ending and its relationship to the *LM* and the Byzantine tradition, see Dagron, *Vie et Miracles,* 47–54, and Johnson, *Life and Miracles of Thekla,* Appendix 1.

ANONYMOUS MIRACLES OF THE PEGE

The Greek text is based on the edition of the *Acta Sanctorum Novembris* 3 (Brussels, 1910), 878–889 (hereafter, AASS). The printed edition is quite reliable, but the reader should consult the online version with caution; it is teeming with typographical errors. I have checked the AASS edition

against the sole manuscript witness, Vaticanus graecus 822 (hereafter V), fols. 180v–207v, and substituted the reading of V wherever the AASS edition has made an error in transcription or omitted a word. In a few places where the AASS has inserted between pointed brackets a word that seems to be missing from the manuscript, I have retained the brackets. I have also on occasion indicated where the AASS editor emended a reading in the manuscript but did not so note in his minimal critical apparatus.

To facilitate comprehension of the text I have added quotation marks to indicate the numerous passages of dialogue and also made numerous changes in the punctuation. The infrequent citations from scripture or hymnography have been rendered in italics.

Miracles of Gregory Palamas

The Greek text is excerpted from the edition of the vita of Gregory Palamas prepared by Demetrios Tsames in his volume of hagiographic texts by Philotheos Kokkinos, Φιλοθέου Κωνσταντινουπόλεως τοῦ Κοκκίνου, 518–19, 525, 533–35, 553–56, 562–88, cited as Ts. I have corrected some erroneous accents and punctuation tacitly; other changes to the Tsames text are listed in the Notes to the Texts. I have renumbered the chapters, as follows.

Tsames numeration	Talbot numeration
81 (partial)	1
88 (partial)	2
97	3
105	4
106	5

Tsames numeration	Talbot numeration
107	6
108	7
114	8
115	9
116	10
117	11
118	12
119	13
120	14
121	15
122	16
123	17
124	18
125	19
126	20
127	21
128	22
129	23
130	24
131	25
132	26
133	27
134 (+ first sentence of 135)	28

Notes to the Texts

Miracles of Saint Thekla

1   I have moved the quotation marks one sentence further than what Dagron prints (*Vie et Miracles*, 306–7).

2   θροῦ Dagron

3   τὸν περικείμενον V

4   ἤ Dagron

Appendix: Two Variant Endings to the Thekla Legend

1   συνεργία Dagron

2   τῷ Dagron

3   παὶ Dagron

Anonymous Miracles of the Pege

1   ποιουμένων AASS: ποιούμενον V

2   omitted by AASS

3   οὕτω V: οὕτως AASS

4   κατ᾽ αὐτὸν V: κατὰ AASS

5   I have emended ὅσπερ to ὥσπερ.

6   τὸ V: τὸν AASS

7   <συμ>βασιλεύουσα AASS: βασιλεύουσα V

8   ἀμείβεσθαι V: ἀμείβεσται AASS

9   ἐπέταξε V: ὑπέταξε AASS

10   πλάσαντος V: πλάσματος AASS

11   ἴδητε AASS: εἰδῆτε V

12   <τὴν> added by AASS

13 A second hand in V corrected ἀναστάσεως (adopted by AASS) to
   ἀναπαύσεως.
14 πλήρη V, AASS
15 <καταφυγὴν> added by AASS
16 δὴ V: δὲ AASS
17 Following the suggestion of A. Alexakis, I have emended λανθάνον-
   τος of V and AASS to λανθανόντως.
18 γεγονὼς V: γεγωνὼς AASS
19 <καὶ > added by AASS
20 <καὶ > added by AASS
21 ἀγάγει V: ἀγάγῃ AASS
22 πάντως V: παντῶς AASS
23 παλαιὰ καὶ νέα V
24 <νόσων> added by AASS

MIRACLES OF GREGORY PALAMAS

1 κατενενευκότος Ts
2 ἀπῆρξε Ts
3 ἐπιπὼν Ts
4 προσωμιλήσας Ts
5 ἡ Ts
6 ὅτε Ts
7 ἐπιμελείας Ts
8 προσχόντα Ts
9 χρωμένη
10 ἠργμένων Ts
11 ἐγρηγορυῖα Ts
12 ἐπαινεῖν Ts
13 γεγενημένα Ts
14 τῇ Ts
15 παρευδοκιμοῦντας Ts
16 δι'αὐτὸς αὐτοῦ Ts
17 αὐτὸς ἐμαυτοῦ Ts
18 λαύρῳ Ts
19 ἀνθρωπείᾳ Ts
20 τὸν Ts
21 ὑπανίσταται Ts

Notes to the Translations

Quotations from scriptures and classical texts are indicated by ital-
ics. References to scriptual citations are to be found in square
brackets in the facing Greek text.

MIRACLES OF SAINT THEKLA

1   Here, the author is speaking of the work conventionally called the
Life of Thekla, which is often conjoined with the *Miracles* in
surviving Byzantine manuscripts and which appears before the
Miracles in Dagron's edition (*Vie et Miracles,* 168–273).

2   The Greek word for "audience" (ἐντυγχάνοντες) is ambiguous and
may mean "readers" and/or "listeners."

3   I.e., including the earlier account of the *Life.*

4   A separate section heading appears here in some manuscripts (Da-
gron, *Vie et Miracles,* 284 n. 7, 285 n. 5).

5   In this book the word "demon/demons" will serve as an approxi-
mation of the Greek word δαίμων/δαίμονες. The option of
translating the word literally as "tutelary deity," or even "god,"
was deemed even more unsatisfactory for this text than "de-
mon." Nevertheless, the reader should be aware that when "de-
mon" appears it has connotations of both the Judeo-Christian
understanding of "demon" as well as the Greco-Roman concep-
tion of "god."

6   This is Cilician Aigai, a local Asclepian shrine famous in later an-
tiquity (e.g., Philostratos, *Vita Apollonii* 1.7); cf. *Mir.* 39.

7   An imprecise rendering of the metrical oracle recorded at Hero-
dotus 1.53.

8 The epithet Loxias ("the obscure/ambiguous/slanting") was often attributed to Apollo in his oracular guise (e.g., Herodotus 1.91).

9 Herodotus 1.55.

10 For the association of "Greeks" and "Jews" here with doctors, see Dagron, *Vie et Miracles,* 94. It appears that Thekla's preeminence in the medical sphere was still a contested position in fifth-century Seleukeia: see *Mir.* 12.1–3 below.

11 Sarpedon was a Lycian hero and son of Zeus and Laodameia. He appears in the *Iliad* (e.g., 5.628–72; 12.290ff.), where he meets his death at the hands of Patroklos (16.419–683). An alternative tradition has Sarpedon returning from the war to settle in Asia Minor: Apollodoros 3.1.2, Diodoros Sikulos 5.79.3, scholia on *Iliad* 16.673. Other instances of Σαρπηδόνιος in the *Miracles* include *Mir.* 11.2, 18.2, 40.2–3. On the nominal use of the epithet "Sarpedonian" to refer to an indigenous cult of Apollo, see Dagron, *Vie et Miracles,* 85–88.

12 As Dagron notes, the epithet κανίτις or κανῆτις (from genitive κανήτιδος at *Mir.* 2.3) seems to be a local title for Athena probably derivative of κανής ("mat of reeds"). Thus, as the divine protector of "basket weavers," Athena appears in her regional equivalent of the Athenian κανηφόροι, girls who carried woven reed baskets in religious processions (*Vie et Miracles,* 84–85).

13 See *Iliad* Books 5–6 for the story of Diomedes's wounding of Aphrodite. For Dexianos, see *Mir.* 5.

14 See Galatians 1:16, 2:7–8; Romans 11:13; 1 Timothy 2:7. Cf., e.g., *Acta Thomae* 1, ed. Wright and Eusebios, *HE* 3.1, ed. Bardy.

15 The epithet "megalomartyr" ("great martyr") is less common for Thekla than "protomartyr," but in this passage it echoes multiple uses of the adjective "great" (μεγάλη) just prior. Like protomartyr, megalomartyr is also applied in Byzantium to Stephen (Athanasios, *De sententia Dionysii* 7.3.5, ed. Optiz), but it is also very often applied to Demetrios (Anna Komnene, *Alexiad* 2.8.3.15, ed. Leib), Theodore (Constantine VII Porphyrogennetos, *De thematibus* 10.7, ed. Pertusi), George (Michael Glykas, *Annales* 489.2, ed. Bekker), and Sergios (Theophylact Simocatta, 5.14.2.1, ed. de Boor and Wirth) and a few other saints.

16   The use of "Hagarenes" here, presumably denoting the Arabs, is almost certainly a later interpolation. It is possible, as Dagron notes, that Hagarenes was substituted by a copyist for the ancient title "Saracens," since the two were used interchangeably in Byzantium (*Vie et Miracles*, 114–15).

17   *ATh* 21–22 (ed. Lipsius and Bonnet 1891).

18   *Iliad* 12.73 (cf. *Mir.* 13.2 and 28.6).

19   Dagron corrects τοῦ καθ' ἡμᾶς χρόνου to τοῦ καθ' ἡμᾶς, a change which highlights the comparison of the two cities. When combined with the earlier comparison with Tarsus (*Mir.* 4), this passage offers a bird's-eye view of the circumference of Thekla's posthumous activities.

20   These two categories of leadership in Seleukeia—the clergy and the attendants of Thekla—are not coterminous, as is demonstrated at length in *Mir.* 12.

21   As Dagron notes (*Vie et Miracles*, 301 n. 3), there is a grammatical confusion in this sentence between Dexianos, who is the proper accusative subject of the infinitive ἐκπλαγῆναί, and the accusatives δαιμονῶντα ἄγριόν τινα καὶ λυσσητῆρα, which refer to the demonic apparition.

22   Eutropios, by origins an emancipated slave and eunuch, rose to the unexpectedly high offices of *praepositus sacri cubiculi* (395), *patrikios* (398), and then consul (399) under the emperor Arkadios. Among other official acts, he repealed a law of Theodosios I (*CTh* 16.2.27–28, 390) which had allowed widows to leave their inheritance to clerics (Dagron, *Vie et Miracles*, 132–33). In 399 he fell afoul of the empress Eudoxia, was exiled, and was subsequently executed. See *PLRE* 2.440–44.

23   Presumably this is a play on the Greek roots εὐτροπ-/εὐτραπ-/εὐτρεπ-, which can have the sense of "tricky:" e.g., εὐτράπελος in Pindar, *Pythia* 4.105, ed. Maehler.

24   The opposition between the "actuality" or a "waking vision" (ὕπαρ) and a dream (ὄναρ) is made elsewhere in the *Miracles* (e.g., 14.3, 18.1, and 19.3).

25   "Monster" (σμερδαλέος; lit. "fearful") is a Homeric descriptor (e.g., *Iliad* 2.309; *Odyssey* 12.91).

26   See *Mir.* 10.1–2 and 30.3.

27   Or perhaps "to burn up in the greatest fire ever seen . . ." (as at
      Dagron, *Vie et Miracles,* 309).

28   I.e., in a dream or vision, which is not recorded here.

29   If we assume that this is a church dedicated to Thekla, then this
      may be the only record of its existence. Janin (*Géographie ecclési-
      astique,* 148–50) lists three churches of Thekla in Constantino-
      ple: at the Blachernae palace (1059), at the Julian harbor (6th
      cent.), in Sykae (before 489). Only the last of these is a possibil-
      ity, but both the founder and the date of its construction remain
      unknown.

30   This is referring to the conversion of an imperial law court/basilica
      into a church, which apparently required at this time a direct
      ruling from the emperor and was consequently quite rare (Da-
      gron, *Vie et Miracles,* 309 n. 13).

31   *Iliad* 4.139, 11.388; cf. 21.166.

32   There is a letter (*Ep.* 190) from Basil of Caesarea to Symposios (lit.
      "Sympios") dating to 374 which lends credence to this portrayal
      of Symposios's Arianism (Dagron, *Vie et Miracles,* 311 n. 2). How-
      ever, Symposios converted to Nicene orthodoxy in 381, and
      there may be some reference here to the fact that the Nicene
      Creed was given imperial *imprimatur* by Theodosius I (*CTh*
      16.5.6).

33   *Odyssey* 8.492.

34   The *Lacus Maeotis* or *Palus Maeotis* is the modern Sea of Azov, the
      size of which was regularly overestimated in antiquity (e.g.,
      Pliny, *NH* 2.168.1).

35   That is, above and below the *oikoumene* (the inhabited world). As
      Dagron notes (*Vie et Miracles,* 313 n. 5), there is a problem with
      saying Thekla is not hindered by the encircling Ocean if there is
      nothing beyond this Ocean.

36   Scrofula is a tuberculosis of the neck which results from an infec-
      tion of the lymph nodes. Its main symptom is a chronic mass in
      the neck which grows with time and will eventually rupture.
      Asklepiades is a traditional Greek epithet for physicians, literally
      "Sons of Asclepius" (the Greek god of medicine and healing).

37 The epithet "good" (βέλτιστος) here is also used of "excellent" Sarpedonios above (11.2; see also 18.2 and 40.3); and "little old lady" is a derogatory diminutive (γραΐδιον).

38 This is not actually a quotation from Homer, but uses Homeric language.

39 Cf. *Iliad* 2.58.

40 There are actually four separate miracles which pertain to the author (with five dream sequences total), appearing over the course of three numbered chapters: two in *Mir.* 12, and one each in *Mir.* 31 and 41. See Krueger, *Writing and Holiness*, 79–92, for the salient point that each of these miracles in some way concerns the writer's ability to perform the task of composition and Thekla's patronage of his work.

41 Today anthrax is known to be a bacterial infection that sometimes produces a boil-like lesion on the skin and eventually forms a large, though painless, ulcer with a black center. The infection can be fatal if untreated. Whether the author here is referring to our modern anthrax is unclear, since he describes the pain as "severe and uncontrollable."

42 Basil of Seleukeia (bishop ca. 448–468) vacillated in the immediate events leading up to the Council of Chalcedon (451), first condemning Eutyches in 448, reversing his opinion at the "Robber Council" of 449, then signing the Tome of Leo in 450. Curiously, the *LM* was ascribed to Basil, though it is clear from *Mir.* 12 that—unless one supposes an interpolation—he most surely did not write it (Dagron, "L'Auteur"). Photios claims Basil wrote a versification of the "deeds, contests, and victories of the protomartyr Thekla" (*Bibliotheca* cod. 168 = 2.159–61, ed. Henry), a claim which may be one source of the confusion.

43 Literally, "not worthy of the stage." This phrase appears in Libanios (*Declamationes* 49.2.23.9, ed. Foerster), and Photios (*Homilia* 11.115.10, ed. Laourdas).

44 The second half of *Mir.* 12 is probably an addition which was inserted following the death of Basil (after 468); see Dagron, *Vie et Miracles,* 17–18.

45 This cloak *(tribonion)* is a different garment from the *himation*

Thekla wears at 12.2 above and appears to be more like the masculine tunic *(chiton)* she dons at the end of the *ATh* (*ATh* 40 and *Life* 25.16–21; cf. *ATh* 38 and *Life* 23.1–16); see Dagron, *Vie et Miracles,* 98.

46 See Harvey, *Scenting Salvation,* 133–34 and passim.

47 Satornilos is better known as Saturninus, the *comes domesticorum* under Theodosius II, who carried out the executions of the Empress Eudocia's advisors, Severus and John, in Jerusalem in 444. According to later historians, Eudocia had Saturninus killed that same year in an act of retribution. For his career and references, see *PLRE* 2.979–80 "Saturninus 3."

48 Euripides, *Orestes* 14.

49 The language is Homeric without being an actual citation.

50 As Dagron notes, the Isaurian pillagers were an "enemy within" and thus required more finessing than simple denigration as "barbarians" (*Vie et Miracles,* 120). They were, after all, the rugged stock that produced the emperor Zeno, who showed Thekla so much favor in the 470s (Evagrios Scholastikos, *HE* 107.31, 108.4, ed. Bidez and Parmentier).

51 Cf. *Iliad* 12.73, and *Mir.* 6.1 and 28.6.

52 Claudiopolis in Isauria (modern Mut) was eighty kilometers north of Seleukeia on the road to Ikonion (Dagron, *Vie et Miracles,* 325 n. 1).

53 This phrase could imply marital infidelity.

54 Cf. 1 Samuel 1:10–11.

55 Cf. Clement of Alexandria, *Protrepticus* 11.114.3, ed. Mondésert.

56 See n. 24 above.

57 This sentence is a mixture of New Testament phraseology (e.g., Matthew 28:17–19; Luke 24:52; Acts of the Apostles 2:38, 22:16; Romans 1:20; 1 Corinthians 4:1–2; Ephesians 1:10, 3:9; Colossians 1:15–16; etc.).

58 Although the term "Theotokos" (lit. "bearer of God") appears here—highlighting the post–Council of Ephesus (431) context— the absence of terminology from the Council of Chalcedon (451) is striking in a Greek text from Asia Minor ca. 470. The anachronistic insistence on Trinitarian, Nicene Christianity is a hallmark of the text as a whole and appears prominently in the

mouth of Paul in the *Life of Thekla:* see Johnson, *Life and Miracles of Thekla*, 32–35.

59   It seems the author is here making a distinction between the inhabitants of Hagia Thekla (modern Meriamlık) and Seleukeia proper (Dagron, *Vie et Miracles*, 331 n. 2).

60   One possible reading of the word translated here as "docked" (ἀνήχθη) is "put out to sea" (LSJ s.v. B), which would shift the scene of the onlookers' wonder to Cyprus. Although a subsequent statement asserts that Cyprus "was completely filled with the story of this miracle," the second sentence immediately after the use of ἀνήχθη—i.e., "anchored it again at precisely the spot where the storm had ripped it away"—suggests that Thekla brought the boat to the harbor of Seleukeia rather than Cyprus. There is a very similar miracle in the contemporary Syriac *Life of Simeon Stylites* (Doran, *Lives*, 152–53).

61   I.e., the parade troops of the *scholae palatinae* (Dagron, *Vie et Miracles*, 331 n. 1). See *ODB* 3:1851–52.

62   On the instability of Isauria and southern Asia Minor during the fifth century, see Shaw, "Bandit Highlands"; and Lenski, "Assimilation and Revolt."

63   Cf. *Iliad* 1.351.

64   "Nonsense" (ἔωλον πρᾶγμα/ἔωλα πράγματα) occurs twice in Plutarch (*De curiositate* 519a3, ed. Pohlenz; *Quaestiones convivales* 674f6, ed. Hubert).

65   This manner of very physical healing is more typical of the seventh-century *Miracles of St. Artemios* (Crisafulli and Nesbitt, *Miracles of St. Artemios*).

66   See n. 24 above.

67   In postclassical Greek, the verb "to soften" (ἐκμειλίσσω) is primarily a medical term (LSJ s.v.).

68   E.g., Euripides, *Bacchae* 1091.

69   Double miracles are common in subsequent Byzantine miracle collections: e.g., *Miracles of Cyrus and John* 12; *Miracles of Cosmas and Damian* 25, 44 (Dagron, *Vie et Miracles*, 341 n. 8).

70   On the name Bassiane, see Dagron, *Vie et Miracles*, 341 n. 1. Another Bassiane appears in *Mir.* 43.

71   Parallels: Himerios, *Declamationes et Orationes* 20.6, ed. Colonna;

and John Chrysostom, *In dictum Pauli: Nolo vos ignorare,* PG
51.241.40. Cf. Pollux, *Onomastikon* 1.105.2, ed. Bethe; and *Odyssey*
12.44, 183.

72 The literary trope of a paradisiacal Daphne, a suburb of Syrian An-
tioch, was common in Late Antiquity: see Dagron, *Vie et Mira-
cles,* 343 n. 7.

73 I.e., Isaurian Eirenoupolis: see 33.2.

74 The rhetorical suggestion here of "ungraciousness" (ἄχαρι) plays
off of the "grace" of Modestos in 19.3.

75 On the general Bitianos (otherwise unknown) and the identifica-
tion of "the Persians" here, see Dagron, *Vie et Miracles,* 128–29.

76 It is unclear whether this is an oblique criticism of the wife who
may have stayed married for the social benefits (Dagron, *Vie et
Miracles,* 345 n. 4).

77 Eurybatos/Eurybates was the proverbial name for a swindler (Da-
gron, *Vie et Miracles,* 347 n. 2).

78 On the Myrsineon grove, see Dagron, *Vie et Miracles,* 413–15, and
the appendix.

79 The author here uses the word φολίδες ("scales"), which is inter-
changeable with the word that appears in Acts of the Apostles
9:18, λεπίδες. The former can have the connotation of reptilian
scales, whereas the latter typically refers to fish.

80 The Greek word κόσμος may here have a double entendre of
"ornament" and "universe"; Pythagoras was thought by ancient
writers to have been the first to use κόσμος in the latter sense
(Hardie, "Imago Mundi," 14).

81 Phasis was a city (and eponymous river) in Colchis on the eastern
coast of the Black Sea, near modern Poti in Georgia. It was a fa-
mous archaic Greek city at the eastern edge of the *oikoumene* of
the time.

82 Parallels: Philo, *De opificio mundi* 66.8–10, ed. Cohn; Galen, *De usu
partium* 3.827.1–3, ed. Kühn; John Philoponos, *In Aristotelis libros
De Anima commentaria* 15.221.18ff., ed. Hayduck. Cf. Exodus 21:24
(LXX); Matthew 5:38.

83 See the interesting parallel usage of ἀκεσταῖς σωμάτων ("mend-
ers of bodies") in the minutes of the Council of Ephesus (431):

ἐοίκασι δέ πως τοῖς τῶν ἀνθρωπίνων σωμάτων ἀκεσταῖς ἢ
γοῦν ἰατροῖς, οἳ τοῖς τῶν φαρμάκων οὐχ ἡδέσι τὸ γλυκὺ
προσπλέκουσι μέλι, τῇ τοῦ χρηστοῦ ποιότητι τοῦ πεφυκότος
λυπεῖν τὴν αἴσθησιν ὑποκλέπτοντες (*ACO* 1.1.3, p. 91, l.9, ed.
Schwartz).

84 The adjective "healing" here (ἀλεξητηρίος; lit. "defending") is
repeated as a substantive in *Mir.* 25.2, with respect to Thekla,
"the true healer [or defender] of human nature."

85 The language of this miracle is reminiscent of the healing pool at
Bethesda in John 5:1–9. To contextualize Thekla's activity here
in stirring up the pool, it should be noted that in later MSS
of the NT (incl. the TR/KJV), the angels explicitly stir up the
waters of the pool at Bethesda (John 5:3b–4). However, in the
earliest MSS of the NT the waters are mysteriously "stirred up"
(ταραχθῇ, John 5:7) without an agent. This earlier tradition is
represented by the *Miracles*' near-contemporary Nonnus of
Panopolis (ἅλμασιν αὐτομάτοισιν, *Paraphrase of John* 5.7; cf.
ἅλμασιν αὐτοπόροισιν, *Dionysiaca* 1.308). See Agosti, *Parafrasi,*
244–45, 295–96.

86 Cf. John 5:2–7.

87 On the site of Dalisandos, see Dagron, *Vie et Miracles,* 357 n. 1: prob-
ably in the valley of the Kalykadnos river, to the northwest of
Seleukeia. See also n. 107 below.

88 The latter half of this sentence makes use of *homoioteleuton,* which
emphasizes the celebratory or sing-song character of the nar-
rative: ἔτι μὴν καὶ ἐπιχορεῦσαι βουλομένοις καὶ ἐνσκιρτῆσαι
φαιδρότατα, θοινήσασθαί τε προθυμουμένοις καὶ ἐμφαγεῖν
θυμηρέστατα.

89 *Iliad* 5.720, 8.382.

90 Selinous was on the southern coast of Asia Minor to the west of
Seleukeia (Dagron, *Vie et Miracles,* 359 n. 1).

91 Homer applies this epithet only to rocks: e.g., *Iliad* 15.273, 619.

92 Cf. *Life* 27.60; *Iliad* 5.738, 15.229, 17.593, 18.204, 21.400, etc.

93 Dagron (*Vie et Miracles,* 121–22) argues that "Laistrygonia" here can
be equated with the Lamotis, the area north of Anemourion and
south of Eirenoupolis on the Kalykadnos, a hostile, mountain-

ous region which is separated from the settled coastal towns of Isauria. According to Dagron, the equation in the *Mir.* between the region of Lamotis and that of mythical Laistrygonia arises from the fact that, in the *Odyssey* (10.80–141), the anthropophagic Laistrygons are described as sons of Poseidon by King Lamos (*Vie et Miracles,* 122 n. 1).

94   Perhaps meaning the diocese of Oriens; cf. *Mir.* 28.7.

95   It is worth highlighting that, at two kilometers outside Seleukeia, Thekla's sanctuary could be attacked and the local soldiers would not find out about it until it was too late to help (Dagron, *Vie et Miracles,* 364–65 n. 7).

96   On the term ψυχικά for *ex voto* gifts, see Talbot, "Women and Mt. Athos," 76.

97   See *Mir.* 6.1 and 13.2.

98   Cf. Jonah 3; Matthew 12:41.

99   Cf. Genesis 18–19.

100   Dagron, *Vie et Miracles,* 367: "Phrase digne des orateurs attiques..."

101   Cf. Isaiah 17:6; Matthew 18:16–20; 1 Corinthians 14:29; 2 Corinthians 13:1; 1 Timothy 5:19; Hebrews 10:28.

102   Kapaneus was a Greek hero and one of the seven commanders against Thebes, notorious for his arrogance and defiance of the gods, and was struck down by Zeus's thunderbolt while climbing the walls of that city (Aeschylus, *Seven Against Thebes* 427–40).

103   Lykaonia was a region of Asia Minor to the north of Isauria. One of its major cities was Ikonion, which was the hometown of Thekla. Lykaonia was part of the Roman province of Cappadocia from the time of Trajan. At Lystra Paul was acclaimed as Hermes in the Lykaonian language (Acts of the Apostles 14:11).

104   Kastor was a provincial administrator (ἐπαρχικός = *praefectianus*): see Dagron, *Vie et Miracles,* 369 n. 6.

105   See n. 24 above.

106   I.e., a *rhetor*/*advocatus* serving in an *officium* (Dagron, *Vie et Miracles,* 129, 371 n. 1).

107   The name of the town Dalisandos/Dalisanda (cf. *Mir.* 26) is evi-

dently a contraction of Damalisandos, which itself is a combination of "Damalis" and "Sandos." Sandas/Sandes/Sandon was the name of an indigenous Cilician god, claimed to be the founder of Tarsus and assimilated with Herakles (Ammianus Marcellinus 14.8.3; Agathias 2.24.8); Damalis was a female hero associated with Sandos. See Dagron, *Vie et Miracles,* 371 n. 3.

108 A contemporary of John Chrysostom, the bishop Maximos was successor to Samos, who was still alive around 383 or 390, and was the predecessor to Dexianos, who attended the Council of Ephesus in 431 (Dagron, *Vie et Miracles,* 371 n. 5).

109 Cf. 1 Corinthians 4:13–15.

110 Cf. Gregory of Nazianzus, *Or.* 43.19, PG 36.520D; *Carm.* 1.2.8.168, PG 37.66.1A; *Carm.* 2.1.11.477, PG 37.1062A.

111 These were the two bishops who preceded Maximos (Dagron, *Vie et Miracles,* 373 n. 8).

112 What I have rendered here as "notebook" (τετράς) could also be rendered as "quire" (i.e., four double-folded sheets). Therefore, instead of understanding this as loose sheets comprising a notebook/working copy of a limited amount of text—i.e., a three-step process overall: from tablet (δέλτος) to notebook (τετράς) to parchment-manuscript (unmentioned here)—it is conceivable from his language that the author produced one quire of his manuscript at a time and that this represented his final version —i.e., a two-step process: from tablet (δέλτος) to parchment-quire (τετράς).

113 Mysia was the classical term for present-day Bulgaria; and "Mysian" was proverbial for anything plundered with impunity: s.v. "Μυσός" in LSJ.

114 Cf. *Mir.* 28.2.

115 On the meaning of "magistrate and private citizen" (καὶ δημαγωγὸς καὶ ἰδιωτής), see Dagron, *Vie et Miracles,* 377 n. 2.

116 Cf. *Mir.* 19 and 34.

117 On the various references to tragedy, particularly Euripides, see Dagron, *Vie et Miracles,* 157.

118 Cf. *Mir.* 33 and 34.

119 Cf. 1 Corinthians 15:56.

120 Cf. Matthew 10:16; Luke 10:3.

121 Cf. Ephesians 4:27.

122 A proverbial phrase: Dagron, *Vie et Miracles,* 383 n. 7.

123 There is apparently some personal connection between the author and Eirenoupolis: Dagron, *Vie et Miracles,* 385 n. 9.

124 This was the late Roman public office (or curial obligation) of σιτωνία (*CJ* 1.4.17). See also Jones, *Later Roman Empire,* 1.626–27, along with the laws in *CTh* 7.4.

125 *Iliad* 10.496.

126 *Odyssey* 8.492.

127 This concluding story to *Mir.* 36 is somewhat unrelated to the previous paragraphs, but it does not receive a separate heading or number in the manuscripts (Dagron, *Vie et Miracles,* 91, 389 n. 4). As a kind of appendix it serves to group miracles concerning sick animals, even though the faith of the horse's owner is the primary issue here.

128 See *Mir.* 15 for another Cyprus miracle.

129 As Dagron notes, Thekla is associated with the rhetorical vocation in the *Symposion* (ca. 300) by Methodios of Olympos (*Symposion* 8 and 11, ed. Bonwetsch; Dagron, *Vie et Miracles,* 391 n.2).

130 Both are included in the grammatical prosopography of Kaster, *Guardians of Language,* 239 (no. 6) and 321 (no. 108).

131 *Iliad* 1.365. Cf. *Mir.* 16.1.

132 Cf. *Mir.* 12.5 and 12.8.

133 See the prosopography entry at Kaster, *Guardians of Language,* 431 (no. 259). Elsewhere, Kaster argues that "Solymios" here should be regarded as an error for "Olympios": i.e., ὁ παῖς ὁ Σολύμιος is a scribal error for ὁ παῖς ὁ 'Ολύμπιος. There would thus be one son instead of two, which solves the difficulty of Olympios's prominent introduction at *Mir.* 38.1 being followed by no mention of him whatsoever in the rest of the story. See Kaster, "*Vie et miracles de Sainte Thècle,*" for further explanation.

134 Does this suggest the pebble was being used in a superstitious way which the author here tries to correct by linking it directly with Thekla?

135 This follows the *cursus* of late antique higher education.

136 Cf. *Republic* 10.617.e.4.

137 On the career of Isokasios, known also from (among other things) his correspondence with Theodoret of Cyrrhus, see Kaster, *Guardians of Language*, 301–2.

138 See above, n. 6.

139 Aretarchos does not appear in the prosopography of Kaster, *Guardians of Language*, because he is not described as ever having been a grammarian, though presumably that was part of his past career (cf. Dagron, *Vie et Miracles*, 397 n. 1). The author here recounts his career only from the higher academic ranks of sophist and rhetor.

140 The sophist Gorgias (ca. 485–ca. 380 BCE) was very influential in classical Greece because of both his thought and his rhetorical style. His style is parodied by the character Agathon in Plato's *Symposium* (194e–197e), and he was considered generally to be a skeptic on the communicative power of words. See *OCD* s.v. "Gorgias (1)."

141 The verb "to proclaim" (ἐπιδείξασθαι) is a technical term in classical oratory.

142 This implies that the pulpit for his speech was set up outside the church, presumably in the forecourt (Dagron, *Vie et Miracles*, 399 n. 7).

143 Cf. Epilogue 4.

144 The phrase "buckets of tears" (ὀχετοὶ δακρύων) was particularly common in the Greek of this period: e.g., Gregory of Nazianzus, *Carmina de se ipso*, PG 37.996.5; Basil of Caesarea, *Ep.* 45.1.45, ed. Courtonne; Ps. John Chrysostom, *De Lazaro et divite*, PG 59.594.3; Romanos Melodos, 7.24.5, ed. Grosdidier de Matons.

145 The phrase "abundance of tears" (δάκρυον δαψιλές) was also particularly common in the Greek of this period: e.g., Basil of Caesarea, *Homiliae super Psalmos*, PG 29.224.21; Ps. Theodore of Mopsuestia, *Theodori lapsi responsio* 2.64, ed. Dumortier (Sources chrétiennes 117).

146 Kalliste's name means "very beautiful" in Greek (καλλίστη).

147 On this forced interruption and false conclusion to the work, see Dagron, *Vie et Miracles*, 17.

427

148   Cf. Mark 9:2; Matthew 17:2. Is the author here referring to Paul of
      Thebes (known as "Paul the First Hermit" and "Paul the Ancho-
      rite"; d. ca. 341)? There is no indication in Jerome's vita of Paul
      or elsewhere that he was considered a devotee of Thekla.

149   Samos, Dexianos's immediate predecessor in the bishopric of
      Seleukeia, was still alive around 383 or 390. See *Mir.* 30.3, and
      Dagron, *Vie et Miracles,* 16–19.

150   *Iliad* 16.154. This line describes Pegasus, though earlier Dexianos
      was compared to Diomedes (*Mir.* 3).

151   Dexianos had been bishop before Basil and is mentioned in several
      miracles (*Mir.* 3, 7, 29, 32, 44); the author of the *Mir.* thought
      highly of Dexianos, although he singles him out once for cen-
      sure (*Mir.* 32).

152   The phrase "in Christ" is characteristically Pauline: e.g., Romans
      12:5.

153   I.e., the Hesiodic *Catalogue of Women,* now fragmentary: see West,
      Hesiodic Catalogue.

154   The verb "lived with" (Greek participle, ὡμιληκυῖα) has sexual un-
      dertones, which explain the concessive "although" here.

155   Xenarchis is mentioned in *Mir.* 44.3.

156   She "unfastened" (λύει) the book because its covers were secured
      by ties.

157   Dionysia is mentioned in *Mir.* 44.3.

158   Sosanna is mentioned in *Mir.* 44.3.

159   *Life of Thekla* 28.5–14; for discussion of this scene, see Johnson, *Life
      and Miracles of Thekla,* 7–8 and 145–46; and Johnson, "Apostolic
      Geography."

160   I.e., *Mir.* 12, 31, 41.

161   On the term "bear-pig" (ἀρκόχοιρον), see Dagron, *Vie et Miracles,*
      411 n. 3.

162   On the chronology of the bishopric of Seleukeia in relation to the
      publication of the *Miracles,* see Dagron, *Vie et Miracles,* 16–19.

APPENDIX: TWO VARIANT ENDINGS TO THE THEKLA LEGEND

1   In the manuscripts this title refers clearly to just the first text of
      the appendix, 1–6 below; see Dagron, *Vie et Miracles,* 413.

2   An "Achaios" is the dedicatee of the *Life* (*Life* Preface 41–46; Dagron, *Vie et Miracles,* 21).

3   Cf. Acts of the Apostles 18:26.

4   In terms of chronology, both of the texts in this appendix take place in the ancient, first-century time frame of Thekla's activities in the *ATh.* Except for the mention of the Myrsineon grove, there are no narrative elements dating from the (posthumous) time frame of the *Miracles.*

5   Cf. 1 Corinthians 15:32.

6   Cf. Acts of the Apostles 11:26; Galatians 2:11.

7   It is important to note that Thekla does not have the authority here to baptize, a role which she had in the *ATh* and which was a source of tension in the reception of that text: see Dagron, *Vie et Miracles,* 31–32, 42.

8   Cf. Matthew 6:22.

9   Cf. Isaiah 61:3.

10   Cf. James 2:22; Romans 8:28.

ANONYMOUS MIRACLES OF THE PEGE

1   Leo I, emperor of Byzantium, 457–474, received this epithet because of his execution of the Arian rebels Aspar and Ardabourios in 471.

2   This is apparently a reference to the original structure built over the spring; it later became the crypt of the Justinianic church.

3   Justinian I reigned from 527 to 565.

4   Cyril Mango translates this phrase as "compacting it by means of only four arches and wrought it in a circle so that it seemed to hang in the air"; see Mango, *Byzantine Empire,* 103.

5   This refers to the collapse of the dome in 869 and its restoration by Basil I, as described in chap. 13.

6   Cf., e.g., Paul of Aegina, *Epitomae medicae libri septem,* in Heiberg 1921–1924, 3.45.11.1–24.

7   No Glykeria is listed in vols. 2 or 3 of the *PLRE.* In chap. 6 Glykeria is called Theodora's sister.

8   Apparently a chapel at the Pege monastery. It is also mentioned in chaps. 16 and 18.

9   See n. 7 in chap. 5.

10 Cf. Matthew 9:20–22.

11 The wife of Maurice, emperor from 582–602, named Constantina, had a sister named Charito. A sister called Eudokia is nowhere else attested.

12 Irene ruled as regent for her young son Constantine VI between 780 and 790. After a brief period of deposition (790–792), she was restored to the throne in 792 and ruled together with Constantine until she dethroned him in 797.

13 *Solenoton,* evidently derived from the root σωλήν or "tube, pipe," is a type of cloth, perhaps with ridges like corduroy; cf. John Lydus, *De magistratibus* 2.4 (Wünsch, 1903), 53, corresponding to Latin *tubulamenta.*

14 This is a precious testimony to Irene's commissioning of two mosaic portraits for the Pege church that must have resembled those of Justinian and Theodora at Ravenna. It is a rare example of monumental art executed during the thirty years between the two periods of iconoclasm (787–815).

15 Thekla was the daughter of emperor Theophilos (829–842) and of Theodora who, while serving as regent for her minor son Michael III, was instrumental in the restoration of icon veneration in 843.

16 *Protospatharios* was a high title granted to members of the imperial hierarchy; see *ODB* 3:1748. Since he was assisted by two saints named Gregory, it is likely that the *protospatharios* also bore the name Gregory.

17 Gregory of Nazianzus, one of the Cappadocian fathers of the church, and bishop of Constantinople from 380–381.

18 Gregory the Wonderworker (Thaumatourgos) was a bishop of Neokaisareia in Pontus in the third century.

19 Cf., e.g., Gregory of Nazianzus, Oration 4, chap. 94 (PG 35.628.28).

20 Perhaps meaning here a resident of Thessalonike.

21 Cf. ps.-Zonaras, *Lexikon,* ed. Tittmann 1808, s.v. alpha, 1:184.27.

22 Athyras was a port town west of Constantinople, between Selymbria and Rhegion.

23 The *phiale* was usually a fountain, often located in the courtyard of

a Byzantine church; in this case, however, it is the name of the basin in the crypt which received the water of the sacred spring and was the primary goal of pilgrims to the Pege.

24   The chapel of Saint Eustratios was apparently located in the courtyard of the monastery of the Virgin of the Spring, next to the entrance to the *phiale,* as we know from chap. 23. See Janin, *Géographie ecclésiastique,* 119.

25   Cf. John 11:1–44.

26   Cf. Acts of the Apostles 19:12.

27   The earthquake of Sunday, January 9, 869.

28   The doors separating the narthex from the nave.

29   Cf., e.g., Ὡρολόγιον τὸ μέγα (Rome, 1876), 227.

30   Basil I, emperor 867–886.

31   I.e., pendentives; cf. the translation of Mango, *Byzantine Empire,* 202: "the dome which he rebuilt starting from the upper fastenings that join together, i.e., the pendentives."

32   We learn from the metaphrasis of Xanthopoulos that at least in his time this scene of the Annunciation was in mosaic; cf. Pamperis, *Logos, Mir.* 12, 31–32.

33   A *magistrissa* was the wife of a *magistros,* a high-ranking Byzantine dignitary.

34   Kathara Deutera, the first day of Orthodox Lent.

35   Theotokion, e.g., *Menaia,* 2:306.

36   On the iconography of the Virgin Episkepsis, see *ODB* 3:2170, s.v. Virgin Blachernitissa. The same icon is mentioned in chap. 17.

37   Probably a monastery dedicated to the Virgin at Chrysopolis (Skoutari), across the Bosporos from Constantinople.

38   The Virgin Galaktotrophousa, who is depicted nursing the Christ child.

39   The chapel of Saint Anna existed already in the reign of Justinian (cf. chap. 5) but may have been destroyed by the Bulgarians (see next n.).

40   This most likely occurred in 913 when Symeon, tsar of Bulgaria (893–927), reached the walls of Constantinople. Leo was already dead by this time, however, having passed away the previous year.

41   The chapel of Saint Agathonikos was apparently within the pre-

cincts of the Pege monastery; see Janin, *Géographie ecclésiastique*, 8.

42   Leo VI, emperor 886–912.

43   Theophano, the first wife of Leo VI, died in 895 or 896. She was proclaimed a saint after her death.

44   Stephen I, patriarch of Constantinople (886–893) and brother of Leo VI.

45   A *sticharion* is a long tunic with sleeves, a *phelonion* is a semicircular cape worn over the *sticharion,* and the *omophorion* is a long scarf worn over the *phelonion.*

46   This was because of the belief that the consumption of water was contraindicated for certain diseases.

47   The chapel of Saint Eustratios is first mentioned in chap. 12. The Greek text here is confusing and leaves unclear the relative locations of the chapel of Eustratios and the water basin.

48   Stylianos Zaoutzes, a powerful official at the court of Leo VI.

49   Actually Zoe Karbonopsina did not marry Leo VI and become Augusta until after she had given birth to Constantine VII in 905; she became Leo's fourth wife in 906.

50   This is Constantine VII Porphyrogennetos, who ruled from 945–959.

51   Romanos I Lekapenos, emperor from 920–944, seized the throne during the minority of Constantine VII. The author seems to be distinguishing him from Romanos II (959–963), thus providing an indication of a *terminus post quem* of 959 for the composition of this text.

52   Helena Lekapene became the wife of Constantine VII; Stephen, who was deposed as emperor in 945, was married to Anna, daughter of Gabalas.

53   An intermittent fever, combining the characteristics of a quotidian and a tertian fever.

54   A region of northeastern Asia Minor, whose capital was Trebizond.

55   John the *protospatharios* (in this case, the commander of a Byzantine theme) was *strategos* of the Peloponnese in 934; cf. Runciman, *Romanus Lecapenus,* 72–73.

56   Panteleimon was a physician saint, often depicted carrying a scal-
      pel and a physician's box.

57   Presumably because the fields are some distance from the city.

58   Some *mandatores* had police functions; cf. *ODB,* s.v. mandator.

59   I.e., Hagia Sophia, a traditional place to seek asylum.

60   John Kourkouas (d. after 946) was a general who served Emperor
      Romanos I, especially on the eastern frontier. *Magistros* was a
      high-ranking Byzantine dignitary; see *ODB* 2:1267.

61   Perhaps a reference to the *lite* or procession that precedes the
      Great Entrance.

62   The forthcoming second series of the *Prosopographie der mittelbyz-
      antinischen Zeit* lists two individuals with the name of Theo-
      phylaktos Abastaktos: 1) a ninth-century peasant of Armenian
      stock, who was the father of Romanos I Lekapenos; see Zonaras
      XVI, 8, 15 (Pinder and Büttner-Wobst, *Zonarae,* 3.419); and Bek-
      ker, *Theophanes Continuatus,* 841; and 2) the Theophylaktos men-
      tioned in the Pege miracles, a homonym who was a *patrikios* (pa-
      trician) and lived during the reign of Constantine VII.

63   Literally "running the course concerning his soul," a proverbial ex-
      pression; cf. *CPG* 2.686.

64   A man of Armenian ancestry; his family name was probably origi-
      nally Khatchaturian.

65   Apparently not the church at Pege.

66   This holy spring is otherwise unattested.

67   Pege evidently had a lay confraternity, responsible inter alia for
      special offices in honor of the Virgin of the Pege *(presbeia),* and
      most likely a procession in which the icon of the Pege was pa-
      raded.

68   A proverbial expression; cf. Diogenes 2.40, in *CPG* 2.24.

69   Cf. chap. 13.

MIRACLES OF GREGORY PALAMAS

1   The title of this official responsible for the care of orphans was *or-
      phanotrophos.*

2   An allusion to Palamas's inability to enter Thessalonike in 1347

when he was first appointed archbishop, on account of the op-
position of the Zealots. This miracle can therefore be dated to
1347, since it immediately precedes an account of Palamas's visit
to Athos in 1347.

3   I.e., afflicted with epilepsy.

4   On this monastery see Magdalino, "Byzantine Churches and Mon-
     asteries," 277–79.

5   The Byzantine year ends in August.

6   The feast of the Nativity of the Virgin is celebrated on September
     8. The account of this miracle immediately precedes Kokkinos's
     description of Palamas's capture by the Turks in 1354, and so
     must date to the early 1350s.

7   Although Palamas's teachings were endorsed by three councils in
     Constantinople in 1341, 1347, and 1351, opposition to Palamas
     continued in the 1350s.

8   Cf. Mark 5:25.

9   A monastery founded by an official of the metropolis of Thessalo-
     nike who bore the title *hypomimneskon.* It is cited several times in
     Palaiologan sources, but its location is unknown; cf. Janin, *Ég-
     lises et monastères,* 413–14.

10   On August 6. Porphyrios has evidently gone to the cathedral of
     Thessalonike for the celebration of the feast day, since at the
     end of the story he is described as returning to his monastery.

11   First troparion of the sixth ode of the Anastasimos canon of the
     plagal second mode, in *Parakletike,* 461.

12   Canon of Sunday of the 318 Fathers of Nicaea, ninth ode, first
     troparion, in *Parakletike,* 465. I thank Nancy Ševčenko for her
     suggestion that "the wise one" is Emperor Leo VI the Wise, who
     is known to have written a number of hymns.

13   This probably means that she became the convent's κτητόρισσα
     or patron.

14   On the convent of Saint Theodora of Thessalonike, one of the pa-
     tron saints of the city, see Janin, *Églises et monastères,* 374–75.

15   There is a play on words in the Greek text, ταῖς παλάμαις . . . τοῦ
     ἀρχιερέως <Παλαμᾶ>.

16   Palamas visited Constantinople for the last time in 1355 following his release from Turkish captivity.

17   Philotheos is referring to the four *Logoi* written by Palamas between 1356 and 1358 against Nikephoros Gregoras, a historian and anti-Palamite theologian.

18   Cf. Isaiah 8:19; cf. also Kaïmakes, *Philotheos Kokkinos,* Logos 8, lines 1962–63, 319.

19   Kallistos I, patriarch of Constantinople 1350–1353, 1355–1363.

20   The year is either 1357 or 1359; see Introduction n. 23.

21   This final oration is preserved as Homily 32 in PG 151.401A–12C.

22   Palamas died on November 14, the day after the commemoration of the death of John Chrysostom on November 13. For the year of his death, see Introduction, n. 23.

23   Gregory of Nazianzus, Logos 43 (PG 36.600C).

24   A reference to Saint Stephen, the protomartyr; see Acts of the Apostles 6:15.

25   Gregory of Nazianzus, *Homily on Theophany,* PG 36.328.3.

26   The large basilica of Saint Demetrios, built originally in the fifth century, has served as the major shrine of Thessalonike to the present day; cf. Janin, *Églises et monastères,* 365–72.

27   See chap. 7.

28   The translation of the final phrase is uncertain.

29   Note the apparent confusion on the part of the hagiographer, that although the man was suffering from an intestinal blockage and then from dysentery caused by the purgative, he rubbed his kidneys against Gregory's sarcophagus.

30   This ritual was celebrated on Maundy Thursday.

31   I.e., her husband. Cf. 1 Corinthians 11:3.

32   Homer, *Iliad* 18.104.

33   Perhaps at a right angle?

34   This may be an allusion to anti-Palamite women in Constantinople, such as Irene Choumnaina, the widow of the despot John Palaiologos.

35   An appropriate simile, since the woman is a spinner.

36   Saint Demetrios, martyred in the fourth century, was the patron

saint of Thessalonike. The perfumed oil or *myron* at his sanctuary was fabled for its miracle-working powers, well into the Palaiologan era.

37   A reference to the Zealots, who prevented Palamas from taking up his post as archbishop in Thessalonike after his appointment in 1347. The leader of the faction to whom Philotheos refers is Andrew Palaiologos (*PLP* 21425).

38   Palamas was finally able to enter Thessalonike in 1350.

39   Cf. Luke 10:33.

40   Cf. Matthew 18:10, 14.

41   Cf. Matthew 15:22ff.

42   Cf. Matthew 23:13–36.

43   Philotheos now turns to miracles in places other than Thessalonike.

44   As is made clear by a note in the manuscript, Zoe lived in Kastoria.

45   The *euchelaion* was a sacrament of unction or the anointing of the sick.

46   Cf. Matthew 8:5ff.

47   Cf. John 5:2ff.

48   The *hetaireiarches* Andronikos Tzimiskes, a student of Akindynos, was an anti-Palamite until he changed his beliefs following Palamas's miraculous healings of several members of his family.

49   Gregory Akindynos (ca. 1300–1348) was an anti-Palamite theologian and primary opponent of Palamas in the controversy over hesychasm.

50   An allusion to the basic Palamite doctrine that, although the essence of God is unknowable, man can experience God's uncreated grace or energy through contemplative prayer which may lead to a vision of the uncreated light of God, such as that which shone upon Christ during his transfiguration.

51   Barlaam, a monk from Calabria (ca. 1290–1348), was one of the primary opponents of Palamas and hesychasm. He was condemned by the local council of Constantinople in 1341.

52   The setting for this third miracle story is Constantinople, to which

Tzimiskes must have moved with his family. Note the allusion in chap. 24 to his presence in the capital.

53   The Chora monastery, originally founded in the sixth century, was renovated by Theodore Metochites between 1316 and 1321. It was one of the most prominent monasteries in fourteenth-century Constantinople, famed for its library as well as its superb mosaics and frescoes. For discussion of the term "Chora," see Underwood, *Kariye Djami,* 1.4–5.

54   I.e., Christ.

55   A proverbial expression, found especially in later authors such as Eustathios of Thessalonike, Theodore Dexios, and John Chortasmenos; cf. Karathanasis, *Sprichwörter,* no. 141, pp. 75–76.

56   This is an allusion to the great *oikonomos* or steward of the church of Thessalonike, to whom Philotheos had written to request information on Palamas's healing miracles.

57   The Great Lavra on Mount Athos founded by Saint Athanasios of Athos in 962/3. In the first part of his vita of Palamas, Philotheos described Gregory's residence at the Lavra early in his monastic career; cf., e.g., Tsames, Φιλοθέου Κωνσταντινουπόλεως τοῦ Κοκκίνου, chaps. 20–21, 30, 34, 41, and 42.

58   Philotheos is referring to Athanasios of Alexandria, Basil of Caesarea, Gregory of Nazianzus, John Chrysostom, Gregory of Nyssa, and Cyril of Alexandria, the great church fathers and theologians of the fourth and fifth centuries.

Bibliography

Agosti, Gianfranco, ed. *Parafrasi del Vangelo di San Giovanni: Canto Quinto.* Florence, 2003.

Bekker, Immanuel, ed. *Theophanes Continuatus.* Bonn, 1838.

Crisafulli, Virgil S., and John W. Nesbitt, eds. *The Miracles of St. Artemios: A Collection of Miracle Stories by an Anonymous Author of Seventh Century Byzantium.* The Medieval Mediterranean 13. Leiden, 1997.

Dagron, Gilbert. "L'Auteur des 'Actes' et des 'Miracles' de Sainte Thècle." *Analecta Bollandiana* 92 (1974): 5–11.

———, ed. *Vie et Miracles de Sainte Thècle: Texte grec, traduction et commentaire.* Subsidia hagiographica 62. Brussels, 1978.

Davis, Stephen J. *The Cult of Saint Thecla: A Tradition of Women's Piety in Late Antiquity.* Oxford Early Christian Studies. Oxford, 2001.

De Boor, Carl, ed. *Georgii Monachi Chronicon.* 2 vols. Leipzig, 1904.

Doran, Robert. *The Lives of Simeon Stylites.* Kalamazoo, Mich., 1992.

Festugière, André-Jean. *Collections grecques de miracles: Sainte Thècle, saints Côme et Damien, saints Cyr et Jean (extraits), saint Georges, traduits et annotés.* Paris, 1971.

Halkin, François, ed. "Deux vies de s. Maxime le Kausokalybe ermite au Mont Athos (XIVᵉ siècle)." *Analecta Bollandiana* 54 (1936): 38–112.

Hardie, Philip R. "Imago Mundi: Cosmological and Ideological Aspects of the Shield of Achilles." *Journal of Hellenic Studies* 105 (1985): 11–31.

Harvey, Susan Ashbrook. *Scenting Salvation: Ancient Christianity and the Olfactory Imagination.* Berkeley, Calif., 2006.

Heiberg, Johan L., ed. *Paulus Aegineta.* 2 vols. Leipzig, 1921–1924.

Hennecke, Edgar, and Wilhelm Schneemelcher, eds. *New Testament Apocrypha.* Translated by R. M. Wilson. Rev. ed. 2 vols. Louisville, Ky., 1992.

439

Hill, Stephen. *The Early Byzantine Churches of Cilicia and Isauria.* Birmingham Byzantine and Ottoman Monographs 1. Aldershot, Eng., 1996.

Janin, Raymond. *Les églises et les monastères des grands centres byzantins.* Paris, 1975.

————. *La géographie ecclésiastique de l'Empire byzantin. Première partie: Le siège de Constantinople et le patriarcat oecuménique; t. III, Les églises et les monastères.* 2nd ed. Publications de l'Institut français d'études byzantines. Paris, 1969.

Johnson, Scott Fitzgerald. "Apostolic Geography: The Origins and Continuity of a Hagiographic Habit." *Dumbarton Oaks Papers* 64 (2010): 1–21.

————. *The Life and Miracles of Thekla: A Literary Study.* Hellenic Studies 13. Washington, D.C. and Cambridge, Mass., 2006.

Jones, Arnold H. M. *The Later Roman Empire, 284–602: A Social, Economic, and Administrative Survey.* 3 vols. Oxford, 1964.

Καϊμακες, Demetrios B., ed. Φιλοθέου Κοκκίνου δογματικὰ ἔργα. Thessalonike, 1983.

Karathanasis, Demetrios K. *Sprichwörter und sprichwörtlichen Redensarten des Altertums in den rhetorische Schriften des Michael Psellos, des Eustathios und des Michael Choniates sowie in anderen rhetorischen Quellen des XII. Jahrhunderts.* Speyer, 1936.

Kaster, Robert. *Guardians of Language: The Grammarian and Society in Late Antiquity.* Transformation of the Classical Heritage, 11. Berkeley, Calif., 1988.

————. *"Vie et miracles de Sainte Thècle* II.38: The Son(s) of Alypius." *Analecta Bollandiana* 101 (1983): 301–3.

Krueger, Derek. *Writing and Holiness: The Practice of Authorship in the Early Christian East.* Divinations. Philadelphia, Pa., 2004.

Lenski, Noel. "Assimilation and Revolt in the Territory of Isauria, from the 1st Century BC to the 6th Century AD." *Journal of the Economic and Social History of the Orient* 42 (1999): 413–65.

Lipsius, Richard Adelbert, and Max Bonnet, eds. *Acta Apostolorum Apocrypha.* 2 vols. Leipzig, 1891.

Magdalino, Paul. "Some Additions and Corrections to the List of Byzantine Churches and Monasteries in Thessalonica." *Revue des études byzantines* 35 (1977): 277–85.

Majeska, George. *Russian Travelers to Constantinople in the Fourteenth and Fifteenth Centuries.* Washington, D.C., 1984.

Mango, Cyril. *The Art of the Byzantine Empire, 312–1453.* Englewood Cliffs, N.J., 1972.

Menaia. Μηναῖα τοῦ ὅλου ἐνιαυτοῦ. Rome, 1889.

Meyendorff, John. *A Study of Gregory Palamas.* Translated by George Lawrence. London, 1964.

Nikolopoulos, P. G. *The New Finds of Sinai.* Translated by Athanasios Hatzopoulos. Athens, 1999.

Pamperis, Ambrosios, ed. Νικηφόρου Καλλίστου Ξανθοπούλου περὶ συστάσεως τοῦ σεβασμίου οἴκου τῆς ἐν Κωνσταντινουπόλει Ζωοδόχου Πηγῆς, καὶ τῶν ἐν αὐτῷ ὑπερφυῶς τελεσθέντων θαυμάτων. Leipzig, [1802].

Parakletike. Παρακλητικὴ ἤτοι Ὀκτώηχος ἡ μεγάλη. Rome, 1885.

Perrella, Ettore, Marco Zambon, Sofia Georgopoulos, and Emanuele Greselin, eds. *Gregorio Palamas, Atto e luce divina: Scritti filosofici e teologici.* Milan, 2003.

Pinder, Moritz, and Theodor Büttner-Wobst, eds. *Ioannis Zonarae Epitome historiarum libri xviii.* 3 vols. Bonn, 1897.

Rigo, Antonio. "La canonizzazione di Gregorio Palama (1368) ed alcune altre questioni." *Rivista di studi bizantini e neoellenici* 30 (1993): 155–201.

Runciman, Steven. *The Emperor Romanus Lecapenus and his Reign: A Study of Tenth-Century Byzantium.* Cambridge, 1988.

Shaw, Brent D. "Bandit Highlands and Lowland Peace: The Mountains of Isauria-Cilicia (Parts I–II)." *Journal of the Economic and Social History of the Orient* 33 (1990): 199–270.

Talbot, Alice-Mary. "The Anonymous Miracula of the Pege Shrine in Constantinople." *Palaeoslavica* 10.2 (2002): 222–28.

———. "Children, Healing Miracles, Holy Fools: Highlights from the Hagiographical Works of Philotheos Kokkinos (1300–ca. 1379)." *Bysantinska Sällskapet Bulletin* 24 (2006): 48–64.

———. *Faith Healing in Late Byzantium: The Posthumous Miracles of the Patriarch Athanasios I of Constantinople by Theoktistos the Stoudite.* Brookline, Mass., 1983.

———. "*The Miracles of Gregory Palamas* by Philotheos Kokkinos." In *The Byzantine World,* edited by Paul Stephenson, 236–59. London, 2010.

———. "Two Accounts of Miracles at the Pege Shrine in Constantinople." *Mélanges Gilbert Dagron* [= *Travaux et mémoires,* 14], 605–15. Paris, 2002.

———. "Women and Mt. Athos." In *Mount Athos and Byzantine Monasticism,* edited by Anthony Bryer and Mary Cunningham, 67–79. Aldershot, Eng., 1996.

Tittmann, Johann A. H., ed. *Iohannis Zonarae lexicon ex tribus codicibus manuscriptis.* 2 vols. Leipzig, 1808.

Tsames, Demetrios, ed. Φιλοθέου Κωνσταντινουπόλεως τοῦ Κοκκίνου. Ἁγιολογικὰ ἔργα. Α. Θεσσαλονικεῖς ἅγιοι. Thessalonike, 1985.

Underwood, Paul, ed. *The Kariye Djami.* 3 vols. New York, N.Y., 1966.

Varinlioğlu, Günder. "Living in a Marginal Environment: Rural Habitat and Landscape in Southeastern Isauria." *Dumbarton Oaks Papers* 61 (2007): 287–317.

West, Martin L. *The Hesiodic Catalogue of Women: Its Nature, Structure, and Origins.* Oxford, 1985.

Whitby, Michael. *The Ecclesiastical History of Evagrius Scholasticus.* Translated Texts for Historians 33. Liverpool, 2000.

Wünsch, Richard, ed. *John Lydus, De Magistratibus.* Leipzig, 1903.

Index

443

INDEX

phiale (water basin), Pege 12.2, 15.3, 23.2

Philip (monk of Seleukeia), Th. 44.3

Plato, Th. 39

Porphyrios (bishop of Seleukeia), Th. E.3

Porphyrios (hieromonk at Hypomimneskon monastery in Thessalonike), Pal. 4.1–3, 5.1–3

presbeia, 432 n. 66

Proklianos (man of Seleukeia), Th. A.8

protomartyr, Th. A.1, A.6, A.12

protospatharios, Pege 10.1, 31.1, 32.1, 40.1

Rhodion, Mount, Th. A.7

Romanos I Lekapenos (emperor), Pege 27.1, 28.1

Rome, Th. 26.5

Samaritans, Pal. 20.2

Samos (bishop of Seleukeia), Th. 30.3, 44.3

Sarpedon/Sarpedonian, Th. 1, 11.2, 18.2, 40

Satornilos/Saturninus *(comes domesticorum),* Th. 13

Schiniza, Maria, Pege 25.1

Seleukos, Th. 5.1

Selinous, city of, Th. 27

Sheep Pool (in Jerusalem), Pal. 21.3

Sodom and Gomorrah, Th. 28.6

solenota, Pege 8.2

Solymios (son of Alypios), Th. 38

Sosanna (nun of Seleukeia), Th. 44.3, 46

stater, Th. 12.5

Stephen (patriarch of Constantinople), Pege 21.1

Stephen Lekapenos (emperor), Pege 28.1

Stephen the Protomartyr, Saint, Pal. 10.1

sticharion, Pege 21.1

Symposios (bishop), Th. 9.6, 10, 11.1, 30.3

Tarasios (patrician), Pege 22.1, 23.1

Tarsus, Th. 4.1, 18.1, 26.5, 29.1, 39

Thekla (daughter of Theophilos), Pege 9.1

Theodora (wife of Justinian), Pege 6.1

Theodora (wife of Theophilos), Pege 9.1

Theodora of Thessalonike, Saint, Pal. 6.1

Theodoule (nun of Seleukeia), Th. 44.3

Theonilla (girl of Seleukeia), Th. A.8–9

Theophano (wife of Leo VI), Pege 20.1

Theophilos (emperor), Pege 9.1

Theophilos *(protospatharios),* Pege 32.1

447